楞嚴經講記

——第十五輯

——平實導師　述

ISBN　978-986-6431-28-9

以離念靈知心爲眞如心者，是落入意識境界中，與常見外道合流，名爲佛門常見外道；以六識之自性（見性、聞性、嗅性、嚐性、觸知性、警覺性）作爲佛性者，是與自性見外道合流，名爲佛門自性見外道。近代佛門錯悟大師，不外於此二類人之所墮。

以六識論而主張蘊處界緣起性空者，與斷見外道無二；彼等捨壽時若能滅盡蘊處界而入無餘涅槃，彼涅槃必成斷滅故，名爲佛門斷見外道。此類人恐生斷見之譏，隨即益以「意識細心常住」之建立，則返墮常見之中；一切粗細意識皆「意、法因緣生」故，不脫常見外道範疇。此二類人，皆違聲聞、緣覺菩提之實證，亦違佛菩提之實證，即是應成派中觀之邪見也。

《楞嚴經》既說眞如心如來藏，亦同時解說佛性之內涵，並闡釋五蘊、六根、六塵、六識、六入全屬如來藏妙眞如性之所生，附屬於如來藏妙眞如性而存在及運作。如來藏心即是第八識阿賴耶識，妙眞如性即是如來藏心體流露出來之神妙功德力用，諸菩薩目之爲佛性。

此經所說法義，迥異諸經者，謂兼說如來藏與佛性義，並將蘊處界入等一切法攝歸如來藏妙心與其功德力用之中。其中法義甚深、極甚深，謂言詞古樸而極簡略，亦謂其中妙義兼含地上菩薩之所證，絕非明心後又眼見佛性之菩薩摩訶薩所能意會，何況尚未實證如來藏之阿羅漢？更何況未斷我見之應成派及自續派中觀師？其餘一切落入意識境界之當代禪宗大法師，皆無論矣！有大心之眞學佛而非學羅漢者，皆應深入熏習以求實證之。

目次

第五輯：

第六輯：

第七輯：

第八輯：

第九輯：

第十輯：

第十一輯：

第十二輯：

第十三輯：

第十四輯：

第十五輯：

自序

《楞嚴經講記》是依據公元二〇〇一年夏初開講《楞嚴經》時的錄音，陸續整理爲文字編輯所成，呈獻給讀者。期望經由此經的講經記錄，利益更多學佛人，藉以生起對大乘法教的仰信，願意景行景從而發起菩薩性；亦藉此書熏習大乘法義，漸次建立正知正見，遠離常見外道意識境界，得斷我見。同時可由深入此書中所述法義的如實理解，了知常住眞心之義，得離斷見外道邪見；進而可以明心證眞，親見萬法都由如來藏中出生，成爲位不退之實義菩薩，親自觀察所證如來藏阿賴耶識心體，絕非常見外道所墮之神我。並能現觀外道所墮神我，實由其如來藏所出生之識陰所含攝，不外於識陰範疇。乃至緣熟之時可以眼見佛性，得階十住位中，頓時圓成身心世界如幻之現觀，不由漸修而成，一時圓滿十住位功德，或能得階初行位中，頓超第一大阿僧祇劫三分有一。如是利益讀者，誠乃平實深願。

然而此經之講述與整理出版，時隔九年，歲月淹久，時空早已轉易；當時爲令學人速斷我見及速解經中如來藏妙義而作簡略快講，導致極多佛性義理略而未說，亦未對部分如來藏深妙法義加以闡釋，已不符今時印書梓行及流傳後世之考量，不符大乘法中菩薩廣教無類及顯示勝妙眞如佛性義理之原則。是故應當加以深入補述，將前人所未曾言之如來藏深妙法義中，可以梓之於文者，以語體文作了大幅度增刪，令讀者（特別是已悟如來藏者）得以前後再三閱讀思惟而深入理解經義。由此緣故，整理成文之後，於潤色之時特地作了補述及大幅度增刪，令讀者得以一再閱讀深思而理解之，藉以早日轉入菩薩位中，遠離聲聞種性；並能棄捨聲聞法義之侷限，成眞菩薩。此外，本講記是正覺同修會搬遷到承德路新講堂時所講，當時新購講堂之錄音設備尚未完善，更無錄影設備，是故錄音時亦有數次漏錄情況，只能在出版前另以語體文補寫，一併呈獻給讀者。

大乘經中所說法義，單說如來藏心體者，已經極難理解，是故每令歷代名聞諸方之大師難以理解，更何況《楞嚴經》中非唯單說如來藏心，實亦兼涉佛性之實證與內涵。如來藏心體對六塵離見聞覺知，而如來藏的妙眞如性—佛性—則對六塵不離見聞覺知，卻不起分別，亦非識陰覺知心之見聞覺知；欲證如來藏心體及眼見佛性者，修學方向與實證條件差異極大，苟非一一實證者，縱使讀懂此經文義，亦無法實證之。何況此經文句極爲精鍊簡略，今時人之文言文造詣亦低，何能眞實理解此經眞義？而欲證知經中所說如來藏心與佛性義，欲求不起矛盾想者，極難、極難矣！特以佛性之實證、內涵、名義，古今佛教界中所述紛紜，類多未知佛性、或未實證眼見佛性現量之凡夫所說者；如斯等人或讀此經，必然錯會而誤認六識之見聞知覺性為常住之佛性；以是緣故，亦應講解此經而令佛教界廣為修正舊有之錯誤知見。

然而此經中有時亦敘述如來藏具足令人成佛之體性，如同世親菩薩所造《佛性論》之意涵，並非《大般涅槃經》中世尊所說十住菩薩眼見佛性，亦非此經中所說佛性—妙眞如性—現量境界之實證眞義；由是緣故，凡未親證如來藏又未眼見佛性者，往往誤會此經中所說十八界六入等境界相即是佛性境界，墜入六識之見聞知覺性中。是故九年前講述此經時，已依此經所說佛性眞義而略述之，並依此經所說第一月眞義，略加旁述佛性之理；然未盡說，預留讀者將來眼見佛性之因緣，故已隱覆佛性密意而略述佛性之義。藉此覆護佛性密意之宣演佛性方式，促使讀者將來明心之後更有眼見佛性之因緣，得以漸次成熟；或於此世、或於他世，得以一念相應而於山河大地之上，親見自己的佛性，頓時成就世界身心如幻之肉眼所見現量境界，不由漸修而得，一念之間頓時圓成第十住滿心位之身心世界如幻現觀。

又，地上菩薩由無生法忍功德所成就之眼見佛性境界，能由如來藏直接與眾生心相應；雖然凡夫、賢位眾生之心仍不知已被感應，但地上菩薩往往已經於初次相見之時，即已感應其如來藏所流注之種子，由此而知彼眾生往世曾與菩薩結下善緣或惡緣。未離胎昧之已入地菩薩眼見佛性時，具有如是功德，故能由此直接之感應，作出對彼凡夫位、賢位等菩薩應有之開示與因應，此即是三地以下菩薩隨順佛性以後，在無宿命通、天眼通之情形下，仍能妥善因應眾生根性之緣由所在。如是，諸地菩薩於眼見佛性之後所得智慧，迴異十住菩薩之眼見佛性境界智慧，非十住位至十迴向位菩薩所知。一切未眼見佛性而已明心之賢位菩薩，更未能知此。

至於尚未明心而長處無明長夜中之意識境界凡夫菩薩，更無論矣！皆名凡夫隨順佛性。聲聞種性僧人及諸外道，總將識陰六識之見聞知覺性錯認爲佛性，據以誣謗十住菩薩之眼見佛性境界，何況能知諸地菩薩所隨順之佛性智慧境界？唯能臆想而妄加誹謗爾。然諸佛所見佛性，又異於十地、妙覺、等覺；謂諸佛眼見佛性後，成所作智現前，能以五識各自流注而成就無量利益眾生之事，化身無量無邊，非等覺及諸地菩薩所能臆測。故知眼見佛性者，層次參差不一，各各有別，少聞寡慧者並皆不知，乃至已經眼見佛性之十住菩薩仍不能具知也！如是眼見佛性境界，則非此經之所詳述者；故我　世尊已於別經再作細說，以令圓滿化緣，方得取滅而以應身方便示現進入涅槃。如斯佛道意涵，深邃難知，苟非已有深妙智慧者，難免誤會而成就大妄語，或因難信而生疑，以致施以無根誹謗，未來捨壽後果堪憂；是故平實於此序文中預爲說之，以警來茲，庶免少聞寡慧凡夫閱後惡口謗法，捨壽之後致遭重報。

此外，時值末法，每有魔子魔民身披佛教法衣演述常見、斷見外道法，轉易佛門四眾同入常見外道、斷見外道知見中；更有甚者，身披法衣而住於如來廟堂之中，實行印度教外道性力派—坦特羅「佛教」—譚崔瑜伽男女雙身合修之意識貪觸境界，夜夜乃至白晝公然宣淫於寺院中，成爲彼等眾人寺院中的公開祕密，唯獨淺學信徒不知爾。如是邪說邪行，已經廣行於末法時代之學密佛教寺院中，台灣海峽兩岸亦皆已普及，極難扭轉其勢，豈符世尊法教眞義而不違佛制戒律？身披僧衣而廣行貪淫之行，墮落識陰境界中，豈能相應於眞心如來藏離六塵貪愛之清淨境界？眼見如斯末法現象，平實不能不喟嘆**末法眾生**之福薄：**屢遇如是宣揚外道法之邪師而不自知，更隨之暗地實修雙身法而廣違佛戒，日日損減自己每年布施眾生、供養三寶所得**福德。

更有甚者，一心追隨邪師而認定邪法爲正法，不知邪師每每身現好相，佯爲實證及清淨之人；學人由無明所罩故，以護法之善心而與邪師共同造下破法之愚行，將了義勝妙之正法謗爲外道神我、外道自性見；亦將弘揚正法之賢聖謗爲外道、邪魔，坐令邪師勢力增廣，導致邪法弘傳益加普及。是則因於無明及名師崇拜，以善心而造惡業；然猶不能自知眞相，每以**壞法**及**謗賢聖**之惡行得以成就，而沾沾自喜爲**護法大功**焉，實可憐憫。今此經中，佛陀對此廣有開示，讀者若能摒棄以前追隨名師所聞之先入爲主觀念，客觀地深入此書中，一一比對佛語而能深細檢驗；然後一一加以深思，並依本經所說蘊處界功能本質及生滅性之現量加以現觀，即可遠離既有之邪見而轉入正知正見之中；若能正確了知之後，益以正確之護法善行而積功累德，何愁此世無有實證如來藏而悟入大乘菩提之機緣？乃至福厚而極精進者，亦得眼見佛性而圓滿十住位之世界身心如幻現觀。

末後，令平實不能已於言者：對於中國佛門中已存在百年及密宗已存在數百年之宗喀巴外道法因緣觀及菩提道次第，亦應由此經義而廣破之。謂百年來常有大法師遵循日本學術界中少數人的錯誤觀點，一心想要以學術研究所得取代佛法特重實證的經中教義；而日本近代此類所謂佛學學術研究者，本質仍屬基督教信仰者急於**脫亞入歐**而提升日本在國際上之學術地位，想要與歐美學術界分庭抗禮；於是出之以嘩眾取寵方式而極力批判佛教，冀離中國佛教而且上於中國佛教，於是乃有批判中國傳統佛教如來藏教義之舉——三十年前日本「批判佛教」學派於焉誕生。於是專取四阿含文字表相法義，並扭曲四阿含法義，宣演外道六識論爲基調之因緣觀，取代佛教四阿含所載八識論之因緣觀，自謂彼之謬論方屬眞正佛法，主張一切法**因緣生**故無常，誣指中國傳統佛教如來藏教義爲外道神我。然而，如來藏屬第八識，能出生外道神我，而法界中亦無一法可破壞之，此是一切親證如來藏者皆可現觀而證實之現量；外道神我則屬第六意識或識陰六識，被如來藏所生，乃生滅法；一主一從，二者天差地別，焉可等視齊觀？由此證知日本袴谷憲昭、松本史朗創立批判佛教之學說，純屬無明所言戲論，並無實義。

六十年來台灣佛教則由印順及其派下門人，奉行印順源自天竺密宗之宗喀巴六識論應成派中觀，採用基督教信仰者反對實證之西洋神學研究方法，曲解四阿含中所演八識論因緣觀正理，刻意否定中國禪宗法教之如來藏妙義，貶爲野狐禪及外道神我；藉此表相建立其不落「俗套」而異於傳統佛教之「超然、不迷信」假象，然後佛光山、法鼓山、慈濟追隨印順而奉行之。

然而印順派之思想本質，乃外道六識論之因緣觀，近承日本不事修證之學術研究學說，遠紹宗喀巴、阿底峽、寂天、月稱、佛護等六識論諸凡夫論師；謂彼等因緣觀外道如是主張：純由根、塵作爲因緣，即能出生六識：不必有本識如來藏持種，只藉六根六塵作爲因緣即能出生六識。又主張意識常住不壞，公然違背聖教。如是外道因緣觀，全違法界現量—違背現象界中可以現見之事實—諸法不自生、不他生、不共生、不無因生之事實，全違龍樹中觀之教示。

而印順派所闡釋之因緣觀、應成派中觀，正屬龍樹所破之他生與共生之外道因緣觀；復又違背四阿含中處處隱說、顯說之八識論因緣觀——由第八識如來藏藉所生根塵爲因緣，出生識陰六識（詳見拙著《阿含正義》七輯之舉述），本質正屬外道六識論邪見之因緣觀。今此《楞嚴經》中更出之以五蘊、六入、六界、十二處、十八界皆屬如來藏妙眞如性所出生之深入辨正，以九處徵心八還辨見之細膩法義，令知「識陰六識不能自生，根不能獨生識，塵不能獨生識，根塵不能共生識，虛空不能無因生識」等正理，完全符契四阿含諸經所說義理，而更深入闡述正義。如是深入辨正已，阿含聲聞道所述佛門因緣觀正理即得以彰顯，突顯佛門八識論因緣觀異於印順及宗喀巴之外道六識論因緣觀所在，則佛門學人即可遠離外道因緣觀邪見，疾證聲聞菩提乃至佛菩提，終不唐捐諸人一世之勤修也！

佛法特重智慧，是故成賢證聖而入實義菩薩位中，世世悅意而修菩薩道；或者捨壽後速入三塗永爲凡夫而受苦難，多劫之中常與眞實菩提絕緣，世世苦修仍不得入門，茫然無措；如是二類迥異之修學果報緣因，端在當前一念之中：**是否願意客觀分辨，及實地理解諸方名師與平實所說法義之異同所在，不依道聽塗說而盲從之，實即憑以入道或下墮之樞紐及因由也！**願我佛門四眾弟子皆能冷靜客觀而深入比較及理解，然後理智而不盲從地作出抉擇。審能如是，則此世即已建立修學佛道之正確方向；從此一世開始，佛道即能快速而悅意地修學及實證，非唯永離名義菩薩位，亦得永斷三塗諸惡因緣，眞成實義菩薩，何樂不爲？

此書既然即將開始潤色而準備梓行，於潤色前不免發抒感想、書以爲文；由是而造此序，以述平實心中感慨，即爲此書印行之緣起。

佛弟子　平實　敬序於竹桂山居

時值公元二〇〇八年　春分

第十五輯：

《大佛頂如來密因修證了義諸菩薩萬行首楞嚴經》卷九

（上承第十四輯未完內容）

（想陰區宇第五種魔事：）

【「又善男子想陰虛妙，不遭邪慮；圓定發明三摩地中，心愛懸應，周流精研，貪求冥感；爾時天魔候得其便，飛精附人、口說經法；其人元不覺知魔著，亦言自得無上涅槃，來彼求應善男子處敷座說法，能令聽眾暫見其身如百千歲，心生愛染不能捨離，身為奴僕四事供養，不覺疲勞；各各令其座下人心、知是先師本善知識，別生法愛，粘如膠漆，得未曾有。是人愚迷、惑為菩薩，親近其心；破佛律儀、潛行貪欲，口中好言：『我於前世，於某生中先度某人，當時是我妻妾兄弟，今來相度；與汝相隨歸某世界，供養某佛。』或言：『別有大光明天，佛於中住，一切如來所休居地。』彼無知者信是虛誑，遺失本心；此名厲鬼年老成魔惱亂是人。厭足心生，去彼人體；弟子與師俱陷王難；汝當先覺，不入輪迴；迷惑不知，墮無間獄。」】

講記：「善男子受陰已盡，在想陰區宇中覺得很清虛微妙，不曾遭受邪魔干擾的憂慮；在圓滿的金剛三昧所發明的定境中，心中貪愛著懸應，於是向一切法中周遍流注而加以精心研究，貪求可以不接觸別人而使人在冥冥中與他感應；這時天魔等候久了終於得到方便侵入的機會了，於是飛出精神依附於某人，在口裡演說各種境界相的經典妙法；而那個被附身的人一開始就不曾覺知已經被天魔附身，他也自稱已經證得無上涅槃，來到那位住在想陰區宇中追求懸應冥感的善男子處，敷設座位而演說法義。這種魔能使聽聞他說法的大眾，才一看見就覺得他猶如百千歲的人，使這些人心中對魔生起愛染之心而不能捨離，都以自己的色身當作奴僕而在飲食衣服臥具湯藥等四事上面對魔廣作供養，都不會覺得疲勞；這種魔也會使他座下學法的眾人心中，知道魔所附身的人是先世的師父，是自己本來就跟隨而學法的眞正善知識，於是各人都在心中對魔所附身的人出生了法愛，每天跟在身邊如膠似漆而捨不得離開，都覺得自己從來不曾有過這樣好的善知識可以跟隨學法。這個住在想陰區宇中的人一時愚昧而被他迷惑了，就誤認被魔附身的人是大菩薩，於是很努力地親近魔心；然後就被魔引導而開始破壞諸佛施設的律儀戒，開始與魔所附身的那個人在暗地裡廣行貪欲。這一類被魔附身的人，嘴裡總是喜歡這樣說：『我於前世，於某一生已經先度化某些人了，他們當時是我的妻子、愛妾、兄弟，如今我又再次前來相度；我這一世將與你們互相追隨而回歸某一個清淨世界，一起供養某一尊佛。』或者這樣說：『另外還有一種大光明天，諸佛都是在其中安住，這是一切如來所休息安居之地。』那位住在想陰區宇中的無知人，一時信受了虛誑語，就遺失了本來悟得金剛心時的智慧；這就稱爲癘鬼年老成魔而前來惱亂這位住在想陰區宇中的人。當這鬼魔的厭惡滿足心生起以後，離去了被附身者的身體；那時追隨被附身者學法的弟子們，就與他們師父全部陷入王難之中；你們應當事先覺察這種事情，就不會進入輪迴之中；若迷惑而不知這種岐路，跟著走入岐途，死後就會下墮無間地獄受苦。」

接著講第五種想陰區宇的魔事，善男子已過了受陰區宇，受陰已盡，住在金剛三昧中繼續深入精修，還沒有遠離「想陰區宇」，也善於住在「想陰」區宇中的「虛妙」境界而且「不遭邪慮」。但是在圓滿的金剛三昧定中發明了三昧境界時，「心愛懸應」。「懸」是不可觸及的，「應」是相應，「懸應」就是不直接觸及而可以被自己改變。因爲心中貪愛「懸應」的緣故，就在六塵與種種物質色法中「周流精研」。「周」是普遍的，「流」是一一接觸而不停地變換所接觸的對象，就是在各種法相中轉來轉去而一一接觸，在每一法中都很精細研究探討。這樣精研的目的是貪求冥冥之中的感應，就好像一般念佛人貪求佛菩薩的示現與感應一樣，他也貪求有各種狀況可以被自己在冥冥中感應出來而加以改變。

由於持續希望與貪愛「懸應」，導致天魔認為有機會來影響他了，於是敕令鬼神附身於別人身上，冒稱為佛菩薩，前來為他宣說不正確的所謂佛法。所以當善男子在「想陰區宇」中貪求冥感時，就是天魔派遣徒眾來作亂的時候了。很多人誤以為有禪定境界時，就一定可以看得見佛菩薩，於是癡心妄想隨意可見佛菩薩；甚至於也有人想：「我有禪定境界，我也有神通，應該一定看得見佛菩薩。」那可不一定，就算四禪八定與五神通都具足了，想要見佛菩薩時也不一定見得到，並不是有了神通時想要見就能見到，諸佛與諸大菩薩們不是任何人想見就一定可以見到的。學人不瞭解這個事實，所以貪求冥感，感應不到時就直接否定諸佛菩薩的存在，成為謗三寶者；或者仍信三寶，但是極力追求感應，於是天魔就有機可乘了。而感應的境界其實不用貪求，不論是在般若證量或定學的證量上，乃至神通的證量上面都不用貪求，時節因緣若是到了，功深行著，自然就有了。當你的功德深厚，修行顯著時，這些境界自然就能出生，不需要特地起念妄求。如果不知這個道理，起念妄求，就會招引鬼神入侵。

這就是說，天魔總是在等候機會把修行人重新拉回欲界的煩惱境界中來。當修行人在人間因為貪求冥感，自己製造了被侵入的機會時，天魔眷屬就找到機會了，於是將精神飛來附在一個適合的人身中，藉著那個人的色身來廣說經法。從那個人口中說出一些經典的妙義，表面聽起來確實是很神妙的，但事實上總是講錯了！可是被附身的人自己也不知道已經被天魔附身了，以為自己眞的證得無上涅槃。有了這樣錯誤的認知以後，就由天魔掌控，來到這個貪求冥感的住在金剛三昧而未離「想陰區宇」的人面前，敷設了法座就開始為他說法。

當他才剛剛開始說法時，就會以神通能力，很快速使一千聽眾都會以為這位說法者可能有幾百歲、幾千歲了，誤認為是有大證量的大修行者，才能超越人類的壽算而活這麼久，於是大眾心中都對他生起愛染而不能捨離他。這種錯覺產生了以後，大眾都甘願當他的奴僕，每天都在衣食臥具湯藥上面供養他；不論如何長期的供養，從來不曾覺得疲勞。奉侍大菩薩、大善知識，不該有愛染心，應該是以法為歸而尊敬於師、嚴謹奉侍；但是因魔的作用而產生誤認以後，都是會在心中產生貪愛和染著的。在欲界煩惱中，諸位有沒有想到密宗的愛染明王？愛染表示是從雙身法理念衍生出來，用來促進與許多異性的關係。

西藏密宗的赫魯噶，放射出火焰而且顯得很兇猛的樣子，而且是立姿的雙身法，其實都與貪愛染著同樣的道理。凡是心生愛染時，就表示已經有了貪染心，當然無法捨離。有了貪染並不只是我執，已是我所執而把別人也執著為自己的眷屬；但這時是把被魔附身的人當作自己所應奉侍的對象，就願意當那個人的奴僕。女眾成為他的奴，男眾成為他的僕，所以合稱為「奴僕」。於是大眾就在衣食湯藥臥具的供養上面用心，一直都不覺得疲勞，這是因為魔的神通力所導致。魔還會使他座下聽法的每一個人心中，都感覺到被魔附身來爲他們說法的人，是過去世至親的師父，是過去世追隨很久的大善知識；由此緣故，除了愛染以外又增加了一層法愛，於是有了極深厚的感情，每天「粘如膠漆，得未曾有」，希望維持身體上與法上的關係，永遠都不會分離。

善男子遇到魔所附身的假善知識來爲他說法，由於「心愛懸應、貪求冥感」而「周流精研」，魔所附身的人投其所愛，於是他的心一時之間愚癡迷惑了，把魔所附身的人當作是眞正的大菩薩，心中不斷地想要跟那個假冒的菩薩親近，「粘如膠漆」。每天粘著假善知識而親近以後，「親近其心」具足法愛與愛染，於是就在魔的引導下開始「破佛律儀、潛行貪欲」，就開始修習雙身法了。被魔所附身的人，總是喜歡在口中這樣說：「我在過去往世的某一生，先度了某某人等，他們當時是我的妻子、小妾；某某人與某某人則是當時我的兄弟，如今我又再來相度；度了他們也一樣要度你們，將來捨壽以後要與你們一起回到某一個佛國世界去」，譬如密宗自己施設的所謂烏金淨土、空行淨土，「我們到那個世界去一起供養某佛世尊。」這就可想而知，當然是指供養蓮花生假佛，或者說是供養什麼金剛持佛等等，全都是假冒佛菩薩名義，攝受智慧不夠的人跟隨他們往生去羅刹、夜叉的世間。

有的善知識會觀察因緣，有時他知道某一個人過去世和他是什麼關係，但他不會告訴徒弟們，一般情況下大多如是。如果他說：你過去世是他的父母親，過去世是他的子女，那就沒問題。如果他說過去世是妳的配偶，想要與妳再續前緣；他其實是對每一位異性學人都這樣說，那就大有問題了，諸位對這種說法一定要小心。一切菩薩知道往世因緣時，絕對不會想要與大家一一再續前緣而開始一一約會。一般只是告訴你過去世有緣，不會講出往世是什麼因緣；如果想要幫助你證道，恐怕你心中有疑而退縮時，最多只是私下指出往世的關係，讓你放心，但絕對不可能要求大家都在私底下與他見面相會；所以都只是幫助你見道、修道等等，不可能把往世的關係在這一世的世俗法中延續起來。然而魔所附身的人卻是濫緣，只要能幫助他達成貪淫的目的就行了，於是每一個人都曾經跟他有往世的親密關係，也都要求私底下相會「潛行貪欲」，這就是濫緣。這跟菩薩大不相同，菩薩看到有往世的關係時，只會稍微點一下，絕大多數的情況下並不明言。

而這個魔所附身的人，有時又說：「除了諸天以外，另外還有大光明天，佛就住在這個大光明天中；這個大光明天是諸佛休息居住的地方，就是無餘涅槃的境界。」這樣誑惑大眾。當然，諸位來到正覺同修會中破參明心以後，讀過我的書中種種詳細說明，就知道他這樣講會有什麼過失了。因為凡是讀過我的書以後，都會知道無餘涅槃中是十八界都滅盡的究竟寂靜境界，六識與六塵都滅盡了，還能有誰住在無餘涅槃境界中？如果有人告訴你，一切如來都住在有六塵六識的境界中，說這樣的境界叫作無餘涅槃，你就知道他完全是胡扯！如同西藏密宗自己發明的烏金淨土、空行淨土，其實都是羅剎與夜叉的居處，根本就不是淨土；如果相信而跟著往生去那些「淨土」以後，其實是去跟羅剎鬼、夜叉鬼一起居住。純一清淨的佛土中是沒有淫欲的，若是如同現在的娑婆世界佛土，才會有淫欲；而密宗所謂的空行母、空行勇父等，全都是夜叉、羅剎所變現的；所謂的佛母、明妃也只是凡夫女人，所以大家千萬不要被迷惑了。

南部有一個很有名的比丘尼，也有很多人崇拜，她新發明一個「轉投天」，向徒眾們說：將來死了以後，要依照她的指示，由她接引先住到轉投天去，再由她安排去投胎。然而三乘經典中，哪個地方曾經說到轉投天？三界中根本就沒有這種世間，總共就只是二十八天的境界，她卻自己設立一個全新的轉投天，那不是變成二十九天了嗎？我說，那其實就是中陰境界，不是由她施設建立的，她只是在籠罩人罷了！如果眞的還有另一個轉投天，就成爲二十九天；然而 釋迦世尊從來沒有講過這樣的世間，那就表示 釋迦佛還沒有具足了知三界境界，就是還沒有成佛。然而 釋迦佛明明成佛了，當然她的說法就變成謗佛的本質了，因爲 佛說天界總共有二十八天，也說過第二天忉利天中又再細分爲三十三天，從來沒有講過有轉投天。

同理，這個被魔附身的人欺騙眾人說：「另外還有一個大光明天，諸佛都是住在這裡休息，你們如果想要面見諸佛，就隨著我的安排往生去大光明天中。」如果有人迷信而跟著他去了，到了那邊卻是住在夜叉、羅剎所住的穢土中，每天從早到晚跟那一些有情作伴，後來就被同化，自己的心性也漸漸變成羅剎、夜叉了，以後當然世世都生為羅剎或夜叉了。生到那邊去以後當然就跟他們同一種類的色身，好比諸佛菩薩乘願受生來人間時，也跟我們同一類的色身。當這些人往生到羅剎、夜叉的世間以後，自己的色身都已經成為夜叉、羅剎類了，那一世的覺知心又是新生的，不是從這一世轉生過去的，當然也就會認同自己本來就是夜叉、羅剎了。這些無知的人信受被魔附身的人所說的虛誑語，自然就「遺失本心」，也就是忘失了原來證悟如來藏時的智慧想要修習成佛之道，於是開始追求有境界法及貪求淫樂，最後則是把本來修學佛菩提的信願給遺失了。

這種情況是很多的，所以明心以後都一樣可能被轉退；被轉退以後，就想要尋找另一個想像中才會有的佛地眞如，或者想像中才會有的如來藏；其實是退轉於意識境界中，誤以為是更上一層樓，反而生起增上慢來。這種誤入岐途的事件，在成佛的過程中會不斷地出現；能否順利走完整個成佛之道，就看各人往世所親近的不同善知識的法緣了。但這種現象要到什麼時候才不會再出現？諸位一定很好奇。到了什麼地步才不再需要善知識攝受？一般而言，初迴向位滿心就行了。因爲初迴向位的菩薩們都能救護一切眾生遠離眾生相；既然他有智慧能救護一切眾生遠離眾生相，就表示他絕對不會被魔所轉。然而進修到入地後，住在五陰區宇中，又會有不同的狀況出現。

而「色陰區宇、受陰區宇、想陰區宇」中會出現的魔擾，其實對初迴向位以上的菩薩們都不可能再產生影響的；一旦出現時，菩薩們因爲老實修行而不貪求非分的證量，都會加以破斥，指出他們的邪謬處，怎麼可能還會被魔所誘惑而退轉呢？所以趕快到達初迴向位才是重要的事，而到達初迴向位並不難，問題是：明心之後到達初迴向位之前，從七住位到十行位滿心中間，在這個過程中一定要小心提防，一切都要依照經論，並且要如實了知經論中的意涵。當然，如同前一陣子楊先生說：「**蕭老師講的都不是經論的意思，那只是他自己的意思，我講的才是經論的意思。**」但是你們自己要有智慧去比對，如果已經是明心的人，而且又讀過《燈影》了，竟然還會被他們所轉，還對眞正的如來藏阿賴耶識沒有具足信心，就表示他這一世想要進入初迴向位，機會是不大的。必須很努力去拚鬥，否則這一世想要到初迴向位就沒有辦法了，因爲絕對不可能成就十行位的功德，當然無法轉進初迴向位中。

因此在學佛的過程中，其實最難的就是十行位之前的階段。當你明心之後到達十行位滿心前，總共只有十三心；這十三心看起來並不多，可是這十三心，爲什麼要經歷一大阿僧祇劫的三分之一以上時間呢？諸位想過沒有？只有十三心而已。第一大阿僧祇劫總共有三十心，是從初住心到十迴向心；明心後不退轉時是第七住心，加上八住、九住、十住心，再加上初行心到十行心，可是爲什麼需要修行超過一大阿僧祇劫的三分之一以上時程呢？因爲在這個過程中總是時進時退。大部分新學菩薩在這個過程中，往往是進十步就退九步，再進十步以後再退九步；像這樣反覆的過程，時間當然需要很久。若是久學菩薩，進十步就是進十步，一步也不會退，久學菩薩和新學菩薩就是有這麼大的差別。別以爲我是隨意說，你們可以從最近一批退轉的人證實我說的是眞話；楊先生跟隨我學法，少說也有十來年了，都還會爲了私心不遂而退轉，何況是一般人呢！

因此在這個過程中雖然已經是位不退了（是進入第七住成爲位不退了），但是位不退中常常會有行退，能夠往前走了十步，是因爲遇到大善知識慈悲；然後又後退九步，則是因爲遇到惡知識。未來再往前進十步，也還是因爲再遇到善知識慈悲幫助；然後再後退九步，依舊是因爲再度遇到惡知識。正因爲這種原因，所以常常有行退的現象。但是畢竟已經明心了，假使退轉以後，有善知識寫書或以言語說明他的退轉事實，一時之間固然還無法接受善知識的勸導；

然而時日久了以後，還是會偷偷回歸到正法中來。所以我曾在私底下對幾位親教師說過：「我判斷楊先生他們未來還是會偷偷回歸到阿賴耶識正法中，但不會回到正覺同修會了。」因爲除了阿賴耶識是如來藏，是眞如心，以外再也沒有別的如來藏與眞如心可證了！在聖教中以及在法界中都是如此。所以他們目前只是行退，依舊是位不退，因爲我寫書救護他們了。有人明心之後，在修行過程中有退轉的現象時，你向他說：「你現在的修行是退轉。」他們會反過來說：「我哪有退？我現在是比你往前走更多步。」他們不曉得方向偏了就得繞一大圈，才能回到出偏的地方再度重新出發；那時別人已經走到十步遠了，他多走十步繞了一圈，才只是回到剛才出偏的原點。但這種現象在新學菩薩的修行過程中，其實都是很正常的。

不過有人總是慈悲特重，就像我早年一樣，一直想著要如何把退轉的人度回來；後來我還是打消這種念頭，因爲後來想通了：應該由他們自己瞭解法義的正確或者錯誤所在，由他們自己轉變，以後修道的過程才會走得快。當他們還沒有弄清楚惡知識的錯誤狀況時，我再怎麼說明，他們始終都會搖搖擺擺，反而使他們本就會有的後退九步過程拉長時間；不如讓他們自己趕快把那退後的九步快速走完，才會死心塌地回來正道中。因爲一般人總是不見棺材不掉淚，不讓他們親自體會退轉的過程，就想把他們拉回來，反而使他們退後的那九步時間拉得更長。所以他們一直用串聯的手段，想要影響更多人退轉；但我都不去串聯，你們也不必去影響誰回歸同修會；該走的人就讓他們歡喜地離開，不必覺得惋惜，因爲各人的因緣並不相同。他們該去經歷後退九步的過程而自以爲是在前進九步，就讓他們親自去體驗，最後親自證實那其實是在後退。當他們親自體驗過那些錯誤以後，未來世的路就容易走，也不容易再退轉，因爲他們已經親自體驗過退轉的事情了。

這個過程，你們這一次沒有被影響退轉的人，其實已在過去世同樣體驗過了；不但你們如此，我也是如此；我過去無量劫前也同樣走過這種過程，這其實是很正常的；所以世尊才會建立新學菩薩、久學菩薩的差別。所以新學菩薩是因爲還沒有體驗這種過程，或者體驗的次數不夠多、體驗得不夠深刻；而久學菩薩則是已經體驗夠多了，或者只要經歷過一次就覺得很深刻了，於是未來世都不再犯同樣的過失，所以我後來傾向於讓他們自己去走完退轉的過程。如果過去世被惡知識所影響而退轉，卻自以爲是往前進，親自經驗過了，這一世的種子就會使他很小心，會一再小心求證加以明辨，然後就會繼續在正路上前進，不會被影響而退轉。

因此，你們都不必爲任何人擔心或憂愁，不必想要再把他們度回來。只需要讓他們親自走上二、三年，親自走過以後自然會自己檢討：「我這二、三年究竟有沒有進展？我所得到的結果是正面的，或是負面的？」然後，未來的路該怎麼走，他們自己會檢討。檢討完了以後，未來世或者這一世的餘生，他們就會比較容易修行。所以有許多同修是慈悲特重，但是他們向我提出的建議，我都會打回票。我不需要親自去作這些事，因爲我已經嘗試過了，楊先生拒我於三千里外。而且這也違背我一向的立場：「來者不拒，去者不追。」但不論是什麼人，離開以後隨時想要回來，我們都一樣歡迎。因爲有一句話說：「浪子回頭，金不換。」能夠猛省自己的過失而願意回頭，確實是金不換，因爲這種人以後再也不會被任何人影響而再度退轉，所以是最珍貴的人。所以如果有人能夠回來，我們大家都要熱誠歡迎。但是你的熱誠歡迎要放在心中，別在嘴巴上講出來：「哎呀！歡迎你回來！」那會成爲反效果，成爲公開宣稱他已經離開過了。所以你們只要幫忙，當他們需要什麼，你們就幫忙他們去作，不必在口中表示歡迎他們回來，要當作他們從來就沒有離開一樣，我們應該這樣來看待退轉者。因爲各人有各人的因緣，有的人現在退一步，對他未來的修學反而是正面的，反而是更好的。

言歸正傳，往往有人在心中想像著：魔來的時候會如何、如何。其實魔附在人身時，被附身的人通常不知道。除非是當乩童當久了，很有經驗。而且天魔跟一般的鬼神不同，天魔的附身總是讓人不知不覺；因爲天魔屬於他化自在天，層次比鬼神高很多，他教導出來的鬼神魔，也都學會這些訣竅。一般的正神或鬼神，都屬於忉利天主所管轄；至於山精鬼魅、夜叉、羅剎，通常是四王天的天王所管轄。等而下之的鬼神，甚至於想要附身於乩童時，一般乩童都會拒絕；因爲正神廟中所用的乩童，都是專屬的，不讓鬼神來附身，所以鬼神也有很多層次差別不同。想要判斷是不是被天魔附身，要從自己的知見或者見地來檢查，檢驗自己說出來的法義有沒有違背經中聖教。如果發覺自己的知見或者見地改變了，要立即檢查是否跟自己以前悟後所知相同？如果有異，而這種差異是往偏差方向進行，就該知道可能已經被天魔附身了，得要趕快回歸正經正論中來。

至於經典與論典是否眞正？都應該先加以判別。眞正的經典和僞造的經典差別很大，只要有法眼就能輕易判別；沒有法眼的人單憑慧眼，比較不容易自行判別，都要在有法眼的善知識指導下，才容易判別出來。所以不能隨意相信別人所提出的經典，因爲有許多密教部的經典是後人所僞造的。論典也是一樣，菩薩們所造的論，根本論《瑜伽師地論》是沒有問題的；我認定爲沒有問題的論，大略的幾部爲大家說明一下：《顯揚聖教論》、《成唯識論》、《攝大乘論》、《中論》、《百論》等，都沒有問題。至於其餘菩薩所造的論，閱讀時就得要檢查：和彌勒菩薩的根本論有沒有衝突？和無著、世親、玄奘菩薩的論有沒有差異？都應該要加以檢查，並不是所有的論都可以依止；特別是佛護、清辨、安慧等人的論，在《成唯識論述記》中，也都明白指出是有大問題的，其實就是在《成唯識論》中，不指名道姓而以「有義」二字所作的評論中，都已經指出問題所在了。而且就算是根本論，如果有極小極小部分和經典有所差異（我說的是「如果」），還是要依照 佛所說的經典為準；因為「經上於論」，這是我的原則。

因此，如果自己的知見開始在轉變了，正當在轉變時，自己一定要注意檢討：轉變後的知見或見地，和經典、論典有沒有差異？（當然，智慧不夠的人，還是無法自己檢查出來，就會像楊先生一樣自以為沒有誤會經論中的意思。）如果有差異，就要很小心，可能已經被天魔附身了。特別是知見轉變之後，有了一些境界是平常人作不到的，而這些境界又是忽然而有的，並不是自己經由四禪八定和五神通的實證才發起的，就可以百分之百確定自己是被天魔附身了！對這一類魔境，特別是很難感覺出來的魔境，都應該有所警覺。

一旦被附身以後，「彼無知者信是虛誑，遺失本心」；「本心」並不是指如來藏，而是指本來想要修證佛菩提的心願迷失了，竟然走入魔道去了，還以為自己是在佛菩提道中有更進一步的修為，這就是「遺失本心」。當他被天魔附身，引誘聽他說法的人一起「破佛律儀、潛行貪欲」，道業就退失了。我們依據世尊的說法，可以判斷這魔一定是由「癘鬼」轉變成功的：「此名厲鬼年老成魔惱亂是人。」癘鬼，是由於往昔多劫以前在人間因爲「瞋習因」，瞋心很重，一點點小事也會起瞋；不但要與別人吵架，往往還會跟別人打架，是嚴重的「瞋習因」，所以「貪憶爲罪、遇衰成形」成爲癘鬼。

如今「年老成魔惱亂是人」，等到他對這些被惱亂的人們產生厭惡之心，滿足了種種貪欲，在厭惡之心具足以後，「厭足心生，去彼人體」，離開被附身的人了；於是那個被附身的人不再有任何威德或神通，當然就被看穿手腳了；因此那個被附身的人，以及跟隨他修學所謂佛法的所有弟子們，同樣都會被官府收押，然後就被判刑乃至處死。所以 佛交代說：阿難啊！你們應該對這些境界事先就有所警覺，將來遇到這些境界出現時，就不會因此而重新落入三界六道的輪迴中；如果不知道會有這些魔境而被魔迷惑了，捨報以後就會墜落無間地獄中。

（想陰區宇第六種魔事：）

【「又善男子想陰虛妙，不遭邪慮；圓定發明三摩地中，心愛深入，克己辛勤，樂處陰寂，貪求靜謐；爾時天魔候得其便，飛精附人、口說經法；其人本不覺知魔著，亦言自得無上涅槃，來彼求陰善男子處敷座說法，令其聽人各知本業；或於其處語一人言：『汝今未死，已作畜生。』敕使一人於後踏尾，頓令其人起不能得，於是一眾傾心欽伏。有人起心，已知其肇；佛律儀外重加精苦，誹謗比丘，罵詈徒眾；訐露人事，不避譏嫌；口中好言未然禍福，及至其時毫髮無失；此大力鬼年老成魔惱亂是人。厭足心生，去彼人體；弟子與師多陷王難；汝當先覺，不入輪迴；迷惑不知，墮無間獄。」

講記：「善男子受陰已盡，住在想陰區宇中覺得很清虛微妙，不曾遭受到邪魔干擾的憂慮；在圓滿的金剛三昧所發明的定境中，心中貪愛想陰的更勝妙境界，刻苦自己而辛勤修行，愛樂處於想陰單單只有了知的寂靜境界，心中貪求靜謐無聲的境界；此時天魔等候久了終於得到方便侵入的機會了，於是飛出精神依附於某人，在口裡演說各種有境界相的經典妙法；而那個被附身的人一開始就不曾覺知已經被天魔附身，他也自稱已經證得無上涅槃，來到那位住在想陰區宇中追求深入想陰境界的善男子處，敷設座位而演說法義；使得他的聽眾各自知道自己所造過的惡業；或者在那個地方向某一個人說：『你如今還沒有死，卻已經作了畜生。』就當場命令另一個人在他的身後踏著他的尾巴，頓時就使那個人無法起身，於是一千大眾全都傾心欽伏。如果當時有人起心動念，他已經知道對方是因爲什麼緣故而生起疑心。這種被魔附身的人，除了諸佛施設的律儀戒以外，他還要再三規定更加精苦的戒律，又會誹謗比丘，還會大聲斥罵追隨他的徒眾們；大聲攻訐而披露眾人的惡事，也都不避諱別人對他的譏嫌言語；可是他的嘴裡很愛預言尚未發生的災禍或福氣，等到時間到了的時候都會毫髮無失；這個就稱爲大力鬼年老成魔，前來惱亂這位住在想陰區宇中的人。當這鬼魔的厭惡滿足心生起以後，離去了被附身者的身體；那時追隨被附身者學法的弟子們，就與他們師父全部陷入王難之中；你們應當事先覺察這種事情，就不會進入輪迴之中；若是迷惑而不知這種岐路，跟著走入岐途，死後就會下墮無間地獄受苦。」

這是講「想陰區宇」的第六種魔境。善男子受陰已盡，住在「想陰區宇」中；由於想陰境界虛妙的緣故，所以在圓滿的金剛三昧定境所產生的勝妙三昧境界中，由於心中貪愛想陰的神妙境界，想要更深入獲得想陰的勝妙境界，於是每天都要求自己更辛苦地精進修行，這就是「克己辛勤」。他精進修行之目的是「樂處陰寂，貪求靜謐」，想要快速深入金剛三昧定境的更深妙境界中，不想受到任何打擾。由於他並不貪求供養，所以「克己辛勤，樂處陰寂」，只是想要提早消除心中的種種欲望，精進修行而「貪求靜謐」；這是不愛喧鬧而喜愛安心寧靜的定境，貪愛完全沒有任何外塵干擾的寂靜境界。

這時天魔又看到有機會了，所以派遣魔眾尋找一個體質容易被附身的人，把精神飛過去附在那個人身上。那個被附身的人也不知道自己被附身了，從此開始就能宣說很多佛法，甚至別人都聽不懂的似乎很深妙的法義也能宣講出來。因爲他不知道自己已經被魔所附身，誤以爲自己眞的成就無上涅槃了，於是向別人宣稱：「**我已經證得無上涅槃了。**」也就是認爲自己已經成佛了，接著就來這個追求想陰寂靜境界的善男子的住處，敷設法座而開始爲善男子說法了。並且也促使當時在場的所有聽法者，才剛開始聽他說法時，心中就會知道自己往世姓甚名誰，過去世曾經幹過什麼事業，全都能知道了。這就是暗中以神通來攝受眾生。

有時則另外以神通示現，來攝受大眾，使大眾都會信服他。譬如有人不信時，他就對大眾中的某一個人指斥說：「**你今天還沒有死，但是你造了惡業的緣故，如今已經示現爲畜生身了，只是你自己看不到罷了。**」那個人當然不信，所以他就叫後面另一個人說：「**你從他的後面踩住他的尾巴，他就站不起來了。**」果然有一個人去他的後面踩住地面，魔所附身的人就叫那個人站起來，沒想到那個人眞的被拉住而站不起來了，他就覺得自己眞的有尾巴被踩住了。由於這個緣故，一干大眾就全都對他很傾心，所有人的心都倒向他那一邊去了，當然都很欽佩而降伏於他。

如果有人起了疑心，心中想著他的某些矛盾的事情時，他立刻知道別人在想什麼。或者有人起了一個心念：「**也許他只是變魔術籠罩大眾吧？**」他也會立即知道。因爲魔都有他心通，於是就立即指著某一個人說：「**你爲什麼罵我**

呢？」這麼一來，當然大家就欽佩他、信服他。除了如此示現神通來懾伏大眾，而且「**佛律儀外重加精苦**」；本來 佛所指示的精進，是晚上大約十點鐘就可以就寢，該打晚板休息了；早上四點要起床，盥洗以後繼續精進修行。這是佛所訓示出家人的生活作息，可是這個被魔附身的人，不論他是老師、法師或者居士，竟然另外增加許多苦行要求大眾同樣精進修持。沒智慧的人就誤以爲：「**我們是眞正清淨而在修苦行的，所以這一定是正法。**」然而事實上 佛所開示的，是有限度的苦行，如彈琴拉弦的譬喻，不能太緊也不該太鬆。但這個魔所附身的人刻意強調苦行，目的是要讓大眾不會生起疑心，所以在「**佛律儀外重加精苦**」。

除此以外，他還會每天「**誹謗比丘**」，常常指責佛教中的出家人幹了壞事。他不是在法義上辨正大是大非，而是專門在身口意的行爲上面誹謗說：「**某某比丘幹了某一件惡事，某某比丘又幹了某一件惡事。**」專門作人身攻擊，都屬於事相上的事，無關法義上的大是大非。因爲他在法上沒有辦法完全降伏比丘們，於是就用人身攻擊手段，專講事相上的事。如果有人每天都在宣揚某些人事相上的事，不是在正法上面辨正，你就知道那是人身攻擊。人身攻擊，在民主時代是不被接受的，在古時也是不被接受的。即使是在世俗法中，人身攻擊也是不被接受的；何況是在出世間法中，如果還有人要相信人身攻擊的言語，我們就只能說那種人是沒智慧的愚癡人。

修學佛法是想要親證解脫與實相的智慧，所以都應該有智慧分辨所有人所說的言語，究竟是人身攻擊或是法義辨正。對於法義辨正應該接受，因爲只有這樣才能使佛法越來越純淨，才能使大眾不會被瞎眼阿師們誤導；對於人身攻擊，大眾都應該摒除及唾棄，不該讓人身攻擊的事相影響到法義辨正的大是大非。而這個被魔附身的人專作人身攻擊，所以常常「誹謗比丘，罵詈徒眾」，「罵詈徒眾」是以極大的惡聲當眾指責徒眾。而且還「訐露人事，不避譏嫌」，也就是以「國罵」一類的惡言語，在大庭廣眾之中大聲指斥別人私底下所做的事情。當他在大庭廣眾中「訐露人事，不避譏嫌」時，目的是曝露某些事情；不管那些事是善是惡，他爲了阻止就大聲叫罵曝露出來；即使別人所作的事情是善事，但是對他不利，他就「訐露」出來，明指是什麼人所作的事情，完全「不避譏嫌」。被魔附身的人藉著天眼通、天耳通，專門在提防別人對他不利，都不在佛法義理上面用心，每天從早到晚都在觀察別人正在作什麼事情，對他有利或是不利。如果是眞正在弘揚正法的菩薩，就算他五神通具足，也不會起心動念說：「我現在以神通觀察一下，看某些人正在幹什麼。」因爲這無關佛道的修證，也不是與正法未來的弘揚有關，而是在刺探別人的隱私。

如果是眞正的菩薩，當他修到三地滿心時，完成四禪八定、五神通，你不必去問他說：「你知道我昨天晚上幹什麼嗎？」他一定跟你說：「我不知道。」因爲他尚且不會起心動念想到惡事，何況想要觀察別人作了什麼事？他的神通是要用來度眾生用的，是要用來親近十方諸佛用的。如果他知道你昨天幹什麼，那他一定還在十住位以下，絕對不會是地上菩薩。因爲他既然還有興趣觀察你昨天晚上幹些什麼事，就表示他的心行還是繼續在世間法上用心，不是完全用心於無生法忍的人，這還會是個大菩薩嗎？所以如果你反問他說：「你怎麼不知道我昨天晚上在罵你？」他一定會回答說：「你以爲我每天都閒著無聊嗎？」有很多事情，你們是不知道的；你們只看到表面，但實際上那些事情絕對不是菩薩們有興趣的事。那些事情其實是護法的菩薩們要作的事，不是弘法的菩薩們應該作的事，他們的神通不會用在這方面。至於魔所附身的上師，以天眼天耳所觀察到的各種事相，將出家二眾的私事整個公開披露出來，這其實是人身攻擊，不是在作法義辨正。

這種人因爲有天眼天耳，所以最喜歡作預言：「某某人啊！你明天不要走平常走的那條路呵！你要換另一條路呵！不然你會遇上不好的事情喔！」你若是不信邪，心想：「我偏要走每天都走的那條路，我每天走都沒事，爲什麼明天就有事？」不信，走走看，果然那天就出事了，不小心被一輛摩托車給撞了。然後，他又告訴另一個人：「某某人啊！你下個月某一天如果遇到什麼人，得要趕快走開，不然會有事喔！」某甲也許不信邪，心想：「這個人每天從早到晚跟我在一起，是很相熟的人，不可能有事。」結果那一天，那人突然捅了某甲一刀，因爲有人去跟那人說壞話，而說壞話的人也許正是這個預言禍福的大師，這就叫作「口中好言未然禍福」。「然」是必定會成就的，如果他眞的有天眼通，而他的天眼通也確實很好，預言就會準確。所以「及至其時毫髮無失」，一絲一毫的錯失都沒有。

這種魔是「大力鬼年老成魔惱亂是人」。這就是二情八想的大力鬼，是殺心不除而證得深厚未到地定的人，加修五神通以後，死後成爲大力鬼；或者殺心不除而大修福德的人，死後也會成爲大力鬼。這一類大力鬼，住在鬼道中繼續進修五神通，後來「年老成魔」而前來「惱亂是人」。也就是前面講過的一種人，他在人間時修很多福報，也努力修證定力，可是卻又不斷殺心，所以死後成爲大力鬼。也有人同樣是殺心不斷，但專修未到地定與專修神通，或者專修大福德，死後都同樣成爲大力鬼。所以大力鬼大約有兩種：多財的就有大力，有比較好的定力與神通也是大力。這些大力鬼成爲鬼身以後，反而不修福，就在鬼道中努力再進修神通；到了鬼壽即將終了以前，「年老成魔」於是「飛精附人」，喜歡在修行人貪求想陰的靜謐境界時，前來擾亂，使人走入岐路中。

當他誤導修行人很長一段時間以後，心中覺得沒趣了，因爲不論是怎麼隨意罵詈，花樣就是這麼多。於是「厭足心生」而「去彼人體」，被附身的人與跟隨的徒弟們，也就全都失去威德與神通力了！到了這個時節，以前被他們得罪的人，就告向官府去了；於是那個被魔附身的人以及所有徒眾，就陷入王難之中，也就是被官府拘繫判刑了。所以佛交代說：阿難啊！你們應當要先覺知「想陰區宇」的定境中，將會發生這種狀況，不要被誤導而誤入輪迴的境界中。如果有人迷惑不知，被魔所擾亂了，就誤以爲自己眞的證得無上涅槃，成就大妄語業以後，不免會下墮於無間地獄中。

（想陰區宇第七種魔事：）

【「又善男子想陰虛妙，不遭邪慮；圓定發明三摩地中，心愛知見，勤苦研尋，貪求宿命；爾時天魔候得其便，飛精附人、口說經法；其人殊不覺知魔著，亦言自得無上涅槃，來彼求知善男子處敷座說法，是人無端於說法處得大寶珠。其魔或時化為畜生，口銜其珠及雜珍寶，簡策符牘諸奇異物，先授彼人，後著其體；或誘聽人藏於地下，有明月珠照耀其處，是諸聽者得未曾有。多食藥草，不飡嘉膳，或時日飡一麻一麥，其形肥充，魔力持故；誹謗比丘，罵詈徒眾，不避譏嫌；口中好言他方寶藏、十方聖賢潛匿之處；隨其後者，往往見有奇異之人；此名山林土地城隍川嶽鬼神年老成魔。或有宣婬，破佛戒律，與承事者潛行五欲；或有精進純食草木，無定行事，惱亂彼人。厭足心生，去彼人體；

弟子與師多陷王難；汝當先覺，不入輪迴；迷惑不知，墮無間獄。」

講記：「善男子受陰已盡，住在想陰區宇中覺得很清虛微妙，不曾遭受到邪魔干擾的憂慮；在圓滿的金剛三昧所發明的定境中，心中貪愛想陰中的能知能見功德，辛勤勞苦地研究尋覓，貪求能夠了知無窮無盡的宿命通；這時天魔等候久了終於得到方便侵入的機會了，於是飛出精神依附於某人，在口裡演說各種有境界相的妙法；而那個被附身的人一開始就不曾覺知已經被天魔附身，他也自稱已經證得無上涅槃，來到那位住在想陰區宇中追求無盡宿命通的善男子處，敷設座位而演說法義，這個被附身的人無緣無故竟然能夠在說法之處忽然得到大寶珠。這個魔有時候會化作畜生，嘴裡銜著寶珠以及雜類的珍寶，或者很古老的簡策符牘等等奇異之物，先來送給那個人，然後再附著於他的體內；有時則是引誘聽法的人把寶珠藏於地下，竟會有明月寶珠照耀那個處所，這些聽他說法的人都覺得不可思議。這個被魔附身的人大多只吃藥草，不吃人們豐盛的嘉肴；有時候是每天只吃一麻一麥，而他的體形卻是肥滿而體力充沛，因爲有魔力所加持的緣故；他有時誹謗比丘，罵詈徒眾，都不避諱別人的譏嫌；嘴裡又喜歡指出他方隱藏的寶藏，以及十方聖賢潛匿辦道之處；隨從在他身後的人，往往會跟著他看見一些奇異之人；這種情形就稱爲山林土地城隍川嶽鬼神年老成魔。這種魔有時也會宣示婬行可以使人成佛的事，破壞諸佛所設的戒律，與承事他的人們暗中廣行五欲；有時候則是精進修行而只吃草木，不吃肉類；這種魔行事並沒有一定的規範，變來變去而惱亂住在想陰區宇中的人。當這個鬼魔的厭惡滿足心生起以後，離去了被附身者的身體；那時追隨被附身者學法的弟子們，就與他們師父全部陷入王難之中；你們應當事先覺察這種事情，就不會進入輪迴之中；若是迷惑而不知這種岐路，跟著走入岐途，死後就會下墮無間地獄受苦。」

接著說，在「想陰區宇」中的善男子，受陰已盡而住在「想陰虛妙」的境界中，一向都「不遭邪慮」；這本來是很好的，可是在圓滿的金剛三昧定境中，發起了三昧境界時，由於他心中貪愛無窮盡的宿命通，於是「勤苦研尋，貪求宿命」，很殷勤地研究探尋如何才能了知無窮盡的宿世事情，這也是「心愛知見」，也就是心中很愛著無止無盡的能知能見功能。心愛宿命通，爲什麼會叫作「心愛知見」？因爲在宿命通中，可以藉由看見過去世的影像，而了知往世的事情；譬如他看見了往世的影像以後，能知道自己過去世是某某人，曾經作了某些事情，這就是宿命通。

有的人喜歡來問我：「老師，我過去世是幹什麼的？」我說：「你別問我，我沒有宿命通。」他說：「你不是可以看見自己的過去世？」我說：「我這個不是宿命通，而是在等持位中，往世的事情自己顯現出來，可以說是撞見的。」

眞正的宿命通，是從上一世開始看起，然後一世又一世往前察看。一般有神通的人，如果能夠看見前一世、兩世，那個宿命通就算是很好的了；通常都是假冒唬人的，根本就沒有宿命通。如果天神能夠看到你過去世的宿命，有能力往前看十世、百世，那就算是道行很高了。而俱解脫的阿羅漢一樣是沒有宿命通的，還得要加修五神通；或者往世曾修得五神通，但這一世忘了，等到成爲俱解脫聖者以後，自然成就三明六通，才會有天眼明、宿命明與漏盡明。然而縱使有了三明，可以看到八萬大劫前的事，天神們是無法想像的；可是超過八萬大劫之前，他也一樣看不見的。

所以，宿命通是可以指定所要觀察的某一世事情，不論是哪一世都可以指定；至於能夠往前看到多少世，就隨著禪定、智慧以及神通力的高低而有所差異了。但我看見自己的過去世，並不是經由宿命通看來的，而是住在等持位中，往世的事情有時會突然冒出來，那時就好像在看黑白的無聲電影一樣，它有個過程、顯示出某一個事件；但我沒有辦法指定要看見某一世，也沒有辦法想看就可以看見；有時入了等持位中老半天，什麼也沒看見。所以我這不是宿命通，你們都別來找我看宿命。我老實向你們說：我沒有神通。

而住在「想陰區宇」中的這個善男子，因爲「貪求宿命」而想要看見過去世；既然想隨意了知過去世的事情，當然是要與能知能見的功能相應才行，所以說他「心愛知見」。也就是經由能知能見才能夠看見過去世，因此而能了知往世的事情，這叫作貪求宿命通。宿命通一定不離能知與能見，當然是意識境界；既然他有所貪求，落在意識境界中，天魔也住在意識境界中，於是知道這個人有機可乘了。可是他無法直接附身，於是派遣魔眷去尋找另一個容易被附身的人，就「飛精附人」，把精神寄附在那個人身上，然後開始在他口中說出許多經中的法義來。大家都覺得他好厲害，而那個人自己一樣是完全不曾覺知被魔所附著，以爲自己眞的證得無上涅槃了。

於是他在魔所影響的情況下，依魔的主意前來這一位貪求無止盡宿命通的善男子所住的地方，「來彼求知善男子處敷座說法」。不久，這個人就在貪求無止盡宿命通的善男子面前，顯示無緣無故就能獲得大寶珠，當場送給追求宿命通的善男子；讓這位善男子誤認爲他是八地以上的大菩薩，於相於土自在，能夠隨意變現大寶珠，所以就完全信受他了。魔所附身的那個人有時又會化作畜生的模樣前來，口中含著寶珠或其他的珍寶來送給善男子；有時則是銜來「簡策符牘」。「簡」是古時以竹子寫成的短文竹片。「策」就是「冊」，是把許多的簡串集起來，可以寫出很多文字；所以河洛古音的讀書唸作「讀冊」，如今台灣話都還把讀書叫作「讀冊」。

古時還沒有紙張以前，更沒有印刷術，都是用竹片寫上文字。但是竹片要寫字之前，要先磨平與穿孔，再用繩子貫穿起來，然後捲起來就稱爲「冊」，就是個形義字。而「冊」字通於「策」字，把大小相同的竹片一片又一片貫串起來，就稱爲策。所以短的就是「簡」，串成很長的簡而寫了很多文字時就稱爲「策」。古時「簡策」都屬於官家所用的，平常人不會使用簡或策。而且古時認識字的人不多，得要有錢財的大富人家或者想要當官的人，才會學寫字；有了這些人以後，也有官府在行文，然後才會有簡策。古時的簡策並不多，大部分是用在國家的文書往返上面，通常屬於國家的重要文物，能夠留下來的數目並不多，所以顯得珍貴。且不說古時，如果現代你拿到幾張中央政府的公文書正本，也都會是有價值的文物。所以如果能夠獲得古時的簡策，當然就是有價值的古董了。那個被魔附身的人，有時化成畜生而在口中銜來一些古董文物；表示他眞的有大神通，可以銜來給善男子看。

「符牘」的符，有時又叫作符節，比如一句成語說「若合符節」。符是一種信符或者信物，比如古時有人約定說：我把這些財物寄存在你這裡，我回去以後會找一些人來取回，那時我會讓他帶著信物來取。於是就拿來一片彩紋的布料，當場剪成兩半，而且故意剪得歪歪斜斜地；他把一半交給被寄存的好友，把另一半帶走。回到故鄉以後，再吩咐傭人帶著信物前來取回，那時被寄附的人就把那人帶來的信物布料攤開，如果跟被託付者的那一半相符合，就把財物交付來人帶回去。但是後來發展成刻意雕成的一陰一陽的信符，合起剛好不增不減而成爲一個整體，這就稱爲符節。在中國後來又演變成腰牌，那個腰牌拿出來時，要與某些單位中預存的符記相合，才算是確認他的身分無誤。這些古代的物品，來到後代時當然都是有價值的古董；但是在古時，這是一般人無法取得的官家物品；那個被魔附身的人卻可以隨意取來，顯示他的證量似乎很高，隨意自在。除了「簡策符牘」以外，還有「諸奇異物」，是那位善男子見所未見、聞所未聞的奇特物品，使善男子心生大信。那個被魔附身的人，有時又化爲畜生，銜著這些貴重物品來，「先授彼人」就是先送給那些人，那些人就對他沒有戒心了；於是他就很容易再附身於那些人身中，當然就可以影響他們了。如果那些人心中都有戒心，魔就無法附身了，這就是魔想要附身時的一種手段。

經文談到寶珠，順便要跟諸位講一件事情。你們之中還有一些人很喜歡受持六字大明咒，然而「唵嘛呢叭咩吽」是什麼意思呢？嘛呢就是摩尼，是指寶珠。然而摩尼寶珠，你們如果讀過宗喀巴的《密宗道次第廣論》，就知道密宗所說的摩尼是指男性性器官的頭部，所以「摩尼」是指龜頭；「叭咩」的正音是「叭的咩」，是指蓮華，蓮華代表女人性器官。六字大明咒的意思其實是說「喔！寶珠在蓮華中」，這究竟是什麼意思呢？就是雙身法嘛！每天在口中大聲唱著六字大明咒，其實就是在高唱著：「喔！男性器官在女性器官中。」但他們每天唱著，臉上都是不紅的，因爲那是密宗的根本教義。今天諸位明白這種意涵以後，還要不要再唸六字大明咒呢？（眾答：不要！）不要再唸了呵！第二講堂、第三講堂的同修們，你們聽見了沒？聽見的話就請舉手！謝謝！請放下。所以有些密宗的事物，你們還不瞭解它的密意；當你們知道了其中的密意以後，絕對不會想要再唸了。我本來也不想講，但今晚講出這件事情來，除了因爲經文中講到寶珠以外，也是因爲今天佛光山的人間衛視台，有一位法師在講「唵嘛呢叭咩吽」的咒語，在鼓勵大眾持唸，所以我得要讓諸位瞭解六字大明咒的本質。當你們漸漸知道眞正意涵以後，西藏密宗可就再也無密可言了。

接下來說，被魔附身的人，有時會誘導別人把他所送的物品埋藏在地下，然後就會有如同明月一樣放光的寶珠，照耀藏寶的處所；也就是以神通示現有明月一般光明的寶珠，在空中照耀那個地方；這樣顯示神異的境界，於是大眾都對他完全信服，因爲這確實是大眾前所未見的神異境界，於是驚爲大菩薩而信奉不疑。而這個被魔附身的人，當他被魔附身以後，行爲當然也跟大眾不同；所以他不吃一般人所吃的炒得很香、煮得很好吃、很營養的食物：「不飡嘉膳」。他大多是吃藥草，特地使人覺得他眞是一個大修行人，確實是有道行。有時則是每天只吃一麻一麥，如同 世尊六年苦行一樣；但他示現出來的卻不會骨瘦如柴，而是依舊健壯，絲毫都不受影響，「其形肥充」，因爲「魔力持故」。

等到大眾都信受了，他就開始有時「宣婬，破佛戒律」，當然也會「誹謗比丘，罵詈徒眾」；因爲別人都在宣揚正法，一定會破斥他：「你這樣作就是邪淫，你是犯了重戒，要下地獄。」他聽了當然很生氣，所以每天誹謗弘揚正法的比丘們。凡是有比丘嚴持戒律，爲人傳戒、說戒，他都不喜歡，當然就「誹謗比丘」。如果徒眾之中有人信受正法比丘所說，他就開始「罵詈徒眾」，都「不避譏嫌」，根本不理會別人如何勸告，繼續作人身攻擊與毀謗。

有時爲了讓別人誤認爲他眞的有修有證，就用神通力對別人說：「某一處埋藏著某些寶藏。某一處有什麼樣的聖人與賢人，隱居在那邊修行。」有人不信，他就帶大眾去看，所以「隨其後者」，也就是隨著他身後一起去看的人，往往就會看見某些「奇異之人」。「奇異之人」當然就有很多種了，有的人也許是確實證得正法非常勝妙，也許是隱居起來正在修證禪定，也許是有某一些層次的修爲必須暫時離開大眾獨自修行。或者見到某些有大神通的人，於是大家就會信受他所講的言語。而這種魔其實是「山林、土地、城隍、川嶽」等鬼神，由於在鬼道中修學神通以後，「年老成魔」而成爲天魔的眷屬。

這個被魔所附身而來誤導眾生的人，有時也會開始暗中勸導跟隨的人們修習雙身法，所以說「或有宣婬，破佛戒律」，於是就與西藏密宗那一些喇嘛們一樣，與承事他的出家徒眾們，暗中開始共同習行淫欲了。所以如果我們說：「西藏密宗那些喇嘛們，凡是曾經修過雙身法的人，大部分是被魔所附身了。」其實都沒有過失，因為他們既然出家了，卻又犯婬，而且還是一生之中幾乎每天與女信徒邪淫，依照世尊的戒律，他們本來就該下地獄。如果你告訴他們說，這樣是違背律儀戒的；他們之中有人相信而轉變了，算是他有福報。但是，百有九十九人，當你為他們說明以後，都是不信的，反而會嘲笑你說：「你們不懂，你們顯教的法太淺了！這個雙身法的尊貴，我說給你聽了，你也是聽不懂的，所以我就不說了。」這一種人大約是被魔所附身了，而自己卻不知道。同理，那個被魔所附身的人「破佛戒律，與承事者潛行五欲」，就在五塵中的每一塵上面貪著雙身法了。

另一類被魔附身的人，則是精進修行，但他不吃飯，純粹只吃草木、果實等；而這種人「無定行事」，隨著自己好惡，想要如何他就如何；有時修善法，有時搞惡法，善惡不定；今天說要如此，明天又改說要那樣，常常「無定行事」。當這些山林等鬼神年老成魔，來附身在某些人身上而惱亂修習佛法的人以後，惱亂久了「厭足心生，去彼人體」，這時被附身而當師父的人，以及跟隨他的徒弟們，其中的大部分人都要陷入王難之中，被官府所拘繫判刑。所以 佛陀又交代說：阿難啊！你們應當在事前就有所警覺，了知「想陰區宇」中會有這樣的現象發生，就可以避開這樣的魔擾而「不入輪迴」；如果「迷惑不知」，跟著妄語亂行，甚至於邪婬，死後就會落到無間地獄中。

（想陰區宇第八種魔事：）

【「又善男子想陰虛妙，不遭邪慮；圓定發明三摩地中，心愛神通種種變化，研究化元，貪取神力；爾時天魔候得其便，飛精附人、口說經法；其人誠不覺知魔著，亦言自得無上涅槃，來彼求通善男子處敷座說法；是人或復手執火光，手撮其光分於所聽四眾頭上，是諸聽人頂上火光皆長數尺，亦無熱性，曾不焚燒；或上水行，如履平地，或於空中安坐不動，或入瓶內或處囊中，越牖透垣，曾無障礙；唯於刀兵不得自在。自言是佛，身著白衣受比丘禮；誹謗禪律，罵詈徒眾，訐露人事不避譏嫌；口中常說神通自在。或復令人傍見佛土，鬼力惑人非有真實；讚歎行婬，不毀粗行；將諸猥媟以為傳法。此名天地大力山精海精風精河精土精、一切草樹積劫精魅，或復龍魅，或壽終仙再活為魅，或仙期終計年應死，其形不化他怪所附；年老成魔惱亂是人。厭足心生，去彼人體；弟子與師多陷王難；汝當先覺，不入輪迴；迷惑不知，墮無間獄。」】

講記：「此外，善男子受陰已盡，住在想陰區宇中覺得很清虛微妙，不曾遭受到邪魔干擾的憂慮；在圓滿的金剛三昧所發明的定境之中，他的心中貪愛神通裡的種種變化，於是向一切境界中研究變化的根元，貪求非常強大的神通威神力；天魔等候很久了，這時終於得到方便侵入的機會了，於是飛出精神依附於某人，在口裡演說各種境界相的經典妙法；而那個被附身的人一開始就不曾覺知已經被天魔附身，他也自稱已經證得無上涅槃，來到那位住在想陰區宇中追求懸應冥感的善男子處，敷設座位而演說法義；這個人有時手裡執持著火光，還可用手把火光分成一撮又一撮，分別放在聽他說法的在家出家四眾的頭上；這些聽他說法者的頭頂上火光全都有數尺之長，但也沒有熱性，根本就不會焚燒。有時則是在水上行走，如同走在平地一般；有時是在空中安坐不動，或者進入瓶子裡面，或者身處於囊袋之中；有時則是超越門窗或透過牆壁，都沒有絲毫的障礙；他只有一個問題，就是對於刀劍的刺砍不得自在。這個人自稱是佛，身上穿著白衣而接受比丘們的禮拜；又常常誹謗禪定與戒律，大聲斥罵徒眾，還會攻訐發露各種人們的私事而完全不避諱別人的譏嫌；口中也常常說他是神通自在的。有時則會使人看見其他的佛土，其實只是鬼力神通在迷惑人們，並不是真的使人看見別的佛國世界；他又讚歎說出家在家的人都應該行婬，也不責備醜陋的行爲，就這樣將各種不清淨的行爲說是在爲大家傳法。這種情形就稱爲天地大力山精海精風精河精土精、一切草樹積劫精魅，或者是龍魅，或者是壽終仙再活爲魅，或者是仙期終了計算著年壽到了應該死亡時，他的身形不能化滅而被其他的鬼怪所依附，年老成魔而來惱亂這個住在想陰區宇中的人。當這鬼魔的厭惡滿足心生起以後，離去了被附身者的身體；那時追隨被附身者學法的弟子們，就與他們師父全部陷入王難之中；你們應當事先覺察這種事情，就不會進入輪迴之中；若是迷惑而不知這種岐路，跟著走入岐途，死後就會下墮無間地獄受苦。」

接下來是第八種「想陰區宇」中的魔境。善男子受陰已盡，住在想陰的空虛明妙境界中，「不遭邪慮」，這是很好的；但是在圓滿具足的金剛三昧中發起了勝妙的三昧境界中，由於他心中貪愛神通裡的種種變化，所以就在想陰區宇中深入精研探究，想要探知神通變化的根本原理；希望把神通變化的原理弄清楚以後，就可以使他發起神通，或者使他原有的神通更加勝妙，這叫作「研究化元，貪取神力」。當他有這種貪求時，天魔看見他有這種弱處，有機可乘了，因此就派遣眷屬把精神飛去附在某一個人身上，在那個人身中開始爲人解說經論中的法義。那個被附身的人也不曾覺知是被魔所附身，於是在口中宣稱自己已經證得無上涅槃了；接著就來這個貪求神通的善男子面前，敷設法座就開始爲他說法。說法之時，那個被魔附身的人，有時示現神通給大眾看；在他手上拿著一團火光，又把這一團火光，用另一隻手分置在每一個在場聽他說法的大眾頭上，也就是每一個人的頭上都有一點火光，又不會燒著頭髮。這時所有在現場聽法的人頭上的火光，又都變成數尺之高度，就是有二、三尺長度的火光。

有人好奇就伸手摸摸看，那火光既不熱也不會焚燒。大眾都覺得很神奇，於是都相信他。

那個被魔附身的人，有時又示現在水面上行走，如同是在平地上行走一樣。有時又把身體上升在虛空中，就在空中安坐不動。有時又示現身體可以變異，縮入瓶子或進入布囊、皮囊中。有時則是示現可以直接從關閉著的門窗直接穿過去，或者是直接透過圍牆出在屋外，「曾無障礙」，從來都沒有任何障礙。他可以這樣作種種示現，就只有一個罩門無法突破，就是「唯於刀兵不得自在」；他雖然可以這樣示現，可是你若是拿了刀子冷不防用力砍他一刀，他還是會死掉。

從 世尊這句開示中，諸位應該可以看得出來，凡是示現有境界法的人，都是有問題的，因為他們都是無法經得起刀兵檢驗的。菩薩如果想要度人時，只會純粹就法論法，不會示現任何有境界法。很多人風聞廣欽老和尚有大神通，於是去找廣欽老和尚說：「我聽說你有通。」（台語）他回答說：「我有吃就有通。」他也不承認有神通。因為除非有必要，否則是不許示現的；所以他就只是為人講念佛法門，目的就是要度人學佛，不想表現神通。所以，如果哪一天你們遇到哪一個人示現大神通，你可得要小心了，先考他一考：你明心了沒？明心是明什麼？等而下之，要考他有沒有斷我見。如果講錯了，你就知道那個人最多只是有神通的凡夫，但世俗人會把他當作聖人看待。你們有智慧，當然就該能夠辨別。

這個被魔附身的人「自言是佛」，穿著俗人的衣裳接受出家二眾的禮拜。現在有沒有這種人呢？（眾答：有。）在哪一宗裡面？（眾答：密宗。）是西藏密宗嘛！藏密上師不管是出家人或在家人，出家二眾去跟他們學法時，同樣都要向他們禮拜；那些上師們個個都是凡夫，卻大剌剌坐在那邊接受禮拜，這都是有問題的！菩薩如果不是現出家相，他絕對不會接受你禮拜；你如果一定要禮拜他，他會側身說：「禮佛。」所以身著白衣，若不是在印證開悟時，也就是不在精進共修代表三寶時，他是不接受禮拜的。但密宗那些凡夫喇嘛們，既未斷我見，也沒有明心開悟，而且又是犯了邪淫重罪的地獄種性人，卻都是大剌剌地坐在那邊接受出家眾的禮拜。這就是法上有問題了！所以對於藏密上師們的作法，我都沒辦法接受。明明是個俗人，而且是犯了地獄罪的俗人，憑什麼受出家眾禮拜？他們連在家人都不如，因爲在家人沒有犯邪淫罪，他們都犯了，未來世不在人間了，還有什麼資格受世俗人禮拜？更別說是受出家眾禮拜了。但他們都有一番說法：「你來學密法，應當觀上師勝過三寶，所以四歸依中，首先要歸依上師、喇嘛，然後才歸依佛、歸依法、歸依僧。」但他們這個說法講得通嗎？那還能說是佛法嗎？該說是上師法、喇嘛法了。

這些藏密喇嘛們還會謗禪毀律，因爲禪宗所說的悟，他們都聽不懂；他們自稱已經成佛了，竟然連禪宗祖師才剛悟時所說的法語，或者種種機鋒，全都不懂；顯然是沒有開悟的凡夫，卻又要示現已經成佛，而且還自稱比釋迦佛的層次更高。這時他們當然要毀罵禪宗了。所以密宗喇嘛們一向都暗地裡毀罵禪宗的禪，是在近代才開始不再很嚴重地毀罵禪宗；也就是從諾那上師以及陳健民上師以後，才開始不罵的。當然密宗更要毀罵律宗了，因爲律宗常常指稱密宗說：「你們這些西藏密宗犯了出家律中的根本戒，你們既然出家了，還嚴重毀犯根本戒中的邪淫罪，死後會下無間地獄。」他們受不了，當然要罵律宗。所以他們根本不談顯教的律藏，另外施設了密宗自己的十四根本戒：如果受密灌以後，有一天不行雙身法，就是犯了重戒，死後要下金剛地獄。於是他們又新發明金剛地獄。不幸的是《楞嚴經》中極力破斥毀犯淫戒或邪淫戒，所以密宗絕對不認同《楞嚴經》，於是近代就有親近密宗應成派假中觀的人，假藉學術研究之名，宣稱《楞嚴經》是僞經。然而《楞嚴經》中的妙義，卻是可以使人實證眞如與佛性，也是可以依之修行而成佛的勝妙經典，連我都創造不出來，那些凡夫們竟然可以在讀不懂的情況下，直接否定《楞嚴經》，眞的荒誕。

而密宗喇嘛們，上從達賴，下至一般不入流的小喇嘛們，個個都敢毀謗《楞嚴經》；對於破斥邪淫邪教的善知識們，他們可都是「訐露人事不避譏嫌」的，所以對顯教中破斥密宗邪法的出家二眾，專作人身攻擊，他們根本就不避嫌。而這個被魔附身的人，嘴裡常常宣稱：「**我有神通，我是自在的。**」示現出很自在的大菩薩模樣來。有時又以神通力化現，讓人可以看見別的佛土；可是那個所謂的佛土，其實是「**鬼力惑人非有眞實**」；也就是用鬼道的神通力來迷惑人，化現出來的所謂佛土其實不是眞正的佛土，千萬不要被誤導而誤信。當魔這樣化現而使大眾信受以後，又開始老套了：「**讚歎行婬，不毀粗行；將諸猥媟以為傳法。**」

你們如果讀過陳健民上師的《曲肱齋全集》，在其中的事業部，妳們女眾讀了以後都會臉紅耳赤的，並且陳上師是極力讚歎「猥媟」的淫行，還說那是報身佛的境界，正是「**讚歎行婬，不毀粗行**」。在那裡面全都是把「猥媟」的貪淫等事情，當作是在傳法；所以密宗才會造出了雙身像，然後到山上隱密處建立密壇，叫人在外面看守著，不讓閑雜人等接近，喇嘛們就在裡面與好幾個女信徒們合修起雙身法來。在密壇中還得要擺個雙身佛像，一群密宗男女就在雙身佛像前行淫。如今就更簡單了，根本不必在山裡建立密壇，就在密宗的精舍中，不論白天或晚上，常常都有喇嘛與女信徒一一上床合修雙身法，只是那些密宗女信徒們的丈夫都不知道而已。這些其實都是「**天地大力山精海精風精河精土精、一切草樹積劫精魅，或復龍魅，或壽終仙再活為魅，或仙期終計年**

應死，其形不化他怪所附；年老成魔惱亂是人」，以台灣話來說，總而言之就是「妖精」。

總之就是附在草樹的鬼魅，或者龍魅，是龍壽盡了卻不肯重新受生爲龍，以神通力再度留在龍道中，成爲鬼道裡的龍魅。或者壽終仙，譬如以前修習練精化氣等法延壽，或者練外丹、內丹延壽，成爲仙人；本來壽命應該終了，但是由於修學仙術的緣故再活過來，然而不肯依受生因果重新受生，於是變成魅鬼。有的則是仙期終了「計年應死」，知道是在某一年就應該死亡的，但是死了以後「其形不化」，他的色身沒有腐化，就有別的鬼怪依附上來。正是這一些「天地大力山精海精」等一切妖精以及鬼怪所附的魔，附到這個人身上，弄出這些奇奇怪怪的事情來；總而言之就是搞怪，是「年老成魔惱亂是人」。

到後來有一天，「厭足心生」，因爲這些有爲法弄到後來，總是有一天會厭足，覺得反正就只是這樣而已，厭惡而滿足惱亂的心以後「去彼人體」，離開了被附身的人身；那個被附身的人就完全沒有威德了，再也籠罩不了人了，沒有人再信受他。這時只要有人提告，這個被附身而當上師的人，以及他的徒弟們，大部分人都要陷於王難之中。所以　佛又交代說：阿難啊！你們應該要先覺知在想陰區宇中會有這些情形，萬一發生時要趕快離開，就不會再入輪迴去了。如果迷惑不知的話，犯了邪淫戒，死後就會落到無間地獄中。

【「又善男子想陰虛妙，不遭邪慮；圓定發明三摩地中，心愛入滅，研究化性，貪求深空；爾時天魔候得其便，飛精附人、口說經法；其人終不覺知魔著，亦言自得無上涅槃，來彼求空善男子處敷座說法；於大眾內，其形忽空，眾無所見；還從虛空突然而出，存沒自在；或現其身洞如琉璃，或垂手足作旃檀氣；或大小便如厚石蜜；誹毀戒律，輕賤出家，口中常說『無因無果、一死永滅、無復後身及諸凡聖』；雖得空寂，潛行貪欲；受其欲者亦得空心，撥無因果；此名日月薄蝕精氣金玉芝草、麟鳳龜鶴，經千萬年不死為靈，出生國土，年老成魔惱亂是人。厭足心生，去彼人體；弟子與師多陷王難；汝當先覺，不入輪迴；迷惑不知，墮無間獄。」】

講記：「此外，善男子受陰已盡，住在想陰區宇中覺得很清虛微妙，不曾遭受到邪魔干擾的憂慮；在圓滿的金剛三昧所發明的定境之中，他的心中貪愛進入滅盡一切的境界中，開始深研探究幻化之性，因此而貪求深妙的空無境界；這時節天魔已經等候很久了，終於得到方便侵入的機會了，於是飛出精神依附於某人，在口裡演說各種境界相的經典妙法；而那個被附身的人一開始就不曾覺知已經被天魔附身，他也自稱已經證得無上涅槃，來到那位住在想陰區宇中追求深妙空無境界的善男子處，敷設座位而演說法義；那個人就在大眾之中，身形忽然如同虛空一樣，眾人都不能看見他；然後他又從虛空中突然而出現了，想要消失或存在都可以自由自在變化；有時又顯現他的身體透徹猶如琉璃一樣透光，或者垂下手足時放出旃檀的香氣來；有時則是大小便猶如濃厚而凝結的黑糖一般；攝受大眾以後就開始誹謗毀辱戒律，輕賤出家修習清淨行的人，口中常說『無因無果、一死永滅，死後再也沒有後身以及種種凡夫與聖位可說』；雖然他已經證得空無寂靜的世間境界了，卻率領大眾在暗地裡廣行貪欲；接受他而與他共行淫欲的人，亦會被他教導證得同樣的境界而誤以爲是證得空性心，然後就排撥一切因果，主張證得這個『空性心』時就不會受因果的限制；這種情形就稱爲日月薄蝕時的精氣導致金玉芝草、麟鳳龜鶴，經過千萬年修行以後不死而成爲精靈，出生在人間國土之中，年老成魔而來惱亂這個住在想陰區宇中的人。當這鬼魔的厭惡滿足心生起以後，離去了被附身者的身體；那時追隨被附身者學法的弟子們，就與他們的師父全部陷入王難之中；你們應當事先覺察這種事情，就不會進入輪迴之中；若是迷惑而不知這種岐路，跟著走入岐途，死後就會下墮無間地獄受苦。」

「想陰區宇」中的第九種魔擾，是說「受陰盡」的善男子，住在想陰區宇的清虛明妙境界中「不遭邪慮」；可是在圓滿的金剛三昧定中發起的殊勝三昧境界中，「心愛入滅，研究化性，貪求深空」。也就是心中貪愛最究竟寂滅的境界，想要進入最深的空虛境界中，所以他研究各種物性如何變化歸空，想要隨時隨地都可以變化色陰歸於空無。這時天魔發覺有機可乘了，所以派遣了魔眷，將精神飛過來依附於某一個人身中，就在那個人身中開始「口說經法」，使那個人顯現出好像已經深知經中法義的現象。而那個被附身的人始終沒有發覺自己是被天魔所附身，以爲是自己突然證得無上涅槃，所以就向大眾宣稱他已經證得無上涅槃了。然後那個人就來到正在深修如來藏金剛三昧的求空善男子所住的地方，敷設了法座就開始爲善男子說法。

當他在大眾中說法時，他的身形忽然變成空無而不見了，就好像傳說中的隱身術一樣突然不見了，卻還是繼續在說法，大眾只能聽到他的聲音；然後他又突然從虛空中變現出來，忽然有色、忽然無色「存沒自在」。他有時又把色身顯現爲空色一樣的透明，猶如琉璃一樣內外洞徹；有時候又坐在虛空中垂下手腳，讓大家嗅到他的手腳都有檀香或沉香的味道；有時候又示現小便或大便排出時，如同黑糖一般地甜。「厚石蜜」就是濃度很高而有些凝結的黑糖。石蜜就是黑糖，是把甘蔗汁煮乾了以後，本來是粉狀的，可是放久了以後受潮，就漸漸變成硬塊狀，如同石頭一般硬，所以叫作石蜜。

那個人被魔附身以後，竟然示現大小便如同濃厚的石蜜一般甜，當然也是有石蜜一樣的香味，這當然是魔以神通力變化所成的。這魔來附身時一定會搞怪，如果不搞怪，沒有人會信受他。當他這麼變上幾次以後，愚癡的眾生們就信受他了，大家都奉他為大善知識、大菩薩。當大眾都信受他以後，他就開始誹謗及破斥諸佛施設的戒律，並且輕賤所有的出家人。假使有人想要出家，他就苦勸說：「不要出家，出家不好。」可不像我一向反對還俗，都期望出家眾繼續保持出家身。但我也總是勸在家眾說：「悟了以後再出家，若是在證悟之前先出家，你就悟不了。」因為各大山頭都不可能幫人證悟，在他們那裡出家以後想要來正覺求悟時，還會受到各種阻撓；所以我總是勸大家悟後出家，幫忙住持正法。然而天魔最怕證悟的出家人多了以後，會使他的欲界魔眾越來越少，所以就勸人還俗，不要出家。

不但如此，而且他在口中還常常說：「無因無果，一旦死了以後就永遠都滅盡了，什麼都空掉了，也不可能還有後世之身領受苦樂報。死後既然滅盡了，修行證得聖果也沒有用，因為斷滅以後就沒有凡聖可說了。」他故意誤導別人說：「死了以後就全部斷滅空無，還有什麼凡夫、聖人的分別呢？」故意這樣撥無因果，使人落在斷滅見中，共同用斷見來傳法。他們雖然嘴裡宣稱已經得到空無寂滅的境界，實際上卻是使人不怕因果而在背地裡不斷地貪求淫欲。

藏傳佛教不都是如此嗎？嘴裡總是說他們全都證得空性了，證得寂滅境界了。然而他們的寂滅境界，是說貪欲時的樂受空無形色，所以是證得空；是說貪欲中的覺知心專心領受淫欲中的樂觸，而這時的覺知心一心不亂都無妄想，所以是證得寂滅；這樣口中宣稱證得空寂、住於空寂，實際上卻是暗地裡夜夜廣行貪欲。但他們這樣子說的空與寂滅，並不是佛法中講的空與寂滅。佛法講的空是五蘊皆空、諸法皆空，也是說如來藏離六塵而無所得，不觸六塵諸法所以空寂。密宗講的空，卻只是在貪欲的樂受中沒有物質，所以叫作空，這根本是強辭奪理，完全不是佛法中所說的空。

密宗講的寂滅，只是覺知心中離語言文字妄想，就稱爲寂滅了；然而佛法中講的寂滅，卻是遠離六塵而不在六塵中，才是眞寂滅，二者完全不同。所以密宗口中說證得寂滅了，實際上並沒有寂滅，只是語言上說的寂滅；因爲不是眞寂滅，因此他們暗地裡依舊不斷在追求貪欲。就像宗喀巴所說：初喜不應滿足，應求證第二喜；第二喜不應滿足，應求證第三喜；第三喜也不應滿足，應求證第四喜；第四喜是全身都充滿了淫欲中的樂觸。但宗喀巴還是不滿足，還要每天十六個小時都抱著女人交合而常住在性高潮中。那豈不是大貪嗎？可是當你告訴他說：「你們這樣是大貪，是貪欲極重。」他卻會回答你說：「這個大貪不能除，除了就不能成爲報身佛。」我絕對沒有毀謗他，他在《密宗道次第廣論》中確實是這麼寫的，在《菩提道次第廣論》的止觀中，也這樣引導學人走向這種大貪境界。所以藏傳佛教一天到晚攻訐我，卻不敢討論我所說的密宗雙身法到底是不是佛法，也不敢討論雙身法的成佛道理是否正確。藏傳佛教現在都是在網站上化名不斷地謾罵：「蕭平實是十大外道之一。」但是爲什麼都只能這樣亂扣帽子而不敢針對法義提出來討論呢？所以說密宗的雙身法，其實都是魔所說的法義，完全不是佛法。

上週講到「雖得空寂，潛行貪欲」。接著說：「受其欲者亦得空心，撥無因果；此名日月薄蝕精氣金玉芝草、麟鳳龜鶴，經千萬年不死爲靈，出生國土，年老成魔惱亂是人。」這一段經文是說，上面所說的那些示現奇異境界的師父，是被魔附身的人；而跟隨他修學的人，接受了他的說法以後，同樣認爲一切法皆空，所以對五欲六塵雖然也知道應該遠離，但是到最後仍然被魔所附身的上師轉移，漸漸又轉入貪欲之中來。轉入欲界的貪欲以後再解釋說：「男女雙身合修的欲界五欲覺受空無形色，就是空性；而且正在五欲中領受五欲覺受的覺知心，一樣無形無色，所以也是空性。這樣就是證得雙重的空性，就是具足開悟佛法說的空性。」這正是藏傳假佛教的說法。因爲這個緣故，認爲盡未來際之中，如果還有什麼境界受時，一樣也是空。一切皆空的緣故，就變成無因無果；妄說領受苦受時是空，領受樂受時也是空，所以一切法空；既然一切法空，就沒有因果可說了。因此他們就認爲所造作的一切善惡都是無因無果，這就是「撥無因果」。

這一類魔，是因爲日蝕月蝕的時候，依附於金玉芝草上面的鬼道有情吸取了精氣而成精，年老成魔來惑亂人。或者是久年修行的麟鳳龜鶴等有情，在每次「日月薄蝕」時吸取了精氣，經過千年萬年不死以後，已經成就自己的靈氣，所以出生在國土中；又繼續修行，「年老成魔」才能來惱亂這些人。當他們惱亂夠了，心中漸漸生起厭心，過了一段時間以後厭心滿足了，於是離開那個被附身的人體。當魔離開以後，原來被附身的人就沒有神異境界了，所以眾生們都不再相信他了，以前受害的人就敢去官府告發。被告發以後，被附身的人以及他的弟子們，大部分人都要陷於王難而被官府所拘繫。佛陀交代阿難菩薩說：你們應該在事情尚未發生之前，就能覺知住於「想陰區宇」中，會有這樣的魔境出現，就不會被誤導而誤入歧途，不會退轉而下墜於三惡道中繼續輪迴。如果不能事先知道這種魔境，將會被誤導而造下惡業，於是將會落入無間地獄中受苦。

（想陰區宇第十種魔事：）

【「又善男子想陰虛妙，不遭邪慮；圓定發明三摩地中，心愛長壽；辛苦研幾，貪求永歲；棄分段生，頓希變易細相常住。爾時天魔候得其便，飛精附人、口說經法；其人竟不覺知魔著，亦言自得無上涅槃，來彼求生善男子處敷座說法；好言他方往還無滯，或經萬里瞬息再來，皆於彼方取得其物。或於一處、在一宅中數步之間，令其從東詣至西壁，是人急行累年不到；因此心信，疑佛現前。口中常說『十方眾生皆是吾子，我生諸佛，我出世界；我是元佛，出生自然，不因修得。』此名住世自在天魔，使其眷屬如遮文荼及四天王毘舍童子未發心者；利其虛明，食彼精氣。或不因師，其修行人親自觀見，稱『執金剛與汝長命』，現美女身、盛行貪欲；未逾年歲，肝腦枯竭，口兼獨言，聽若魅魅。前人未詳，多陷王難；未及遇刑，先已乾死；惱亂彼人，以至殂殞。汝當先覺，不入輪迴；迷惑不知，墮無間獄。」】

講記：「此外，善男子受陰已盡，住在想陰區宇中覺得很清虛微妙，不曾遭受到邪魔干擾的憂慮；在圓滿的金剛三昧所發明的定境之中，他的心中貪愛長壽不死；就辛苦地深研一切方法，貪求永遠不死而常住於人間無量歲；有時則是棄捨分段出生的五陰，想要在一時之間就希求得到變易不斷的五陰細相常住於人間；天魔等候很久了，這時終於得到方便侵入的機會了，於是飛出精神依附於某人，在口裡演說各種境界相的經典妙法；而那個被附身的人一開始就不曾覺知已經被天魔附身，他也自稱已經證得無上涅槃，前往那位住在想陰區宇中追求長壽永歲的善男子處，敷設座位而演說法義；總是喜歡說他可以隨時去到很遠的其他地方，即刻又回來原處而不會有所停滯；或者經過萬里之遙而在很短時間裡就回來了，全都在所去的遙遠地方取得那裡的信物回來作證。或者有時在同一處、在同一個房子的幾步之間，教令他的隨從等人從東邊走向西壁，而這些人急步行走一年也都不能到達；因此而在心中生起大信心，懷疑是佛陀現前示現神通。這種魔所附身的人，口中常說『十方眾生全都是我的兒子，我出生諸佛，我也出生世界；我是根本佛，我這種能生是自然而有的，不是因爲修行而獲得的。』這種情形就稱爲住世自在天魔，驅使他的眷屬譬如遮文茶及四天王毘舍童子之中尚未發起菩提心的人；以他們的神通力來幫助修行者獲得虛明的境界，然後誘引大家行淫而食用大家的精氣。有時則不是因爲上師的加持，而讓修行人親自觀見魔所化的金剛不壞身，然後宣稱是『金剛手菩薩賜給你長命』，又示現爲美女的身體而與修行者熾盛地廣行貪欲；被迷惑者還沒有到達年老的歲數，就已經肝腦枯竭而衰弱不堪了；同時也會口中喃喃自語，聽起來就好像魅魅的聲音一般。面對這種魔的人們都不知道魔的底細，跟隨學法以後大多陷入王難之中；有很多人則尚未遭受到刑罰之時，身體就已經先乾枯而死亡了；這就是魔來惱亂這個住在想陰區宇中的人，以至於使這個修行人提早死亡而無法繼續修行了。你們應當事先覺察這種事情，就不會被引誘而進入輪迴之中；若是迷惑而不知這種歧路，跟著走入歧途，死後就會下墮無間地獄受苦。」

這位善男子受陰已盡，住於「想陰區宇」中，這時他住在想陰範圍的虛妙境界中，在圓滿的金剛三昧所發明的三昧境界中，心中貪愛長壽，想要永遠住在眼前的「想陰區宇」虛妙境界中。爲了要使眼前的「想陰區宇」境界可以常住，他開始辛苦從「想陰區宇」中加以研究探求更微細的部分，「貪求永歲」貪求永遠不死。他妄想要棄捨分段生死，可以快速改住於變易生死境界中；也就是想要略過長久的修行時程，想要頓時住進遠離分段生死的變易生死境界中，想要讓他的「變易細相常住」。「變易細相」就是「想陰區宇」中的境界，他希望在「想陰區宇」中的虛妙境界的能知能覺微細相，可以長時間安住而不會斷滅，這就是愛著微細想陰的境界，表示他還沒有破盡想陰習氣種子。

當他心中生起這種希望時，天魔知道有機會了，所以「候得其便」，就派遣了魔的眷屬去尋找一個容易附身的人而「飛精附人」，就附在那個人身中，在那個人口中開始講說經法。如果這個善男子沒有「貪求永歲」，沒有想要在「想陰區宇」的勝妙境界中常住，也沒有想要速得想陰中的「變易細相常住」，天魔就不會派遣眷屬找人附身來爲他說法。正因爲他心中有這種貪求，所以天魔派了魔眷屬找人附身，來對這個「貪求」想陰微細境界「永歲」常住的人說經論法。這個被附身的人也是不曾覺知有魔附在他身中，當他來到這個善男子面前，敷設法座以後就告訴這個修習金剛三昧的善男子，宣稱自己已經證得無上涅槃，就爲「貪求永歲」的善男子開始說法。

這個被魔附身的人說法時，常常喜歡說他可以在十方世界隨意往還，都沒有滯礙。或者有時在物質世界中，遠至萬里之外，他也可以在瞬息之間往返；

為了讓別人相信而不起懷疑，所以遠到他方之時，也都在那邊取回某一種物品作為證明。比如有人為了檢驗他，聯絡在很遠處的親友，約定了信物，然後請他當場前往取回那個物件；這個人果然很快前往取回來作證，以這種方法徵信，讓大眾對他完全信受。

有時則是在一個固定的地方，或者在一間房子之中，只是短短的幾步路之間，請一個人親自體驗：讓這個人從這一面牆邊走到對面牆邊，不過八、九步之間，他竟然走不到；於是越走越快，走了很久，始終走不到。由於這個緣故，大眾就相信被魔附身的人是大菩薩。於是他所說的法，大眾全都信受；甚至於心中懷疑這個人是佛陀親自來這裡示現。而這個被魔附身的人，在講經說法時常常會這樣說：「十方眾生都是我的孩子，我出生了諸佛，我還出生了世界；我是根本佛，出生了一切自然事物。而我能夠出生一切佛、一切孩子、一切自然事物的能力，都是本來就能夠這樣，不是修行得來的。」所以誰都不可以要求他傳授這個功能，他也不必教導大家證得這種能力。

這種說法，我想有許多人都聽過，特別是在一貫道中。以前一貫道的書中常常說：「元始天尊是最高的神，但一樣是老母娘所生。乃至諸佛也都是老母娘所生的，將來都要收歸老母娘。」他們叫作老母娘，也創造一個字代表老母娘，就是中央的「中」字，在兩邊的框框中各加上一點。比較早期的一貫道還有一本書，叫作《道鐘警明》，不曉得有沒有人讀過？請舉手！果然有人讀過。第三講堂有沒有人讀過？沒有。第二講堂呢？你們有沒有人讀過？請舉手！有一位；好，請放下！那已經是很早期的事了，大約是二十幾年前一貫道大量流通的書。他們在書中說：十方諸佛是老母娘所出生而放出去的原人，所以都是她的孩子。有時又說所有眾生都是老母娘所出生的，所以都叫作原人，將來三期收圓時要收歸老母娘。其實這種理論在古時就有了，禪宗也有一位悟錯而落入意識境界中的圭峰宗密，不是也寫過《原人論》嗎？所以原人的說法不一定是一貫道創造的；而各種宗教都可以有自己的說法與教義，我們就不必討論它。但是一貫道要把所有眾生都收歸老母娘，是一神教的說法；而老母娘出生一切有情的說法，也是近代一貫道同時擷取的一神教的說法，只能說是外道見。

但這種說法並不只有一貫道中才有，喇嘛們一樣有這種說法。喇嘛的說法總是不斷在演變的，演變到後來還說釋迦牟尼佛是金剛持佛所化現的；卻沒有想到自己以前說的是「**釋迦牟尼佛滅了以後化現金剛持佛來作密教主，宣說釋迦牟尼佛時代沒有講過的密法**」，所以藏傳佛教所說常常前後自相顛倒。因此說，凡是主張某神可以出生諸佛或諸有情，說某神就是一切有情的大我，那都是外道見。因為法界實相的親證以後，所能觀察出來的萬法根本就只有一種，也就是每一個人各自唯我獨尊的如來藏阿賴耶識，也就是異熟識或佛地的無垢識，全都是唯我獨尊而不從他生。並且各人的五陰都是由各自的如來藏出生，不由別人的如來藏或由天神所出生。而一貫道與藏傳假佛教的說法，主張有情的本際是被他人出生，未來還可以再合併回去，那就違背《心經》的宗旨了。密宗又常常主張說：要觀想自己死後化成光明，稱爲子光；然後要跟所觀想出來的 阿彌陀佛或是某某佛的光明合併，佛的光明稱爲母光。這樣一來，又變成實相是有增減而非不增不減的了。

西藏密宗如此，一貫道的說法也曾經如此。既然《心經》說不增不減，一貫道卻說是由老母娘出生一切原人，所以三期圓滿之後還要收歸老母娘；那麼老母娘顯然是與一神教的上帝一樣閒著沒事幹，覺得無聊，所以出生了無量無邊的眾生在人間鬼混；然後老母娘和上帝放不下自己創造的眾生，於是常常在關注這些被他們出生的眾生，所以上帝與老母娘都是情執深重。這樣的老母娘與上帝也未免太無聊了！無緣無故出生了眾生在人間受苦以及造業，所以眾生的苦都是來自老母娘與上帝；原來他們眞是居心不良，故意生了人類在人間受苦。話說回來，眾生既然是他們創造出生的，無中生有，又是從他們身中分靈出來，本歸他們的一部分；那麼眾生在人間造業時，所有惡業也該由他們共同負擔才對；但他們卻說眾生造了惡業，他們還要審判下地獄、永不超生。這意思是說，他們分靈出來成爲眾生以後，這些眾生卻要被他們判刑受罰，那不是在處罰他們自己分出去的靈嗎？這算是什麼宗教理論？眞是講不通的歪理。

只有閑著無聊的人，才會特地生了孩子去受苦，然後再收歸自己身中，也許可以說是寡婦排遣夜晚無聊時間的手法吧！譬如古時很有錢的守寡女人，在古時的中國想要混個貞節牌坊其實很難，是從年輕就開始守寡，獨自扶養孩子長大，並且孩子後來也有成就，這得要守寡四、五十年才能混到貞節牌坊。可是守寡眞的很辛苦，在養育孩子長大以及長大後的幾十年中，她們眞的不容易熬過來。她們又是怎麼熬過來的呢？有許多人是晚上睡覺前，準備五十個銅錢；睡前把燈吹熄了，就把銅錢往地上撒出去，然後要把五十個銅錢全部在黑暗中找齊了，才能上床睡覺。在烏黑的暗夜地上獨自摸齊了五十個銅錢時，天也快要亮了，正好累了就睡著了，不必爲思念死去的丈夫而難過；她們每夜都是這樣來守節的，守到老了才能有一個貞節牌坊，而那些銅錢就是打發日子的工具。

一貫道的老母娘與一神教的上帝不也一樣嗎？日子閒著難過，覺得無聊難混，於是異想天開，就生出很多的原人，從自己身中分靈出去輪迴生死，就好比把那五十個銅錢在黑夜中撒在地上一般；然後再一個一個辛辛苦苦度回來。如果沒有度完，上帝與老母娘就不許休息；等到放出去的人類都度完了，就如同把那五十個銅錢都找齊了一般，那時天也快要亮了，上帝與老母娘就可以休息了。這樣說來，上帝與老母娘可不是跟中國古時的寡婦一樣嗎？所以我說他們是閑著無聊，爲了排遣時間而自找麻煩。所以他們的說法是有很多漏洞的，因爲從自己身中分靈出去以後，再來度化或判刑，正是在度自己或判自己的刑，這不是天下第一等荒唐事嗎？

如果眾生在眼前已是各自獨立的，造業也是各人獨立造業，所以一切善、惡業種也都由各人的心獨立收存與受報，就不該說是由上帝、老母娘分靈出去。如果將來應該與上帝或老母娘合併，那麼他們的靈就是可以分割與合併，就是生滅法，不是常住法。如果可以收回合併，怎能叫作不增不減？那麼一貫道教人也要背誦《心經》，要學習佛法中的不生不滅、不增不減正理，又是什麼意思呢？而且分出去的五陰與己靈，造了善惡業以後再回來合併到上帝或老母娘身心中，是不是他們得要承擔眾生所造的一切善惡業？造善業也就罷了，偏偏由上帝或老母娘分出去的靈，竟然還會造惡業，可見他們的靈是不清淨的，就是染污而不是本來清淨的心；不淨的心又如何有能力創造眾生而分靈出去呢？而他們竟然也願意將造了惡業的眾生收歸自己，使自己的身心繼續染污，這也是很愚癡的行爲。所以我說他們是無聊，閑得荒，才會妄造這種無聊事，如同中國古時富有的老寡婦一般無二。所以，不論是誰，當他們主張說：**「十方眾生皆是吾子，我生諸佛，我出世界。」**全都是虛妄說。如果宣稱自己是元佛而出生了諸佛，顯然是對諸佛三身正理不曾理解，才會講出這樣的話。因此密宗的上師或喇嘛們所說的某某佛、某某菩薩降生人間，或是降神在沙盤上寫了一些所謂的佛法，往往是「住世自在天魔」的眷屬化現的，大多是幾個人配合演出的。天魔爲了要跟修學佛法的眾生擾亂，所以派了「遮文茶」以及四王天中四大天王徒眾中尚未發菩提心的「毘舍童子」，來人間幫助善男子們增長虛明境界，取信之後再誤導他們「盛行貪欲」，藉機「食彼精氣」。「遮文茶」就是鳩槃茶，「毘舍童子」就是毗舍遮鬼，即是食精氣鬼。密宗供奉的所謂佛菩薩或大護法神，其實正是這一類鬼道有情；都是「遮文茶、毘舍遮」一類鬼道有情，最愛食人精氣，當然會與密宗的雙身法相應。

西藏密宗所供奉的許多護法神，其實都是鬼神。聰明人只要一看見了，都知道這種鬼神最好別親近；送都送不走了，竟然還有人想要請回家供養，眞的很愚癡！密宗所供奉的那些鬼神眞是奇形怪狀，胸前是用人類顱骨串成的項鍊，手中還拿著死人的頂蓋骨盛著人類的鮮血，另一手拿著眾生血淋淋的腸子，下身圍著虎皮裙，然後以這種不淨物作爲飲食，根本就是很低級的鬼神。雕成這類鬼神的像而廣作法事請鬼神進來，還要以不淨的屎、尿、酒、淫液、鮮血來供養。有智慧的人從那些神像的裝飾物，所穿戴的動物毛皮以及供品中，就已經知道密宗其實已經很明白地告訴你：「我們密宗供的就是鬼神，你們願意信受而且要請回去供養，那麼你們就得要認命。」一切有智慧的人都選擇遠避，只有沒智慧的愚人才會誠心誠意請回家供養。

眞正的佛菩薩會領受這些不淨物的供養嗎？且不說諸佛菩薩，單說一般正統宗教裡的神祇，那些不淨的供物，早就把所有天神熏走了，還會留下來受供嗎？凡是正教中的神祇都不願意接受這類不淨物的供養；如果有人把他們呼召前來以後，卻以這類不淨物上供，那些神祇一定會覺得受到侮辱。凡是喜歡受不淨物供養的，當然都是層次很低的不清淨鬼神；可是密宗的大部分信徒根本不懂，依舊歡歡喜喜請回家去。這些不清淨的鬼神請回家以後，家裡遲早都會出問題；等到後來確實出問題了，想要送也送不走；強力把鬼神的雕像送走了，鬼神還是繼續留在家中不停地搗蛋，沒完沒了。所以眞正學佛的人，要盡量遠離鬼神，別招請密宗那些鬼神回家，自己沒事惹來麻煩。

我這次去台南演講，也遇到一個穿著短褲、胖胖的男人，堅持說要見我，而我正在忙。後來排出時間與他談話，知道他是被鬼神抓去當乩童，而那個鬼神始終不肯放棄他。而且在他當乩童的過程中，那鬼神也都沒有幫他排難解紛，只想要利用他；當然就使他家庭離散，事業也受到損害。那鬼神每天都抓著他要辦事情，卻從來不肯幫他照顧家庭與事業；他得要自己謀生，還得要接受鬼神從早到晚附在身上，每天要爲鬼神辦事；弄到他精神恍惚，事業也受損害，最後連職業都丟了，於是妻子也無法接受而離去了；留下孩子還小，他也得要撫養，於是生活陷入窘境。

據他自己說：「我以前在辦事時，信徒比你們今天還要多。」當時我們台南講堂來了三百多人，所以他的意思是說，當時他的信徒不只三百多人。但是弄到今天事業丟了，妻子離去，他要獨自照顧孩子，又該怎麼辦？他自己也沒辦法，又沒有人能幫他解決；先後找了好多善知識指導，始終都沒辦法改善。這種情形就只有一個方法可以改善，諸位記在心中；將來遇到有人出現這種狀況時，就可以教導他們解決問題；但是不要在宮或廟裡教他們，要把他們約在外面密室裡教導。千萬別在露天之處說，一定要帶到屋子裡，請門神擋住鬼神，不讓鬼神跟進來聽。否則鬼神一定會怪你：「你敢管我的事情，咱們走著瞧！」那你可就倒楣了！雖然我們要幫助別人，但要記得先保護自己。

那麼要怎麼教導他們呢？要作兩件事：第一、要他自己先不要喜歡被對方附身時所產生的境界，第二、教他祈求 觀世音菩薩，要持唸大悲咒。如果再有鬼神來附身，立刻持誦大悲咒，要大聲地唸誦出來，鬼神就只好離開了。有時如果鄰居是民間信仰，常常請鬼神來降乩，幾乎每夜都在辦事；特別是有些鬼神降乩附身時，非常吵鬧，影響你靜修。每一次只要看到他們請了鬼神來，小神轎開始晃起來，正在請神時，乩童也開始配合，有一點附身的現象，你就把大悲咒持誦起來，於是鄰居請來的鬼神就無法停留附身了。每一次有人在你家附近請神時，你就小聲誦大悲咒，那乩童經歷過幾次無法起乩以後，只好說：「這個地方磁場不好，沒有辦法起乩。」以後就不來了，你也就樂得清靜。也有師兄說：「我們的總持咒很好用。」因爲每當有人快要起乩時，他就在那個人背後持誦正覺總持咒。於是那個人無法起乩了，抱怨說：「奇怪？今天怎麼沒有辦法起乩？」

除了教導他持誦大悲咒以外，還要教他禱求 觀世音菩薩排解；一般而言，事情都應該會解決。所以說，鬼神最好是少惹，只有三寶是吉祥的。如果是正神，也都不會強行留難信徒；以道教爲例，凡是由玉皇上帝敕封的那些大帝、上帝等正神，譬如保生大帝、玄天上帝……等正神，都是有正式誥封的；假使有一天誰不想再供奉了，可以把神像送回廟裡，作了最後的供養和祝禱以後，說明不想再供奉的原因，正神都會自動離去，不會找麻煩，這就是正神和鬼神的差別所在。因爲正神是歸忉利天所管的天神，心地正直，不會爲難眾生。除此以外，千萬不要隨便請鬼神回家供奉，因爲「請神容易，送神難」。

還有就是多聞天王等四大天王手下所差使的夜叉眾、毘舍遮，又叫作「毘舍童子」。毘舍童子之中，有人已經發心成爲佛弟子，但沒有辦法來人間學佛，就發心當護法神，這就是已發心者。如果是「未發心者」，就不歸依三寶，不信佛法，有時會向佛弟子擾亂。這些毘舍童子聽從天魔的命令，會來擾亂修學佛法的人。未發心的毘舍童子和遮文荼，都屬於夜叉類。他們會「利其虛明」，也就是會幫助住在虛妙的想陰境界中的人，幫助過了以後再漸漸拉回欲界境界中。這些夜叉眾因爲處於欲界天境界中，可以和想陰境界相應，所以會以神通來幫助善男子，在「想陰區宇」中使定境變得很清虛明淨。但是接著就會漸漸誤導善男子，對欲界五塵生起貪求而引向淫欲境界中。當這個人貪求欲界中的淫欲了，在流出淫液以後他們就可以「食彼精氣」。這些鬼神夜叉都以精氣爲食，精氣是他們認爲世間最妙的食物；而遮文荼、毘舍童子之中，凡是未發心的就會作這種事情。

等到住在「想陰區宇」境界中的修行者，主動起貪以後，有時就會自己遇見所謂的金剛勇父，宣稱：「我是執金剛者，可以給你獲得長命。」對於貪欲的女眾，就以男身來與她交合，獲得她的精氣；若是遇到貪欲的男眾，就示現爲美女的身形，與那個貪欲的男眾「盛行貪欲」。這樣子每天日夜都廣行貪欲持續不斷以後，那夜叉就每天日夜都可以「食彼精氣」；於是還沒有滿一年，被利用的男女已經「肝腦枯竭」了。既然「肝腦枯竭」了，精神不濟以後就「口兼獨言」，也就是嘴裡老是自言自語講個不停；別人聽起來，就好像是鬼魅妖精在說話一般，所以「聽若魅魅」。

如果住在想陰境界中，有時遇到美女來的時候，要小心那就是密宗所說的「空行母」，其實就是空行夜叉一類。密宗行者所見的空行母或空行勇父，其實都是夜叉、羅剎化現的。當然他們不會以夜叉身相、羅剎身相示現，當然化現爲執金剛神的像貌，就是密宗說的空行勇父。剛開始化現爲執金剛神時，會讓人覺得他很清淨，然後就說：「**我是執金剛神，能給你長命。**」也就是可以使人長命百歲、千歲。正好因爲這個善男子「**心愛長壽**」，他就教導應該如何修練寶瓶氣；然後又教導觀想中脈與明點，又教導明點如何升降，練到可以上下控制自如，然後教導用這個功夫來控制精液不會漏洩。其實這些理論都只是虛晃一招，根本目的只是藉此建立一個理論，讓相信的人遵循修習，然後說：「**最後得要實修雙身法，才能成就。**」於是他就開始「**現美女身**」了，接著當然就是「**盛行貪欲**」。

宗喀巴《密宗道次第廣論》說要「每日八時而修」，每天都要以八個時辰也就是十六個鐘頭，與女信眾努力合修雙身法。除了吃飯、睡覺、大小便利以外，所有時間都要在雙身法上用功，宗喀巴說這就是「常」樂。但這不正是「**盛行貪欲**」嗎？宗喀巴不但說要每日八時而修，他說的其實是「**每日八時等**」，「等」的意思是說：每月、每年、每一世中的每一天，都要如此長時間修行雙身法的樂空雙運。然後又說：「**這時其實是可以放出白明點、紅明點的，只要能再收**

回身體中，就不會影響健康，也不算有貪心。」白明點是指男性的精液，紅明點是指女性的淫液。密宗說，只要流出以後能再吸回身中，即使放出了精液，仍然算是無貪，也不會損失精氣。

但這其實是古今一大騙局！貪愛雙身法就已經是貪欲了，還說沒有貪欲不因爲有沒有流出或能不能重新吸回身中，而判定爲有貪或無貪，只要有淫觸就是生貪的行爲實現了。而他們說的吸回身中，如今我把這個騙局拆穿了，我把這個部分寫在《狂密與眞密》第四輯中說明。我說的是：他們自稱吸回身中以後，是吸回原來的處所；其實都是吸入膀胱裡去，等一下還是要跟尿液一起排掉，所以都是騙人的說法。所以吸回的功夫練成了以後也是沒有用處，還是一樣損失精氣了，因爲終究要隨同尿液排掉。這是古今一大騙局，騙了多少學習密宗的人陷在其中，可是有誰知道呢？所有知道內情的人都不敢說，今天我大膽捅了這個全世界最大號的馬蜂窩，把它寫出來。

密宗所有人，針對這一點，根本無法提出任何實證或者理論上的證據來辯解。因爲實際上能吸回身中去的人，在西藏密宗的喇嘛之中，一千人中都還找不到一個人能夠吸回身中；縱使眞的找到有一個喇嘛能夠現場表演，證實他有能力吸回身中，而那唯一的喇嘛，其實也知道我說的都沒錯：吸回身中時是吸入膀胱中，根本就不是原來的地方，等一下尿急了還是一起要排掉呀！這其實還是損失了精氣。依密宗自己私自施設的十四根本戒，能吸回身中的人仍然逃不了十四根本墮，還是得要依他們自己私自施設的密戒下墜金剛地獄中（其實三界中根本沒有金剛地獄）。所以每天流出再吸回身中去，其實還是每天損失精氣，沒有誰是能夠保持完整無失的。所以一切練成吸回身中功夫的男性密宗行者，就每天每夜都被空行母，也就是母夜叉吸取精氣；還以爲自己功夫很行，每夜行淫都沒有損失精氣。

這樣每天夜以繼日流出再吸回的結果，其實還是在每日每夜快速流失精氣，於是「未逾年歲」就「肝腦枯竭」了。表示這個人還沒有到達年老的歲數，就已經精神耗弱了。當他精神耗弱時，自己就不能作主宰了，再也作不得主了！於是在色身消瘦入骨，而且沒有精神可以作主的情況下，就被附身的鬼神控制了；而那個被鬼神附身的人，最後連自己也一樣「肝腦枯竭」而同樣精神耗弱，體力不支，如同精神病患一般喃喃自語，所以「口兼獨言」；那時他說出來的言語，往往只是鬼神假藉他的色身在說話。而那個言語的聲音聽起來就好像「魃魅」，因爲都是鬼類講的話，不是他自己的聲音。所以往往一個大男人被鬼魅控制以後，說出來的卻是夜叉母、羅刹母的女聲，音調總是尖尖地；如果是女眾被雄鬼「勇父」附身控制了，就說出粗糙的聲音來，所以「聽若魃魅」（喇嘛們恐怕夜夜精修雙身法會「肝腦枯竭」，所以在與女信眾合修雙身法之前與之後，大口吃肉、喝紅酒，每天吃得飽飽的，肚裡塞滿了酒肉）。

到這時，所有跟著被附身的上師而在傳授密法的上師，因為一起「盛行貪欲」而破壞別人的家庭，一旦被人告發以後，官府就來抓人，於是「多陷王難」。當這些人有魔附在身上的時候，有鬼神的威德，大家都不敢去告官。但是魔所附身的人已經被魔所控制，無日無夜不跟徒眾「盛行貪欲」，使得鬼神魔可以「食彼精氣」；時日漸久以後，「肝腦枯竭」而無法有充足的精氣讓鬼神受用了，鬼神魔就離去了；他再也無法恐嚇或籠罩任何人，於是人家就會去告官，指稱他們妨害家庭以及犯了通姦罪。這些人才剛剛被官府抓了去，「未及遇刑」，都還沒有被刑罰或判刑，他們的身體就已經先乾枯而死掉了。

台灣這十幾年來密宗大為風行，大陸也是一樣（編案：這是二〇〇三年六月所說）。大陸今天的佛教，說難聽一些，百分之九十是西藏密宗；因為顯教在文革時期已經被破壞得差不多了，文革之後西藏密宗趁虛而入，積極弘傳起來，所以大陸目前的佛教，十分之九是西藏密宗。我聽說，最近有一個密宗喇嘛被公安抓去，因為人家告他妨害家庭。以前大家都誤以為密宗的喇嘛、法王是如何神聖，公安人員不免會有一點忌憚；現在《狂密與眞密》開始流通了，也已經上網了，如今有很多人可以閱讀。這樣一來，大陸政府和公安單位也都知道密宗是邪教；而密宗喇嘛所謂的大神通，原來也都是騙人的；他們所謂的成佛之道也不是佛法，原來也都是假的。底牌掀開了，大家都知道了，所以現在只要有人去告，立即就抓人。因此大陸西藏密宗的索達吉喇嘛，聽說他氣死我了，每天在網站上不停地罵我。剛剛還看到一本書，原來他印書出來罵我，幫我作廣告。

這就表示密宗的行者都很沒智慧，明明是魔所化現而說出來的邪法，可是他們都不知道那個本質，根本就不曉得什麼是正法、什麼是邪法。密宗的所有法門與理論，其實都是古時魔所傳授下來的，但是他們都沒有智慧加以分別，於是就一代又一代不斷傳下來，都被誤導了還不知道。不過我聽說現在大陸有少數喇嘛，開始有在轉變。他們剛開始都很生氣，現在反而來要我們的書，開始轉變，承認他們密宗的法義錯誤。目前雖然還是極少數，但是幾十年以後應該慢慢會變成多數；因為他們如果不轉變，將來遲早都會被佛教界淘汰；而現在訊息流通很快，我們的書也將會源源不絕地送過去，保護大陸的女性不要再被喇嘛們性侵害；也保護大陸的男人，不要被喇嘛們暗中戴了綠帽子。

我們這樣把正知正見傳布出去的結果，無可避免地會有兩件事情發生：第一、就是政府會開始禁止和密宗有關的書籍，所以大陸現在關於喇嘛教的密宗書籍似乎已經不許再流通了。但他們不能分別哪些是破斥密宗的書，哪些是弘揚密宗的書，只會一體查禁，所以我們寫的揭發密宗邪謬的書籍也被一併查禁。第二、密宗的信徒會損失一些。因爲如果人家問起來：「你學佛是學哪個法門呢？」他們的信徒如果回答說：「我學西藏密宗，藏傳佛教。」可是我們的書籍流通多了以後，當他們在回答時，心裡總是會覺得：「他會不會認爲我是在修雙身法？」因此以後應該會有比較多的人，不太願意承認是在修學密宗了，那麼密宗的信徒當然會漸漸地流失。大家最後會這樣想：「既然密宗的法義不對，我還繼續留在密宗裡，我是在幹啥呢！」信徒當然會流失，所以他們得要轉變，慢慢要回歸到顯教正法中來，所以索達吉才會對我那麼生氣，特地花錢爲我出書。但是密宗行者遲早都要轉變的，否則就沒有活路；而他們的轉變過程，可能需要幾十年、二百年，才能看到顯著效果。我們就藉著台灣言論自由的環境，把對佛教蠶食鯨吞的密宗外道，從佛教中趕出去，讓佛教學人全部回歸到正統佛教般若的眞實義來。

其實以我個人的看法，我認爲唐密（或者東密）在最早期，應該也有證悟的人，因爲他們的主要經典中，也有一部確實是眞密的如來藏妙法《楞嚴經》。但是唐密應該也有雙身法，因爲唐密的根本經典還是與西藏密宗一樣，同樣是《大日經》；而《大日經》中弘傳的法義，正是雙身法的理論與意識境界。但是眞密的如來藏法，在唐密中一定早就失傳了，只剩下如來藏名詞的表相了！

而顯教中也帶有事密，譬如大家唸誦大悲咒，這也是事密；有些咒法中附帶的手印、身印，同樣是事密。所以放蒙山時的儀軌，也是事密，在利樂冥界有情及護持正法上面，所能用到的也都是事密。我一向不排斥事密，我們要清除掉的是藏密，是從印度教吸取過來的性力派雙身邪法，要趕出佛教去；而藏傳「佛教」密宗，除了覺囊派的他空見如來藏法以外，其餘各派打從一開始到最後的成就，全都是雙身法，與佛法完全無關。

當我們把雙身法的密宗趕出佛教以外了，當我們把這個重要任務完成以後，諸位捨報時面對 佛陀的接引，若說 佛陀不為你摩頂加持，也是很難的。世尊看到諸位這樣努力，一定會歡喜地說：「你們這一輩子，把人間佛教的隱憂根本大患除掉了！」當然要歡喜，所以你將來若是往生極樂世界，阿彌陀佛也會歡喜說：「這個人有大功德！」當然要幫助你修證無生法忍。否則的話，繼續留在娑婆世界也很好，釋迦佛說：「我這些弟子倒不錯，這一世作了這件大事。」所以你們每一個人將來捨報時，如果不去極樂世界，釋迦佛應該都會為你們摩頂加持；因為這件事情完成時，就已經把佛教最根本的大患除掉了。把密宗驅離佛教以後，密宗的應成派中觀六識論就不可能繼續存在了，因為它是依附於密宗才能存在的。所以這是我們這一世要作的第一件大事；如今這個功德已經開始萌芽了，這是個好現象。

另外就是八識或九識正確？或者說應該有八識、九識、十識呢？或者說實際上是有六識或有八識的問題，以及阿賴耶識是被出生的或是本住心的問題；這些問題或諍論，其實古時就已經有了，並不稀奇。這只是一盤二千年的冷飯，凡夫古人早就炒過幾回了；釋印順又特地取來炒一回，如今楊先生他們還拿出來重新再炒，早就不是創見了，因爲民初就有歐陽竟無與呂澂諍辯過了。而印順打著太虛大師的旗號，卻是在消滅太虛大師弘揚的如來藏法；他以太虛大師的繼承人身分，卻是在推翻太虛大師所推崇的唯識經典，所以我們還得要在這個法義上把釋印順的邪謬思想整個解決掉。

所以現在要作的，是辨正八、九識並存的過失，以後看有沒有機會把它寫完；因爲我們只是根據《成唯識論》寫到卷三爲止，共有一百九十個過失，看有沒有時間把它全部寫完，看寫到第十卷完成以後會有幾百個過失（編案：詳見《學佛之心態》附錄之文）。還有就是要把《燈影》繼續流傳，讓後人無法再重炒這盤冷飯，壞亂大乘佛法。還要作的是，這次去台南講堂演講，還沒有講完的部分，要繼續寫完整以後印行出來；這次演講有一個副題——眞如、如來藏與阿賴耶識的關係，我把它作了根本上的界定；而這次演講是以「教證」爲主，依經教上的依據舉證作爲主題來演說。

還有就是《成唯識論略註》一定要作，因爲玄奘菩薩當年著作《成唯識論》

時，是列舉十家的說法，然後由他作出最後結論。可是那十家的說法，都是以「有義」的名義來說的，由於寫作時在窺基法師的建議下，爲求佛教界的和諧而沒有指名道姓，導致那些「有義」所指稱的天竺凡夫祖師造的錯誤論典，繼續被廣泛弘揚著。因爲大家都不知道玄奘大師的《成唯識論》中所說的「有義」究竟是指什麼人，所以那些凡夫天竺祖師的錯誤論著，仍被繼續弘揚著；於是《成唯識論》所作的法義辨正就失去護法的功用了，只能夠與諸家凡夫祖師的錯誤論著共容並存，無法產生破斥諸家凡夫祖師錯謬法義的功德。這其實是窺基的過失，使《成唯識論》的護法功德績效不彰。我因爲這個緣故，不接受某些老師要求「辨正法義時不要指名道姓」的建議，他們就跟隨楊先生離開了。

由此緣故，我要把《成唯識論》再作略註，指出那些「有義」是在指稱什麼人的錯誤；也要比普行法師的註解深一點、細一點，因爲普行法師只是以窺基的《成唯識論述記》爲範本，依照字面意思加以註解，並沒有加上證解而作的解釋，很粗略。我將來要稍微發揮一下，讓大家更深入理解一些；但不準備像我在講《成唯識論》的課程那樣細說，所以將來可能略註成爲三冊或四冊；讓後人再也沒有機會把錯悟的天竺凡夫祖師所寫的謬論，再拿來廣作文章，才能使佛教正法回歸到圓滿的整體狀態；而且要使圓滿整體的佛法全貌成爲一個寶塔狀，有完整的層次差別。這樣才能把日漸衰微、已被各大山頭世俗化、外道化的佛教，回歸到純正而圓滿整體的完整佛法來。

如果我們這一代能夠把這個任務完成，將可以長久利益未來世的佛弟子，也就是利益未來世的我們大家。因為不管我們將來往生去極樂或不去極樂世界，終歸還要回來娑婆世界繼續進修；因為往生去極樂世界進修以後，還是要回到娑婆世界來。難道去極樂世界以後就不回來了嗎？你們又不是聲聞人！因此，這些事情如果都能完成，並不是只有利益別人，對未來世的我們、也對今世我們的餘生，都有很大的幫助。也因為這些任務完成時，大家都會在這一些著作中，把自己的層次再次提升上去。所以我們有越來越多的同修們說：「我們其實應該要感謝楊先生他們，眞的從心中感謝。因為如果不是他們從根本上提出質疑，老師您也不會寫出《燈影》來，我們哪能再得到那些深妙的法義呢？」台南法義組的師兄們也說：「被他們這麼一搞，我們不得不自動把所證悟的內涵再作整理；經過這一次根本整理以後就更通透，所以心中眞的感謝他們。」這叫作逆增上緣。所以我們學佛時要接受逆增上緣的菩薩，但不要扮演逆增上緣的菩薩身分，而我們都歡喜接受一切逆增上緣的菩薩們。

至於西藏密宗的無上瑜伽、樂空雙運男女雙身合修法，其實只是被魔所附身，然後呼朋引伴招來更多鬼神，對那些密宗弟子們再度附身；就這樣呼朋引伴結成一個龐大團體之後，再來誤導眾生、惱亂眾生。而這些人都不知道自己早就被鬼神魔附身了，還沾沾自喜在心中想著：學密眞好，可以玩盡天下女人。女眾則可能這樣想：學密眞好，可以玩盡天下男人。而天魔就藉各類鬼神，利用欲界男女愛樂淫欲的心態，繼續控制這些眾生永遠住在欲界中，都無法脫離他的掌控範圍。可是不論如何，破壞五倫總是違背世間法律的；特別是人間的法律很注重人倫，密宗的根本教義卻是專門在破壞人倫的，每天都在誘導密宗男女邪淫：學密的男人不安於家，常常在外沾染學密的女人；學密的女人不安於室，常常在外沾染學密的男人，或者常常在密宗道場中與喇嘛上床。密宗永遠都會這樣惱亂眾生，因爲密宗的教義就是要博愛（要盡量和所有功夫好的異性都上床合修雙身法）利益大眾；這樣使男女雙方都獲得很長時間、而且是全身遍樂的性高潮。除非密宗改變教義，否則密宗在千萬年後，依舊不可能改變這種普遍存在的公開祕密，但只有密宗女行者家中的丈夫不知道這個祕密。

學密以後，又被天魔派遣的鬼神每夜都來「利其虛明，食彼精氣」以後，因爲所看見的鬼神「現美女身、盛行貪欲」，所以「未逾年歲，肝腦枯竭，口兼獨言，聽若妖魅」。遇見這種情況的人，都不知道這是被鬼神魔所誘導，不久以後「多陷王難」，被官府抓去判刑，因爲妨害家庭以及犯了通姦罪。如果身體本來就比較差的人，「肝腦枯竭」以後又被抓去官府，「未及遇刑，先已乾死」。這都是被天魔掌控而遭到惱亂，最後「以至殂殞」。「殂」是夭折死亡，「殞」

是色身毀壞。所以佛陀交代說：你們應該事先覺知「想陰區宇」中會有這種現象，如果事先能覺知了，就不會再落入魔的境界中，死後自然不會淪墮於三惡道中，可以繼續在佛道上進修，不會重新落入輪迴之中。如果迷惑而不知道會有這些現象，遇到魔所引誘，犯了邪淫罪，就會下墮於無間地獄，一切修證全都失去，得重新再來一遍。

邪淫罪是十重戒，違犯此戒的重戒（譬如二根相入）而且具足根本、方便、成已，就是無間地獄罪。依律部經典《菩薩瓔珞本業經》所說：「三位十地一切皆失。」死前即使已經修到三賢位或者修到十地，只要犯了十重戒，墮入阿鼻或無間地獄以後，所有佛法證量都會失去。有些人不瞭解那個嚴重性，心中想：「既然我在你蕭平實那裡證到阿賴耶識了，就算我毀謗你，我還是知道哪一個是阿賴耶識，我還是會記得阿賴耶識的所在，並沒有失去啊！」但他們只看到這一世，他們沒想到的是：捨報之後下了無間地獄，那地獄中的異熟果報，會讓他忘失這一世所悟的佛菩提智慧，那正是無間地獄的異熟果報。總不會證悟之後心中生疑而毀謗正法，下了地獄以後還是個聖人吧？當然下了地獄以後異熟果報會使他忘失一切智慧。在地獄中不可能還記得在人間所悟的阿賴耶識、如來藏，所以經中說「三位十地一切皆失」。

既然成爲地獄身，就表示他在人間所悟的一切見地全都會喪失，所以世尊才說「一切皆失」。如果有人要狡辯說那些智慧都還會存在，那麼這道理其實很簡單：地獄苦報幾十劫後領受完了，往生去鬼道時還能記住嗎？在鬼道中幾十劫輪轉生死之後，再往生到畜生道中幾十劫，然後才回來人間時還能記得住嗎？當謗法謗賢聖的人離開地獄來到鬼道時，根本沒有心思想要探究佛法，因爲連生存都很困難，只是想要得到人類吐的一口膿痰都不容易，早就被有力的鬼神搶去了，輪不到他；所以每天都是在尋找他唯一能吃的膿痰，這樣經歷幾十劫以後，早就忘光了以前在人間證得第八識的智慧了。這樣在地獄道、鬼道、畜生道中輪轉幾百劫下來，還能記得幾百劫前在人間所悟的如來藏嗎？早都不記得了！所以謗法、謗賢聖的結果，是從證悟之後下墮幾十劫、幾百劫，然後回到人間時還要再從頭開始求法，眞是愚癡啊！既然說「三位十地一切皆失」，當然千萬不要犯十重戒，有智慧的人絕對不犯邪淫戒裡的重戒。密宗喇嘛們每晚都在與不同的女信徒合修雙身法，那不是犯了最嚴重的邪淫戒嗎？

西藏密宗的邪淫情況是極嚴重的，因爲密宗對空行母或者明妃、智慧母的定義是很廣義的，舅媽、姨媽、嫂嫂、女兒都可以用來合修雙身法的，甚至於畜生女也可以用；這是極嚴重的亂倫，根本談不上人倫了。師徒互淫當然也是亂倫，連世間人也看不起的。天地君親師，這在儒家是要供在廳堂上，每天早上要供水、上香供養的，所以老師是要被供在堂上供養的，密宗卻是男上師跟不同的女徒弟互淫；如今也有許多顯教中的大法師們暗中效法，那是天地所不容的，當然更是佛法中所嚴禁的，所以列入菩薩戒的十重戒中。犯了十重戒之後，下一輩子當然不可能還在人間，哪裡還能像密宗宣稱的世世重新受生爲人，來繼承上一世的名位？所以密宗的活佛轉世，其實每一世都不是同一個人；而每一世的法王們都是無法避免下墮地獄的，如今都還在三惡道中受苦。然而美色（不論是男色或女色）是人類生活中很重要的事情，在密宗裡又是每天都必須學習這些欲事，所有喇嘛們都想要每天獲得全身遍樂的淫樂，當然會前仆後繼、不絕於途，不怕沒有人繼續當喇嘛。而這些極貪的喇嘛都是無知的，把正理告訴他們是沒有用的。我們既然眞正學佛，對這些道理都應該深入了知；如果迷惑不知，犯了十重戒，譬如努力暗中修學密宗的雙身法，就要墮落無間地獄，「三位十地一切皆失」。

【「阿難當知：是十種魔於末世時，在我法中出家修道，或附人體，或自現形，皆言已成正遍知覺；讚歎婬欲，破佛律儀；先惡魔師與魔弟子婬婬相傳，如是邪精魅其心腑，近則九生，多踰百世；令真修行總為魔眷，命終之後畢為魔民，失正遍知，墮無間獄。汝今未須先取寂滅，縱得無學，留願入彼末法之中，起大慈悲，救度正心深信眾生，令不著魔，得正知見；我今度汝已出生死，

汝遵佛語，名報佛恩。」】

講記：「阿難啊！你們應當要知道：這十種邪魔於末世時，在我的佛法中出家修道，或者依附於人體，或是自己顯現身形，都自稱已經成就正遍知覺的佛地果位了；同時讚歎行婬的欲望，破壞諸佛所設的律儀戒；過去世的惡魔之師與魔弟子如此婬婬相傳，像這樣的邪謬妖精已經迷魅了學密者的心腑，比較近的時間則有九世，如果拖延更久就能超過百世；於是使眞正在修行的人都會成爲魔的眷屬，命終之後畢竟會成爲魔民，失去對佛法正確普遍的認知，死後下墮於無間地獄中。你如今雖然因我說法而得阿羅漢果，就不必先取無餘涅槃的寂滅境界；縱使你已經獲得解脫道的無學果位了，你得要保留受生願，繼續轉入以後那個末法時代之中，生起大慈悲心，救度正心誠意而對眞正佛法具有深厚仰信的眾生，要使他們不會著魔，獲得正確的所知所見；我如今說法度你已經出離三界生死了，你得要遵循佛語繼續住在人間，名爲報佛恩。」

現在　佛陀教導大眾要懂得如何報佛恩。世尊向阿難菩薩等人開示：「這十種魔在末法之世，會在我釋迦牟尼的正法中出家修道；他們有時受生爲人來正法中出家修道，或者附於人身而來正法中出家修道。」這都是現成就有實例的，藏傳佛教正是這樣子，「各個自稱已經成就正遍知覺，大力讚歎婬欲，說在行婬之中可以使人成就佛道，再三破壞諸佛的律儀戒。」如今顯教中也有不少法師因爲沒有辦法證悟佛法，在顯教中已經走投無路了，聽說密宗可以使人即身成佛，於是鑽進西藏密宗裡去，正是求升反墮，眞是愚癡呀！

我們出版《狂密與眞密》，目的就是要拯救這些人。諸位假使不信，如果達賴喇嘛再來台灣傳法時，諸位去算一下，看會有多少比丘、比丘尼去接受他灌頂？數目一定很多。這是因爲他們都不知道密宗的眞相，如果知道了，應該就會遠離密宗；除非已經犯了嚴重的邪淫重罪，想要用密宗當個幌子，來欺人耳目，取得邪淫的合理解釋，幫助自己繼續存身於佛教之中。

也有一些比丘、比丘尼是不知情的，剛開始是迷信密宗的誇大言詞與證量，根本不知道密宗的所有修證都與佛法的實證無關，往往要在最後階段時才會知道他們都上當了；但是有許多比丘、比丘尼們，其實是知道密宗的教義主要就是雙身法；但是可以拿來作爲以前犯邪淫罪的藉口，對信徒辯稱是至高無上的即身成佛法，否則他們要如何向那些已經與他們發生親密關係的異性信徒交代呢？但誘導佛門出家眾犯下邪淫重罪的人，正是密宗的喇嘛們，而達賴喇嘛是領頭者。所以密宗的喇嘛們正是　佛陀預記的這十種魔。而他也確實已經在　釋迦牟尼佛的正法中出家修道，有時則是由魔附在出家人身中，進入僧團中壞亂　世尊的正法。

密宗裡的喇嘛們，全都說他們已經證得「正遍知覺」了。但是千萬別被他們欺騙了，因爲他們講的「正遍知覺」，與 世尊開示對一切法「正遍知覺」的意涵完全不同。密宗的「正遍知覺」是修雙身法而持久不洩，使婬樂擴及全身，讓全身每一處都眞正領受婬樂的觸覺；密宗這樣的「正遍知覺」，與 世尊所說對一切諸法「正遍知覺」的意涵全然相異。密宗喇嘛與女信徒合修雙身法時，藉著修練氣脈來控制，可以在長時間交合過程中不會射精；他們運用蓮花生傳下來的行淫六十四招，也就是大辣出版社《西藏慾經》講的六十四招，達到長時間使喇嘛保持在性高潮中的目的；這六十四種方法在《狂密與眞密》中早就列舉出來了，藉六十四招的運用能夠達到第四喜，也就是樂觸遍身覺受，這就是密宗的「正遍知覺」。這根本與佛法中說的正確而遍知三界諸法的法性完全不同，凡是知道密宗成佛「正遍知覺」內容的人，都只好搖頭嘆息。

密宗的正遍知覺，意思是說：當全身樂觸遍身時，喇嘛與女信徒的覺知心中都一心領受樂觸而不散亂、不昏沈，所以是「正」。「遍」是遍及全身都有樂觸，「知」是了知全身都有樂觸，無一處不知；「覺」是直接領受遍身的樂受，全都是在婬樂是否遍身領受上面用心，這就是密宗的「正遍知覺」。由於既可每天晚上享受婬樂，又可以享受出家人所擁有的世俗人對他們的恭敬與供養，因此舊西藏的男人很喜歡出家當喇嘛；而現在有些比丘也知道這個好處了，所以也開始跟進，常常與女信徒們上床「已成正遍知覺」了。檯面上數得出來的比丘們，至少有一半都與女信徒合修過雙身法了，而且這些人現在都還在繼續修著呢！所以密宗已經成爲他們犯了邪淫重罪以後的避風港了！但是死後呢？令人不敢爲他們想像。

可是 佛所說「正遍知覺」，是對如來藏中的一切種子正遍知覺，也就是對三界一切法的正遍知覺，不是在淫樂的全身正遍知覺上面修證，這反而是要被正法捨棄的。因此佛法中所說的其實是對三乘菩提正遍知覺，無一種菩提而有不知、不遍，但是密宗卻轉變成外道法來解釋佛法中的「正遍知覺」。諸位若是不信，去讀陳健民的《曲肱齋全集》，或是閱讀北京市華夏出版社的《藏密修法祕典》五巨冊，就可以瞭解密宗對「正遍知覺」正是這麼解釋的。藏密四大派都是這樣解釋的，所以他們口中說已經成就正遍知覺，都是欺騙學佛人，本質全都是凡夫。所以喇嘛們大部分是前世被魔派遣來人間受生而投入密宗邪法中，只是因爲胎昧的緣故，他們自己都已經忘了，其實正是 世尊說的「或自現形，皆言已成正遍知覺」。當然也有人是「或附人體」，被魔附身的喇嘛們自己是不覺不知的，也同樣都說「已成正遍知覺」。

但不論是「或自現形」來人間投胎，抑是「或附人體」而依附在某些人的身中，這一類人「皆言已成正遍知覺」，也就是自稱成佛了。世尊說「是十種魔於末世時，在我法中出家修道」，正是預記末法時代的天竺密宗與今天的密宗喇嘛教；因爲這些都是在 世尊正法中出家修道，卻都「讚歎婬欲，破佛律儀」，因爲他們都認爲雙身法中領受的淫樂是清淨法。宗喀巴更寫在他的密宗道次第與菩提道次第等兩種《廣論》中，主張淫樂是清淨法。他怎麼解釋呢？宗喀巴認爲淫樂的觸覺本身不是物質，也沒有污垢染污，所以是清淨；又說淫樂是人類身體生來就有的樂觸，不是有生有滅的生滅法，所以淫樂的樂觸是常，名爲俱生樂；所以宗喀巴認爲喇嘛每天住在雙身法中的遍身樂觸，就是報身佛的常樂我淨。密宗黃教創始者宗喀巴在書中這樣公然「讚歎婬欲」，毫不避諱；聽說達賴喇嘛在外國也是這樣公開宣講的，只有在台灣講得隱晦一些。然後密宗自己施設了十四根本戒（又名三昧耶戒），如果受了密灌以後，沒有每天與女信徒合修雙身法，沒有每天長時間住在全身遍樂之中，就是違犯密宗的十四根本戒，認爲是持戒不清淨，死後要下密宗自己建立的金剛地獄中受苦。所以密宗說的持戒清淨是每天與女信徒合修雙身法而不射精，或射精後蒐集起來吞下肚去，因此，藏傳佛教密宗說的持戒清淨並非正統佛教的持戒清淨，而是每天都在「讚歎婬欲，破佛律儀」，是邪教、邪戒。

最早期的惡魔之師以及他所度的魔弟子，都以這種淫亂法一代一代傳下來，是刻意在佛教存在的地方弘傳出來，然後滲入佛教之中，教導佛門出家人要常常與女信徒或比丘尼行淫求樂；這樣師徒一代又一代傳下來，正是妖精邪魅「婬婬相傳」，所以世尊預記說：「先惡魔師與魔弟子婬婬相傳。」這種專修密宗雙身法的人，都是「邪精魅其心腑」；邪是邪惡，邪精就是邪惡的妖精，把眾人的心腑給迷亂了。其實藏傳的密宗不應該加上佛教兩個字，因爲他們的法義打從一開始到最後的實證，全都只有佛法名詞與佛教一樣——全都從佛教中盜取佛法名詞；但是所有佛法名詞到了密宗以後都被變造解釋，已經成爲外道法的定義，所以密宗全然不是佛教。因此密宗可以稱爲西藏密宗或喇嘛教，不該說是藏傳佛教；因爲他們根本就不是佛教，所以大家以後只稱他們爲西藏密宗或喇嘛教，不要再說他們是藏傳佛教。

修學西藏密宗雙身法的人，他們如果在飲食養生上面有一些方法來幫助，越是可以如同世間一般精於養生的人一樣活久一點。但是觀察密宗喇嘛們，越是精進的喇嘛越發夜夜精修雙身法，就越發短命；因爲他們都有或輕或重的「肝腦枯竭」的現象，所以長命的比例很低。但是因爲欲界中人都喜愛淫樂，所以只要學了密宗，一旦被邪魔暗中入侵以後，那邪魔會一世又一世魅惑被附身的人，「近則九生，多踰百世」。因爲邪淫的緣一旦結下以後，就會世世都能相應，成爲互相之間非常親密的關係。在這種情況下，「令眞修行總爲魔眷，命終之後畢爲魔民，失正遍知，墮無間獄」。在人間邪淫受樂以後，結果是因爲「讚歎婬欲，破佛律儀」的緣故，死後下墜於無間地獄中，眞是可憐。

密宗的邪法害人不淺，因爲他們師徒之間「婬婬相傳……近則九生，多踰百世」。他們至少可以一代又一代互相傳授達到第九代，這就是「近則九生」；如果每一代間隔以二十年來計算，九生乘以二十年，就是可以師徒互傳達到一百八十年。「多踰百世」則是可以師徒相傳達到一百代，就是可以互傳二千年之久。我們大家來算算看，從天竺的晚期佛教，也就是波羅王朝，那時大約是十世紀末，傳到現在爲止，算起來有幾代了？一代大約二十年，如今已經有五十代。如果以百世計算，西藏密宗還會再延續到三十世紀末，還有大約一千年之久。但我們一定要設法把他們提早趕出佛教去，別再讓他們繼續緊緊纏住佛教的脖子、猛吸佛教的血，導致佛教越來越衰弱。千萬別讓古天竺密教興而佛教亡的故事，於震旦再度重演一遍，因爲震旦是大乘佛教正法的最後根據地。我們要設法把密宗儘早趕出佛教以外，不要讓密宗攀附佛教吸血的事情「多踰百世」。

這是很有希望的，依目前我們的計劃與發展，要讓佛教界都知道密宗不是佛教，最遲一百年內一定可以成功，把密宗趕出佛教以外，讓他們獨立於佛教之外。如果他們不肯離開佛教，我們一定要在佛教內把他們消滅。如果他們宣稱不是佛教，獨立出去了，那就與我們佛教無關，我們就不必再理會他們，不必再破斥他們。但他們如果還是繼續以佛法名義來傳教，我們就一定要把密宗從佛教中趕出去。因爲他們遲早還會像古天竺的密宗一樣，漸漸又滲入佛教高階層，又開始同樣的蠶食過程，然後鯨吞。把密宗趕出佛教是可行的，因爲現代資訊的流通越來越快速而普及，人類的智慧與知識也越來越提升；以後一定會有更多的人瞭解密宗與佛教的完全不同處。所以密宗的教義與行門如果不肯轉變回歸正統佛教的教義與行門，我們還是得要繼續努力把密宗趕出佛教界。

現在所有學佛人，如果不在法上努力閱讀進修，都是屬於宗教信仰的層次，並不是眞正在學佛。如果是眞正學佛的人，一定會很用心閱讀佛法書籍，特別是針對有諍論的書籍。至於《狂密與眞密》一定是很有諍論性的，我希望佛教界都會閱讀。所以我希望：從我們現在開始，在一百年內把藏密轉變回歸正統佛教的教義與行門。以前是密宗把正統佛教漸漸轉變成藏密，幾乎快要全面成功了——如果我們沒有出來舉證與辨正。但是如今我們要把佛教再度轉變回到世尊的本懷，回歸三乘菩提正法，回歸眞密法義，也就是回歸第一義諦，重新把佛教復興起來。

密宗繼續弘傳下去的結果，會使許多眞正努力在修行的人都變爲魔眷。他們很努力寫書，不斷地寫文章和出書，以量制質；也就是用大量的文字海、書海戰術，掩蓋了正法的文字與書籍，於是導致許多精進修行的人跑去西藏學「佛」，台灣也有不少人拋家棄子跑去西藏學「佛」。這些人都是本心很好而想要眞正修行的人，去到西藏追隨喇嘛以後卻變成了魔的眷屬。他們在這一世如果還沒有眞修雙身法，就沒有嚴重毀破律儀戒，還能救得回來；但因爲被誤導成爲魔眷，命終時當然也會跟著魔的理念，修密宗的觀想法、遷識法，死後當然會招感來所謂的空行母、雙身佛接走他，卻不知那其實是魔的境界；所以命終之後下一輩子就成爲魔民了，當然失掉了正法中的正知正見。

魔力所攝，在夜叉、羅刹的國土中，還會再輪迴幾世，以魔的生活形態繼續破壞佛法，附身於人類身中誘導密宗學人努力修學雙身法，當然最後還是要下墮無間地獄中。如果在這一世就已經修了雙身法，死後就沒有辦法往生到什麼空行淨土、烏金淨土了，因爲嚴重犯戒的緣故，這一世捨壽後就得下地獄了。若還只是停留在觀想階段，還沒有與其他修學密宗的許多異性實修雙身法，嚴重的邪淫惡業還沒有成就，還有可能繼續生在人間。然而既然已經開始雙身法觀想了，遲早都會開始實修雙身法的。密宗行人剛開始時要修學很多種觀想，直到密宗喇嘛覺得某些女信徒可以與他上床時，就會教導密宗即身成佛法門的入門法，這時喇嘛會教那些女信徒開始觀想：要觀想雙身佛在自己頭頂上交合受樂，流下體液灌入自己的頂門中。進一步則是教導女性信徒，要觀想喇嘛與自己的女身本尊正在自己的頭頂上交合，然後很快樂而流出體液灌入自己的頂門中。觀想久了就對喇嘛又敬又愛，與喇嘛上床的意願會開始高升；當信心足夠了，喇嘛就會與她眞刀實槍上床合修了，這是密宗誘導女信徒願意與喇嘛上床的自我催眠法。

如果還只是在觀想階段，還不算是眞的「破佛律儀」，死後還不至於下地獄；最多只是被鬼神們接到所謂的空行淨土，也就是被接引到羅刹、夜叉的國土中。可是如果觀想成就時，一定會希望與喇嘛上床實修；只要女信徒有姿色，能引起喇嘛的慾心；或者男信徒夠英俊，能引起女上師的慾心，最後一定會上床實修雙身法。當雙方看上眼了，眞的修起雙身法來了，只要修過一次，捨報時就得下地獄了！因爲這是嚴重「破佛律儀」，是破五戒或十重戒。這不但有毀破律儀的**戒罪**，而且還是有**性罪**的，因爲心中生貪嘛！如果有喇嘛曾經與比丘尼合修，或是有女上師曾經與比丘合修，罪業更重，絕對要下墮於阿鼻地獄中。可是不管我們如何詳細說明，他們都是不怕的，因爲他們被密宗祖師誤導了，都認爲：依照密宗的十四根本戒（三昧耶戒）實修，不論與多少異性修過雙身法，全都不會有事。他們都不怕，所以即使《楞嚴經》中 佛陀這麼清楚開示，他們也都不以爲意，因爲不知道三昧耶戒是密宗祖師私設的無效戒。

爲了救眾生，佛陀交代阿難菩薩說：你現在別急著要入無餘涅槃，縱使你阿難如今已經證得無學果，成爲阿羅漢了，還是要留著最後一分思惑，以潤未來世重新受生；一定要發起受生願，留在人間繼續住世。要生起大慈悲心來，進入末法時期的眾生之中，救度正心誠意、對正法有深厚信解的一切眾生；要使他們遠離魔事，要讓他們獲得正知與正見。然後 佛陀就交代說：「我今天度你阿難已經能夠出離生死」，換句話說，阿難這時斷盡我執已經成爲阿羅漢了；「你要遵照我釋迦牟尼所說，去救度眾生。你依照我的吩咐，把正知正見傳揚給眾生，就是回報我釋迦牟尼佛的恩德。」

所以，諸位如果遇見了有在修學密宗的人，就把我今天說的道理告訴他們；要把他們供養的那些藏密神像或者佛菩薩像的本質，全都明白告訴他們。如果他們供的是普賢王如來雙身像，就告訴他：「這是毀破佛規定的律儀戒，因爲犯了十重戒的邪淫戒；你如果實修了雙身法，將來要下地獄。」如果他們是供養白度母、綠度母……等，你就告訴他：「這都是鬼神虛妄法，因爲你所供的度母都是鬼神；她們自己都去不了極樂世界，如何能帶你往生去極樂世界？」也要告訴他：「所有的度母都沒辦法帶著你去極樂世界，因爲我們的本心是如來藏，但所有度母都沒有悟得如來藏，都不知道自己的本心在哪裡，何況能夠把你的本心如來藏帶到極樂世界去？」密宗的遷識法中所說的如來藏，其實只是中脈裡的明點，根本就不是第八識如來藏。

如果是供奉綠度母、紅度母……等，你就告訴他：「這跟供奉白度母是一樣的。」密宗的綠度母等神像，都是臉蛋很漂亮，身材婀娜多姿，而且都是要翹起一隻腳，讓信徒可以看見她的私處；這是要密宗行者觀想出度母的私處，分明顯現在覺知心中。然後要觀想死後把自己中脈裡的明點（密宗妄稱觀想出來的明點爲本識如來藏，但是明點絕對不是本識如來藏），將這個明點觀想上升到頂門中，然後把這個明點從梵穴衝出去，從綠度母或紅度母的私處進入她的子宮中，再由度母把密宗行者的明點（謊稱爲第八識如來藏）帶去極樂世界，就說密宗行者已經往生極樂世界了。這樣的遷識法眞是妄想到極點了！你們要告訴他：「這樣根本就不可能往生去極樂世界，因爲明點絕對不是本識如來藏。而所有度母自己都去不了極樂世界，又如何能帶你去極樂世界？而且你所觀想出來的明點只是內相分影像，根本就不是如來藏本識心。」

如果他們是供奉遮文荼、明王、嚇魯噶，你就告訴他：「請你觀察他身上佩戴著什麼裝飾，手裡拿著什麼，嘴巴裡吃著什麼食物，供品是什麼？你這樣供養他，究竟是在供養什麼層次的神呢？你觀察完了，自己判斷一下。」讓他自己觀察及判斷一段時間。等他觀察完了，再告訴他：「那你想這是正神還是鬼神？如果是正神，遇到這種供品時，早就掩鼻而逃了，還會接受供養嗎？那你供養鬼神有什麼好處？將來死後去他那邊過什麼樣的生活呢？你想和他一樣吃那些不淨物嗎？」然後讓他自己去深思。因爲密宗行者百分之九十是迷信的人，學藏密的人大多數是民間信仰一類的人，那你就應該激發他們的觀察與思惟能力，多讓他自己去想。有一天他們想通了，一定會毛骨悚然，那你便救了他們。而這些道理，你們都應該要告訴他們。

【「阿難！如是十種禪那現境，皆是想陰用心交互，故現斯事；眾生頑迷，不自忖量；逢此因緣，迷不自識，謂言登聖；大妄語成，墮無間獄。汝等必須將如來語，於我滅後傳示末法，遍令眾生開悟斯義，無令天魔得其方便；保持覆護，成無上道。」】

講記：「阿難！像這樣的十種禪思靜慮中出現的境界，都是在想陰的境界用心交互探究，所以出現了這些事情；眾生頑劣而迷惑，也不懂得自己忖量現在的智慧與福德是否足以超越想陰區宇；遇到這種魔擾的因緣時，被迷惑而不能自己識別出來，自稱已經登入諸地的聖境中；大妄語成就了，死後便下墮無間地獄中。你們大家必須受持如來所說的聖教，於我釋迦佛示現入滅以後傳示給末法時代的學佛人，要普遍促使學佛的眾生們解開迷惑而覺悟這種道理，不要坐令天魔得到擾亂學佛人的各種方便；要保持佛法密意及遮護學佛人，不要再使學佛人曝露於天魔的境界中，大家最後才能成就無上的佛菩提道。」

佛又開示說：「我所說金剛三昧中這十種禪思的境界，都是在想陰的境界中，用覺知心與想陰境界交互作用激盪，所以產生出來這十種事相。」為什麼是想陰區宇呢？因爲一切眾生都住在想陰境界中。成爲阿羅漢以後還住在人間時，也一樣都住在色、受、想、行、識陰等境界中。想陰不斷就有行陰，如果沒有識陰的顯境行陰，就不可能有想陰；除非前七識斷滅了，只要七識存在就一定有行陰及想陰。而人類的想陰存在時，一定同時會有其餘四陰同時存在。想陰就是了知，是在六塵中的了知功能，當然也包括在定境中對定境法塵的了知。定境也是法塵，雖然二禪以上的定境中都沒有五塵，但還是有定境中的法塵；既然定的境界中都還有了知性存在，就表示還有想陰，也不離行陰。既然還住在想陰、行陰境界中，鬼神與魔就能相應而進來擾亂。在如來藏金剛三昧禪那境界中，不該起心動念追求世間的有爲法，所以不該「心愛長壽」或「心愛神通」等，才能避免魔擾。

「眾生頑迷，不自忖量；」眾生總是頑迷，迷是沒有智慧，頑是很固執而堅持不改，始終堅定地認爲他自己的想法與作法是正確的，絕對不想改變。「忖」是自己在心中思索、思惟，「量」是衡量、打量。凡是想要修證世間有爲的神異境界法，都應該先自己想一想，要先對自己打量一番，看自己是否夠格獲得想要的世間有爲法。而眾生大多是頑固而迷惑於自己，對自己的狀況其實都不太瞭解。所以都不先對自己思惟打量：我自己的條件是否能產生這種境界？比如顯現神通境，或者思量一下自己是否有資格能夠長壽不死等。眾生往往頑劣固執而且不懂得自己思惟及衡量：我自己目前的修行證量與福德是否足夠發起這種境界？或者是因為有別人附身時我才能有這種境界？這是所有修行者都應該自我衡量的。眾生總是因為「不自忖量」，別人勸他的時候，他還「頑迷」而堅持，都不接受別人的好意勸告；所以在三昧境界中遇到這十種境界因緣時，誤以為是自己的證境，都不知道是魔所附身而有的境界，因此口中自稱是證得聖境，已成為諸地聖人。這種話一講出來，當旁人聽得懂的時候，大妄語業便已成就，死後就得墮落於無間地獄中。

諸位可別以為這種現象不會有人犯，實際上已犯的人數實在太多了！那些落在覺知心意識境界中的大法師們，不都公開宣稱他們已經開悟了嗎？甚至於還有大法師在每一次禪七時，都為徒眾們猛蓋冬瓜印，印證徒眾們開悟成為聖人。然而追究所「悟」的內容，卻都同樣是常見外道所墮的意識心。他總是說他所悟的是「清清楚楚、明明白白、處處作主」的心，這當然是意識等六識心，還加上處處作主的意根末那識，其實是在依他起性上面再增加遍計所執性。這是最近幾年在台灣被大眾共同看見的大妄語業。或許有人想：「應該是只有那些大山頭才會這樣，小道場的法師們應該不會。」不然！那些有小名氣的法師們，自己大妄語以後還為徒弟們印證而共同大妄語，人數可也不少呢！又如前些時候離開同修會的人，他們領頭者不也是宣稱已經證得佛地眞如了嗎？後來因爲我的辨正，所以又改口說證得初地眞如了。會改口才是好的。我辨正了初地眞如以後，他們又改口說：「我們會努力，半年、一年後可能會親證初地眞如。」改爲這樣說以後，就不算是大妄語了，所以楊先生還算是聰明人，應該還有救。大妄語的事情，常常是一不小心就會犯的。所以每一次有人站出來指責我們的法不對，我都要依據理證，一一檢討；然後再尋經覓論，從教證上面一一檢討。爲什麼我要這樣子小心？如果人家指責說我的法錯了，我們應該據實檢討，千萬別生氣而固執到底。萬一對方說的道理確實是正確的，那我們就眞的成就大妄語業了，得要趕快懺悔滅罪呀！若不懺悔，死後是要下墮無間地獄的。

所以每一次有人提出來否定時，我就趕快去探討。所幸現在尋經覓論印證檢查都很容易。我在這一世終於也學會電腦，就把電子佛典搜尋一下，把他們提出來質疑的所有經文，全都找出來比對，卻證明我的法全都正確呀！既然都正確，而且對方所質疑的，處處錯誤，都成爲斷章取義，那我就很清楚了：正覺的法完全沒有問題！可以拍胸脯，所以禪三照辦，該印證時就繼續印證。因爲對就是對，錯就是錯，一點都不許混淆的。所以每當有人提出質疑時，都應該要一再檢查，絕對不該考慮名聞或利養是否會受損。而我也沒有名聞或利養可以受損，因爲我從來不求名聞，也從來不接受利養。

這意思是說，大妄語的事，其實在末法時代的佛教界中是常常可以看見的。在顯教中如是，西藏密宗裡更是平常。譬如密勒日巴被高推爲十地菩薩，但他長年閉關修得的只是手淫的樂空雙運境界，不離識陰六識境界；岡波巴被高攀爲月光菩薩轉世，卻是未斷我見的凡夫。然而十地菩薩有那麼差嗎？竟然有十地菩薩錯把觀想出來的明點當作如來藏阿賴耶識，然後每天住在手淫的樂空雙運境界中大大地貪著？佛法中沒有這種十地菩薩。月光童子有那麼差嗎？竟然連我見都沒有斷？竟然還沈淪在欲界愛中？

當三明六通大阿羅漢與緣覺聖者們，想要入滅盡定時，都要先盤腿靜坐二十分鐘、三十分鐘以後，才能從初禪次第轉入滅盡定中；然而七地滿心菩薩隨時都在滅盡定中，在跟二乘聖者說話時，也是在滅盡定中。像這樣念念入滅盡定，二乘聖者怎麼想也想不通，才會信服。月光菩薩至少有七地滿心的證量，那岡波巴連明心都沒有，又未斷我見，所以連三賢位中的第六住位都還不曾滿心，還把覺知心認作是眞如；像這樣連六住位都還沒有修證滿足的人，而且還是一生努力推廣雙身法；這樣的岡波巴，根本就是一個具足我見、貪愛淫欲的凡夫，有可能是月光童子嗎？那麼密宗這樣子不就是大妄語嗎？假使當年岡波巴是這樣自稱的，那一樣是地獄罪。所以大妄語罪成就的現象，在西藏密宗裡是非常普遍的，當然都是「迷不自識，謂言登聖；大妄語成，墮無間獄」。

因此佛陀又交代說：爲了眾生，你阿難菩薩以及所度的弟子們，還有同在一起的所有阿羅漢們都一樣，「必須將如來語，於我滅後傳示末法」。「將」是執持、拿取。要求阿難菩薩等人，要執持 釋迦如來所說的教示言語，在釋迦牟尼佛示現滅度以後，全部傳授顯示給末法時代的眾生：「遍令眾生開悟斯義，無令天魔得其方便」，要普遍使眾生開解及悟入 釋迦牟尼佛所說的這些魔擾的道理，不要使天魔波旬和他的徒眾們得到方便，來誤導眾生及陷害眾生。而且還要「保持覆護，成無上道」，要保持著《楞嚴經》所說的如來藏與妙眞如性—佛性—的密意，別讓外道及天魔知道；而且要遮覆保護眾生們，別讓天魔與眷屬們有機會來擾亂修習金剛三昧的後世佛弟子。這是要求阿難菩薩等人在末法之世，繼續住於人間，保護末法時代的佛弟子們修行時不會出差錯，可以一步又一步次第成就無上佛道。

這十種禪那靜慮的境界，我們把它觀察一下：在這十種禪那境界中，剛開始顯現出來的一定都是示現神通境界，然後再引入邪淫的貪欲境界中去。可是佛陀在這十種禪那境界中都開示：神通無法使人了生脫死，也沒有辦法讓人避免墮落無間地獄。而且佛陀也開示說：天魔的神通境界這麼廣大，然而刀兵卻可以殺死他的五陰，天魔一樣沒有辦法對治刀兵。換句話說，天魔波旬如果來人間投胎，你只要趁他不備，一刀就可以把他殺掉，讓他不得不重新再去投胎。這意思是說：只要趁其不備，猛力打他一記悶棍，他一樣會死亡。否則趁其不備時，用一劑加重濃度的麻醉藥，也可以把他的神通消滅，因爲神通是意識境界，一樣要依附於色身五色根才能生起。

所以神通境界並不可靠，假使還有誰宣稱他的神通有多厲害，你告訴他：「我不殺你，我只打你一劑麻醉藥，你的神通還有辦法繼續示現嗎？」他一定回答說：「沒辦法。」如果他還堅持說有辦法生起神通，那就來試驗；我找一位麻醉醫師來（因爲我們沒有醫師執照，不能打麻醉藥），麻醉醫師來了，一針打下去，他的神通照樣消滅了；得要等他完全清醒了，神通才能重新再生起。因爲他既然來人間投胎，他的意識是以人身五色根爲俱有依而出生的，而神通是依意識而出生的；當他的五色根被麻醉了以後，意識不能出現了，他的神通當然也就無法在人們眼前出現了，那時再也神氣不起來了！這意思就是在告訴我們：神通無法增長智慧，也無法證得解脫慧；神通在世間法上也不是絕對的有用，而且也沒有能力可以改變因果。

前面這十種禪那境界都是住在如來藏金剛三昧定境中，在繼續進修的過程中，由於還沒有破盡想陰的習氣種子，就會有五陰魔或天魔、鬼神魔來侵擾。而原因則是由於自己貪愛境界，貪愛眼前自己的證量中所不該有的境界，所以即使成爲阿羅漢而住在五陰區宇之中，只要習氣種子還沒有滅盡，魔還是有機會入侵的。而且大部分證得如來藏的人，住在如來藏金剛三昧中時，都是還在十住、十行位中，還沒有遠離欲界貪，初禪還沒有發起，所以定中出現魔境的機會很大。即使已經入地而進入金剛三昧中，由於還有五陰的習氣種子未斷，只要是住在五陰區宇中，也會有魔的入侵。只不過，已證初禪的人都可以抵抗魔擾；若是還沒有發起初禪的人，就難以抵抗魔擾了。

證得初禪的凡夫已離欲界貪愛，已離欲界生，所以名為離生喜樂定；但這不是根本斷，因為他煩惱障的見所斷煩惱的現行還沒有斷除，也就是還沒有斷我見就先證得初禪，所以還有欲界愛現行的種子存在，只是藉初禪把它降伏而已，並不是斷除。欲界愛的斷除，得要運用般若智慧或者解脫智慧，配合初禪的實證才能斷除；其實應該說是由三乘菩提智慧來斷除欲界愛，然後發起初禪，初禪只是斷除欲界愛的結果。未斷我見的凡夫，以及未得無生法忍的聲聞聖人，空有四禪八定，也是無法證得「色陰盡」乃至「想陰盡」的境界，一定會落在五陰的現行或習氣種子中。凡夫落在五陰中，縱使證得初禪，也只是降伏欲界貪，如石壓草而不是斷除；這樣的初禪人都還有見濁、劫濁、煩惱濁，無法住於「色陰盡」乃至「想陰盡」的境界中，當然更沒有離開煩惱濁，更容易被魔以神異境界迷惑，再誘入邪淫法中，從此以後常常與淫行相應，於是就退失初禪了。

與淫行相應，表示他還沒有斷除欲界煩惱，只是降伏而已。菩薩住在金剛三昧中，是有斷我見與證如來藏智慧的，但是仍要防著一點：要善於衡量自己目前的條件，是否能夠發起自己想要的境界？否則，天魔還是有機會來擾亂的；假使一時不察而被迷惑了，就會導致退轉；所以守本分而不要妄想求得自己還不夠格獲得的境界，才是最安全的。如果住在「想陰區宇」中，心裡貪愛目前還不應獲得的長壽或者神異能力，就會使天魔有機可乘；而天魔剛開始時都不會直接跟你談論欲界貪婬之法，都會以神異境界先取信於你；等你完全信服以後，才會引誘進入婬欲境界中。所以都是自己先把持不住，有了境界愛，然後才會給天魔可乘之機。

「色陰盡」是一切證悟菩薩直到三地滿心前所應該求證的境界，「受陰盡」是一切六地滿心菩薩應該親證的境界，「想陰盡」是一切七地滿心菩薩應該親證的境界。雖然諸地菩薩已經斷了五陰執著的現行，與阿羅漢們同等無異；但是五陰的習氣種子畢竟還沒有破盡，而且修習五陰習氣種子斷盡的境界，也還得要在人間以五色根爲依止，才能進修完成的，所以也都還是住在欲界人間的境界中。雖然魔無法進入你的金剛三昧境界中，但是你只要有了非分之貪，就已經不是在金剛三昧境界中了，魔就有機會來擾亂了。所以了知自己的實證境界是很重要的，千萬別自我膨脹而生起慢心，魔就不會有機會來擾亂了。而我們從西藏密宗的理論與行門來看，密宗正是《楞嚴經》所破的這十種魔境的翻版，所以世尊的預記完全正確。大家如果都有慈悲心，遇到親朋好友在學習西藏密宗時，就要爲他們說明密宗的法在理論與行門上的問題，使他們在實際上確實理解，讓他們重新抉擇，然後回歸正法中來，這就是你們的一件大功德。

【「阿難！彼善男子修三摩提，想陰盡者，是人平常夢想銷滅，寤寐恒一；覺明虛靜猶如晴空，無復粗重前塵影事。觀諸世間大地河山，如鏡鑑明；來無所粘，過無蹤跡；虛受照應，了罔陳習，唯一精真。生滅根元從此披露，見諸十方十二眾生畢殫其類；雖未通其各命由緒，見同生基猶如野馬熠熠清擾，為浮根、塵究竟樞穴，此則名為行陰區宇。若此清擾熠熠元性，性入元澄；一澄元習，如波瀾滅，化為澄水，名行陰盡。是人則能超眾生濁，觀其所由，幽隱妄想以為其本。」】

講記：「阿難！那位善男子修金剛三昧，已經修到想陰盡的境界時，這個人平常睡覺時已經沒有夢境了，生活中的語言文字妄想也銷滅了，所以不論醒時或睡眠中都同樣是沒有妄想的；他的知覺始終是明朗清虛安靜，猶如晴空萬里一樣，不再有因爲三界粗重煩惱而引生的六塵境界光影等事。此時觀察各種有情世間與大地河山，都猶如無垢的鏡子可以鑑查明白；他的七識心對於一切境界的了別，都是境界來時全然無所粘黏，境界過去時就不在心中留下任何蹤跡，只是面對境界而虛受照應，完全沒有過去及往世的各種陳舊習氣了。這時只住在唯一精眞的如來藏金剛心境界中，萬法生滅的根元從此時開始已經披陳發露出來了，於是看見十方世界十二種大類的各種不同眾生，沒有一類眾生是觀察不到的；雖然這時還沒有通達各個眾生受生的本命源由，還沒有能力對每一眾生都完全理出頭緒來，然而已經看見一切眾生的同生基，猶如野馬一樣動轉不停而成爲清明無貪的擾動，這就是浮塵根與六塵的究竟樞紐與巢穴，就說這樣是住在行陰區宇之中。如果這個清明無貪而擾動不停的元本自性，能夠經由更深入於金剛三昧的安住，而使這種擾動性轉入如來藏元本的澄清境界中；一旦澄清了行陰的習氣種子以後，行陰習氣將猶如大海中的波瀾銷滅，使大海水轉化成爲澄靜的海水一般，就稱爲行陰盡。這個行陰已盡的人就能夠超越眾生濁，遍觀一切眾生之所由來，全都是由於幽隱難知的行陰妄想習氣作爲受生的根本。」

前面講的是色陰、受陰、想陰等三種「區宇」中，各有十種魔擾。「想陰盡」的人則是已經破盡三十種魔擾的人，想陰已盡就轉入「行陰區宇」之中。那麼「想陰盡」以後的「行陰區宇」又是什麼境界呢？世尊開示說：那個修習金剛三昧的善男子已經到達「想陰盡」的境界了，這個人平常睡眠時，作夢時的了知性已經全部銷亡滅盡了，也就是不再有夢了，所以不再有夢中的了知。爲什麼夢與想能銷滅呢？是因爲想陰習氣種子已經破盡的緣故。到達「想陰盡」境界的人，不論平常休息假寐或者晚上睡覺時，都不會再住於夢境中；不會再作夢了，當然也就不再有夢中的了知，這就是「想陰盡」的境界。

「夢想銷滅」的「夢」，是半夜裡生起獨頭意識，住在如來藏心中某一類習氣種子引生的夢境相分之中，然後意識在夢中了知；有時看見往世的事情，有時看見未來即將發生的事情；這是先有夢，對夢境的了知（想）隨後生起而在夢中了別。「夢想銷滅」的「想」，是將醒之際因爲心中有想（了知性），所以引生了夢境；這個夢境與半夜的夢不太相同，偏於了知而少了很多夢的成分，是與外境六塵有一些聯結的，而且是以「想」爲先而作的「夢」，所以是想多於夢；也就是因爲覺知心有所思，因此引生了睡醒前的夢境。換句話說，「夢、想」是二個法，而想陰已盡的人睡覺時意識必定斷滅而不再中途生起，不會再於半夜生起意識而作夢——不會因夢而有想；也不會將醒之時又作起夢來——不會因了知而有夢；他是無夢亦無想，都因爲想陰習氣種子已經破盡的緣故。這種「夢想銷滅」的境界，不論夜晚或白天，不論睡眠或休息時都不會出現夢與想，所以是「寤寐恒一」。

「夢想銷滅」是七地滿心菩薩的證量，他將會因此而親證念念入滅盡定的境界，然後在佛加持之下轉入八地心中；假設沒有佛來爲他傳授「引發如來無量妙智三昧」，因爲極寂靜的緣故才會想要入無餘涅槃，但這種情況是不可能發生的。三明六通大阿羅漢們都還有夢有想，因爲他們只斷除五陰我執的現行，還沒有破盡色、受、想三陰的習氣種子，所以「夢想」還沒有「銷滅」。由於「夢想」還沒有「銷滅」，所以三界愛的習氣種子都還存在，當然眠熟後還會有夢。但六地滿心菩薩不得不取證滅盡定時，「夢想」已經「銷滅」到只剩下一小部分了；這與三明六通大阿羅漢的證境完全不同，雖然同樣是證得滅盡定。菩薩是在三地滿心位就能證得滅盡定，卻不取證，只在金剛三昧無生法忍上用心，取證「色陰盡」的境界；來到六地滿心位才不得不取證滅盡定時已經破盡受陰習氣種子，證得「受陰盡」的智慧境界，所以六地滿心位時已經轉入「想陰區宇」了，這是三明六通大阿羅漢們所無法了知與想像的智慧。

所以六地滿心時破盡受陰習氣種子，轉入七地心中繼續修習無生法忍；到了七地滿心位時，「想陰盡」而使「夢想銷滅」無餘，不再有三界愛的習氣種子了，也就是三界愛的習氣種子已經斷盡了，因此才能證得「念念入滅盡定」。三明六通大阿羅漢們卻只是斷除三界愛的現行，還無法斷除三界愛的習氣種子，因爲他們還沒有破盡「色陰、受陰、想陰」三個「區宇」，所以這三陰的習氣種子還具足存在，當然還無法「夢想銷滅」，因此三明六通大阿羅漢們都還有夢與想。《大智度論》中說阿羅漢睡覺時無夢，是不正確的說法；因為即使是三明六通的大阿羅漢，都還沒有滅除三界愛的習氣種子，所以都還沒有破盡「色、受、想」等三陰的區宇，睡覺時當然還是有夢；必須破盡這三陰區宇，超脫於這三陰的習氣種子以後，才能無夢亦無想。

七地滿心位的菩薩都已經「**夢想銷滅**」，所以晚上睡覺時無夢亦無想；如果睡覺中間有想─生起覺知─一定是因為外境有大變化或者尿急而醒來，但不會有夢。然而不論什麼法，一向都會有一些同修產生誤會；當我今天說七地滿心菩薩無夢，可能明天就會有人說他已經成為七地菩薩了，其實他只是夢到一場糊塗，但是因為健忘，醒來之後全部忘光了，就說：「**我從來都不作夢，所以我是七地菩薩。這果位是你蕭老師說的。**」其實他只是誤會而自以為是七地菩薩，實際上是作夢之後隨即遺忘了，不是無夢。忘了夢境是很多人同有的現象，早上醒來時大多忘了半夜的「**夢想**」內容，只記得早上即將醒來時所作的「想夢」，早就忘了半夜裡的「**夢想**」。也有人更健忘，連早上剛剛醒來時所作的「想夢」也都忘光了，就以為自己眞的無夢，然後就因為聽到我說沒有夢的人是七地滿心菩薩，他就自認為是七地菩薩了。果證的確認，必須絕對小心謹愼，要把某一個果證的內涵全部弄清楚了，並且再三確認以後，才可以認定，千萬別輕心誤會而犯下大妄語業。此外，也有外道故意不睡覺所以無夢，就認爲自己是七地菩薩，同樣是大妄語業；因爲即使他們都不睡覺，一樣是有一大堆的想，是白日夢接二連三的。

我剛剛看見寄來的《慈雲雜誌》，有一篇文章是南傳佛教的比丘講的：「只要不起煩惱，能依戒而住，這樣就是聲聞初果。」換句話說，不必斷我見，不必確認五陰的虛妄，三縛結不必斷，只要覺知心中不生起世俗法中的各種煩惱，就是證得聲聞初果了。現在南洋的佛法同樣是這麼可憐！我見不斷，三縛結具足存在，怎麼可以算是聲聞初果呢？但現在的南傳佛法中都同樣是不必求斷我見與三縛結，單單教人要保持覺醒無念，所以這篇文章裡有一段話說：「保持覺醒而不睡覺，不在夢中，這也是聲聞初果的境界之一。」也就是說，他不睡覺所以無夢，就自認爲是初果人或阿羅漢了。這種想法是自古以來就有的，所以有的人因此而苦練不倒單；其實那些人的不倒單並不是眞的無夢，而是坐在那邊打妄想，昏昏沉沉地作夢，只是他們自己不能察覺，就以爲自己是初果或阿羅漢了，這種邪見在末法時的佛教中也是很常見的。

「是人平常夢想銷滅」，是說除了住在三昧中的境界以外的時間，也就是在清醒位中都不再有語言文字妄想出現，除非他正在思惟法義或與人應對、或說法時；即使是極微細的離語言的妄念，甚至於「心動」的現象也都不復存在，永遠都不會再生起了，這才是「想陰盡」的菩薩；是晚上睡覺時再也不會有夢了，這才是「夢銷滅」。至於「想銷滅」，在清醒位的平常時間裡，雖然對六塵都有覺知，可是在有覺有知當中並不攀緣於自身，也不攀緣於六塵，只是被動地了知六塵，所以說「想銷滅」——主動的了知已經銷滅了。當身體累了需要睡覺時，他睡著以後也不會作夢；但不是不睡覺而無夢，而是像一般人一樣睡覺，使「想」斷滅（想就是了知）而獲得完全休息，保持色身的健康；但絕對不會有夢，這是夢與想都全部滅盡，才能叫作「夢想銷滅」。而且是睡覺與清醒時都永遠如此，是「寤寐恒一」，才能說是「想陰盡」。

這種「想陰盡」的境界，是因爲「煩惱濁」已經滅除了，是三界貪瞋癡的現行滅盡了，並且把三界貪瞋癡的習氣種子也滅盡了，才能到達「想陰盡」的境界中。這時「覺明虛靜猶如晴空，無復粗重前塵影事」，是覺知性時時刻刻都很清明寂靜，猶如萬里無雲的晴空一般。「晴」是由於全無妄想，譬如太虛空之中如果有許多飛得高高的白雲，那是阿羅漢的境界；如果是烏雲遮日，那就是非常煩惱的凡夫眾生了。如果是晴空偶然飄過幾片雲，這是煩惱已經消除很多了，只剩下一點點的習氣煩惱，譬如六地受陰盡的菩薩。「猶如晴空」的「晴」，是完全無雲，連一點點水氣都沒有了，也就是完全沒有任何主動的了知存在了，完全是被動性的了知。「空」表示完全空明而使覺知性都無遮障，覺知性的功能不再被煩惱所污濁了，覺知性的功能就能大量發揮出來。

當「煩惱濁」滅掉時，就可以安住在這種境界中；但是別把無相念佛的空明境界套在這個境界中，自以爲又證得這種境界了。有幾位同修，當我今天解說了某一境界，她們明天就會說昨晚已經證得了。千萬要小心，別誤會了就自以爲有了實證，犯下大妄語業。也有人修學無相念佛十個階段完成以後，覺得自己心中「覺明虛靜猶如晴空」；從字面上來看，確實是有這種體驗；但這種境界還只是未到地定的定境，與「想陰盡」的「覺明虛靜猶如晴空」境界完全不同，千萬別當作是已經證得「想陰盡」的境界，否則就不免犯下大妄語業了。

接著說「無復粗重前塵影事」，「粗重」是講煩惱障的現行，就是我見、我執、我所執，這些都是「粗重」煩惱，會使人流轉於三界生死之中；只有所知障所攝的煩惱不屬於粗重煩惱，也只有煩惱障所攝的習氣種子不是粗重煩惱，因爲這是阿羅漢所不能斷的。然而，從成佛之道的八地心開始的菩薩來說，煩惱障（也就是三界愛）所攝的習氣種子，仍然是「粗重」，所以一切煩惱障的現行更是「粗重」；但煩惱障的習氣種子，也就是色陰、受陰、想陰等三個區宇——這三陰的習氣種子，都仍然是「粗重」，同樣必須一一「銷滅」，才能到達七地滿心的「想陰盡」境界，才是眞正「無復粗重前塵影事」。所以這裡說的「無復粗重前塵影事」，是說對三界愛等煩惱的現行已經「銷滅」了，同時也「銷滅」三界愛的習氣種子了。

在這種境界中觀照一切世間，不只觀照娑婆世界的「大地河山」，也從娑婆世界再來觀察其餘一切世界的「大地河山」，以及諸世界中的有情五陰世間，全都好像以明鏡來鑑照自己的臉一樣清晰。也能從自己所見的現量境界，比量而知無色界愛的所有境界，一樣是「如鏡鑑明」。這是要先斷除三界愛的現行，成阿羅漢迴心大乘證悟明心而漸修進入初地；或者在大乘法中直接明心見性以後，進修到十迴向位永伏性障如阿羅漢而進入初地心中，再破盡色陰、受陰、想陰區宇，到達「想陰盡」境界以後，才能成就的。這時已經具足如幻觀、陽焰觀、如夢觀、猶如鏡像、猶如光影、猶如谷響、如水中月、變化所成、非有似有等九種現觀了，然後才能在七地滿心位證得念念入滅盡定的智慧境界，在七地最後一念心中斷盡三界愛裡的想陰習氣種子。這時才是「夢想銷滅，寤寐恒一；覺明虛靜猶如晴空，無復粗重前塵影事」。這時正是「想陰盡」，已經過了「想陰區宇」而落在「行陰區宇」之中，只剩下「行陰區宇」與「識陰區宇」未破；而「行陰區宇」和「識陰區宇」是八地到佛地所應破盡的智慧境界。

在「想陰盡」的「行陰區宇」中，「來無所粘，過無蹤跡；虛受照應，了罔陳習，唯一精真。」菩薩這時已在八地境界中，所有三界愛的習氣種子已經銷滅淨盡，對於十方三世的一切世界與諸法，乃至對於無量劫以來的最親愛眷屬，菩薩再也無有任何情執習氣存在，所以都不再顧戀或想念了。這時菩薩來往十方世界時，都無絲毫執著可言，所以「來無所粘，過無蹤跡」。這時菩薩所見三界中的一切法，全都是虛受、虛照、虛應，都無一法是眞的有所受、有所照、有所應。在「虛受照應」的智慧現觀中，已經「了罔陳習」，對無量劫以來的種種三界愛習氣已經了然而無心，全都滅除而不再受三界愛的習氣種子所影響，所見就唯有純一無雜的妙精明心如來藏的妙眞如性—佛性—如來藏的見分本覺之性。

但是禪宗的明心及見性，與這境界是不可同日而語的；你們之中已經眼見佛性的人，可千萬別隨意拿來套在自己頭上，成就大妄語業。諸位明心之後，如果能夠眞實轉依，以所觸證的阿賴耶識來對照山河大地、對照世間的六塵，當你轉依如來藏心的時候，就像禪宗祖師說的「百花叢中過，片葉不沾身」。但是如果明心的密意是聽來的，智慧難以出生就不能轉依，可就作不到了；那時百花還是百花，紅黃藍綠依舊是紅黃藍綠；因爲沒有轉依成功，也就是沒有經過參禪的過程，無法如此確實認定：五陰自我是虛假的，六塵是虛假的，唯有如來藏才是眞實法。因爲對阿賴耶識，心中還是有所懷疑：這個阿賴耶識究竟眞的或是假的？都因爲體驗不夠才會懷疑，有所懷疑就無法轉依。口中說已轉依，意識心也自以爲有轉依；可是末那識都沒有轉依成功，還是執著於五陰而無法完全認定阿賴耶識，就不會有什麼功德受用了。

這個無法轉依成功的原因，都是沒有親自參究的過程，所以末那識沒有被自己的意識說服。如果有參究的過程，末那識意根就會被說服：阿賴耶識才是眞的如來藏，不生也不滅，性如金剛而不可壞，其餘諸法都是虛假不實。當你親自經歷參究如來藏的所有過程，已經一一確實觀察而有了清楚檢驗：阿賴耶識確實是如來藏，確實是眞實不壞法。於是末那識意根就會被說服而轉依成功。若是沒有親自參究的過程，只是聽來底密意；雖然已經知道阿賴耶識的所在了，然而這樣的知道，畢竟只是知識而無法生起智慧，末那識意根是不會轉依成功的，依舊會認爲：自己所掌控的見聞覺知都是自己所有，在能覺能知之中可以處處作主的自我才是眞實心。於是無法確實完成轉依，只是在表面認爲已經轉依如來藏了。

這時一旦被人恐嚇：「你所證的阿賴耶識是生滅法，不是眞如心；你這樣自稱開悟，就是大妄語。」或者被恐嚇說：「你悟的這個心不是阿賴耶識，即使眞的是阿賴耶識，也不是如來藏、不是眞如。所以你悟錯了，是大妄語。」被人如此一嚇，隨即倒縮回去，開始跟著惡知識一起否定阿賴耶識，宣稱所悟的阿賴耶識不是如來藏，於是成就破法重罪了。這樣的人都沒有禪悟的功德，確實不能稱爲開悟；雖然知道開悟的密意，還是不能稱爲開悟，因爲智慧不能出生而沒有功德受用，這就是愛打聽密意，或者請求親教師明指密意的過失。

這時口中說：「我眞的是百花叢中過，片葉不沾身。」事實上何止樹葉沾身？百花全都粘他滿身了！如果是眞正自己參究出來的，一定會有鑑照五陰身心虛妄的過程，自然會有這種功德；如果還能進一步眼見佛性，親眼看見如來藏的妙眞如性——佛性，更能眼見山河大地以及五陰身心完全虛妄，更是「來無所粘，過無蹤跡」，轉依就更能具足成功。

爲什麼天華落下來，菩薩身上都不會粘住？但阿羅漢身上都會粘住呢？因爲他們不但有我執的習氣種子，同時還有我所的習氣種子。菩薩即使只是初地心，也都已經現觀一切六塵只是自心所現，這天華當然不算什麼；即使粘在身上也無所謂，所以天華落在他身上時就自然掉下地了。阿羅漢們因爲落在我所的習氣種子中，執著聲聞僧的表相，心想：「這些天華若是粘在我身上，就損害阿羅漢的莊嚴相了。」恐怕天華留在自己身上，於是天華就會粘在身上了。菩薩根本無所謂：若是有一些天華停在身上也不錯，就當作瓔珞莊嚴吧！即使粘得滿身很俗氣，也沒有關係，畢竟都只是相分罷了，都無所謂。這是初地菩薩的「片葉不沾身」，也算是轉依「唯一精眞」了。

然而，縱使如此，初地菩薩在三界愛的習氣種子尚未斷盡以前，也就是還沒有把色陰、受陰、想陰三個「區宇」全部破盡以前，都還不是具足轉依「唯一精眞」的人。因爲初地心還只是如同阿羅漢一般，「夢、想」還沒有「銷滅」，縱使已經能斷盡五陰我執與三界我所執，畢竟都還在三陰區宇之中；所以在三界愛的習氣種子還沒有滅盡以前，終究對十方三界還無法「來無所粘，過無蹤跡」；於是當然也無法「虛受照應，了罔陳習」，三陰的習氣種子還留存著，就不是究竟轉依的「唯一精眞」境界了。初地菩薩確實已經眞實轉依，因爲已經現觀菩薩道如夢，現觀覺知心無量劫以來修行菩薩道，都只是在夢境中行，不曾在世間行過菩薩道；也了知善財大士的意識在五十三參的整個過程中，其實也都是在自己的如來藏心中遊歷，從來不曾在如來藏外遊歷過，當然比三賢位菩薩更有資格說自己已經轉依於「唯一精眞」的如來藏心了！所以明心再加上眼見佛性的三賢位菩薩們，若是比起七地滿心菩薩的現觀境界，自己的「唯一精眞」的轉依，其實還是差很遠的。

菩薩修到「想陰盡」時已在「行陰區宇」中，但行陰的習氣種子是很微細的，遠細於想陰。然而單是想陰（還不必說想陰的習氣種子），現代佛教界已經都不懂了，當代所有大法師們都不曾如實理解想陰，他們都只認爲：「覺知心中有語言文字的妄想時，才是想陰。」這其實是很粗糙的想陰，只是初機學人應該知道的想陰；自稱證悟的大法師們，不該只知道這個層次的想陰，否則又怎能成其爲大師呢？細的想陰，他們都不知道。乃至住在非想非非想定中，很微細而且都不反觀自己，其中只對定境有所了別的了知，都還算是想陰；何況大法師們覺知心中都還有語言文字的妄想，他們最多只是很粗糙的離開語言文字的欲界定中的覺知，全都是很粗糙的想陰，連境界受裡的想陰都不明白。所以當代大法師們因爲無法具足了知五陰的內涵，當然就無法斷除我見，更別說是親證如來藏而明心了，至於想陰的習氣種子就更別說了。

當菩薩悟後修到「想陰盡」的境界時，住在「行陰區宇」中；這是三界愛的我執與我所執的習氣種子全部滅盡了，也就是煩惱障所攝的習氣種子都已滅盡了；這時剩下的「行陰區宇、識陰區宇」，只是異熟愚所攝的境界，都無三界愛的習氣種子了，因此永遠不再有夢境，也不會再有想陰習氣的境界侷限他了，也就是斷盡三界一切執著的習氣了，所以來往十方世界時，「來無所粘，過無蹤跡」。這時對於十方世界中的一切法，雖然「覺明虛靜猶如晴空」而「如鏡鑑明」；可是在鑑明山河大地及有情一切法時，卻都只是虛受、虛照、虛應，這時當然已經全然沒有無量劫以來累積的陳舊習氣，究竟轉依於「唯一精眞」的如來藏妙眞如性，就可以從佛性的運作過程裡，漸漸了知十方三世法界中的一切有情生滅不住的根元了。

這時菩薩所見的有情生滅根元，都是從如來藏中引發出來的「同生基」；於是如來藏以祂的佛性來運作，「行陰」習氣不斷而使有情繼續受生於十方世界中。但是八地菩薩從人類自身境界來觀察，也同樣觀察十方世界中的十二種類眾生，無一不加以觀察；雖然還沒有究竟通達不同種類的受生得命詳細內容，卻已經看見都同樣是由於「同生基」，如同野馬一般很清楚分明地披露出來了；這時菩薩看見這個「同生基」時，知道這就是眾生的浮根、浮塵會從如來藏中出生的根元。當菩薩這樣現觀以後，仍然無法突破「同生基」時，就是住在「行陰區宇」中。

這時「唯一精眞」所出生的浮根、浮塵的「生滅根元」，就在「想陰盡」的智慧境界中披露出來了；也就是現觀十方世界有情會在三界中不斷地出生，特別是指人間的有情不斷在人間出生，原來就是因爲這個「同生基」而導致的。人類的「同生基」其實就是行陰習氣種子，也就是十二因緣支中的行支。即使已經超過三界輪迴習氣種子的八地以上菩薩們，依於大悲願而世世常住人間利樂有情，也是因爲保留著行支，所以才產生了世世的浮根、浮塵，於是可以藉行陰習氣種子而使如來藏不斷受生，以五陰的行陰與如來藏的一切行，來成就菩薩道。所以十二類有情的「生滅根元」就是行陰習氣種子，就是一切有情的「同生基」；因爲一切有情全都依於行陰才能受生與存在，一切凡聖莫非如此。

行陰的範圍很廣，色陰運作時有行陰，受陰、想陰、識陰也都各有行陰，所以四陰都有行陰。最難觀察的行陰是想陰的行陰；而當代大法師們所知道的行陰，就只是色陰與識陰的行陰，從來都不知道受陰與想陰的行陰；不論是在書籍或影音成品中，都沒看到他們有誰說過受陰與想陰之中的行陰。而這部分，我們大多會保留在禪三時才說明。一般而言，如果對行陰的觀察不夠深入、不夠完整，絕對無法斷盡行支，死後就一定會再度受生於三界中，無法出離三界分段生死，更別想要斷盡三界煩惱的習氣種子。七地滿心菩薩可以斷盡三界愛的習氣種子，達到「想陰盡」，破盡色、受、想等三陰的習氣種子，都憑著深入觀察才能達成，然後才能進入「行陰區宇」中；這已經不是三明六通大阿羅漢們所能猜測的，何況是未斷我見的凡夫大法師們呢？

七地滿心菩薩由於破盡色陰、受陰、想陰的一切習氣種子，究竟了知這三陰的一切深細內涵，才能開始細觀行陰。如今細觀：行陰即是一切眾生的「同生基」，而這個行陰其實如同野馬一般擾動不停，很清楚地顯現出來。這個行陰是遍在一切凡聖境界中，以七地滿心菩薩或八地菩薩所見的行陰來說，已經不是與三界煩惱現行及習氣相應的境界，而是依大悲願來受生於三界中才顯現出來的；所以這時的行陰已經不與三界煩惱的習氣相應，因此說爲「清擾」，因爲已經遠離「煩惱濁」而不與煩惱習氣相應了。這時菩薩所見的行陰「同生基」，正是三界有情的「浮根、塵究竟樞穴」；就只能暫時住在這種觀察所知的境界中，目前還無法突破，所以名爲「行陰區宇」，也就是行陰的境界範圍。

「生滅根元從此披露」，這個「生滅根元」就是「同生基」，就是行陰。披，就是攤開；譬如把縐成一團的手巾攤平，閩南語說是「披開」；就是按順序全部攤平的意思，所以攤開平整了就叫作「披」。「披」完時就能全面顯露出來，所以說爲「披露」。菩薩觀察到這裡，已經滅盡想陰的習氣種子，轉入行陰中詳細觀察以後，發覺行陰是有情浮根、浮塵的「同生基」，也知道行陰是三界有情生滅的根元，而這個行陰也是從「唯一精眞」的如來藏妙眞如性中披露出來的。舉一反三，就可以「見諸十方十二眾生畢殫其類」，不論是十二類中的哪一類眾生（十二類是指卵生、胎生、溼生、化生、有色、無色、有想、無想、非有色、非無色、非有想、非無想等十二類有情），全都依現量及比量加以觀察，結論是十二類有情的「各命由緒」的「同生基」就是行陰。

雖然還沒有深入十二類有情生命中一一加以體驗，所以「雖未通其各命由緒」，但已經能夠推定一切有情的「同生基」全都是行陰；已在總相上觀察確定這個行陰是浮根、浮塵的「究竟樞穴」，所以八地以上菩薩都還可以繼續受生於人間弘法度眾。「浮根、塵」是浮根與浮塵，浮根是指我們色身的五色根之中，顯示在外而可以被看見的部分，不包括勝義根在內；浮塵是我們所接觸的身外六塵，不包括內相分中的六塵；因爲全都是身體表面或身外可見的，所以稱爲浮根、浮塵，合稱爲「浮根、塵」。「樞」是門的外側直立而突出的木棍，固定於門框以供門扇開闔的突出物；「穴」是固定在門框兩側的上下處，都有凹洞，以供門樞插入，支持門扇而讓門扇可以自由開闔的洞穴；所以「樞穴」是門扇的所依，是門扇的根本。欲界及色界有情之所以會有「浮根、塵」，乃至八地以上菩薩之所以能夠擁有「浮根、塵」，都是因為對於行陰的執著或行陰的習氣種子而產生的；所以行陰這個同生基，就是一切有情「浮根、塵」的「樞穴」。

「想陰盡」時，是將三界愛的現行（分段生死）與習氣種子都斷盡，如同大河流的水已經停止不流了；但是還有變易生死的細流繼續存在，因此還有種子的異熟生滅，就是「行陰區宇」。如果能夠把這些繼續流入大河的細流也停止了，大河想陰也就不可能跟著存在了，就不會有八地以上菩薩仍有的異熟愚清淨行陰存在，才能進修成為等覺位的菩薩；於是要深細觀察變易生死的行陰，將此行陰的習氣種子也一一斷除。眾生都很執著行陰，乃至成為阿羅漢以後都還不知道行陰的極細相，甚至七地滿心菩薩都還不能具足了知行陰的習氣種子，所以墮入「行陰區宇」中。而最粗糙的行陰，就是一般有情都很執著的四陰的活動能力；從來都不會有人願意出生以後身體不能動，總是要使身體活動自如；也不想要覺知心無法運轉，這就是欲界與色界有情的同生基。至於無色界有情共同的生基一樣是行陰，但他們的生基只剩下識陰的行陰，也就是使識陰中的獨頭意識可以自由運行，這就是無色界有情的「同生基」。

行陰爲什麼叫作「同生基」呢？因爲十二類眾生同樣都有這種使有情基本因素存在的基礎，這基礎就是五陰全體或者識陰中的意識的運行功能；這同樣都不離行陰，所以行陰是三界一切有情的「同生基」。行陰既然是三界十二類眾生都有的共同因素，若沒有行陰，有情就不成其爲有情了；因此說行陰是一切有情共同的基礎，所以行陰是十二類眾生的「同生基」。由此證明，行陰「同生基」就是十二類眾生浮根、浮塵的「究竟樞穴」；看清楚這個事實，也確實深入一一現觀而無遺漏時，就是住在「行陰區宇」中。

如何叫作「行陰盡」呢？現在到了「行陰區宇」之中，已經知道三界一切有情的「同生基」（當然這只是目前階位的所知，還不是十地菩薩的所知），也能觀察清楚各種境界中的行陰了；接著如果能把行陰的習氣種子全部斷除，就破盡行陰習氣而成爲「行陰盡」了。菩薩看見行陰「清擾」的「熠熠元性」，是觀見行陰不屬於三界愛的現行煩惱，也不屬於三界愛的習氣種子；但是由於這種離三界愛習氣種子的行陰習氣種子，在一切八地菩薩身心之中存在，使八地以上菩薩都有異熟生存在，不離異熟死，八地以上菩薩因此也就還有異熟愚存在；而異熟愚必須要在「行陰區宇」與「識陰區宇」都破盡以後，也就是要在行陰與識陰的習氣種子都滅盡以後，才能斷盡。所以，八地以上的行陰與識陰雖然都是清淨性的，因爲都已經把三界愛的現行與習氣種子全部滅盡了，卻還是無法成佛；所以還得要把行陰與識陰的習氣種子滅盡，也就是破盡這二陰區宇而遠離異熟愚，才能成佛。

滅盡三界愛的現行與習氣種子以後，行陰與識陰已經完全無關善惡性了，卻還是無法成佛，是因爲還有異熟愚所致，也就是對如來藏中的種子異熟性還沒有完全實證及改變；所以到達這個地步以後，要繼續努力在一切種子的全部瞭解上面來修行，才能突破「行陰區宇」。首先要把行陰本來就非常清楚顯示出來的特性，轉依於如來藏原來就已澄清的自性；於是一劫又一劫修行，把異熟法種的行陰完全澄清下來，這個過程就是「性入元澄」。到了最後階段，「一澄元習，如波瀾滅」，也就是完成最後的澄清道業時，一旦澄清下來了，行陰的「元習」（元來熠熠分明的行陰種子流注習氣的體性）就如同波瀾一般消滅了，這時全部四陰的行陰都化爲澄水一般，再也不會有行陰習氣種子引生行陰的波動了；這時連同極微細的行陰習氣種子，也都如同澄清止寂的清水一般了，就稱爲「行陰盡」，不再被「行陰區宇」所遮蓋。

這樣完成「行陰盡」修證的菩薩，就能夠超過「眾生濁」。「眾生濁」就是說眾生會造惡業，於是「業運每常遷於國土」，不斷地輪迴於三界裡的各種不同國土中；也因爲時時刻刻都想要當有情眾生，想要保持能知能見常不斷絕，所以「知見每欲留於世間」；當「業運」與「知見」「相織妄成」時，就有各類眾生流轉於十方國土。阿羅漢們已斷我見、我執，不再生於世間，入無餘涅槃中，灰身泯智；但因爲我見、我執的習氣種子還沒有滅盡，無法超越「眾生濁」，所以當大醉象衝向　世尊時，世尊身邊的阿羅漢們都依於意根的直覺而立即走避了，獨留阿難菩薩對　佛信心具足而沒有捨　佛離去，所以當時已沒有阿羅漢敬奉於　世尊身旁。這表示阿羅漢還沒有破盡「色陰、受陰、想陰區宇」，仍有這三陰的習氣種子，只是斷盡五陰煩惱的現行而不斷除色、受、想陰的習氣種子；所以他們的五陰已能不留於世間，然而意根則是「知見每欲留於世間」，這就是落入「色陰、受陰、想陰區宇」的明證，當然是五陰習氣種子尚未滅盡的明證。因此阿羅漢們只是斷了五陰我執的現行，還有五陰我執的習氣種子存在未滅，當然是尚未滅盡「眾生濁」。

如今菩薩修到行陰已盡時，已能觀察自己與眾生住在三界中的「所由」，全都是以「幽隱妄想」作爲根本。「所由」，是指出生於三界中的原由；也就是說，十二類眾生全都是同一所由——不離「行陰區宇」；都因爲「行陰區宇」未斷或未破盡，「知見每欲留於世間」，因此阿羅漢不經意識思惟的直覺，還是想要留著身心暫時住於世間，才會依直覺反應而離開　世尊，逃避大醉象的攻擊。如今住在「行陰區宇」中的七地滿心或八地菩薩，一定會發覺自己也在十二類眾生之中行菩薩道；爲什麼會與十二類眾生同在其中呢？都是因爲還有想，是極難察覺出來的，所以叫作「**幽隱妄想**」。

「**幽隱妄想**」，所以還能繼續受生於三界中行菩薩道。「**幽隱妄想**」是說，對微細的行陰境界有所執著的虛妄想，是很難察覺出來的。「**幽隱**」的意思是說，行陰存在的根源是基於對行陰本質無所了知，沒有智慧來察覺行陰出生的因由，是因為行陰背後有很微細、很難了知的虛妄想；然而這種愛著行陰的虛妄想，是極難察覺出來的，所以叫作「**幽隱妄想**」。

諸位來正覺同修會學法，對於前六識的行陰能夠一一了知，但是意根的行陰可就不容易了知了，得要破參之後透過一些題目的整理，才終於有了初步的了知。可是意根遍緣諸法，禪三時悟後那些題目的整理也只是一小部分、只是基本的整理而已；解三回家之後全部整理完了，還要詳細觀察意根還有哪些心行。意根是遍緣諸法的，沒有一法不緣，所以意根的行陰非常廣泛、非常深細；但是如今佛教界有誰能觀察呢？現在已經沒有人能觀察了，甚至山頭最大、最有名的大法師們，對於意根的所在都已經完全無知了，何況能觀察意根呢？既無法觀察意根，當然也沒有能力觀察意根的行陰了，何況能破盡意根遍緣諸法時的行陰？現在南洋假使還有阿羅漢，他們也無法觀察行陰；因為南洋現在所謂的阿羅漢們，根本連我見都沒有斷，連意識的行陰都無法遍觀，也同樣都不知道意根的所在，又如何能觀察意根的行陰？都沒有辦法觀察。如今佛教界只有諸位能夠多分、少分觀察意根；當代佛教界所有大師與學人們，全都無法觀察意根的所在，何況能觀察意根的行陰？何況能具足觀察意根的行陰而破盡「行陰區宇」？即使是所有不迴心阿羅漢，也一樣無法觀察意根的行陰，當然不能遍觀四陰中的全部行陰，所以「行陰區宇」叫作「幽隱妄想」。

這種「幽隱妄想」，如果能夠深細而且具足觀察，就會知道眾生之所以會輪轉於十二類有情中，全都由於「行陰區宇」中的「幽隱妄想」所致；其中最難觀察出來的，正是意根「行陰區宇」之所由來的「幽隱妄想」。前六識的行陰導致眾生輪轉於十二類生死中，但意根的行陰「幽隱妄想」，則是使阿羅漢能依直覺避開對生命有危險的突發事件的傷害；只有在預定的捨壽情況出現時，三明六通大阿羅漢才會捨命的，這就是尚未破盡「行陰區宇」的明證。也因爲意根的「行陰區宇」，才會使八地以上菩薩繼續受生於人間，繼續留著異熟種子不斷。而眾生「知見每欲留於世間」，則是識陰六識行陰的「幽隱妄想」，會使眾生輪轉十二類眾生當中，這六識行陰眞是人間眾生共有的「幽隱妄想」。

菩薩又深入觀察到意根是更幽隱的眾生妄想，可是眾生竟然都不知道。你們現在聽了以後就知道一分了，那你就超過一分「眾生濁」了；因爲，既能了知一分「幽隱妄想」，就不可能再用識陰—前六識—去造作惡業而遠離「業運遷移」了。如果連意根的「幽隱妄想」都知道了，就能觀察到眾生的「同生基」就是意根與識陰六識的「幽隱妄想」，就是眾生的「同生基」，也知道意根行陰是眾生最幽隱的行陰。連最幽隱的意根行陰都可以看見了，也了知這是障礙八地菩薩成佛的「幽隱妄想」了，怎麼可能再去造作其他更粗糙的惡業呢？從此以後，可以開始清淨意根的種子生滅習氣了。如是了知以後，將四陰的所有行陰「熠熠元性」，漸次修斷而能夠「性入元澄」。只要從一至終而完全澄清行陰的「元習」以後，「如波瀾滅，化為澄水」，就到了「行陰盡」的境界了，「是人則能超眾生濁」，成為十地滿心菩薩了。

學到這裡，諸位已經知道：初地心的菩薩必須具有取證無餘涅槃的能力，三地滿心的菩薩都有能力取證滅盡定而不取證。這意思是說，菩薩在十迴向滿心位或初地入地心，就可以斷盡五陰的現行，只是故意不斷而留惑潤生，才能繼續受生於人間修習菩薩道，往佛地邁進。但是諸地菩薩都故意不取證無餘涅槃，一劫又一劫努力修除五陰的習氣種子，想要破盡五陰區宇。而阿羅漢們只是斷盡五陰的現行，無法破盡五陰的習氣種子，因為無法具足觀察五陰區宇「幽隱妄想」之所由來，於是全都不離五陰區宇。所以，諸地菩薩已經不必在捨棄五陰、斷滅五陰的我執上面用功，因為那是在入地以前就已經完成的道業；入地以後專在無生法忍上面用功，因為無生法忍可以究竟觀盡五陰區宇，最後圓滿一切種智而成佛。

諸地菩薩的精進修行，都不是在追求阿羅漢的境界，因為捨棄五陰而入無餘涅槃，只是阿羅漢的解脫智慧境界而已；菩薩修道的目的不是追求出離三界生死，而是追求成佛；所以入地前已經有能力入涅槃了，卻都繼續留惑潤生，世世受生於人間修菩薩道；所以才要一一親歷五陰區宇，詳細破盡五陰區宇而證得五陰盡的境界，成就佛道。即使是七地滿心位的破盡「想陰區宇」而斷盡三界愛的習氣種子，就已經是三明六通大阿羅漢們無法想像的智慧了，何況是破盡「行陰區宇」的十地滿心菩薩，即將滿證一切種智的智慧呢？所以三明六通大阿羅漢們，當然更無法想像破盡「識陰區宇」，到達「識陰盡」的斷盡異熟種子、斷盡異熟愚的最後身菩薩智慧境界。但是這個道理，當代佛教界已經完全無法了知，乃至所有大法師們都不曾聽聞。這些擁有大道場、大名聲及很多徒眾的大法師們，乃至僅僅聲聞道中的初果斷我見智慧，都已經無法了知的了！因此我不得不說：這已經是末法時代佛法即將滅盡的現象了。所以諸位的責任重大，我們不該坐視佛教正法還沒有滿足一萬一千五百年，就提前在我們這一代滅盡，再度成為波羅王朝時的虛有其表而無佛法本質的外道法。

經由這些說明，諸位已能了知菩薩之道異於聲聞之道的最大差異所在；所以如果將來有哪一位同修證得滅盡定以後，他會不會每天住在滅盡定中呢？（有人答：不會。）確實不會，只是偶爾進去待一下，檢驗自己有沒有能力證滅盡定。可是有能力證了以後，他卻又不想住於滅盡定中了，因為住在滅盡定中確實沒有意義。會外的少聞寡學者，假使聽到我這樣說，一定會罵：「你這個蕭平實，竟然敢毀謗滅盡定！」但他們其實是不懂佛法，才會這樣罵；因爲菩薩是在一切種智上用功的，是依一切種智而成就佛道的。如果證得滅盡定以後常常入定，在定中能增長一切種智嗎？一絲一毫都不能！所以證得滅盡定以後，只要進入二、三次就夠了，已經了知入出定的過程，以及能入滅盡定的原因也就夠了。

而菩薩到了六地滿心時，不得不取證滅盡定；但他取證滅盡定的目的不在滅盡定本身，而是要藉滅盡定的取證，在出定以後進一步了知滅盡定與一切種智之間的關聯；所以進入幾次以後，對這部分的種智增長就已經足夠了，因此就不需要像俱解脫阿羅漢一樣每天住在滅盡定中。這就是說，菩薩不貪著滅盡定，不貪著寂滅境界。所以證得滅盡定以後就斷除「受陰區宇」，滿足六地心的智慧，轉入第七地中；然後再從一切種智中，深入探討滅盡定中的「想陰區宇」，證得「想陰盡」的境界以後，轉入第八地中，開始細觀「行陰區宇」，次第斷除異熟愚；乃至到達十地時，繼續深入「見諸十方十二衆生畢殫其類」，「見同生基猶如野馬熠熠清擾，爲浮根、塵究竟樞穴」。詳細探究「行陰區宇」的深細內涵，才能究盡「行陰區宇」而證得「行陰盡」的智慧，斷盡「衆生濁」而滿足十地心。

所有三明六通大阿羅漢們都想不通：爲什麼七地菩薩可以念念入滅盡定？正因爲七地滿心菩薩們已經破盡「想陰區宇」習氣種子而斷除「煩惱濁」了。所有三明六通大阿羅漢們也都想不通：爲什麼十地滿心菩薩「於涅槃天將大明悟」？爲什麼十地滿心菩薩們的「沈細綱紐補特伽羅酬業深脈感應懸絕」而即將滅盡異熟愚了？正因爲十地滿心菩薩們已經破盡「行陰區宇」習氣種子，已到達「行陰盡」的智慧境界，已經斷盡「眾生濁」了。

七地滿心菩薩已經「想陰盡」而滅盡三界愛的習氣種子了，不只是像初地心或阿羅漢一樣只斷除三界愛的現行，這時三界惑的習氣種子已經全部斷盡：五陰我執的現行與色、受、想三陰的習氣種子已經全都斷盡了。但七地滿心菩薩依舊不入無餘涅槃，因爲這時一定有佛示現爲他加持，授與「引發如來無量妙智三昧」；所以這時不再是留惑潤生了，而是生起大悲願及成佛之願，憑著異熟種子來受生。換句話說，從此時開始，已經處於「行陰區宇」，而在識陰與意根相應的異熟種子上面用心，也就是專在意識與意根的行陰上面用心了；因爲這時的意根與識陰六識已經是清淨心了，不再有三界愛的任何極微細污染了，連三界愛的習氣種子都已斷盡無餘了，已經只剩下異熟愚還沒有破盡。

八地菩薩的第八識已不再稱爲阿賴耶識，只稱爲異熟識；阿羅漢的第八識雖然也稱爲異熟識而不再被稱爲阿賴耶識，但阿羅漢還有三界愛的習氣種子尚未斷盡，原因正是還沒有破盡「色陰區宇、受陰區宇、想陰區宇」；至於八地菩薩所住的「行陰區宇」，更不是三明六通大阿羅漢們所能臆測的了。莫說八地菩薩，連初地到七地菩薩的無生法忍智慧，連七住明心菩薩的般若中觀智慧，三明六通大阿羅漢們都是無法臆測的。而七地滿心轉入八地的菩薩們也還無法具足現觀「行陰區宇」，得要進修到十地即將滿心時，才能具足現觀「行陰區宇」而證得「行陰盡」的智慧，才能成就十地滿心的功德，轉入等覺位中。所以說，那些從事佛學研究的大法師與學術界的人們，如果不想投入正法中眞修實證，縱使他們一世的生命可以長壽到三大阿僧祇劫，讓他們研究到生命終了時，依舊是無法貫通這些正理的。必須實證如來藏而懂得佛法以後，再來作實證實修的觀行，才能說是眞正「以佛法研究佛法」；否則終究只是意識思惟所得的戲論，從來不曾進入佛法中，所研究出來的何曾是佛法呢？

這裡所說的道理，都是「行陰區宇」中的行陰境界，都還有「眾生濁」，所以都還有異熟種子存在，當然還會有異熟生，就一定還有變易生死；必須進修到「行陰盡」時，才不會再有「眾生濁」；那時才能到達十地滿心位，究竟觀察「行陰區宇」是以行陰「幽隱妄想」爲依據而出生的，這時就具足了知眾生輪轉於十二類眾生中的「同生基」，就是不曾具足了知行陰產生的原因，所以未滿十地心的八、九、十地菩薩所見，一切眾生「同生基」的根源，就是行陰的「幽隱妄想」。世尊讓大家先瞭解「想陰盡」就是「行陰區宇」，又講完「行陰區宇」與「行陰盡」裡面的境界以後，為了使八地以上菩薩都可以順利度過「行陰區宇」，到達「行陰盡」的十地滿心境界，所以回頭來說明：依如來藏金剛三昧住在「行陰區宇」中的修行過程，會有什麼樣的邪見產生？而這十種邪見的內容又是如何？都會一一為佛弟子們詳細解說。

（行陰區宇中第一種魔事：）

【「阿難當知：是得正知奢摩他中諸善男子，凝明正心，十類天魔不得其便，方得精研窮生類本。於本類中生元露者，觀彼幽清圓擾動元，於圓元中起計度者，是人墜入二無因論：一者是人見本無因；何以故？是人既得生機全破，乘于眼根八百功德，見八萬劫所有眾生業流灣環，死此生彼；只見眾生輪迴其處，八萬劫外冥無所觀，便作是解：『此等世間十方眾生，八萬劫來無因自有。』由此計度，亡正遍知；墮落外道，惑菩提性。二者是人見末無因；何以故？是人『於生既見其根，知人生人、悟鳥生鳥，烏從來黑、鵠從來白，人天本豎、畜生本橫，白非洗成、黑非染造，從八萬劫無復改移，今盡此形亦復如是，而我本來不見菩提，云何更有成菩提事？當知今日一切物象皆本無因。』由此計度，亡正遍知；墮落外道，惑菩提性；是則名為第一外道立無因論。」】

講記：「阿難你應當知道，這些已得正知而止心於金剛三昧中的善男子們，凝聚澄明而正住其心，十類天魔都不能在他身上得到擾亂的方便，無法干擾他，他才能夠精細地研討探究而徹底了知眾生受生的各個種類的根本。於各個種類中觀察其受生的根元顯露出來的處所時，由於觀察那些眾生幽隱清明而圓滿的擾動根元時，如果於圓元中生起錯誤計度的時候，這個人就墜入二種無因論之中：第一種是這個人看見眾生的受生都是本來無因；何以這樣說呢？這個人既然已經滅盡我執而使自己的受生機緣全部破滅了，他藉著眼根的八百功德，看見八萬劫以來所有眾生因爲業流如同海灣的浪潮環流一樣，無法遠離生死的環流，總是死在這裡以後又出生到那裡；他只看見眾生八萬大劫之中輪迴在這些地方，八萬劫以外就全部都看不到了，於是他便這樣解說：『這些世間裡的十方眾生，八萬劫以來是無因自有。』由於這種錯誤的認知而執著不捨，失掉了正確而周遍的了知；就墮落於外道見解中，迷惑了眞覺的自性。第二種人是看見枝末無因而有；爲何這樣說呢？這個人『在受生這件事情上面既然看見有情的生根，因此知道人類會出生人類，也悟得鳥類出生鳥類；而烏鴉從來就是黑色的，天鵝從來是白色的，人類與天人的身體本來就豎立的，畜生的身體本來就是打橫的；而天鵝的白色並非經由清洗而成就，烏鴉的黑色也不是染色所造成的；這些枝末上的事情，自從八萬大劫以前直到現在都沒有改變過，直到現在這一世死的時候也還是一樣；而我如此往前觀察八萬大劫之前還是不能看見眞覺，如何還會有成就覺悟的事情可說？應當知道今天所能看見的一切物象都是本來無因而有。』由於這種錯誤的認知而執著不捨，也就失去了正確的周遍了知；因此墮落於外道見解之中，迷惑了眞覺的自性。這就稱爲第一種外道所立的無因論。」

在「想陰區宇」中正知而住的菩薩們，因爲不作任何非分的妄想貪求，使十個種類的天魔找不到方便來擾亂，最後才能凝止自心住於「想陰盡」的「行陰區宇」境界中，正心誠意而住。這時「想陰區宇」中的十類天魔已經無法找到任何機會來擾亂了，才能開始精細地研求，乃至窮盡十二類眾生的「同生基」本源。然而已經轉入「行陰區宇」而開始窮究眾生「同生基」的本源時，於本類的人身五陰中探究出「同生基」的時候，觀察到一切人的行陰同樣都是幽隱清虛而具有圓滿擾動的元本；接著在這個詳審觀察出來的元本「同生基」中，依如來藏金剛三昧而住，漸次深入修證，才能完成第三大阿僧祇劫的「行陰盡」與「識陰盡」的境界，成爲妙覺位的最後身菩薩或者究竟成佛。然而，能進入「行陰區宇」中的人，並非只有八地菩薩，而是外道們修得四空定時，也會遠離色陰、受陰、想陰而到達「行陰」境界中，只是依舊無法脫離這三陰區宇，也無法了知「行陰區宇」而不離「行陰區宇」；說白一點，所有凡夫們全都住在五陰區宇中，不曾超越任何一陰，更別說是超越任何一陰的區宇；但這些外道們並沒有如來藏金剛三昧的實證，也沒有親見如來藏的妙眞如性—佛性—當然無法避免邪見，所以難免會對行陰現行及「行陰區宇」—也就是對行陰中的粗細境界相—產生邪見而成就種種「心顚倒相」，在即將出離三界生死的四空定位，依舊還得要下墜而繼續輪迴不止。縱使滅盡五陰我執的阿羅漢們，乃至已經滅盡色受想陰區宇的七地菩薩們，對於「行陰區宇」也還是無法全部了知的。從這裡開始，就是講未斷我見或未曾明心的外道們，證得四空定以後而在「行陰」現行境界中，同時也會落入「行陰區宇」中，將會面臨的種種岐路。這種岐路，已經滅盡色陰、受陰、想陰習氣種子的八地以上菩薩們，是永遠都不可能會發生的，所以接著要講的十種邪見岐路，都是外道與證得四禪八定的佛門凡夫，以及佛門中淺悟而偏愛禪定、神通的菩薩們所不能免的岐路，但主要還是講給已悟的三賢菩薩們了知。

證得四空定時，看來似乎已經超過色陰（色界）、想陰（色界想）以及受陰（色塵、聲塵、觸塵引生的苦樂捨受），進入無色界，也就是進入四空定中的外道或佛門凡夫們，或者鈍根的證悟菩薩們，都不免會生起錯誤的認知與執著，於是不小心墜入二種無因論的邪見之中。第一種邪見是「見本無因」，第二種邪見是「見末無因」，合稱爲「本末無因」。

第一種邪見的「見本無因」，是在「生機全破」，也就是在親眼觀察到一切有情的「同生基」都是行陰，卻還無法脫離「行陰區宇」，已經從六識進而觀察到意根的行陰了，這時已經把色、受、想、識等四陰的行陰具足觀察完畢了，所以「生機全破」；然後就藉著眼根的八百功德，以宿命通向前世不停止地觀察進去，最後是看見八萬劫以來的所有眾生，由於業行而受到業運的遷流，總是一世又一世如同水灣中的環流迴轉一般，前後相接而循環不息，所以在此處死後出生於彼處，在彼處死後又出生於此處，永遠都只能看見眾生輪迴生死在三界二十五有之中；當他想再往前觀察時，可就無法再往前觀察了，再也觀察不出什麼事情了；於是這個外道就這樣子認定：「我所觀察出來的這一些眾生，已經窮盡十方一切眾生了；而這些十方世界中的三界眾生，八萬劫以來是無因自有。」

因爲再往前觀察時，就無法看見什麼了，他追究不出所看到的一切眾生的由來，又因爲淺悟或未悟而沒有一切有情本從如來藏妙眞如性出生的根本智慧。由於這樣錯誤的認知與執著，就亡失了以前所聽聞的三界有情身心與世界之由來的正遍知；於是墮落於外道見中，迷惑眞覺的自性了。但他不曉得的是，自己的神通不究竟，不知道自己的宿命通只能看見八萬大劫以來的大小事件，還無法如同八地以上菩薩能超過八萬大劫而作觀察，更無法如同諸佛一般無止盡地往前觀察；也不知道宿命通與天眼通都無法觀察到衆生生命的本源，所以橫生了無因論，誤以爲自己所見就是事實眞相：衆生是從八萬大劫前突然無因自生。反而否定自己原來所聽聞的都從如來藏心中藉妙眞如性—佛性—而出生的事實，所以稱爲「亡正遍知」。因爲當他以前親聞佛菩薩說「一切有情都從如來藏妙眞如性中出生」時，知道這個正理是遍及一切有情的，也是遍及十方三界一切山河大地與一切法的，所以是「正遍知」。但如今改以自己有限的宿命通所見作爲根本，由於未曾證得金剛三昧，如今又改依四空定中的宿命通所見爲依憑，所以迷惑了以前親聞的菩提眞覺自性，才會墮落於外道的本末無因論中。

什麼是「本無因論」？什麼是「末無因論」？第一種邪見是看見本無因，是因爲他一時覺得自己很行，有宿命通可以看見八萬劫以來自己的業行，也能看見任何有情八萬劫以來的業行；由於這些業行而導致死此生彼，死彼生此，來來去去前後相接而沒有止盡，所以輪迴不止；再往前觀察時，可就什麼都看不見了，於是誤以爲八萬劫前是什麼都沒有，而在那時一切都無因無緣而突然出現了，所以墜入無因論中。然而他沒想到自己的宿命通是有限制的，最多只能看到八萬劫，無法看到八萬劫之前的事。當他再往前觀察時，發覺一切有情全都是冥無所有，就誤以爲一切有情都是在八萬劫前無因自生。這時由於智慧不足，根性不夠犀利，所以只願意以自己眼前觀察八萬劫前空無所見的事實作爲根據，捨棄以前所聞一切有情都是從如來藏心中，由妙眞如性——佛性——的運作而出生的聖教，所以墜落於「見本無因」的邪見中，退失菩提。

第二種邪見是「見末無因」，這位外道或淺悟者這樣觀察而生起如此的邪見：「我對於一切有情的出生，既然已經看見根由即是『同生基』，即是『幽隱妄想』的行陰；這就是有情出生的根源了，所以我已經了知人類才能出生人類，我也悟知唯有鳥類才能出生鳥類；而我所見八萬劫以來的烏鴉，從來就是黑色的烏鴉，到現在還是黑色的烏鴉；八萬劫以來的白鵝，推溯到八萬劫前依舊一直都是白色的；八萬劫以來的人類與天人，本就都是豎起身體行來去止，如今也都沒有改變；而八萬劫以來的畜生，也一樣都是本來就橫著身體在行動，如今依舊沒有改變。所以鵝的白色並不是經由洗滌而變白，烏鴉的黑色也不是因爲染色而造成的。這些現象都是從八萬劫以來就一直都是如此，都不曾有所改變或互換過；而今世所見的這些現象，縱使死後再度出生時，也都仍然是同樣不變。而我推究到前八萬大劫時，依舊沒有看見佛菩薩所說的如來藏的妙眞如性——佛性，未來當然也將同樣沒有妙眞如性——佛性——可見，怎麼可以說未來無數劫以後會有成就佛菩提的事情可以成就呢？所以依照我的觀察結果，應當了知今天所見的一切人物、動物的種種現象，確實都是本來就無因而有。」這就是從「見本無因」而發展爲「見末無因」，就是從眼前最後的所見，來判定「一切物象皆本無因」，成爲具足「見本無因」及「見末無因」的二種外道邪見。

所以神通並不可靠，在沒有進入更深的禪定與親證大乘無生智或者證得無生法忍之前，千萬別太自信神通境界的觀察。要知道自己的神通所見是有限制的，還沒有成佛以前都不能全無限制。縱使成佛以後都無限制了，但是無限制的宿命智神通，終究一樣無法追究到任何有情會有一個開始；因爲一切有情全都是無始的，怎麼可能被誰追究到最早的開始呢？而一切有情的無始，是因爲一切有情的五陰之所從來的如來藏心，本就是無始的；由無始的如來藏心，藉著祂自己的妙眞如性—佛性—在無始以前就已經不斷地出生五陰或四陰，是無始以來就在十方三界中流轉不斷的；所以縱使擁有了諸佛無限制的宿命通，一樣不可能觀察出任何一個有情的生命有開始之時；不論是由誰的宿命通來觀察，永遠都是如此而不可能被改變的。所以還是應該回歸到現前所見的事實來：「同生基」只是有情出生的動力，但出生有情的法不是「同生基」，也不是行陰所由來的「幽隱妄想」；而是由如來藏的妙眞如性，藉「同生基」爲動力，來出生一切有情。如果有這樣的正見，就不會被宿命通的觀察所誤導，落入本末二無因論中。但是外道們都沒有斷我見，也沒有實證如來藏心體，更沒有眼見妙眞如性——佛性，當然無法現觀如來藏藉自己的妙眞如性如何出生一切有情的五陰，於是單憑四空定與宿命通作爲觀察的依憑，就落入行陰「同生基」之中，誤以爲行陰就是一切有情的根源，自然就不能遠離這類無因論的外道見了。

如今台灣佛教界有沒有無因論外道呢？（眾答：有。）有呀！是哪一個人？（眾答：印順法師。）是印順法師嘛！諸位都知道嘛！因爲他認爲：一切都是緣起生滅，所以一切法自性空，更沒有如來藏來出生萬法，他早就忘了龍樹所破的外道主張：諸法是共生的。依照他這樣的理論來探究：如果有一天印順證入無餘涅槃以後（我說的是如果，因爲他否定第八識以後就不可能斷我見了），如果他有一天證阿羅漢果而進入無餘涅槃中，當他的五陰十八界等一切法都滅盡了以後，依他的說法是「滅相不滅名爲眞如」，或者說「滅相不滅就叫作涅槃」，那麼他所入的無餘涅槃以及他所證的眞如法性，豈不全都是斷滅空了嗎？所以印順法師的主張其實就是「見末無因」，當然也是無因論者。

所以緣起性空有一個前提，就是有一個本住法恆住不滅，才能夠有緣起性空的法性出生，才能有緣起性空的法性可以被觀察到。萬法既然會出現與運作，在生住異滅的過程中漸漸過去以後，又能重新生起，背後一定有一個根本心作爲能生，同時也作爲所依，而無明與業力終究只是動力而不是能生者。所以是由「同生基」背後的幽隱妄想，作爲出生的動力，來促使如來藏妙眞如性出生了十方三界有情，不是由行陰「同生基」自身來出生三界一切有情。這樣以本住法如來藏而說的緣起性空，才是正確的阿含佛法。要是有人不信我這個說法，可以去檢閱四阿含諸經，看我說的正確或不正確。假使還有人不相信，等我們未來寫出《阿含正義》時，也可以一一舉出經文來證明：確實是由本住法如來藏的常住恆存而且有能生的作用，才有可能產生緣起性空的種種物象，才能被有智慧的人所觀察出來。（編案：《阿含正義》總共七輯，已於二〇〇七年八月出版完畢。）

所以萬法的緣起，必定都有其原因，不可能單單藉著眾緣就能無因而生，否則那個緣起性空的理論，就會成為**無因唯緣**而生起與壞滅的外道**無因論**；龍樹所主張的「諸法不共生」，正是破斥這種無因論，因為識陰六識都不是單憑根與塵共同配合就能出生的。如果可以無因唯緣而緣起性空，我勸印順派的所有人都回家去看電視、吃喝玩樂去，都不必聽經修道；也勸印順派的所有法師們都可以還俗享樂去了，從此以後再也不必修行弘法了。因為一切法都可以共生而成為無因唯緣而生，也都無因唯緣而滅；將來只要有個外緣生起，不必以自己的如來藏為因，就能成佛、成阿羅漢了。那好了，大家都快快樂樂享受世間五欲，由別人辛苦去修行以及造善業，別人的淨業及善業種子，在各種因緣的變化之下，或許就因為各種不同的緣落到我身上來，我就生天享福或者成為阿羅漢了，因爲都是無因而單憑眾緣就能生起嘛！所以我說他們都是無因論者。事實上，一定是如同阿含中說的：「有因有緣集世間，有因有緣世間集；有因有緣滅世間，有因有緣世間滅。」每一個人的五陰世間之所以會生起，之所以會在三界中的某一界中生起，乃至會壞散而歸於滅，固然是由所造善業惡業種子作爲動力，然而這些種子都是由自己的阿賴耶識收存，然後由阿賴耶識依據種子來出生未來世的五陰世間；否則必定成爲無因無果或有因亂果而不能成就因果律了。所以都是有因有緣才能成就各自的五陰世間，不是沒有因而單純憑藉眾緣就能成立各自的五陰世間。

由於有因有緣世間集的緣故，所以有的人福報再怎麼大，始終無法聽聞正法，因爲他們過去世很愚癡，努力供養三寶而始終不願深入思惟了義正法與表相正法的差異；或者愚癡而只看表相，譬如只看弘法者的出家或在家表相、道場的大或小、名氣的大與小、徒眾的多與寡、年紀的老與少，來作爲他依止的判斷標準，而不是從法義的勝妙與否、究竟與否、了義與否，來作爲他依止修學抉擇的判斷標準。於是由於世世信受表相正法的緣故，種子存在心中，對了義正法的信受力很薄弱；當他聽到有人宣講了義正法時，就會跟著他的師父拒絕信受；所以他們這一世是有世間福報的，但是沒有了義正法的實證因緣。因爲他們的種子就是這樣。

往世在了義正法中努力作義工來護持，這一回重新遇上了，再怎麼困難也是不會退轉於了義正法，於是這一世就有因緣可以實證了。所以各人的因緣並不一樣，或許你沒辦法像他們那麼富有，因爲你往世都不是作財物布施，但是很努力以身力在護持正法，這一世才剛遇到了義正法時，精勤努力的結果當然就證悟了。然而也一直都有人賺了很多錢，可是只願意依止有大名聲的大法師，所以才剛聽到不太有名氣的人宣揚了義正法時，他心中就生起煩惱；因爲往世及這一世都熏習表相正法，都是被教導要「把握自己」，要「處處作主」，所以才剛聽到要斷我見就起煩惱了：『「我」怎麼可以斷滅掉？那還得了！』縱使有一天信受應該斷我見、我執了，然而在大乘法中悟得太容易了就會退失：「這個眞是阿賴耶識嗎？好像不是吧？哪有這麼簡單就讓我開悟了！」對自己完全沒有信心。不幸的是很多眾生都會這樣呀！常常有人這樣說：「想要證得阿賴耶識如來藏，這是禪宗說的開悟呀！這一定是多麼困難的事情，我何人也？竟然給我遇上了，而且兩年半、三年就證得如來藏了，這種天下第一等的好事，怎麼可能正好被我遇上了？一定有問題吧？」自信不夠又加上智慧不夠時，才剛被別人稍微恐嚇一句：「你自認爲開悟了，這是大妄語，死後一定下地獄。」於是退心，就說：「算了！我還是不要承認自己開悟，也不要認定這個心就是如來藏。」於是就退轉了！這就是眾生，就表示他是新學菩薩而不是久學菩薩，都是因爲智慧不開所以「惑菩提性」而導致的。

印順的無因論或是這一段經文中說的無因論，也是一樣的道理，由於「惑菩提性」而產生了無因論，因此而有這兩種「見本無因、見末無因」的無因論出生，卻是智慧不夠，又因爲太相信宿命通而導致的。如果沒有八萬大劫的宿命通，單單是像印順法師一樣只用推斷的，然後又接受日本學術界中一小撮人，也就是接受日本一分標新立異者，企圖「脫亞入歐」否定中國佛教如來藏教義而另行建立的六識論思想；然後又讀到西藏密宗黃教六識論的應成派中觀邪思——《菩提道次第廣論》，全體信受以後就推翻一切實體法，於是把實相法般若判爲一切法空說的性空唯名虛相法；結果認爲般若只是重說一遍四阿含的諸法性空，所以般若等於唯有名言而無實質，於是把般若判爲性空唯名的戲論——徒有名言而無實體法的戲論。可是印順又怕別人指責他是斷滅論者，因爲四阿含中說阿羅漢入無餘涅槃時是要滅盡十八界的，於是印順就回頭再來建立「滅相不滅」的眞如說：當這十八界滅盡以後，六識全部斷滅了；這個斷滅的法相永遠存在，不可能再被斷滅，所以不屬於斷滅空，這樣滅相不滅的境界就是眞如。這就好像說：你把一千萬元台幣給我以後，你的一千萬元滅盡了；而你的一千萬元滅盡的滅相不可能再被滅除，所以這個滅相是永遠不會被滅的，那就是沒有滅；因爲滅相就這樣永遠存在，所以你這時才是眞正擁有一千萬元的人。這樣講，不知道有沒有誰能接受？這眞是不死矯亂的無因論狡辯。可是三界中爲什麼會有眾生出現，爲什麼人間會有人類的十八界出現？一定有因，不是單憑眾緣就能出生的，否則就會有許多過失出現而無法自圓其說。事實上，從比較簡單的理論，就可以指出日本「批判佛教」的六識論的無因論緣起性空觀，或者密宗《菩提道次第廣論》應成派中觀的六識論無因論緣起性空觀，確實是有重大過失的。譬如緣起性空的事實與觀察所得的緣起性空理論，是因爲十八界出現了以後才會有緣起性空的；猶如有人說兔無角的時候，前提是因爲已經先看見牛有角，在牛有角的前提下，才會有兔無角的觀察與想法產生。所以是先有「牛有角」的觀察，才會有後來的「兔無角」觀念；同理，緣起性空正是因爲先有「蘊處界三界有」才產生的，如果不是先有蘊處界等三界有，哪裡會有緣起性空的法性被觀察出來？

所以緣起性空觀是依三界有而存在的，不能外於三界有而主張緣起性空；由此可見緣起性空是依生滅性的蘊處界而有，當然不是實相法；因爲實相法是可以獨存而沒有所依的，也是出生萬法的常住心。同理，觀察三界有的緣起性空所得到的結論，是依三界有才能存在；猶如牛有角本屬虛妄法，所以依牛有角的觀察而存在的兔無角，當然同樣也是虛妄法，不可以主張兔無角是眞實法；因爲兔無角是依牛有角的前提而主張的，所以是依牛有角才能出生與存在的；而牛角本是生滅不住的虛妄法，所以依牛有角的觀察而產生的兔無角，當然也是虛妄法，當然不該主張是實相法。

同理，緣起性空是依蘊處界諸有而有，所以緣起性空不能外於生滅性的蘊處界有而存在；既然蘊處界都是有生有滅而虛妄，依蘊處界有而存在的緣起性空當然也是虛妄法，不該主張緣起性空是實相法。那什麼才是眞實法與實相法？當然應該以蘊處界等三界有之所從來，也就是出生蘊處界有的實相法如來藏，才能說是眞實法；這樣才能符合阿含所說的「有因有緣世間集、有因有緣世間滅」的聖教。所以不論是學佛或學羅漢，都不應該落到無因論中－單用膚淺的緣起性空來作判教－否則一定會對三乘菩提產生誤判。

因此，這個善男子既不是利根善慧，也沒有證得聲聞菩提，或者所證的佛菩提智慧還很淺，又因爲太相信神通而單憑八萬劫宿命通的觀察，就直接作了定論；只因爲自己看見八萬劫來的眾生無因而有，就「亡正遍知、惑菩提性」，所以落入「見本無因」邪見中。又看見八萬劫來，人一定生人，鳥一定生鳥，而且看見「烏從來黑、鵠從來白」等事相，推定八萬劫以後亦復如是，不會改變，於是又落入「見末無因」的邪見中，於是落入「末無因論」中，就叫作「本末無因論」。所以，不論是由於什麼緣故而不肯承認第八識，或者單信神通境界而不信受有第八識的人，都會墜入無因論中，成就外道見。由於墜入「本末無因」邪見的緣故，就會認定眾生是無法在六道中互相轉換輪迴的；就會認為人一定永遠生而為人，畜生永遠生為畜生，而鬼永遠是鬼，天永遠生而為天。六道輪迴轉世的正理，就在他的偏見之下自行推翻，成為無因論的外道見者。還有一個情況也會變成無因論，成為本質上的無因論，而表面看來卻不像是無因論者，看來似乎是有實體法的。這就是把第八識阿賴耶識否定，另外建立一個想像中才會有的眞如心，也會在實質上成為無因論者；因為他們口中主張還有一個阿賴耶識所依的實體名為眞如，但是那種眞如實體將是永遠都找不到的想像法。既然永遠都不可能找得到，那麼以前所證的一切法，以及他們所建立的佛法體系，就會產生交叉不斷的錯亂因素出來。本來是很完全與平整的佛法體系，就變成交叉錯亂而處處不通，所以自己就對實相法產生疑心，自亂陣腳。所以，一旦把阿賴耶識否定了，問題將會變得很嚴重，因為這個本質就是退轉與謗法。

這就好像董事長開了一家黃金公司，交代業務經理去推廣販賣。然而他委任的業務經理出去推銷時竟然說：「我們董事長叫我出來販售的產品，並不是最好的黃金；因為他交給我出來販售的黃金，雖然是黃金，但是還有比這種黃金更貴重的黃金，那叫作金色。這種更貴重的物品名為金色，金色可以出生黃金。所有的黃金都是從金色中生出來的，你只要買了我另外賣的金色，就可以不斷地出生我們公司所賣的這種黃金。」可是世間有那種黃金以外的金色嗎？當然不可能有，只有想像中才會有這種能出生黃金的金色呀！而他們正是外於眞正的黃金，想要再找到其他的金色；並且反稱金色可以出生黃金，當然是永遠都找不到眞正的金色與黃金了。

都因爲董事長免費送給他黃金，然後交代他出去免費送給眾生黃金，這個業務經理就想：「我有那麼好運嗎？這個董事長給了我眞黃金，還要我把眞黃金再送給眾生；而我也沒有給董事長什麼錢財，董事長就把黃金送給我，世間眞的可能有這種好事嗎？我還眞能獲得免費的黃金嗎？有這種可能嗎？我想董事長送給我的這些可能都不是眞黃金吧？縱使是眞的黃金，這應該是生滅法，這個黃金應該是從金色中出生的，所以金色才是最究竟的黃金。」於是對自己沒有自信，也對所獲得的黃金與金色不能信受；最根本原因則是因爲董事長沒有要求他付出昂貴的代價，就免費送給他黃金；他認爲天下沒有這麼好的事，於是就自我否定。既然他否定自己公司的眞黃金與黃金所顯示出來的金色，宣稱另外找到能出生黃金的金色了；這事情被董事長查到了，當然要把他開除。而且這家公司的黃金已經再三檢驗確定過了，也確實不斷地在顯示黃金的金色；這位業務經理卻推翻檢驗與事實，建立另一個想像中才會有的黃金與金色，那他還能另外找到什麼黃金與金色呢？結果重新找出來的所謂黃金，原來只是黃銅，連一點點金色也沒有。

所以眞正的黃金只有一種，不可能有兩種；而眞如也只有一種，就是在如來藏阿賴耶識心體上所顯示出來的眞實與如如的心性，才是眞正的眞如，這是一定的道理。同理，凡是否定了阿賴耶識心如來藏，想要另外找到眞如心，絕對永遠都找不到的；因爲那個黃澄澄的金色是黃金本體散發出來的光明與顏色，離開了黃金體，想要另外找出一個想像中才會有的能出生黃金的金色，要到哪裡去找呢？永遠也找不到。所以修學佛法的人都必須回歸到第八識心體來，由第八識心體的自性來促發第八識心體產生三界萬法；而眞如法性只是第八識心體運作過程中顯示出來的眞實與如如的自性，把第八識心體眞實與如如的自性合稱爲眞如，才是般若諸經中所說的眞正眞如，這才是《楞嚴經》中說的如來藏心體與祂的妙眞如性。

（行陰區宇中第二種魔事：）

【「阿難！是三摩中諸善男子，凝明正心，魔不得便；窮生類本，觀彼幽清常擾動元，於圓常中起計度者，是人墜入四遍常論：一者是人窮心境性二處無因修習，能知二萬劫中十方眾生所有生滅，咸皆循環，不曾散失，計以為常。二者是人窮四大元、四性常住修習，能知四萬劫中十方眾生所有生滅，咸皆體恒，不曾散失，計以為常。三者是人窮盡六根，末那執受，心意識中

本元；由處性常，恒故修習，能知八萬劫中一切眾生循環不失，本來常住；窮不失性，計以為常。四者是人既盡想元生理，更無流止運轉：『生滅想心今已永滅，理中自然成不生滅。』因心所度，計以為常。由此計常，亡正遍知；墮落外道，惑菩提性；是則名為第二外道立圓常論。」

講記：「阿難！這些金剛三昧中的諸善男子，已得正知而止心於金剛三昧中，凝聚澄明而正住其心，十類天魔都不能在他身上得到擾亂的方便，無法干擾他；他才能夠窮究眾生出生爲不同種類的根本原因，觀察那些眾生幽隱清明而常時存在的擾動根元時，如果於圓滿常住中生起錯誤計度的時候，這些人就會墜入四種遍常論中：第一種人是窮究心與所住境界的自性時，在心與境等二處都是無因而有的見解上面來修習；他能夠知道二萬劫中十方眾生的所有生滅，全部都是循環不停，不曾有誰散失而斷滅，這樣誤計而認爲一切眾生本來是常。第二種人是窮究地水火風四大的根元，看見堅硬、溼潤、火熱、動轉等四大自性常住，在這上面不斷地修習，能知道四萬劫中十方眾生所有生滅，他們身中的四大全部都是體恒常住，不曾散失或減少，誤計而以爲四大常住。第三種人是窮究六根而無遺餘，知道全都是源於末那識的普遍執受一切法的體性，即是過去心、未來意、現在識之中的本來根元；由於執著意根一處的自性是常，以意根一處的永恒而持續不變地修習，能夠知道八萬劫中一切眾生循環受生而不曾滅失，認爲意根本來常住；窮究這個常住不失的自性，誤計而認爲是常。第四種人既然盡知了知性根元的出生之理，認爲再也沒有流轉或終止而使他這種所知不斷地運轉著：『生滅的了知心如今已經永滅，眞實理中自然可以繼續生死的過程而成就不生滅。』因爲對常住法所作的測度，誤認而執著某一種常住法；由這四種錯誤的認知而執著爲常住法，喪失了正遍知；於是墮落於外道見中，迷惑了眞覺的自性；這就稱爲第二類外道建立了圓常的議論。」

三賢菩薩在金剛三昧的「行陰區宇」中，如果不依如來藏金剛三昧爲根本，而依宿命通的觀察作爲智慧的根本所依，又會有別的邪見產生。這就是說，住在四空定中的善男子們，凝止光明而不愚癡的正智之心，所以「想陰區宇」中的十種天魔不得其便，無法進入心中來侵擾；這位善男子窮究眾生種類的根本時，觀察那個幽隱清淨而常常都在擾動的根元，也就是觀察「清擾熠熠」的「同生基」——行陰幽隱妄想，於是在圓滿的常住法中生起了錯誤的認知與執著，這一類人會墜入四種遍常的論議中，成爲外道見。

第一種外道見，譬如有宿命通的外道，他們聽到 佛說有一個如來藏眞如心體恆不生滅，或者聽聞傳說中的過去佛開示有一個眞實心體恆不生滅，但因爲末法時期過完以後正法的流傳斷絕了，只剩下這個傳說一世一世流傳下來；或者正法滅沒以後，有天人來人間告訴這些有神通的外道們，因此而知道有如來，但都見不到如來。他們也聽說有常住法如來藏，都不能證得如來藏，因爲已經沒有菩薩再受生於人間來弘傳了，所以大家都不知道實體法如來藏何在。於是就在窮究常住眞心的境界與自性時，墮入覺知心或意根的行陰之中，觀察覺知心與意根全都是在六塵境界中流轉；就在觀察心與境等二處時，以宿命通往前觀察到二萬劫，看見二萬劫中的十方眾生所有生滅現象，全部都是循環不斷而不曾有誰散失不見；全都在二萬劫中一世又一世繼續流轉下來，所以誤認爲眾生五陰的心、境二處全都是常，成爲遍常論者。證悟的菩薩快速證得四空定而忽略前面三個區宇的正知見，直接落入「行陰區宇」中，假使把自己所悟的如來藏妙理一時忽然若忘，單以宿命通的所見作爲依憑，看見二萬劫中的有情，都是心境二處流轉不斷而不曾散失斷滅，也會像外道這樣誤計心境二處爲常，就退失於外道遍常論中。

外道的常，與如來藏常，是否相同？而如來常住，與外道所說的大我或神我常住，是否相同？這些都是當代佛教大師們的最重要課題。因爲佛教中的大乘正法如來藏妙義，已經被一批宣稱在作學術研究的法師、居士們，混淆成外道法了；這個重要課題如果不從根本上加以釐清，將會是未來佛教大乘正法滅亡的根源。譬如印順與他的隨從者昭慧、聖嚴等人，都認爲如來藏是不存在的，沒有第八識如來藏心可證；都認爲如來藏只是緣起性空的方便說，是爲了接引恐懼落入斷滅空的常見外道而說有如來藏。印順也認為：如來的傳說是外道法中一直存在的說法，所以如來本是外道法；後來大乘佛教發展以後，由於佛弟子們對 釋迦牟尼佛的永恆懷念，所以集體創造大乘經而把「如來」納入佛法中。印順又認為：如來藏法也是外道法，富有外道神我的色彩，是在後期大乘佛教中才創造大乘經典而從外道法中引入的。

然而，如來常住與如來藏常住，不但是二乘菩提—印順所弘揚的解脫道—的根本，也是大乘成佛之道的根本；卻已經被印順等一派人，外援日本一分批判佛教而急於「脫亞入歐」的學術界六識論者，內攝聖嚴、星雲、證嚴、昭慧等人，而共同推廣六識論常見法，誣指如來常住說與如來藏不壞說為外道法。這是當代佛教中的最大疾患，若不能從根本上解決而對佛教學人釋疑，佛教將會被他們演變為六識論邪見，以後就永遠無法脫離常見外道法；也會使破壞佛法最嚴重的密宗意識境界的雙身法，獲得合理的生存理由。所以我們必須針對印順的邪謬處，一一加以評論辨正，從根本上挖除他們種植在佛教中的六識論毒瘤。(編案：印順誣指如來常住說與如來藏不壞說是外道思想。但事實並非如他所說，詳見平實導師《阿含正義》中的舉例辨正。全書總共七輯，皆已出版。)

言歸正傳，當善男子一時忽忘所聞或所證的如來藏出生有情世間的聖教正理，以四空定及宿命通的所見為依憑，於是在窮究心境二處自性的過程中，成爲「二處無因修習」；就在心處與境處二法的世世流轉上面觀察，以宿命通在所有眾生的宿命上面一一觀察；如此長時間觀察的結果，認爲眾生每一世的心與境二處，全都是無因而生、無因而滅，他的修道就成爲「二處無因修習」；因此而誤計心、境二處循環流轉而「不曾散失，計以爲常」，於是成就外道四遍常論中的計心境二處常住的第一種常見法。

第二種邪見則是誤計四大爲常。當善男子「凝明正心，魔不得便；窮生類本，觀彼幽清常擾動元」，於圓滿的常住法如來藏智慧中，依禪定境界生起了錯誤認知而執著時，從四大的根元加以窮究。但是無論如何推究，乃至以宿命通向往世觀察時，發覺自己和所有眾生的四大之性常住不斷；乃至繼續往前觀察到四萬劫以來的所有眾生，都與自己每一世身心中的四大元素一般，不曾斷滅。就在「四性常住修習，能知四萬劫中十方眾生所有生滅」之中，四大之性「咸皆體恒，不曾散失」，於是「計以爲常」；此時以宿命通所觀作爲依憑，忘失了以前所聽聞的眾生五陰身心全都從如來藏中出生的見解，落入「行陰區宇」而見樹不見林，就在行陰範圍中觀察出一個結論：覺知心與五色根是無常的，是世世不同的，然而世世的覺知心與五色根都以四大作爲所緣才能成就；這樣一世又一世的行支延續不斷，所以成就有情的流轉；而有情在世世生滅流轉中，四大體恆常住而「不曾散失」，所以四大常住。由行陰爲根本來觀察時，就落入四大常住的極微外道法中，「亡正遍知」。

第三種邪見則是誤計意根末那識為常。當善男子「凝明正心，魔不得便；窮生類本，觀彼幽清常擾動元」，因為先已了知六識都是生滅法，依於六根而生起，也依於六根才能繼續存在及運作；所以在圓滿常住的如來藏法中，依於禪定境界生起了錯誤認知而執著時，就深入探究六根；當他「窮盡六根」，深入窮究六根的本元時，發覺六根中的五色根都是生滅法，只有意根末那識是世世常住而不曾斷滅；當他深入觀察末那識意根執受三世意識而有種種行陰時，誤認為末那識意根即是三世意識的本元，忘了以前所聞如來藏是三世意識的本元；於是「由處性常」，也就是由於認定意根一處是常；「恒故修習」，以意根常恆不斷而且永遠都是故舊之心，不是新生之心。就這樣持續修習這種邪見的緣故，深細觀察一切眾生在八萬大劫之中，都是由意根末那識持受三世意識，致使一切眾生全部循環流轉十方三界中，都不會有一個眾生在流轉過程中散失不見，所以認定意根在八萬大劫的行陰之中常住不壞。於是就因為自己已經窮究過了，認為是究竟的觀察而作出結論：「由於意根常住而使眾生具有不散失的法性。」因此認為意根末那識是常，成就「行陰區宇」中的常見外道見。這也是依於行陰來觀察而得到意根常住的結論，不能突破「行陰區宇」。「心意識」，在阿含時期是指稱三世意識：過去意識為心，未來意識為意，現在意識爲識。這與大乘唯識經中所說不同，在弘揚一切種智的唯識諸經中說：心是第八識如來藏，意是意根末那識，識是指識陰六識或者單指意識。

第四種遍常論，也是依行陰而作出錯誤觀察，誤計行陰爲常。當善男子「凝明正心，魔不得便；窮生類本，觀彼幽清常擾動元」，對於圓滿常住的如來藏智慧妙法中，依於禪定境界生起了錯誤認知而執著時，既然已經自認爲超越想陰或超越「想陰區宇」，窮究覺知性的根元就是想陰了，如今轉而住在「行陰區宇」中來觀察時，認爲想陰了知性是生滅法；如果把想陰滅除了，就再也沒有了知性的流轉與停止等運轉中的現象，他這樣子認定：「能了知的生滅心，如今已經永滅了；而在三世流轉之中確實是持續在進行而成就不生不滅的眾生，在眞實理中，是於五陰世世生滅不停的現象中，自然會有世世新生的五陰而永遠都不會生滅。」這其實是落入「行陰區宇」，誤認爲行陰就是這樣自然地持續運作著，這個理是確定不會改變的。這四種人都是由於自己覺知心作了錯誤的認知，把這四種情形建立爲圓滿的常住法，認爲眾生因爲這種緣故所以在三界中永遠不會斷滅，來成就不生滅現象的解釋。這都是由宿命通來觀察三世一切眾生的流轉不絕，產生了錯誤的計度，把行陰誤計爲永遠不滅的常住理。

然後 世尊就開示說：由於落入「行陰區宇」之中，誤計四種常住法，而不是以如來藏妙眞如性作爲常住法；便在這樣的錯誤認知之中執著不捨，因此

「亡正遍知」，失掉了眞正的遍知世界、五陰之法。於是在這四種錯誤的遍常認知的邪見中，墮落常見外道見中，迷惑於眞覺的自性。像這四種人的錯誤知見，都是第二種外道所立的圓滿常住的謬論。

永遠都會有人執著末那識的行陰而永遠不改變，認定處處作主的自己而有不斷的行陰，認定這個行陰是常，以此爲理，不想探究如來藏的所在。等而下之，誤計識陰爲常住法，卻是末法時代以及佛教出現以前的正常現象，也因此一邪見而使常見外道見解非常普遍存在於當代佛教中。譬如從古至今一直都有人以離念靈知作爲眞如心，也被大法師們印證了，他們想：「我現在開悟了，我是聖人。」就這樣安住下來，不想改變錯誤的認知。當你告訴他們：「這只是意識生滅境界，是錯悟而不是眞悟。」他們都不會相信，捨不掉邪知謬見，因爲他們執著聖人的身分。本來自認爲是開悟的聖人，突然被你變成凡夫了，心中絕對不會接受，於是心中認定：「我不管你怎麼說，反正我就是依止離念靈知心，永世不改！所以我依舊是開悟的聖人。」

所以有人永遠執著離念靈知，都不想改變；大陸劉東亮與上平居士正是落在此中，所以張老師寫了《護法與毀法》一書來回應他們。這是因爲上平貼了兩萬多字在網站上，否定我們所悟的如來藏；他們先說離念靈知是常住法，後來又引證《楞嚴經》而斷章取義，改爲狡辯說六識的自性即是佛性，是常住法。

張老師這本書就是告訴大陸八大修行人：離念靈知是生滅法，只是生滅性的意識境界。因爲徐恆志被元音老人印證爲開悟，上平與劉東亮等人都被徐恆志與元音印證爲開悟的聖者；如今我們的書中指稱，只有證悟如來藏的人，才是眞正的開悟者，於是他們變成錯悟了。當他們變成錯悟者以後，失掉聖人身分，說話就不被採信了；他們因此而受不了，便寫文章貼在網站上否定我們，極力主張離念靈知與六識的能見等自性，就是眞如佛性。這其實正是常見外道思想，不曾悟得眞常的金剛心如來藏，是誤計常住法。而他們所謂的常，只是世俗人所知道的很粗淺的常，還不曾了知「四遍常」；因爲他們連受陰與想陰區宇都還不知道，當然無法了知「行陰區宇」中引生的四遍常外道見。

所以，修學佛法時若因不察而失掉了如來藏遍十二處、遍十八界、遍三界九地等正遍知以後，往往因爲錯以宿命通的現觀作爲究竟依止，就產生了錯誤的認知，把末那識的行陰認作是眞實的常，於是落到外道常見法中，對於眞正的菩提性就迷惑無知了。而我們不該老是想當好人，逃避指陳諸方錯悟的內容，雖然這是吃力不討好的任務；否則迷途的大法師與學佛人，是永遠都不可能知道返歸正路的。因爲他們既然認定生滅性的了知心是常，或者認定末那識是常，或者認定末那識的行陰是常，或者如同中台山以妄想雜念中的覺知心意識爲常，就不可能起心動念去尋找第八識如來藏了，那麼他們就永遠都不可能證悟了。所以我們一定要設法讓他們瞭解，讓他們知道是悟錯了，才會努力尋找如來藏，才有機緣證悟，否則他們永遠都沒有證悟的機會。接著 世尊又開示「行陰區宇」中的第三類邪見：

（行陰區宇中第三種魔事：）

【「又三摩中諸善男子，堅凝正心，魔不得便；窮生類本，觀彼幽清常擾動元。於自他中起計度者，是人墜入四顛倒見，一分無常，一分常論：一者是人觀妙明心遍十方界，湛然以為究竟神我；從是則計：『我遍十方，凝明不動；一切眾生於我心中自生自死，則我心性名之為常；彼生滅者，真無常性。』二者是人不觀其心，遍觀十方恒沙國土，見劫壞處，名為究竟無常種性；劫不壞處，名究竟常。三者是人別觀我心精細微密，猶如微塵，流轉十方性無移改，能令此身即生即滅，其不壞性名我性常，一切死生從我流出，名無常性。四者是人知想陰盡，見行陰流；行陰常流，計為常性；色受想等今已滅盡，名為無常。由此計度一分無常、一分常故，墮落外道，惑菩提性；是則名為第三外道一分常論。」】

講記：「此外，住在金剛三昧中的諸善男子，堅定地繼續凝住正知之心於金剛三昧中，十類天魔都不能在他身上得到擾亂的方便，無法干擾他，他才能夠窮究眾生各個種類受生的根本，觀察眾生們幽隱清淨而常恆擾動的根元——

同生基。就在自己與他人之中生起了錯誤的認知而執著不捨，退轉於如來藏妙義，這一類人會墜入四種顚倒見之中，成爲一分無常，一分是常的論議者：第一種人是另外觀察自己眞的有妙明眞心遍滿十方世界，澄清不動而當作是最究竟的精神自我；從這種見解之中就錯誤地認定：『澄明而不動的覺知心自我遍滿十方，是凝聚澄明而不散動的；一切眾生都是在這個神我心中自然出生而又自然死亡，那麼這個神我的心性就稱之爲常；那些會生滅的五陰，可就眞的沒有常住的法性。』第二種人是不返觀他自己的離念神我之心，而是以天眼遍觀十方恒沙數的國土世界，看見被壞劫所壞的國土世界時，就稱之爲究竟無常的種性；看見不會被壞劫所毀壞的國土世界，就稱爲究竟的常。第三種人是另外觀察自我的意識覺知心或意根心，精明細緻而微妙隱密，認爲是猶如微塵一般，流轉於十方世界之時的自性都是沒有遷移或改變的；就認爲這種細心可以使現前這個色身出生以後又會壞滅，而這種細心的不壞性就稱爲眞我而自性是常，認爲有情眾生的一切死生都是從這個神我流露出來的，稱爲無常之性。第四種人是知道想陰已盡，接著看見行陰猶如水流常不斷絕；於是把行陰的經常流注，錯誤地認知而執著爲常住的法性；而色受想等三陰如今已經滅盡，所以名爲無常。由於這樣的錯誤認知而執著一分無常、一分爲常的緣故，便墮落於外道法中，迷惑了眞覺之自性。這就是第三類外道的一分常論。」

接著開示「行陰區宇」中的第三種邪見。當善男子「堅凝正心，魔不得便；窮生類本，觀彼幽清常擾動元」，已經觀察到「行陰區宇」了，卻落入自他二法之中，這樣的人就會墜入四種顚倒見之中，主張有一分是無常，而另一分是常的議論之中。

第一種顚倒見：這個住在「行陰區宇」中的善男子，觀察他所認爲的妙明之心，也就是將識無邊處定中的清明廣大覺知心，誤認爲是遍十方界的究竟心，稱爲「神我」；他認爲自己這個「神我」既然遍覺十方世界，而卻「凝明不動」所以常遍；認爲十方世界一切衆生都是各自在自己的廣大「神我」之中出生，然後年老死亡，又重新出生，再年老死亡，不斷地生死不住。在這中間，住在識無邊處定中的自己「神我」的自性，是廣大無邊而常住的，所以是常；而那些十方世界中一切有生有滅的有情，確實都是無常之自性。這就是第一種依自他二法而建立常與無常，墜入顚倒見中。

爲什麼是顚倒見呢？因爲覺知心住於空無邊處或識無邊處時，終究只是自己的覺知心，與別的有情無關；所以十方世界有情的生死，也都不是在各自的覺知心中生死，而是在各自的如來藏中生死，與住在識無邊處定中的他自己的覺知心無關。而且他自己的覺知心依舊是根觸塵才能生起的生滅心，永遠不可能成爲常住心；但他竟然生起這樣的妄想，所以成爲顚倒見。有許多外道把一個想像中才有的大神我、大梵我，就是意識細心，或者證得識無邊處定中的覺知心，認定就是眾生共同的「神我」，稱為大我，都是有問題的。因為想像中的大神我，是不存在也不可能證實的，永遠都只是想像施設的名言而無實證的可能，譬如一神教的上帝大神我一般，永遠是不可能實證的。至於識無邊處定中的廣大神我，畢竟只是自己的覺知心，並不是其他有情的所依心。而這些神我的見解與所知境界，全都是意識思惟所得的妄想境界，或者只是定中的知覺境界，都不可能是有情萬法的根本。不論什麼樣的「神我」，全都是五陰或意識範圍內的生滅法，全都是從如來藏中出生的。可是印順不瞭解這個事實，就把外道「神我」意識境界或五陰境界，套在第八識如來藏頭上，直接宣稱如來藏是外道神我。這就是印順不懂佛法，以先入為主的六識論作為判教基準，才會產生這樣的過失。

今天（編案：2003.07.15）要從二〇一頁第二段第三行繼續講。上週最後說到：在「行陰區宇」中的善男子，因為觀察到「幽清」的「常擾動元」，也就是觀察到眾生行陰的「幽隱妄想」「同生基」了；如果他不產生錯誤的邪見就不會有問題，但是因為他依於宿命通或天眼通的觀察而產生了錯誤的見解，一時忽略「幽隱妄想」而錯把行陰認為是眞實的常；認為行陰是眞實常的緣故，就落在意識的行陰中，從自己與他人的區分之中，生起了錯誤的計度，所以產生了四種顚倒見。這四種顚倒見的第一種，是把識無邊處中的覺知心自我，錯認爲眾生共有的大我、神我；這個大我或神我即是常住不壞而不動的眞實我，而一切眾生都在這個大我、神我之中，出生後死亡、死後又出生，連續不斷。由錯誤的定中觀察而誤認大我覺知心是常，一切在大我中生死不斷的眾生都是生滅性而無常。這就是「行陰區宇」中的第一種顚倒見，因爲這個大我或神我，仍然是自己的意識覺知心；而眾生的意識覺知心是各自獨立的，不與這個住在識無邊處定中的善男子的大我感覺的意識相入，所以是顚倒見。

接著講第二種顚倒見：這個落入「行陰區宇」中的善男子，依他的禪定與五神通來觀察，而不能依如來藏金剛三昧的智慧境界來觀察，因爲他是個外道，還不曾證得如來藏，或者退轉於所證的如來藏妙法；所以他既不觀察覺知心意識，也不觀察金剛心如來藏，他向外「遍觀十方恒沙國土」時，看見火劫、水劫、風劫所毀壞的處所，親見初禪天會被火劫所壞，二禪天會被水劫所壞，三禪天也還會被風劫所壞，於是認定三禪天以下的所有世間都會毀壞；這些會毀壞的處所，就稱爲究竟無常的種性；四禪天以上既不會被三災毀壞，這些處所稱爲究竟的常。這是「行陰區宇」中第二種的常與無常的顚倒見。

第一種常、無常論，是意識的了知性住於空無邊處或識無邊處，又因爲有五神通的緣故，經由禪定的鍛鍊，乃至可以覺遍十方；而且在「行陰區宇」中是湛然純清的，沒有妄想而「凝明不動」；這時覺得自己在定中的現量境界才是究竟的眞理，以前聽聞和實證的如來藏出生五陰萬法的教義太平常，不足爲憑，於是捨棄原來如來藏金剛三昧的聞或證所得慧，轉依四空定中觀察所見的現量，將空無邊處及識無邊處定中的「妙明心遍十方界，湛然以爲究竟神我」；才會誤計這個大我是常，又認爲一切眾生同以自己這個定中遍覺十方的覺知心作爲共同大我，判定一切眾生的身心是無常。這是因定而產生誤會，愛樂定境而以定境爲依憑，反而遠離了以前聽聞佛法時的聞所得慧。不論是被說爲「神我」或「大我、梵我、大梵」，其實都是從定境來誤認定中的覺知心意識爲萬能的「妙明心」；因爲具有五神通及識無邊處定，經由定中鍛鍊以後可以使覺知「遍十方界」，就把識陰所攝的定中意識當作是湛然不動的究竟神我。

「神」，在四阿含中，曾經說「神」是意識覺知心或識陰六識覺知心，譬如《中阿含經》卷二說：「此見生，而生『此是神，能語、能知、能作，能教、作起、教起，生彼彼處受善惡報，定無所從來，定不有，定不當有』，是謂見之弊，爲見所動，見結所繫。凡夫愚人以是之故，便受生老病死苦也。」又如《中阿含經》卷五十八說：「不多聞愚癡凡夫，不見善知識，不知聖法，不御聖法。彼見『色是神，見神有色；見神中有色，見色中有神』也；見『覺、想、行、識是神，見神有識；見神中有識，見識中有神』也。是謂自身見也。」這全都說明神我即是意識覺知心或識陰六識覺知心。凡是落入空無邊處或識無邊處二種定中，誤計定中「凝明不動」的覺知心自我是眾生共同的大我、大梵、神我的人，必然誤計定中的意識覺知心爲常住法，全都墮於外道常見中。

這個「神」是說精神自性，就是我們所說的識陰六識的體性。四阿含中常常說到「神」這個字，全都是指識陰六識心的了知功能。眾生因爲沒有智慧的緣故，誤以爲定中的覺知心精神即是大我，是湛然常住的究竟我，因此認定這個定中的覺知心爲神我。一切宗教中說的大我、神我、梵我，都不出意識心範疇；所以四阿含中說的這個神我，不要像某些學術研究者錯誤當作是在講天神、上帝、阿拉，其實是指稱意識。所以外道或哲學家或專門研究佛學的學術研究者所說的神我，全都不離覺知心意識的範疇，這正是四阿含中說的外道神我，也正是印順等人所說的外道神我或梵我。這完全是第六意識或識陰六識的覺知性，是由第八識如來藏所出生，不許與第八識混爲一譚，所以絕對不許像印順那樣誤認爲「如來藏是外道神我」。印順在書中很多地方都這麼明示或暗示著，這是非常嚴重的扭曲；因爲印順與學術研究者所說的外道神我，全都是在意識心的範圍中，都是意識心。我們弘揚的如來藏心，卻是意識心外道神我的根本主體，是出生外道神我的第八識；外道神我是被生的第六識，如來藏是出生外道神我的第八識，完全不同。所以說印順及一分學術研究者把二者混同爲一心，是嚴重扭曲教證及法界中的理證事實。

一般凡夫，或者悟後改依定境而否定所悟的如來藏金剛三昧以後，因爲這樣執著的緣故，誤認爲能覺知十方國土的定中神我是常，再由這個誤計的常而產生了其餘錯誤的認知。「計」就是錯誤的認知，誤認定中的大我「遍十方界凝明不動」。而這個大我其實包含意識心和末那識，不單是覺知心而已，但一般修定者都不知道背後有末那識存在著。在這個大我神我中，凡夫眾生所知道的只是意識心的覺知性，但是背後的末那識才是厲害，可是很少人知道末那識有多麼厲害。末那的厲害—伶俐—遠超出大家的想像；你們剛找到末那識時，往往覺得祂很笨，但是末那與阿賴耶識的不可知執受，有很深的關係存在；我將來會在《眞假開悟》書中，也就是在〈眞如、如來藏、阿賴耶識間之關係〉書中，作一些敘述。

這本來是打算在台南講堂演講時順便宣講，但因爲時間不夠而沒講。我在上週重新把它作個整理，發覺它其實是個大題目。既然是個大題目，不妨把它寫出來；因爲如果不寫出來，恐怕未來會有人把這個題目亂寫，那可就很麻煩。也有可能一直都不會有人寫出來，等到月光菩薩來到人間時才講出來。所以我想：不妨把它寫出來，藉這些法義來顯示我們對於猶如鏡像和猶如光影兩種現觀的證量，藉此來證明我們所說九種現觀的次第確實是正確的。因爲如果沒有證量，根本就無法整理意根在阿賴耶識的不可知執受中有什麼作用。但問題是，我們電子報現在是一個月發刊一次，而電子報的篇幅也不大，那要連載到完，我看可能大概要三年；因爲《眞假開悟》的題目蠻大的，而我們在台南也只講了大約三分之一，剩下的三分之二法義要把它寫出來，三年是不是能連載完，也不知道。那就請大家慢慢讀吧！（編案：已連載完畢出書，詳見《眞假開悟》第六章第六節之開示。）

而這個「神我」對眾生來說，主要是指意識心，有時則函蓋前五識。但是對我們所有同修來講，對如來藏的不可知執受而言，這個「神我」應該函蓋末那識才對；因爲末那識在其中扮演了最重要的角色，意識並不是其中最重要的角色。只有在佛道的修習過程中，意識才是最重要的角色；因爲如果不是意識，就無法了知末那識，也無法證得阿賴耶識，更無法獲取一切種智，無法把阿賴耶識心中含藏的煩惱障和所知障消除淨盡；所以在修學佛法上說，意識是最重要的角色。可是佛法般若及種智中所要證解的內涵，末那識與阿賴耶識的內涵幾乎是不相上下的；因爲前面經文中講的「如意默容十方三世一切世間出世間法」，是很難領會的。古來禪宗眞悟的祖師們，很少有人能夠理解到這個地步，而且四阿含中也很少談到意根；大乘經中說到意根的部分也不是很多，但因爲同修會中悟後進修的法義是要修學一切種智的，所以我們講到「神我」時，必須把意根和意識合起來說爲「神我」，而不是只在意識上面來說。

意識和意根這個「神我」，被空無邊處、識無邊處定中的善男子，誤認爲是遍十方界的；因爲他從禪定中的觀察，確實可以遍觀十方界，事實上意根和意識也確實可以透過禪定配合神通來緣於十方世界，所以能夠「覺遍十方」。而法界的實相與親證四空定者的認知是有差距的，因爲覺遍十方與「我遍十方」不一樣；不能因爲覺遍十方就誤認爲心遍十方，妄自確認自己住在識無邊處定中以神通「覺遍十方」的覺知心，是遍住於十方世界、無處不遍。因此，當他在四空定中以神通觀察意識能夠遍緣十方世界時，而且又同時是「凝明不動」的；就誤認爲一切眾生都是在這個「神我、大我」的心中「自生自死」。

「凝明不動」是因爲在四空定境界中，一定是「凝明不動」而住在等持位中，才能遍緣十方界，在禪定的實證上證明一定是如此的。如果是處於散亂心時就會落入欲界境界中，不是「凝明不動」時就無法遍緣十方界。所以將來有機會，大家來一起共修枯木禪時，這個知見必須先要建立：越想得到勝妙的定境，越需要丟棄一切的境界；越想對定境更深入了知，對定境作更高層次的修證，就必須先捨一切攀緣，要讓心越發凝住、澄湛清明，也就是先捨目前境界以後才能證得後面的境界。但是一般修定的大法師與徒眾們都不瞭解，一心一意想要求「得」，不斷攀緣的結果是什麼都得不到。這是禪定的修行要領，我們現在就不細說，只簡單的略述「凝明不動」的意思。

就因為能夠「凝明不動」，所以意識和末那自我才能遍覺十方世界。當善男子能遍覺十方世界時，誤以為自己「凝明不動」的覺知心是遍滿十方世界的，便誤認為一切眾生都是在自己這個澄明狀態下的知覺性大我中，自己出生又自己死亡，生死死生都在這個澄明的覺知心中持續進行著。這就是說，他不瞭解眾生的生死輪迴，其實都是在各自的如來藏心中生死輪迴。因為他單修禪定及五神通而沒有親證如來藏，或者親證以後落入「行陰區宇」之中，一時忽忘以前聽聞的如來藏金剛三昧的聞所得慧；或者愛樂禪定中的境界而改變了依止，不再轉依如來藏的聞所得慧，就誤以為所有眾生是在自己所住的「凝明不動」無邊廣大的覺知心中「自生自死」。因此產生了錯誤的認知，就把這個湛然澄淨而能緣十方世界的意識心和背後的意根，計度為真實常住不壞法，把這個生滅性的心性稱之為常住法，成就顛倒見。

由於誤計生滅心為常，就有另一個無常的錯誤認知產生；就是把生滅性的定中意識心誤觀為常之後，向外「遍觀十方恒沙國土」時，看見十方國土中，有的世界正在火劫之中，連初禪天都被燒壞了；又看見有的世界正在水劫中，連二禪天都被淹壞了；又看見有的世界正在風劫中，連三禪天都被吹壞了。「遍觀十方恒沙國土」時，除了這三種劫災以外，就沒有別的更大的劫災了，於是認定會被三種劫災所壞的三禪天以下世界都是無常；凡是不會被劫災所壞的四禪天以上境界都是常，而且是究竟常。這一類人不觀察心，而只是觀察十方國土，依境而不依心來判常與無常；說三禪天以下都是無常種性，四禪天以上則是常，卻只是依空無邊或識無邊處中的覺知心的行陰境界來定義的，完全不能了知或者遠離了究竟常住的如來藏自心，成為顛倒見者，這是第二種邪見。

第三種邪見是當他住在「行陰區宇」中，觀察澄淨而「凝明不動」的覺知心，不是像第一種人誤認自己的覺知心遍滿十方世界，而是觀察錯誤所以認為自己定中的覺知心「精細微密」如同微塵一般，所以肉眼看不見而使眾生無法了知。為什麼他會認為空無邊處、識無邊處中的覺知心很「精細微密」呢？因為覺知心意識修行到了四禪境界時，就已經是很微細微小而難以覺知了，當然這個境界中的末那識更是微細難知，所以說「別觀我心精細微密」，也就是說這時覺知心的行相很微小細密。

其實這種境界在日常生活極為紛亂的狀態下，還是存在的；只是大家定力不足而無法體會，必須藉由禪定祛除各種紛擾以後，才能體會到這個定境，所以說它「微」；也因為安住時的過程行相很細密，不容易讓人發覺到，所以叫作「精細微密」，至於其中的末那識當然就比覺知心更加細密難知了。這是說，改依定境而不依智慧境界的善男子，住在這二種定境中，生起顛倒想而認為這個定境中的覺知心是精細而微密的，如同微塵一樣不可眼見，卻能「流轉十方性無移改，能令此身即生即滅」。不再相信佛菩薩所說是由如來藏「流轉十方性無移改，能令此身即生即滅」，改認爲是這個定境中的覺知心「流轉十方性無移改，能令此身即生即滅」。

他認爲受生於十方三世中的心，是這個定中的覺知心而不是如來藏；隨後認定這個定中的覺知心是不壞性，宣稱這個「不壞性」的定中神我，可以在十方三世中來來去去而常住不壞，而這個不壞的覺知心自性是常。至於正在流轉的五陰諸法，則是生滅法，也都是從這個「精細微密」的定中覺知心流注出去受生的，這些五陰所攝的諸法全都是「無常性」。「即生即滅」，有時又這樣解釋：由於如同不可見的微塵一般細小的定中覺知心，可以在十方三世中流轉不斷，但是猶如微塵的定中覺知心體性始終不壞，「性無移改」。由祂常住而「性無移改」的緣故，所以能使眾生的色身即生即滅——不斷地新陳代謝；也因此而使眾生的色身不過幾十年就完成生住異滅的一期生死循環。五陰身心即生即滅，名爲無常；如同微塵一般不可眼見的定中覺知心卻始終不變，這就是常。這正是由於定中產生邪見而退失以前所聞的如來藏聞所得慧，產生了顛倒見；或者未悟凡夫不知如來藏妙義，只依止定中所見而產生顛倒見。這是第三種邪見，迷惑眞菩提性。

第四種人則是說，他由於已經了知「想陰盡」的境界，落在「行陰區宇」中，看見行陰常流而不曾中斷過；由於看見行陰不斷遷流進行著，在生命存在的任何時刻中都不曾停止過，也無法把它停止下來；於是誤計行陰就是永恆常住的自性，認定行陰是常。然後再觀察色、受、想陰的區宇已經超越了，不再有這三陰的現行了，所以認定這三陰是無常。這樣子具足常與無常二種顛倒見。這種觀察與知見很微細，一般人是不可能墜入此中的，因爲這是與四空定相應而超越「想陰區宇」以後，才會生起的邪見。由於行陰不斷進行著，只要有生命存在就一定會有行陰，所以在行陰中依自他二法生起邪見的人，會錯認行陰區宇的覺知心自我是常，認定色陰、受陰、想陰可以滅盡，自己也已經超越這三陰的區宇了，所以把這三陰認定爲無常，墮入第四種顛倒見中。

這四種顛倒見，全都是由於捨離如來藏妙義以及錯誤的認知，所以執著自他之中有一分無常、一分是常。落入自他之中而把常與無常兩邊，作了四種組合而產生了這四種邪見，不能了知自己已經落在自他二法的一分常、一分無常的「行陰區宇」中。事實上，這四種落入常與無常的人，所見的常與無常都是無常法，也全都是由如來藏所顯現出來的現象。但因爲他們墮落於外道見中，迷惑了菩提性，於是走入岐路中，無法成就佛菩提道。所以世尊綜合說：這四種顛倒見都是「行陰區宇」中的第三種「外道一分常論」。

（行陰區宇中第四種魔事：）

【「又三摩中諸善男子，堅凝正心，魔不得便；窮生類本，觀彼幽清常擾動元，於分位中生計度者，是人墜入四有邊論：一者是人心計生元流用不息，計過未者，名為有邊；計相續心，名為無邊。二者是人觀八萬劫，則見眾生八萬劫前寂無聞見，無聞見處名為無邊，有眾生處名為有邊。三者是人計我遍知，得無邊性；彼一切人現我知中，我曾不知彼之知性，名彼不得無邊之心，但有邊性。四者是人窮行陰空，以其所見心路籌度，一切眾生一身之中，計其咸皆半生半滅，明其世界一切所有，一半有邊，一半無邊。由此計度有邊無邊，墮落外道，惑菩提性；是則名為第四外道立有邊論。」】

講記：「這些金剛三昧中的諸善男子，已得正知而止心於金剛三昧中，凝聚澄明而正住其心，十類天魔都不能在他身上得到擾亂的方便，無法干擾他，他才能夠窮究眾生的種類與根本，觀察那些眾生幽隱澄清常住而擾動的根元，於時間的分段階位中產生了錯誤認知而執著的人，就會遠離所證的如來藏妙法，這一類人會墜入四種有邊論之中：第一種人是心中誤認爲眾生出生的根元可以通流其作用而永遠不會停息，然後從這個見解中錯認而執著過去與未來的時候，就稱爲有邊；再回頭誤認意識相續不斷，說這個心可以窮盡未來無邊無際，就稱爲無邊。第二種人是觀察到八萬大劫之前，那時就看見眾生在八萬大劫之前並不存在而寂然無所聞見，那時還沒有能聞能見之處就稱爲無邊，後來有了眾生存在之處就稱爲有邊。第三種人是錯誤地認爲能覺能知的這個我可以遍知一切法，因此獲得無邊的自性，而其他的一切人也都顯現在我這個知覺之中；由於認爲『我從來都不知道眾生的知覺之性』，就說他們的大我知覺心不可以稱爲無邊之心，只具備了有邊之性。第四種人是窮究意識覺知心的行陰是空，以他所觀察到的心路歷程來籌謀測度，認爲一切眾生一身之中，一定全部都是半生半滅，這樣認清了眾生世界的一切所有諸法，是一半有邊，一半無邊。由於這一類錯誤認知而猜測及執著有邊與無邊，墮落於外道法中，迷惑了眞覺自性；這就稱爲第四種外道所建立的有邊論。」

這是沒有明心的人，或是退轉於如來藏妙法的人，當他們具足四空定及五神通以後，常常會落在這些邪見中；或者悟後進修禪定而沒有修到「想陰盡」的境界，只是超越「想陰區宇」的現行，還沒破盡「想陰區宇」習氣種子的人，由於專修四空定及五神通，在貪愛定境與神通時，不依止三賢位中所證如來藏金剛三昧智慧境界，偶然產生這樣的狀況。這是說，一時離開金剛三昧境界，或者住在非想非非想定中的外道善男子，堅定地凝固了眞正的定心，天魔無法找到擾亂他的各種方便，不能趁虛而入。可是當他探討眾生種種不同類別的生死根元時，觀察各類眾生幽隱清淨的行陰區宇中的「常擾動元」——「同生基」

的根源—行陰的「幽隱妄想」時，不依所聞的如來藏金剛三昧智慧而住，卻在時間前後分位、有無見聞分位、自他互知分位、自身生滅分位中，產生了錯誤的計度，於是墜入四種有邊論中。

一般人住在色陰的狀況中，對色陰的虛妄尚且不曾有所理解；修學佛法之後已經理解色陰虛妄了，所以開始可以觀察受陰的虛妄；至於想陰就已經很少人能如實理解了，因爲當代大法師、大居士們都說：覺知心一念不生時就是眞如佛性，就是實相境界。有時又認爲覺知心放下種種煩惱時就是眞如佛性的境界，全都落入意識常見之中。這是台灣印順與四大法師們所不能離開的境界與錯誤知見，他們其實都還落在受陰和想陰的境界中。如果他們比較有智慧一點，也許半年後、一年後會改口說：「只要我們這個覺知心不緣於苦受、樂受、捨受，那就是眞實心。」這樣就比以前進步一些了，但仍然是外道常見的範疇。

如果他們有智慧再作觀察：這個覺知心如果離開了苦受、樂受等，還能夠了知，而這個了知也能夠放下一切，不再緣於能了知的自己，就是實相境界。但其實這依舊是想陰，因爲處在這個狀態中的覺知心仍然是意識。如果三年後他們能講出這個境界，我倒是願意爲他們浮一大白——以茶代酒乾一杯，爲他們慶祝一下。意思是說，如果他們三年後能有這樣的見解，就表示三年之中他們已經有進步了！雖然一樣是沒有悟得般若，但我們仍然應該爲他們慶賀一下。畢竟他們有進步了，就會引導他們座下的徒弟們跟著進步一些。如果眞的能夠這樣認知，他們就得要開始靜坐了。

如果他們能夠坐到不了知自己、也不了知境界，進入未到地定過暗境界中，也就是未到地定太深入了，所以有止而無觀。這時如果不當作證得如來藏離見聞覺知的開悟聖境，就不犯大妄語業；如果把它當作是證得開悟聖境，就不免犯下大妄語業。就算他們有能力再往前進修而證得初禪、二禪乃至非想非非想定，依舊不是如來藏金剛三昧的智慧境界，依舊是在五陰之中，更不可能超越「行陰區宇」。當他們還沒勘破想陰境界時，住在非非想定中，其實仍是具足想陰、行陰，也未超越「想陰區宇」與「行陰區宇」；因爲那時只是不反觀自己而不知道覺知心自己仍在了知定境中的法塵，他們的了知性還是存在的。因爲只要意識存在時就一定會有知，而非非想定境界仍是意識所住境界，仍然不是實相的境界。所以證得實相並不需要把五陰滅掉，但二乘聖者的想法是要把五陰滅掉才能到達實相境界；依大乘佛菩提而言，這仍屬邪見。但當代所有大法師們卻連這種邪見的境界都還不知道，也就別說實相境界的親證了。

但是超越想陰而沒有破盡「想陰區宇」（沒有破盡想陰習氣種子）的善男子，如果沒有很深入實相心如來藏的金剛三昧智慧中，還是可能被禪定中的勝妙境界所引奪，改爲依止禪定三昧勝妙境界，於是就會墜入時間的前後分位、有無見聞分位、自他互知分位、自身生滅分位中，產生了錯誤的計度，於是墜入四種有邊論中。現在我們就來理解這四種有邊論：

第一種人的錯誤認知，是墜入時間前後分位中：「**一者是人心計生元流用不息，計過未者，名為有邊；計相續心，名為無邊。**」「**生元**」就是「**同生基**」，是指「**行陰區宇**」中顯現出來的行陰。這個善男子不知道行陰的顯現，是因爲對行陰的「**幽隱妄想**」不瞭解，以致於對行陰產生了實有想，誤以爲行陰就是一切有情出生的根源，而不知道行陰只是眾生受生的動力，不知道行陰是由於「**幽隱妄想**」而受生以後才顯現出來的。由於沒有智慧如實觀察，所以只看到行陰在表面上似乎是可以「**流用不息**」的，於是便在行陰過程中作前後分位的觀察：已經過去的心，如今再也看不見了；還沒有到來的未來心，現在一樣是看不見的，所以都是有邊際的心；只有現在相續不斷而仍然存在的定中覺知心，才是相續不斷的心，才能夠住於空無邊、識無邊處，因此而名爲無邊。這就是落入「**行陰區宇**」之中，把覺知心意識作了前後分位；在行陰的前後分位中，成就有邊與無邊的邪見。

「**二者是人觀八萬劫，則見眾生八萬劫前寂無聞見，無聞見處名為無邊，有眾生處名為有邊。**」這第二種人不是從定中覺知心行陰的前後分位來觀察，而依「**行陰區宇**」中覺知心是否存在、是否有見聞覺知來分位。當他有了非想非非想定，或者三賢菩薩在如來藏金剛三昧中久住而發起深厚定力與五神通時，把每一個眾生的往世全部加以深入觀察；他看到八萬劫之前，根本沒有眾生存在，當然沒有見聞覺知，所以「**見眾生八萬劫前寂無聞見**」；就是看見八萬劫之前都沒有眾生存在，無法被他看見有眾生能知能覺，就把八萬劫前沒有眾生存在，所以無聞無見的境界稱為無邊。但不知道自己的宿命通只能看到八萬大劫為止，在八萬大劫之前仍然是有眾生能見聞覺知的，並不是沒有眾生而「**寂無聞見**」的，所以他把八萬劫之前看不見而認定為「**眾生八萬劫前寂無聞見**」，這是錯誤的知見。然後把八萬劫內有眾生之處，已經都可以有聞有見了，就會有境界相的侷限而不是無邊無際，所以稱為有邊。這就是第二種住在「**行陰區宇**」而墜入有無見聞的分位而產生的有邊論。

「**三者是人計我遍知，得無邊性；彼一切人現我知中，我曾不知彼之知性，名彼不得無邊之心，但有邊性。**」這第三種人是從自己與他人是否互知的分位之中，產生了錯誤的認知。也就是他的覺知心住在「**行陰區宇**」之中，誤以為正在空無邊處或識無邊處時，藉著神通而能遍知十方世界，獲得無邊的自性；又認為自己以外的一切人都是顯現在他自己的覺知之中，但他自己卻從來不曾了知一切人的能知之性，所以他自己這個遍知十方世界之心的知，仍然是「**不得無邊之心**」，仍然是沒有證得無邊境界的心，還只是有邊之性。這其實仍然是依覺知心所住的「行陰區宇」，在行陰之中觀察自己的覺知心與眾生的覺知心是否能夠互知；當他們觀察到自己能夠覺知十方世界種種事物了，應該已經獲得無邊之性了；但卻又無法同一時間遍知十方一切人的覺知心在想什麼，所以不能算是眞正的無邊心，還是被侷限的有邊的法性，因此而對「行陰區宇」中的覺知心，產生了有邊之想。

了知眾生心，是如來藏的事；但如來藏也只能時時直接了知自己所生的覺知心與意根在想什麼，所以因位菩薩的如來藏也不能具足了知別人的覺知心在想什麼。除了別人的意識覺知心有求於某人而禱念時，某人的如來藏才會了知別人的意識覺知心在想什麼而在定中或夢中感應出來。對於從來都沒有對他有所禱求的眾生覺知心而言，如來藏是不會加以了知的；而擁有神通的意識心也是如此，並不是有了他心通以後就能了知全部眾生在想什麼，因爲這時的覺知心還是有邊之心。至於末那識的了知就很厲害了，雖然祂不會作什麼思惟與分辨；但末那識的了知性，卻可以進入眾生的夢中或定中。

其實有許多神廟中眾生所朝拜的鬼神，並不是眾生們依表相上所了知的那一位鬼神；往往是另有別的神祇在受供，只維持著原來鬼神的名義與形象。有時被祈求的神，都不知道自己是被祈求者，而他的如來藏就在意根主導下，幫助完成了祈求者的祈願。而且有時往往是某一家廟中供奉的神已經往生在人間了，如同一般人無二；而他也因爲沒有修習神通，所以不理解他還在被人廣爲崇拜著；所以有可能在座大眾中的某人，其實也曾是被人家所拜的一個鬼神，但是他自己並不知道，要等他修得他心通與天眼通時才會知道。但是當他前世的形象被供奉在神廟中，別人正在禮拜他、禱求他時，他自己是不知道的，而他的如來藏卻在意根幫助下，感應到祈求者的禱求；於是等他睡著無夢時，他的如來藏就在意根主導下，爲祈求者完成了某些事情，但他自己卻是不知道的。

所以一切凡夫，也都曾經或多或少在夢中爲別人作過一些事情。譬如大法師們在世間很有名聲，世間沒有慧眼的信徒們或出家弟子們，都不知道他們一樣是凡夫——既未見道也沒有神通；於是有很多人每天睡前禱求「有智慧也有神通」的師父加持他們，而他們之中也有一小部分獲得凡夫而且沒有神通的大法師在夢中「指導」，但是大法師們自己是完全不知道的；因爲這都是他們的意根在作用，然後由他們的如來藏運作而達到加持的目的。不過諸位可以預先判斷的是：那些既無神通也沒有見道智慧的凡夫大法師們，他們如果到眾生的夢裡來，教導的內容一樣是他們在清醒位所教導的常見外道法。因爲他的意識熏習進如來藏中的種子全都是常見外道法，所以他們的徒眾夢見師父時被教導的法義當然也是常見法，絕對不會教導眞正的佛菩提道或眞正的解脫道。因爲當他們的意識不懂佛菩提與聲聞菩提時，他們的如來藏中就沒有佛菩提與聲聞菩提正法的種子，都只有表相佛法的種子，所以他們的意根與如來藏就無法流注出眞正三乘菩提的種子，當然教導給夢中眾生的一定都是表相的佛法。而他們被眾生感應到時，他們自己也都是不知道的。這樣說明，諸位懂了沒？這也是意根的體性之一呀！

可是這種意根的體性，如今佛教界中已經沒有人知道了。因此 世尊說的「**如意默容十方三世一切世間出世間法**」，其實還有很多法義可以演說，但我們沒有時間講它；否則繼續再講下去，可就變成天馬行空、沒完沒了，再也無法講正題了。而我在《眞假開悟》書後會大略談到意根與如來藏的不可知執受之間的關聯。如果還要再把意根與諸法之間的關聯都加以講解，那可就講不完了。正因爲意根可以默容一切諸法，就表示從意根也可以攝盡一切佛法，而把如來藏聯結起來；所以《大乘起信論》中說：**心生滅門攝一切法，心眞如門也攝一切法，兩門全都可以含攝一切法**。因爲二者是相通而緊密聯結著，是不可分割的。

當代的大小善知識們都不懂**意根默容一切諸法**的道理，一般眾生當然更不知道了。可是有一小部分眾生，能夠知道這個道理，是因爲已經有禪定的證量，也已經證得他心通了，能在四空定中體驗行陰；假使他們有深入體驗行陰，就會知道有這個現象；但他們被感應以後，自己也還是大部分不知道的。若是完全沒有禪定功夫，就無法了知這些事情；有了禪定功夫，才能了知局部內容。但是即使有禪定功夫，若是還沒有證得如來藏，就無法想像我今天所講的這些內容。

同樣的道理，墜入「有邊論」的第三種邪見者，認爲自己住在空無邊處或識無邊處中的覺知心，因爲藉著定力與神通能力，能遍覺十方世界，誤認爲自己的覺知心是遍住於十方世界中，是遍滿虛空中，所以一切有情當然都是在他的覺知心中生死、死生，所以他認爲自己的覺知心是無邊的，已經得到無邊的自性了。由於這個定境的現量，使他誤認爲一切眾生全都是出現在他的「我知」之中，而他自己這個大我竟然不能悉知一切生存在他覺知心中的眾生的「知」的自性；所以又從不能與一切眾生互知的現量中，認爲自己遍覺十方界的覺知心還是有邊的體性。如此成就有邊論。

但如來藏雖然離六塵中的見聞覺知，祂卻有自己的知，這個知卻不是眾生心對六塵中的知。所以說，有二種知是凡夫眾生及二乘不迴心聖者所不知的；這就是意根末那識的知，以及如來藏的知。正因爲這二個心也有了知性，所以這二個心都被稱爲識：末那識、阿賴耶識。而萬法都被阿賴耶識與末那識的「知」所覺了，這種覺了是常住而不曾中斷過一剎那的，自從無始劫以來本就如此，這才是眞正的了了常知。所以有人在夢中死亡，這二種知照樣在運作，於是使他產生了中陰身，然後了知到自己已經死亡，自然就懂得要再去投胎受生。所以有人活著時突然死掉了，或者意外事故悶絕而驟然死亡，連意識都來不及了知；但末那識與阿賴耶識有了知性，就會開始運作而使他產生了中陰身，然後了知自己已經死亡，就可以再去投胎受生了。

有的人有禪定功夫，在預設情況下，配合意識的運作而提前捨報，轉入中陰境界中再去受生。凡是證得第四禪以上的人，都可以提前捨報，但也都同樣是在末那識與阿賴耶識的了知性中，產生了中陰身而去投胎受生。但不論是在這些情況下，或是在生前的一切生活與修行中，全都是在「行陰區宇」中運作；有人因爲已經了知意識心虛妄，於是把行陰－覺知心意識與末那自我的運作過程－認作是常住不壞的自性；但由於不能了知眾生的了知，就認爲自己在定中能遍緣十方界的了知性，還是有邊之心而不是無邊之心，落入有邊論中。

諸位來到正覺同修會中修習佛菩提道，知道有末那識；破參明心以後，我們也讓你體驗自己的末那識是如何運作的；但是你們可以觀察到末那識從來都不反觀自己，所以祂不曾了知過自己。所以若是要了知末那識，或是想要反觀自己，都要依靠意識覺知心。意識心生起之後可以觀察末那識，悟後也可以觀察阿賴耶識如來藏，意識也可以反觀而了知意識覺知心自己。當意識如實觀察而確認末那識也是可以滅除的，觀察確認無誤以後，末那識才會知道自己也是虛妄的。末那識以前總是認爲自己最大，也認爲自己是眞實而常住不壞的，所以末那把意識等六識據爲已有，與識陰六識和合似一；又把阿賴耶識的功能據爲己有，也與阿賴耶識和合似一，於是八識心王就這樣和合似一，讓眾生都不會覺得自己是有八個識。而末那識從來不知道自己存在，因爲末那識總是以爲識陰六識及阿賴耶識都是自己，這是因爲意識不曾如實了知八識心王，所以意識有著這樣錯誤的了知，於是末那識就在意識的主導下，同樣有這種錯誤的認知；所以意根自從無始以來，一直都沒有轉變過，於是始終都在遍計執性中運作著，當然就處處作主而不能獲得解脫了。

修學二乘菩提，也都是要靠意識覺知心的熏習與觀行，確實了知自我的虛妄，然後才能斷我見、斷三縛結，再進斷我執而願意斷滅識陰六識與第七識末那，出離三界分段生死苦。修學佛菩提也是一樣的道理，都要靠意識覺知心修習佛法，了知自己的虛妄，再了知還有不虛妄的眞實心如來藏；然後參禪而找到自己的眞實心如來藏，轉依自己如來藏的清淨性、無我性、眞如性、涅槃性，漸漸把我執習氣種子一分一分斷除，次第滅盡異熟性而成佛；而末那識是不對三乘菩提有所了知的，如來藏阿賴耶識也是對三乘菩提不加以了知的。所以末那識的知與如來藏的知，從來都是不了知自己的，也都是六塵外的知覺性，差別只是意根還能夠了知極粗糙的極少分法塵；所以不是完全無知，所以都同樣被名爲「識」，「識」就是了知的意思。而這個眞實常住的如來藏心，也是不直接了知十方世界眾生的覺知心，所以一樣是「**我曾不知彼之知性**」，當然一樣要被稱爲「**不得無邊之心**」。

講這些法，還沒有破參的人聽起來可能會覺得很辛苦，聽不懂到底是在講什麼；沒有關係，現在先熏習，破參明心以後回想起來時，自然就會知道今天我講的法義究竟是什麼意思；那時你再依所悟來檢查，看事實上是不是這樣。所以現在聽不懂，也不必覺得羞赧，因爲這在悟前是正常的事。已經破參的人當然能聽得懂，表示我演說的這些法義並不是虛妄語，不是不死矯亂的籠罩言語。即使因爲還沒有開悟明心而聽不懂，也都不需要難過，因爲這讓你們有機會熏習所未聞法；雖然聽不懂，聽聞熏習以後也是値得來回的車資，因爲已經明心的人能聽懂，就表示這眞的是正法。那你今晚熏習以後，未來只會有好處而不會是壞事。

「**四者是人窮行陰空，以其所見心路籌度，一切眾生一身之中，計其咸皆半生半滅，明其世界一切所有，一半有邊，一半無邊。**」這是第四種人，他在「行陰」中繼續窮究到最後，依舊無法突破「行陰區宇」，但他自己並不知道這個事實，還以爲自己已經有所突破了。他認爲一切有情都住在「行陰」中，都不是眞實有；但是當他窮究「行陰」到最後時，仍然不是窮究到底，而是自以為窮究到底了，所以認為一切眾生五陰之中，時時刻刻都是隨生隨滅的，因此是「半生半滅」而變易不停的。而一切眾生都是六識世世變滅換新，意根永遠存在不滅；變滅換新即是永滅，永遠存在不易就是永生；當末那識與識陰六識在每一世中都一樣一生一滅時，就說是「半生半滅」。然後他也從這樣所見之中，明白世界中一切眾生與事物，全都一樣時時刻刻隨生隨滅；凡是正在出生而仍然存在著的，都可追究它的存在處所，就說是有邊；已經滅失或死亡的，歸於銷滅而無處所可以追究，所以歸於空無而說是無邊。因為生存著的都是現前可見的，當然有邊；已滅而歸於空無的，已不可見，當然無邊。

住在四空定的外道與住在如來藏金剛三昧而處於「行陰」中的三賢位菩薩，都有可能因為尚未親證如來藏金剛三昧智慧，或者貪愛禪定與神通境界而一時忘失，於是依行陰而落入時間的前後分位、有無見聞的分位、自他互知的分位、自身生滅的分位中，產生了錯誤的計度，於是便墜入以上所說的四種有邊論中。有了這些錯誤的認知和執著，於是妄自認定眾生與世界有邊等論議中，妄想著一半有邊、一半無邊，而不能親自深入究竟體驗其實全都是由阿賴耶識所出生的，既非有邊亦非無邊，所以墮落於外道法中，迷惑了眞菩提性。這就是「行陰區宇」中的第四種外道所建立的有邊論。

（行陰區宇中第五種魔事：）

【「又三摩中諸善男子，堅凝正心，魔不得便；窮生類本，觀彼幽清常擾動元，於知見中生計度者，是人墜入四種顛倒，不死矯亂，遍計虛論：一者是人觀變化元，見遷流處名之為變，見相續處名之為恒，見所見處名之為生，不見見處名之為滅。相續之因，性不斷處，名之為增；正相續中，中所離處，名之為減；各各生處名之為有，互互亡處名之為無。以理都觀，用心別見；有求法人來問其義，答言：『我今亦生亦滅，亦有亦無，亦增亦減。』於一切時皆亂其語，令彼前人遺失章句。二者是人諦觀其心互互無處，因無得證；有人來問，唯答一字，但言其無；除無之餘、無所言說。三者是人諦觀其心各各有處，因有得證；有人來問，唯答一字，但言其是；除是之餘、無所言說。四者是人有無俱見，其境枝故，其心亦亂；有人來問，答言：『亦有即是亦無，亦無之中不是亦有。』一切矯亂，無容窮詰。由此計度，矯亂虛無；墮落外道，惑菩提性；是則名為第五外道四顛倒性，不死矯亂，遍計虛論。」】

講記：「此外，這些金剛三昧中的諸善男子，已得正知而止心於金剛三昧中，凝聚澄明而正住其心，十類天魔都不能在他身上找到擾亂他的方便，已無法干擾他，他才能開始窮究眾生出生於三界中的各個不同種類的本元；當他觀察那些不同種類眾生幽隱清淨而經常不斷擾動的元本即是行陰，就在這種所知所見之中生起了錯誤的認知而執著，這一類人就會墜入四種顛倒見解之中，成爲不死矯亂論者，普遍計度而講出虛僞不實的議論：第一種人是觀察變化不定的元本就是行陰，當看見遷流之處就說那是有變異的，看見相續不斷之處就說那稱爲恒常存在的現象；看見他所看見的處所就說那是有生，他看不到有能見的處所時就說那是壞滅。若因諸法相續的緣因，以致於其自性不間斷之處，就說那是增長；正在相續的情況下，其中若是有所離的地方，就說那是減少；眾生各各出生之處就說那是有，各自滅亡之處就說那已經成爲無。以他從現象上所看見的道理來觀察一切，依於不同的所觀而各自都有不同的所見；每當求法的人前來請問他所說的道理，就回答說：『我如今亦生亦滅，亦有亦無，亦增亦滅。』於一切時中都胡亂演說各種言語，使那些前來問他法義的人沒有什麼話可以再請問。第二種人是詳細觀察眾生的覺知心全都一樣沒有究竟的存在與住處，因於這個無而得到實證；如果有人來請問時，永遠都只回答一個字，就只說是無；除了無以外，就沒有別的言說談論了。第三種人是詳細觀察眾生心各各都有依處，因爲觀察到這種有所依處而覺得自己已經實證了；如果有人前來請問，就只回答一個字，都只說請問的人所說的就『是』；除了是以外，就沒有其他的言說。第四種人是有與無都同樣看見，他所見的境界都是枝末法的緣故，所以他心中的所見也是很混亂的；如果有人前來請問時，就回答說：『亦有即是亦無，亦無之中卻不是亦有。』對於一切問答全部加以矯飾混亂，使人無從窮究到底而不能質問他。由於這四種錯誤的認知而執著及測度，所以矯亂於各種虛無不實的見解中；因此墮落於外道見解，迷惑了眞覺的自性；這是我說的第五類外道所墜的四種顚倒心性，是不死矯亂而普遍計度於虛妄不實的言論。」

接著講第五種邪見，是「行陰區宇」中不死矯亂外道的四種邪見。不死矯亂外道的行爲，在現代佛門中已經到處都有，也就是那些會搞怪的大、小法師們，但他們不是在神通境界上搞怪，而是專門在經論文字上「不死矯亂」。

第五種不死矯亂外道的邪見共有四種，其中的第一種，是說證得四禪或者證得四空定之後，入等持位中「堅凝正心」；或者證得如來藏金剛三昧後，速證四空定及五神通而超過想陰的三賢位菩薩，尚未斷除色、受、想三陰區宇，直接在「行陰區宇」中「堅凝正心」。這二種人因爲心中都不生起妄想攀緣，杜絕自己尚不應獲得的境界妄想，心中沒有分外之想，所以「想陰區宇」境中的十種魔不得其便，不能擾亂他們。但這些人或菩薩「窮生類本，觀彼幽清常擾動元」，也就是觀察到「同生基」行陰時，如果「於知見中生計度者」，是在他所知所見境界中產生了錯誤的認知和執著時，就墜入四種顚倒中，成爲「不死矯亂」的「遍計虛論」。

「不死」是說有一種天主外道，宣稱自己是永生不死的常住天主，其實就是婆羅門教講的祖父大梵天；也就是後來廣傳的一神教所說的上帝或阿拉，宣稱是永生不死的天主，自認爲是造物主。其實他們本就不是不死天，但他們的信徒都以爲他們是不死的天主。婆羅門教的祖父大梵天，知道自己不是永生不死，也知道眾生不是自己創造的，他已經在 佛陀面前承認這一點了，在阿含部的經典中有明文記載這個典故。但後來出現的一神教的上帝、阿拉，卻以爲他們眞的永生不死；其實他們也無意欺騙人類，但因爲他們壽命很長遠，看見人間的眾生幾十年之間就已經出生而又死掉了，最多不過一百來歲就死掉了，都還活不過他們天上的一天；當他們看見人類忽生忽死而他們自己始終存在，便誤以爲自己是永生不死的。他們並不知道自己將來也會死亡，誤以爲自己可以永生不死，因此告訴信徒們說他們是永生不死的，於是信徒們就說他們是永生不死的天主。這就是虛矯的「不死」，不是眞正的「不死」。

什麼是「矯亂」呢？也就是說，上帝或者阿拉對許多事情其實是不知的，而他們的傳教者也都是不知的；但眾生以爲上帝是一切都能、一切都知，所以名爲全知全能者。每當信徒去問外道的傳教師，他們無法回答時，就推說：「這是祕密，不可說。」或者推說：「這是上帝的旨意，而上帝的旨意不可猜測。」凡是所不知道的就推給上帝，推稱爲上帝的祕密或神蹟，而上帝的旨意是不應該猜測的。這全都是正問虛答的「遍計虛論」，就是「矯亂」之說。這種奉侍天主的宗教傳教師，沒有正知正見來解答信徒們的迷惑，就以種種巧便言語施設來規避解惑的義務，我們就稱他爲「不死矯亂」外道。

所有一神教的傳教師都有一個現象，當你把所知道的佛法實證內容拿來提問時，凡是他們答不出來的，就推說這是祕密，或是上帝的奇蹟，不可說明。如果你請問的對象不是上帝而是他的信徒或傳教師（因爲上帝的存在是無法證實的），他們就會告訴你：「這都是上帝的奇蹟，我們不知道爲什麼會如此。」全都推爲上帝的奇蹟，稱爲神蹟，就不必解答所有的質問了，這也是「不死矯亂」。這種「不死矯亂」的「虛論」手法，西藏密宗都很會使用；而且，他們還會再加上移花接木的手法來混淆是非，讓無智的人們相信。這就是說，「不死矯亂」外道的說法，現在已經很普遍了；佛門中也有不少法師與居士效法這一套；凡是不知道的，他們不說自己不知道，反而是故作神祕地說：「這是祕密，不可以明說。」然後再加上一句話：「等你將來證悟以後，自然就知道了。」其實他們自己也不知道，只是籠罩人，讓人誤以爲他們早就親證了。這種法師、居士也都叫作「不死矯亂」者。

「遍計虛論」，因爲全屬邪分別，所以說他是「遍計」；因爲他是從邪分別中說出來的論議，其中終究沒有眞實義可說，所以說是「虛論」；又或者你是實問，而他是虛答，所以說他的答覆也是「虛論」。所以「遍計虛論」就是說：先在心中有普遍而錯誤的認知，執著爲眞實正理，絕不改易，先成就「遍計」；然後凡是遇到有人質疑而無法據理提出議論時，就迴避眞正的議題而作虛答；也就是答非所問或顧左右而言他，搪塞別人的質問，成就「虛論」，合稱爲「遍計虛論」。

又如佛門中常常有一種法師或居士，對我們正覺的妙法提出質疑以後，我們正答而且廣演妙義以後，他們都不針對我們的答覆加以回應，竟又扯到別的題目上去；然後對信眾或佛教界說謊，指責我們沒有正式答覆。當我們不得不回應而重新拉回主題來討論時，他們又另闢新題目，不肯先把前面所討論的內容作一個結論而圓滿這個議題，就重新提出別的質疑，不斷另闢新題目而都不先完成原來討論的題目。這顯示他們的目的只是想要搞成遍地烽火，讓我們疲於奔命；而他們藉此手段就可以獲得名聞與利養，這也是「不死矯亂，遍計虛論」。但我們不會讓他們達到目的，針對這種人，我們就爲他出專書，讓他名留千古，被當代及後世人永遠紀念。而這種「不死矯亂」的「遍計虛論」總共有四種。所以 世尊說：住在四空定及五神通境界中的諸善男子，堅固地凝止自心住於正見中，天魔找不到方便來侵擾他們；這時善男子觀察那個「幽清常擾動元」，也就是觀察「同生基」行陰，於所知所見之中卻自己產生了錯誤的認知而生起不該有的錯誤見解與執著時，就會墜入外道所墮的四種顛倒之中，成爲「不死矯亂」的人，於是出現「遍計虛論」的行爲來。

「一者是人觀變化元，見遷流處名之為變，見相續處名之為恒，見所見處名之為生，不見見處名之為滅。相續之因，性不斷處，名之為增；正相續中，中所離處，名之為減；各各生處名之為有，互互亡處名之為無。以理都觀，用心別見；有求法人來問其義，答言：『我今亦生亦滅，亦有亦無，亦增亦滅。』於一切時皆亂其語，令彼前人遺失章句。」第一種人是進入禪定的等持位中，或者三賢位菩薩依四空定及五神通而落入「行陰區宇」時，觀察一切眾生的「同生基」行陰有所遷流而變化出種種不同種類眾生，就稱之爲行陰有「變」。若是看見行陰在變化過程中，行陰「同生基」本身依舊相續不斷地運行者，就認爲行陰的相續不斷即是常恆而不遷流的，就說這個行陰「同生基」是「恒」。又依行陰存在的過程中看見了所見的十二處時，就說行陰生了十二處，名之爲「生」。當他認爲「同生基」行陰變化出來的所有眾生，色、受、想等三陰都會產生種種變化，最後歸於滅盡，就依滅盡後再也不能被看見的這個所見，施設爲「滅」。

在凡夫證得四禪八定而產生的這一類「不死矯亂，遍計虛論」中，大多無法觀察末那識的行陰；但菩薩住在「行陰區宇」之中，卻能夠觀察到末那識的行陰。凡夫因爲還沒有證悟，所以都觀察不到末那識的行陰，都只能觀察到意識的行陰。若是聰明有智的凡夫，對於末那識的行陰是可以推論而了知，但無法觀察到祂的存在；因爲他是依聰明利智，根據推斷而知道一定有一個不滅的心，才能夠使生滅性的覺知心在第二天又重新出現，否則就會成爲無因唯緣而生、無因唯緣而滅；但他已經知道覺知心會滅，這個覺知心的滅處就稱爲「不見處」。他就依後來不見的見處，稱之爲「滅」。

「**相續之因，性不斷處，名之爲增；**」相續之因，是指「**同生基**」行陰相續不斷；他觀察到意識與末那識的行陰相續不斷，以這個相續不斷的行陰爲因，親見行陰的自性永遠不會中斷，就以「**性不斷處**」而稱之爲「**增**」；他是因爲行陰的相續不斷，而認爲行陰能夠增生一切諸法，所以就把行陰區宇這個自性名之爲「**增**」。「**正相續中，中所離處，名之爲滅**」，正在行陰相續的時候，同時也會有一些法正在中斷或滅失，就依行陰相續之中所遠離諸法的所見之處，「**名之爲滅**」。比如睡著無夢時，意識等六識的知覺性行陰都斷滅了，這時即是行陰「**正相續中**」的「**中所離處**」；而這些離開行陰「**同生基**」的諸法滅失現象，就「**名之爲滅**」。「**各各生處名之爲有，互互亡處名之爲無**」：當他看見行陰「**同生基**」所生出來的諸法各各出生時，在出生的當下以及正在運作時，就「**名之爲有**」；出生而且運作之後，每天晚上總是會中斷的，所以當識陰六識以及這六識的心所法「互互亡處名之爲無」。

「以理都觀，用心別見；」因此，他在「行陰區宇」中，看見「同生基」行陰具足變與恆、生與滅，也具足增與減、有與無。當他把這八個所見融合貫通以後，能夠具足相對性的兩邊而函蓋兩邊之後，就以這樣的觀察所得，用自己心中的所知所見，成就了不同於佛菩提無生法忍的所觀所見，邪見智慧通利而能廣爲人說，口才辯給而無人能駁倒他。這時他有很好的世間智慧，爲人說理時可以具足兩邊，別人都無法推翻他所觀察到的行陰正理，他卻不知道自己其實仍然墮在「行陰區宇」之中；所以說他這樣的觀察結果，其實正是「用心別見」，不是佛菩提道中的正確所見。「用心別見」之後所得的智慧，當然也可以在他的覺知心中起用，就能爲人廣說「常與變、恆與斷、生與滅、增與減、有與無」等道理，所以他可以有許多種不同的見解與說法。

這些見解與說法，其實都是「不死矯亂，遍計虛論」；他自以爲聯貫而通透了，自認爲是無懈可擊的；可是在事實上，他其實仍然無法眞正加以聯貫，所以一旦遇到具有無生法忍證量的菩薩，或者遇到具有深厚的般若別相智的菩薩時，他的說法就會被顯示出自相矛盾的現象。當他產生自相矛盾現象時，就以「不死矯亂」的「遍計虛論」來回答：「我現在所證與所說的，是亦生亦滅，亦有亦無，亦增亦減。」不管你說生滅有無增減中的某一法，他全都有，也都不落兩邊。你若說他有生，他說是亦滅，所以不生；你若說他有滅，他又說是亦生，所以不滅。你若說他有生必滅，他又說滅亦是生，所以不滅。你若說他亦生亦滅即是斷滅法，他又說生滅之中有不變異之處，所以是恆。所以你聽他講起來的時候，跟證悟的人所說的不生不滅之中顯示有生滅，表面上聽起來似乎是一樣的，所以一般的聰明人或者剛悟不久的人是發覺不出來的。所以，這種「不死矯亂」的人假藉佛法名相來說法時，往往也會讓開悟不久的人誤以為他眞的有開悟。

這種不死矯亂的辯論者，密宗裡面也有人學起來了！譬如有藏傳佛教外道說：「如來藏？我們有證得呀！如來藏就是能量嘛！」他說：「如來藏就是能量，因爲有這個能量，所以我們才能吃喝拉撒。」剛明心的人心想：「對呀！好像對呀！所以他有開悟呀！」但是，你若眞悟了，有時可以用能量爲別人說，但其實你是隱覆密意而說，你說的並不是能量。可是他說的眞是指能量，所以當你繼續跟他追究：「你說的能量是什麼？」他就說：「因爲宇宙中有能量，所以我們才能生存。」原來跟你所悟的完全不一樣。所以剛開悟不久的人，才剛聽他這麼說，總是因爲差別智還不夠，也就是還沒有很好的別相智，或者還沒有種智時，剛聽對方這麼說，就會認爲對方也是有開悟的。其實對方根本就落在意識妄想所生的邪見之中。

然而那一類人如果來問我：「如何是如來藏？」我就告訴他：「能量。」假使他還聽不懂，又重新再問，我就告訴他「麵包」；如果明天又來問，我就告訴他「石頭」。他可是完全聽不懂的，那麼他究竟有沒有悟呢？根本就沒有呀！他說的能量並不是如來藏，而我說的能量並不是指能量。他說的能量是宇宙中有一個能量，就變成能量外道去了。可是你才證悟不久，如果沒有加以窮究到底，往往誤以爲他也是證悟者，可就誤會了！早年也有一位同修跟我爭執說：「達賴喇嘛說法時，身體輕鬆地搖來搖去，是那麼自在，應該是悟了。」我說那不是證悟的證據，但他還是不太相信我的判斷。如今從達賴的書中所說證明達賴只是我見具足的凡夫，有什麼悟處？當時有些人還怪我貶抑達賴，認爲我蕭老師好像心量不夠大！但其實不是，是因爲他們根本沒有看見達賴的落處，不知道自己與達賴的差別所在，但是我很清楚知道他跟你們的差別所在。所以，光是明心，又還沒有深入體驗及修學別相智時，就沒辦法判斷一切悟錯的大師。因爲你們縱使有了明心的實證，也只是根本無分別智而已；如果還沒有發起後得無分別智，往往就會以己例彼而作錯誤的判斷。

進入相見道位中繼續深入修學般若以後，獲得後得智了，就能普遍檢驗一切人嗎？也不見得！假使有的人口才很好，又學會因明學而且使用「不死矯亂」的言論時，你還是辨不了他的落處，那時可就得要靠法眼了！如果有道種智，單憑對方一句話或一段話，就能判斷出對方的落處；否則往往會被對方籠罩成功。所以說，實相般若的智慧，有許多不同的層次差別，不能對所有證悟者一概而論。所以說，這種「不死矯亂」的「遍計虛論」是最難破斥的，假使運用這種言論的人又剛好是很有世間智的人。對付「不死矯亂」的「遍計虛論」，得要靠道種智；否則當他講出來的法義跟你所講的幾乎是一模一樣時，單憑根本無分別智是無法判斷他的，所以還得要有別相智——後得無分別智；而且別相智還得要勝妙，才能辨正這一類假名善知識。

每當有人前來問法時，不管別人怎麼問，他總是說：「我今亦生亦滅，亦有亦無，亦增亦減。」這樣函蓋了一切法，一般人根本沒有辦法破斥他，這就是「於一切時皆亂其語，令彼前人遺失章句」。來質問的人本來是要破斥他：「不生不滅才是眞的，你怎麼可以說生滅法是眞實法？」他卻廣說：「亦生亦滅，亦有亦無，亦增亦減。」然後就被他移轉談論的內容或擴大談論的內容，就跟隨他所提出的言論，不斷擴大內容而始終無法探究他所說的內容實際，於是就破不了他。所以得要有別相智的深妙智慧，或者更勝妙的道種智，才能破得了他。因爲當他用「不死矯亂」的方式與你談論時，其實是打爛仗的「虛論」，轉移你的焦點，讓你忘掉或離開自己方才所問的題目了！當你想起來再拉回來原來的題目時，他又藉用強烈的質問而使你不得不回應他的質問，於是你被他矯飾的言語亂掉了，這樣持續拉扯了很久以後，你還是無法破他；這叫作「令彼前人遺失章句」，使你原來所立的宗旨模糊而被轉移了，就隨著他提出的內容越轉越遠而無法破他了。

這種手段，現在還是有許多人在用。我們有位師兄去跟楊先生談了十一個鐘頭，對方就是用「不死矯亂」的手段，搬出一大堆經文、論文來反駁；結果我們這位師兄光是閱讀都來不及了，還有什麼時間與他討論根本的問題呢？所以如果你們出去論法時，有人跟你談某一個法時，你要先立定一個宗旨來談，其他的題目都等這個題目討論完了以後再談。出去與人法義辨正時也一樣，都應該先立宗旨，譬如說：「你主張阿賴耶識是生滅法，我們就來談論阿賴耶識是否爲生滅法。請你證明祂爲何是生滅法？從教證和理證兩方面來說。」只要他把話題離開這個法義，你就說：「你現在講的跟這個主題無關，請你回到這個法義主題上來講。先把這個主題討論完了，再來討論第二個主題。」

如果對方又提出別的論文經文來說，你就得請他先把剛才他所提出的那一段經文或論文中，究竟是否如他所說的能夠證明阿賴耶識是生滅法的題目確定完成；要先把這一段經文或論文的內容確定下來以後，再接受他另外提出的其他經文或論文。千萬別在這一段教證文字還沒有辨正清楚以前，就接著把別的經文或論文連著一併討論，那將會各說各話而沒完沒了。這是辨正法義的要領，不要讓人家用無量無數的經文論文，持續不斷地提出來而持續延後本題的確定，永遠不能確定本題的內涵。當他不斷地提出無數經論來支持他原來的解釋時，你單單是閱讀就讀不完了，還能討論原來的題目嗎？於是焦點也就模糊掉了，那麼你前去辨正法義就不會有結果了。而這種模糊焦點、轉移焦點的花招，在民主政治中也是最常用的；你們看新聞報導中的政治人物，有許多不正是一天到晚都在耍這一招嗎？但是佛法中也有人持續運用這一招，這其實就是「不死矯亂，遍計虛論」。「遍計」就是普遍地計著而提出無數的題目，使每一個題目都無法討論完畢而成爲沒有結論的「虛論」。所以法義辨正時一定要緊扣主題來說，也必須先完成一段經文或論文的舉證內容辨正以後，才接受下一段經文或論文的內容辨正，千萬別被人「遍計虛論」而沒有結論。

因此，譬如有人主張阿賴耶識是生滅法，你就得直接反問：「你如何證明？要從經典上的教證明文來明確證明祂是生滅法。你又如何從理證上來證明祂是生滅法？得要有理證上的根據。不許再三提出經文論文，把所提出的每一段經論文字都曲解而說，就指稱阿賴耶識是生滅法。」因爲這是很嚴重的事，當他們主張阿賴耶識是生滅法時，已經成爲破法重罪；而且一旦破壞正法時，同時也是謗佛；因爲他們主張說他們的說法就是 世尊所說的法義，而 世尊明明不是這個意思，所以他們已經是在指責 佛陀說錯法了。破法、謗佛是很嚴重的罪，如果有人還要繼續支持破法謗佛的人，那就成爲共業。所以千萬別跟著人云亦云，這種事情絕對不能作，眞的要很小心。

當他們否定阿賴耶識時，謗說阿賴耶識不是如來藏；那我們就舉一句很清楚的經文來說：「如來清淨藏，世間阿賴耶；如金與指環，展轉無差別。」很清楚開示說：如來地的清淨如來藏無垢識，就是世間凡夫的阿賴耶識。這表示阿賴耶識心體，就是將來成佛時的無垢識心體如來藏；是同一個心體，只是改換名稱罷了，怎能說阿賴耶識不是如來藏呢？但是「世間阿賴耶」與「如來清淨藏」雖然是同一個心體，而心體中含藏的種子內容畢竟還是有差別的。所以如來地的清淨如來藏就是無垢識，也就是因地世間凡夫位時的阿賴耶識，心體是同一個，所以前面經文中才說「因地心與果地覺」必須名目相同，這就是眞正證悟了；然而因地心的阿賴耶識心體，卻仍然不能與如來地的無垢識心體畫上等號；就如同黃金不等於金戒指，但也不能說金戒指不是黃金，所以又說「展轉無差別」，是有展轉差異的，但是黃金體與戒指金體卻是同樣的，都是黃金。所以黃金經過打造以後變成金戒指了，而這個戒指依舊不能說不是黃金，因爲體性相同而形處不同：原來是黃金金塊，現在雖然同樣是黃金，但已經被打造成金戒指，導致形處已經不同了。

《楞伽經》中曾經講解這個道理，只是《楞伽經》中講的「形處」，現代所有大法師們都讀不懂，連印順法師也讀不懂。其實經中講了「七種差別形處」的不同時，就已經講得夠明白了！所以說阿賴耶識就是如來藏，只是因爲猶如黃金與金戒指的「形處」有所不同，所以同中有異。但是不能因爲後來的「形處」不同就說金戒指不是黃金，因爲其中還說到「展轉」。當經文說「展轉無差別」時，就已經明著說：體無差別，但是形處不同。所以「展轉」兩個字就已經表明二者是「無差別」的了。如果不是展轉，阿賴耶識就不能成爲無垢識心體；但是經過「展轉」演變以後，「形處」固然不同了，心體卻還是同一個，不是另外還有別的心體，當然不該毀謗說阿賴耶識是生滅法。

所以，這已經證明他們對經論中文字的意涵沒有通達。當你通達以後，「展轉」兩個字就等於「無差別」三個字；還沒有通達時，「展轉」與「無差別」卻成爲兩回事，落入凡夫見解了。這意思是說，當他們把阿賴耶識否定時，實質上已經成就謗法重罪，就是毀謗三寶；因爲既謗法也謗佛，同時也謗了勝義僧；依《阿含經》中的說法，凡是說法錯誤而推稱是 世尊所說時，就是謗佛。把佛法虛妄解說時，就是謗佛，因爲所有人說法時的前提，都說他們自己的錯誤解釋全部都是 世尊所說的意思；而 世尊卻不是那樣的意思，他們的說法當然就成爲謗佛了。於是謗了法、謗了佛，當然也同時是謗勝義僧，因爲他把勝義僧否定了，而勝義僧所說的卻完全符合 世尊所說。所以他們否定了阿賴耶識，謗稱不是如來藏，不是眞如心；另外建立一個想像中才會有的眞如心、如來藏，那就是具足毀謗三寶，這是很嚴重的重罪。所以不論是誰，想要提出新說以前，想要否定阿賴耶識正法以前，一定要很深思熟慮，並且把理證與教證都研究到很清楚之後才可以說。

乃至想要去某道場種福田之前，也得要先深思熟慮一番。譬如有些人所說的法義都是正法，但有些人所說的法義卻都是在破壞正法，而這兩種人都同樣示現爲佛弟子的身相，或者同樣示現爲僧寶的身相；然而前者是正法道場，後者譬如密宗卻是在破壞佛教正法的道場。那麼如果有人想要種福田時，若是在密宗種福田，其實是在種毒田而不是種福田；因爲密宗是在破壞佛教正法。所以有些人去西藏密宗裡種福田，將來收穫的是邪毒法，我就說他們是種毒田。

有一位居士以前一直在密宗裡走動，他很用心在護持密宗，似乎是每年都花上幾百萬元台幣在護持密宗。所以他有時會對我說明以前跟著某某上師時，是如何地護持、如何用心在種福田，說他十幾年來也種了許多福田。我直接告訴他說：「你那樣都不是在種福田。」我說：「你所種的都是毒田。」他說：「老師！你不要那麼講啦！只說是種貧瘠田就好了，不要再講毒田啦！」我依舊說那是毒田，不只是貧瘠。貧瘠田種下去以後，是說他把那些錢丟進去以後，未來世回收的福德很小，終究不會有毒；可是他把那些錢財種在密宗毒田中，發芽結果會很成功，因爲密宗這方毒田不貧瘠，一定會長出很茂盛的毒花與毒果來；將來毒用很強烈，必定會毒死他的法身慧命，當然不能說是貧瘠田，應該說是毒田。

所以，假使想要護持某一個道場時，眞的要很小心，一定先得辨別那是福田或是毒田。本來是發善心種福田，目的是在護持正法，未來世可以獲得見道或修道的福德資糧；可是所護持的道場並不是正法福田，而是在破壞正法的毒田時，表相上看來好像是正法，事實上所種的福田卻是很肥沃的毒田，未來世的毒花毒果都會豐收而使自己廣被毒害。所以學佛時最冤枉的就是這件事情，因爲是以善心修善行、作善事，結果未來世所得到的卻是惡業果報。這是很可憐的事，可是眾生之中有人知道嗎？絕大多數人都不知道。所以當他們護持密宗努力破壞正法時，他們心中還以爲是在護持正法，還以爲來世將會獲得證道的資糧；都不知道自己正在幫助別人大力破壞正法，成就破法的共業。但是當我們爲密宗學人檢點時，他們卻無法隨即改變，因爲先入爲主的影響，也因爲面子比裡子重要，這就是五濁惡世的眾生。

當密宗喇嘛們正在破壞正法時，他們就算聽到我們的詳細說明而心中知道事實眞相了，但在身行與口行上面也不會承認，一定會顧慮名聞與利養而使用「不死矯亂，遍計虛論」的方式，講出一大堆歪理，把密宗信徒迷糊掉，讓密宗信徒們個個「**遺失章句**」，不知道應該再怎麼質問了，於是就被說服而繼續跟隨下去了。不學密的人若是去質問時，本來都有很好的宗旨，也有特定的章句準備好了；可是準備好的都用不上，因爲才剛談上幾句話，就被喇嘛們以「**不死矯亂**」的「**遍計虛論**」打亂了；這是說他們辯經慣了，已經學得「**不死矯亂**」的「**遍計虛論**」章法，所以沒有般若別相智的人就無法與他們辯論。但我會逐步教導大家，只要你們悟後繼續跟著學習，就會學到各方面的法義辨正內容與方法，那時是喇嘛們無法與你們辯論，而不是你們無法與喇嘛們辯論。而這就是「**於知見中生計度者**」的四種顛倒中的第一種人：「**亦生亦滅，亦有亦無，亦增亦減。**」他們都善於利用兩邊具足的說法來對付質疑者，以「**不死矯亂**」的「**遍計虛論**」轉移焦點，「**於一切時皆亂其語，令彼前人遺失章句**」。

「**二者是人諦觀其心互互無處，因無得證；有人來問，唯答一字，但言其無；除無之餘、無所言說。**」第二種人是在「**行陰區宇**」中詳細觀察意根和意識心，觀察到意根和意識心的心所法運作產生的行陰；觀察以後「**因無得證**」，發覺全都無所得而認爲自己「**得證**」了。因爲他現前觀察到意根在萬法中運作時，雖然都有過程，但在行陰過程中意根並沒有所得，都是意識在領受，所以這樣觀察確定時，在意根方面「**因無得證**」，證明意根在行陰中都無所得而確證了。接著又從意識覺知心來觀察，發覺意識覺知心雖然有所得，卻都是生滅無常，終究會過去而歸於無，於是一樣「因無得證」。又因爲早已觀察到意識會斷滅，不是眞實法；一旦意識斷滅時（不論是眠熟或死亡時都會斷滅）而失去所得；而且意識不能去到未來世，因爲未來世是全新的另一個意識，所以同樣都無所得「因無得證」。

由於這樣「諦觀其心互互無處，因無得證」，所以每當有人前來問法時，他都只答一個字：「無。」不論是誰來問，也不論是問什麼法，全都答「無」。至於爲什麼他要全部答「無」？他不敢廣說，因爲他也懷疑自己的諦觀並不是完全究竟的實證；所以不論誰來問，也不論是問什麼，他都只回答「無」，這就是「但言其無」。你若想要再問什麼，想要再問別的，他可就「無所言說」了。那麼凡是還沒有證悟的人，不論如何問都問不出所以然，根本摸不著邊，只能在心中這樣想：「我這位師父證量很高，永遠只答一個字，就像古時的大禪師一樣，我始終弄不通，應該是很深的妙法吧！可是我終究不懂，師父又不肯教我，大概是因爲我的根器還不夠好吧？」他的師父就這樣單用一個字籠罩他。如果有人詳細逼問，他就說：「你怎麼都不懂趙州禪師的意思？趙州不也是教你要單看一個『無』字嗎？」原來是援引趙州的無字禪。當徒弟想要再追問下去時，他還是答「無」，「除無之餘、無所言說」。於是徒弟們覺得師父證量很高！不可想像，證量一定跟趙州禪師一樣深妙；於是大眾全都信受了，這也是搞怪的一種方式。這是第二種「不死矯亂，遍計虛論」。

「三者是人諦觀其心各各有處，因有得證；有人來問，唯答一字，但言其是；除是之餘、無所言說。」第三種顛倒見，是因爲曾經在「行陰區宇」中詳細觀察「其心各各有處」，所以「因有得證」；因爲他看見意識心以及意識心相應的心所法，住在意識心所住的境界中，確實都在領受苦樂境界而有喜怒哀樂等心行；意根恆常不滅而在其中處處作主，這些境界都確實存在於「行陰區宇」中，使人快樂或痛苦，所以「因有得證」。正因爲這個緣故，所以他認爲一切法有，不是一切法無。所以如果有人來問他，他只答一個字：「是。」他不答「有」，因爲恐怕落到一切法有之中，會流轉生死，也會被人質疑，所以都只答一個字：「是。」

譬如當你問他：「意識心眞實有嗎？」他答覆說：「是。」又問：「意識心到底是有還是無？」他依舊答：「是！」你繼續問：「那麼意根是有還是無？」他仍然答：「是！」因爲他不能答有，如果答有，你可能會在心裡罵他：「你落到『有』一邊去了。」他早就想到這一點了，所以只答「是」，不答「有」。因爲他現見諸法在事相上有，諸法在事相上既不是無，當然不該說無。但他如果答覆說「有」，徒弟又會說：「師父！您落到『有』一邊去了。」因爲「有、無」是兩邊，所以他答「是」就不會落到「有、無」兩邊。你如果又問：「諸法是有嗎？」他依舊答：「是！」他爲什麼不答「無」呢？因爲明明諸法會現前。那他爲什麼不答「有」呢？因爲諸法又會過去而滅盡呀！所以他不落於「有、無」兩邊，全都答「是」，徒弟們就不能質疑説：「師父！您落到一邊了。」他不想被人深入查究他的所證，所以永遠答「是」，不多作答覆，這就是「除是之餘、無所言説」的「不死矯亂，遍計虛論」。

「四者是人有無俱見，其境枝故，其心亦亂；有人來問，答言：『亦有即是亦無，亦無之中不是亦有。』一切矯亂，無容窮詰。」第四種顛倒見的「不死矯亂，遍計虛論」者，當他看見諸法在事相上確實存有，卻又看見諸法生滅無常而歸於無，所以「有無俱見」；由於既看見有，也看見無，心中不能決定是究竟有或究竟無，所見猶如樹枝種種分岐，而且所見都是枝末的緣故，所以「其心亦亂」，使他心中的想法散亂而分居兩邊。當他答覆學人請問時，知道若是答「有」就會有錯誤，若是答「無」也會有錯誤。所以他的見解會變來變去，猶如台灣話説的「見人説人話，見鬼説鬼話」，就是這種「不死矯亂」的人。還有一種人，他是兩邊都討好，當濫好人，所以如果有人主張一切都有的時候，他就附和説：「是，是，是。」另一個人主張一切都無的時候，他也説：「是，是，是。」兩邊都認同，但他不提出自己的主張。

還有另一種人也不提出自己的主張，就是西藏密宗的應成派中觀，然而不論你主張什麼，他都要破你；即使你主張的道理是正確的，他也要破斥你，藉此來顯示他的勝妙。等你問他宗旨時，他又不提出自己的宗旨，讓你去猜。他們雖然不提出自己的宗旨，其實已經提出自己的宗旨了，就是「一法不立立自宗」。如果你是他所認同的人，因為你一向支持他，他就全部承認你的說法；如果你是他所反對的人，他就全部破斥你；應成派中觀就是用這種手段來弘揚，所以他們的見解其實也是變來變去而常常自相矛盾的。當你們讀月稱論師所寫的《入中論》，就會發覺他其實是變來變去的；有時候講這樣，有時候講那樣，但他自己並不知道自己的矛盾處。這就是「其境枝故，其心亦亂」，原因是他的見解好像樹枝一樣，雜亂無章，全都是在言語名相等枝末法上用心。如果要說他們應成派中觀師有一個主要思想的話，就只能說他們認定意識心常住；他們都認為只要意識覺知心不住於兩邊，就是證得中道觀了。

應成派中觀師是標準的「不死矯亂，遍計虛論」者，正是這第四種顛倒見。但他們恐怕別人說他落入有或無之中，又恐怕別人說他雙具有無二邊，所以有人來問時，他就「不死矯亂」說：「亦有也就是亦無，你就不必執著有，也不必執著無。而且亦無之中就表示不是亦有了嘛！那就不落在有一邊了，所以亦有就是亦無嘛！」也許徒弟說：「師父！我知道了，亦有就是亦無。」他卻說：「你這樣想也錯了。」「為什麼錯呢？」「因為亦有之中不能說是亦無，你不懂我的話。」他反而罵人。你承認他說的正確，他還要罵你。那麼你說：「我知道了，亦有就是亦無，亦無也是亦有。」他又罵你：「錯了！亦無之中不能說亦有，亦有就不能說亦無了。」他就是會跟你翻來覆去，讓你弄不清楚。

當你再提出請示時，他又會告訴你說：「在有之中就已經具足無了，因爲諸法緣起性空，所以當你有五陰的時候，當你有色身的時候，在五陰或色身存在的當下，就已經緣起性空，當下就是空了。」你們讀過這樣的講解沒有？我讀過呀！《曲肱齋全集》中就這樣講過了，而西藏密宗的那些喇嘛們講般若的時候，往往也是這麼講的：「亦有的時候就是亦無，因爲當你的色身存在時就已經是空性了；因爲色身一定會壞，所以是無常；無常就是空，空就是色身一定會壞，所以亦有的當下就同時亦無。」可是當你讀完以後去跟他說：「亦有就是亦無，師父！我知道了。」他卻說：「你其實不知道。」「爲什麼？」「說有之中的無，不可以說它是有；當你說色身是有，當下也是緣起性空，所以色身本身就是無。」可是當你說：「那麼這個無就是眞實有。」他卻說：「錯了！有之中的無，不能說是眞實有。」

你們讀了印順書中講的「滅相不滅」的眞如說，道理是不是同樣的？所以印順法師一樣是「不死矯亂」外道，竟然主張滅相不滅所以是眞如，就這樣的如。然而當他主張「滅相是不滅的，所以有實法眞如」，那就變成有中的無是眞實有了，其實還不如這個「不死矯亂」外道。所以末法時期的佛門中也和外道法中一樣，會有這類一切法都跟你矯亂的人。他們其實是把別人所建立、所說的一切思想體系，全部打亂掉、破斥掉，不許別人建立任何宗旨，只能服膺他們應成派的宗旨。這就是密宗的應成派中觀，讓別人「無容窮詰」；因爲他們會不斷地提出質疑，以攻爲守而不容許你不斷地追問他。

所以他們應成派中觀師全都是一個樣兒，全面攻擊你的宗旨而全部破斥，然後作出一個結論：如是應成。所以他們被稱爲應成派。就是說，不管誰提出哪一種主張，他們都要破斥而提出他們破斥的看法，認爲他們的看法是有道理的，主張他們質問的道理是應當成立的，所以最後結論說：「如是應成。」你若是提出十個主張，他們也會破盡你的每一個主張，最後結論說：「如是應成。」所以他們就是稱爲「應成派」。然而推究他們所謂的中觀，其實不是中觀，而是偏見觀，雙具斷常二見，因爲自始至終落在意識的生滅性中。所以當我們開始弘法以後，他們剛開始也利用一些小嘍囉提出破斥；那我們就直接破斥他們所謂的至尊、法王，一路破到底，讓他們無法再說「如是應成」；因爲我們提出許多理證與教證，證明他們所說「如是不應成」。而我們的如來藏妙義，卻讓他們「無容窮詰」。但一般人是無法窮詰他們的，因爲他們學會「不死矯亂」的「遍計虛論」，使別人「無容窮詰」。

「**由此計度，矯亂虛無；墮落外道，惑菩提性；是則名為第五外道四顛倒性，不死矯亂，遍計虛論。**」由於落入自己的所知所見之中，橫生錯誤的認知和執著，所以「**由此計度，矯亂虛無**」，把自己或徒眾們的一切知見都矯亂了。於是若不是落入一切法空之中，就是落入一切法有之中。所有應成派中觀師都是這一類人，不論是密宗的所有法王、喇嘛、活佛們，或者顯教中的印順一派人，全都落入一切法空及常見之中，雙具斷見與常見。因爲應成派中觀，始自天竺的佛護論師創始以來，接著是安惠、般若趜多、月稱、寂天、阿底峽、宗喀巴、克主杰、歷代達賴，乃至今天主動繼承密宗應成派中觀的釋印順，以及印順的門人釋昭慧和追隨者星雲、聖嚴、證嚴等人，全都是六識論者。天竺密宗的佛護遞代下傳到宗喀巴及今天的達賴，都因爲主張一切法空的應成派中觀，落入斷見中，這使他們的雙身法樂空雙運不能成立，於是又回頭建立意識心常住說；或者如同今天的達賴恐怕被責是常見外道，於是建立意識極細心常住說，同樣是落入意識常見之中，所以密宗應成派中觀全都不離斷常二見。

顯教中的釋印順也是一樣，既主張一切法空，恐怕別人責備他是斷見論者，又因爲已經公然否定七、八識，就無法也不想主張第八識常住不壞，於是落入斷見中；又怕人說他是斷見外道，印順因此又回頭建立意識常住說；但因爲恐怕佛教界會責備他是常見外道，於是把意識分割爲粗心與細心，再主張意識細心常住不壞說，想要規避重新落入常見的窠臼。然而意識終究是意識，不論多麼粗或多麼細，全都是意識。世尊早在《雜阿含經》中說過：「諸所有意識，彼一切皆意法因緣生故。」所以，當六識論的應成派中觀師們提出意識細心、意識極細心常住說的時候，都仍然是意識心；世尊說所有意識，包含一切極粗或極細意識，全都是藉意根與法塵爲因緣才能出生。所以一切應成派中觀師全都落入斷見與常見中，自古至今，沒有一個人能自外於斷見與常見。但他們最擅於辯論，所以一般人若是沒有好的慧眼，若是沒有法眼，往往就被他們所制伏。但他們在具有別相智（慧眼）的人面前，是沒有講話資格的。所以我說他們都屬於「不死矯亂」的「遍計虛論」，凡有所說，錯誤連篇而且一無可取，全都是「墮落外道，惑菩提性」的凡夫斷常二見者。以上所說的，就是住在「行陰區宇」中的第五種外道四顚倒性，全都是「不死矯亂，遍計虛論」的凡夫。

（行陰區宇中第六種魔事：）

【「又三摩中諸善男子，堅凝正心，魔不得便；窮生類本，觀彼幽清常擾動元，於無盡流生計度者：是人墜入死後有相發心顛倒，或自固身，云色是我；或見我圓，含遍國土，云我有色；或彼前緣隨我迴復，云色屬我；或復我依行中相續，云我在色，皆計度言死後有相。如是循環有十六相，從此或

計『畢竟煩惱，畢竟菩提；兩性並驅，各不相觸。』由此計度死後有故，墮落外道，惑菩提性；是則名為第六外道立五陰中死後有相、心顛倒論。」】

講記：「此外，住在金剛三昧中的諸善男子，已得正知而堅定住心於金剛三昧中，凝聚澄明而正住其心，十類天魔都不能在他身上找到擾亂他的方便，因此他開始窮究眾生出生於三界中的各個不同種類的本源；當他觀察那些不同種類眾生幽隱清淨而經常不斷擾動的元本即是行陰，在行陰無盡流轉上面生起了錯誤的認知而執著的時候，這一類人會墜入死後永遠都會有五陰相的顛倒見解之中，於是想要進修正法時顛倒發心，或者自己開始堅固自身，認爲色陰即是眞我；或者錯見覺知心自我是圓滿的，可以含容遍於所有國土，就主張覺知心眞我擁有各種色陰；或者再因前面主張的緣故而隨於自我，把色陰迴復過來，說色陰屬於覺知心自我；或者又從覺知心自我是依於行陰之中相續不斷，就說覺知心自我存在於色陰之中，這些全都是錯誤認知而測度及執著之後，宣稱眾生死後一定不離三界有的法相。就像是這樣子互相循環立論，共有十六相的主張；就從這個迷惑而錯認爲『畢竟存在的煩惱，就是畢竟的菩提；而煩惱與菩提兩性並行驅馳，各自卻不會互相接觸。』由於這樣的錯計測度而落入死後一定繼續擁有三界有的緣故，墮落於外道見解中，迷惑了眞覺的自性；這就稱爲第六種落入行陰中的外道，建立五陰境界死後有相而說的心顛倒論。」

世尊又開示說，住在四空定及五神通境界中的善男子們，「堅凝正心，魔不得便」，然後窮究有情出生的各類根本時，觀察到那個幽清而常常都在擾動的根元「同生基」行陰時，假使是於「同生基」行陰的無盡流轉之中產生了錯誤的認知和執著，捨棄了原有的金剛三昧，這一類人就會墜入「死後有相發心顛倒」之中。「無盡流」當然是指行陰，因爲凡是沒有進入無餘涅槃的人，全都會有無盡的行陰，所以行陰就是「無盡流」。

如果對「無盡流」的行陰產生了錯誤的認知與執著，不知行陰只是識陰藉著色、受、想三陰而在三界中運作時所產生的現象；又不知行陰的恆存是源自於對行陰不如實理解，所以無法發覺是因「幽隱妄想」而產生了行陰，於是產生錯誤的計度而堅決地認定：「死後有相。」這其實是因爲他產生了邪見，從行陰的持續運作而產生錯誤的認知和執著，認爲這一世死後將會繼續有未來的無量世，當然還是會有五陰相，至少也會有行陰之相，所以誤認爲「死後有相」而不會是斷滅空。因爲墮入「死後有相」的見解中，他的發心就產生顛倒的現象，名爲「發心顛倒」。由此緣故，有四種狀況出現；這四種狀況，一般而言，是證得四空定而不能超越行陰，因此仍在「行陰區宇」的尚未見道凡夫才會發生的，全都認爲死後應該有相，不該是空無；三賢位的證悟菩薩則是偶爾發生這樣的邪見，卻都是一念之間就會銷滅不見的，除非是新學菩薩。

既然「發心顚倒」了，其中的第一種邪見「或自固身」，是想要使色陰長養不壞。但是修到四空定時不見有色陰，只見意識的行陰持續不斷，這時認爲應該要堅固四空定中的覺知心自身，不該使覺知心滅除行陰，否則就會落入「死後無相」之中，恐怕成爲斷滅空；因此堅決認定應該鞏固四空定中的覺知心，以免斷滅。或者回頭反認色陰是眞實我，不該滅盡色陰，願意回墮色界之中。由於堅固色身不壞，由色身來使延續不斷的行陰永續存在；這其實是永遠住在「行陰區宇」之中而使色身不壞。這也是誤計覺知心自我與色陰是一體的，對於空無邊處或識無邊處的覺知心自我的體性，又誤認爲是遍滿十方而圓滿的，而自己的色陰歸於廣大覺知心的自我所有，所以「云我有色」。

這類外道見或凡夫見又分爲兩種，第一種是修得無想定的外道，認爲人間的色身不究竟，都會毀壞；所以他修證色界第四禪境界，獲得色界四禪天的天身，然後進入無想定中常住，使色界第四禪天的天身常住。因爲他知道意識心會斷滅，非常，所以把意識心斷了以後進入無想定中，保持著四禪天的天身不壞，計著四禪天的廣果天身常住不壞而成爲無想天人，成爲「云色是我」的第一種邪見。

「死後有相，云色是我」的第二種邪見，就是密宗執著人間無常的色身，經由修練寶瓶氣、明點、採陰補陽，目的是要堅固色身常住；是希望藉觀想中脈明點成功之後再練寶瓶氣，進而修習雙身法而採陰補陽，想要使色身不壞。可是終究達不成色身不壞而常住的目的，於是又演變而產生了觀想本尊身，或者觀想虹光身的行門，想要使本尊身或虹光身影像色法常住不壞。密宗認爲虹光身與本尊身有異，但其實都一樣，因爲都是經由覺知心意識觀想出來的內相分色法，二者體性是完全無差別的，同樣是意識觀想以後才出生，而且是依附於觀想時的意識心才能存在，不同之處只是所觀想出來的模樣有差別罷了。當他們觀想成功之後，想要藉寶瓶氣以及明點來增益，使觀想所成的本尊身或者虹光身常住不滅，這也是「死後有相發心顚倒」的一種。這其實是下品人的妄想，錯將生滅的內相分色塵當作眞實色身常住不壞。

若是密宗裡的上品人，都知道色身不可能不壞，所以改爲認知意識是常住不壞心，再誤認觀想出來的明點是常住的，所以改將明點認作實體，當作是五陰所依的本體；然後觀想出一個本尊身，在死亡時要將明點從梵穴衝出進入那個被觀想出來的本尊身中，讓那個本尊的影像色身常住不壞，宗喀巴說這樣即是成就顯教的佛身了。密宗也說這就是佛身了，又叫作明光身；若是觀想成爲五色光明的色身而沒有眼耳鼻舌等四根，就叫作虹光身；因爲只有五色光，而那個五色光被觀想成一個人身的輪廓，只是沒有眼、耳、鼻、舌等四根的模樣。這也是一種妄想，同樣是「固身」存我的虛妄想。然後想要在將來死後把明點移入那個觀想出來的虹光身中，就認爲已經成就報身佛果了。這其實也是墮在固我固身的邪見中，不外於生滅法。事實上，當他們眠熟、悶絕、死亡以後，意識中斷時，所謂的本尊身或虹光身就跟著意識滅了；因爲不論是本尊身或虹光身，都只是意識覺知心中的相分罷了。只有意識存在而且很清明時，被觀想出來的虹光身或本尊身才會存在，所以密宗已經落入色陰的五塵中，一樣是不離行陰而不曾了知行陰的，這也是「死後有相發心顛倒」。

第二種「死後有相發心顛倒」，是「或見我圓，含遍國土，云我有色」：當他住在無色界定的「行陰區宇」中，認爲意識覺知心的行陰永遠不會中斷，認爲覺知心廣大無邊而圓滿無缺，是普遍含攝十方國土的，所以轉念這樣子想：是這個定中的覺知心大我，遍含十方國土，所以自己的色陰存在於自己的覺知心中，是我大而色小，由覺知心自我函蓋色陰。這其實只是一種虛妄想，人間的覺知心即使是住在四空定中，其實還是緣於色陰而有的，不該反過來函蓋色陰。所以他經由四空定與五神通而能遍緣十方國土時，就誤認爲自己覺知心是遍滿十方世界的，而色陰只是那麼微小地存在於他的覺知心中；然後又認爲色陰是不該滅盡的，應該常存，就落入「死後有相」的妄想之中。所以成爲「死後有相發心顛倒」，所修的法門全都是爲了色陰的長存而修，於是未來世就會繼續輪迴於色界中，反而是下墮而不是上昇。

第三種是「或彼前緣隨我迴復，云色屬我；」是說，尚在「行陰區宇」中的善男子，也有可能因爲前面所緣的「色屬於我，我包含了色」的錯誤認知，於是「迴復」而轉變爲「色屬於我」，也就是錯認爲「色陰是屬於覺知心大我，歸大我所含攝」。這是看見覺知心大我在行陰之中常住不斷，而色陰可以中斷不現，才能住在四空定中；所以得到一個結論：覺知心大我是常住的，色陰卻是不能常住的；那麼當然是應該以覺知心爲主，而以色陰爲從，所以就說色陰屬於覺知心大我：「云色屬我。」這其實是落入行陰之中，產生了誤計而主張色陰屬於覺知心所有。

第四種是「或復我依行中相續，云我在色，」或者由於看見覺知心大我，是依「同生基」行陰的相續不斷才能存在，卻必須依色陰才能生起及存在，所以認爲覺知心大我其實是依色陰而有，當然應該說覺知心大我其實是在色陰之中存在的，所以「云我在色」。既然如此認知了，當然未來世就不離色陰，因此日後的修行當然依舊是「死後有相」的「發心顛倒」。這仍然是發起未來世覺知心是否應依色陰存在的認知時，「發心顛倒」而不免繼續受生輪轉。「皆計度言死後有相」，意思是這四種人全都是由於錯誤的認知和執著，同樣都誤認爲人們死後仍然必須有一定的色陰法相存在不滅。

這四種邪見的誤計，都同樣是以今世的色有，推斷死後的未來世也一樣會繼續受生而獲得色有，所以說是「死後有相」。「如是循環有十六相」，十六相就是說，這些邪見者對色陰的錯誤認知和執著，總共會有這四種邪見陸續產生；覺知心我面對色陰時如此，對於受、想、行等三陰也是如此，同樣是各有四種「死後有相」的邪見；那麼依於色、受、想、行四陰總共就會有十六種邪見產生，所以「如是循環有十六相」，就成爲死後會有色、受、想、行等四陰，各各都有未來世的我與色、我與受、我與想、我與行等各四種「死後有相」的邪見，全都是在「行陰區宇」中產生錯誤的計度和執著，其實是落在常見中。至於爲何不談識陰的「死後有相」呢？是因爲這段經文所說的是住在四空定中的修行人，是還在「行陰區宇」中，還沒有觸及「識陰區宇」範圍，所以暫時還不會談到識陰的「死後有相」等四種邪見的陸續發生；而且識陰正是覺知心我，是與色等四陰相對而互立的，所以當然不會在「無盡流」中橫生計度時，認爲「死後有相」也函蓋到覺知心識陰等六識。

「**從此惑計『畢竟煩惱，畢竟菩提；兩性並驅，各不相觸。』由此計度死後有故，墮落外道，惑菩提性；是則名爲第六外道立五陰中死後有相、心顛倒論。**」這是因爲誤計色受想行四陰與識陰覺知心我，同樣是死後續有的緣故，轉而誤計後有永遠不斷，所以永遠無法免除煩惱，所以認爲煩惱與菩提都一樣是後世不斷地持續受生而並行存有。煩惱是污染性的，菩提是清淨性的；既然二者都是永遠持續存在，所以污染性與清淨性也會同時並存共同運作不斷，所以說「兩性並驅」。雖然污染性與清淨性是「並驅」的，但是這二者卻又不相觸，不會互相侵滅。外道們修得四空定而落入「行陰區宇」時，不能理解煩惱與菩提的眞義，產生了這樣的邪見，其原因就在於誤計色受想行等四陰爲煩惱，誤計識陰覺知心大我爲畢竟菩提。

事實上，前四陰不等於煩惱，而覺知心也不等於菩提。因爲聲聞緣覺的無學果聖人，一樣是有色等四陰，卻沒有解脫道所攝的煩惱；所以外道誤認色等四陰爲煩惱，是錯誤的計著。而聲聞緣覺聖者也還是一樣有識蘊覺知心，但他們也都不認爲凡夫的識陰覺知心是菩提，反而認定識陰覺知心也是生死我，是我見與我執的所依，認爲應該滅盡識陰覺知心而入無餘涅槃。但外道修得四空定時並未斷除我見，所以誤計前四陰爲煩惱，後一陰的識陰爲菩提，因此而誤計爲二法（煩惱與涅槃）俱有，認爲畢竟不斷的煩惱與畢竟不斷的菩提俱生而同時存在，所以才說「兩性並驅」。

這些外道們由於迷惑於解脫智的緣故，所以錯誤認爲有畢竟不斷的煩惱，也有畢竟不斷的菩提，全都是我見未斷的凡夫。也就是說，這類煩惱是永遠不可能斷除的，因爲他們不斷我見而有迷事無明，落入識陰覺知心中，誤認爲覺知心即是菩提；又因爲不證如來藏，更不曾眼見妙眞如性——佛性，而有迷理無明，於是單從行陰來看一切眾生都無法全部斷滅；認爲行陰既然無法永遠斷除，色受想行等四陰煩惱就是永遠不可能斷盡的；煩惱既然永遠不可能斷盡，所以就稱爲「畢竟煩惱」。接著外道們又錯誤認定四空定中的淨明覺心，也就是把能知能覺而能夠住於四空定中的覺知心，錯認爲菩提心，如同應成派中觀師從佛護到宗喀巴、歷代達賴、釋印順一般，都認爲覺知心畢竟離念時就是「畢竟菩提」。而色受想行四陰常住不斷，識陰六識覺知心也常住不斷的緣故，所以錯認爲「畢竟煩惱」與「畢竟菩提」，都同樣常住不滅「兩性並驅」。

外道又錯認覺知心菩提常住而與煩惱色等四陰並驅同存，互相之間不會接觸，所以都不會有互相消長的現象，可以和平共存，因此認爲「兩性並驅，各不相觸」。三賢位中的開悟者如果不能腳踏實地次第進修，妄求八地、佛地的境界而不能自己忖量時，也同樣會有這種情形，才會有楊先生等人宣稱已證得佛地眞如了，卻是回頭落入離念靈知識陰之中，住在行陰之中誤認爲識陰六識是常住不壞的，與外道一樣落入「無盡流」的行陰之內產生了誤計，才會產生這樣的邪見；於是我見堅固而不可壞，世世隨著自己所認爲的「畢竟煩惱」與「畢竟菩提」而流轉生死，永無盡期，直到未來有一世願意被善知識攝受爲止。

由此可見證得四空定的外道們，以及住在如來藏金剛三昧中的三賢菩薩，如果妄求眼前還不該證得的佛地、八地境界，其實都不懂煩惱，也都不懂菩提。

因此誤認爲覺知心只要保持與煩惱不相應——如與貪瞋等煩惱不相應，誤以爲就是世尊所說的佛地菩提，倒是很像密宗把樂空雙運的一心淫樂境界當作是證得報身佛果；不知道覺知心依舊是煩惱體，因爲正是我見與我執的根源。以上都是誤計而執著以後產生了「死後有相」的邪見，墮落於外道見中，永遠不離常見，當然是迷惑於菩提眞性了！這就是第六種外道建立五陰中的「死後有相」，是在「行陰區宇」中依「無盡流」行陰而產生的第六種「發心顚倒」的邪論。

（行陰區宇中第七種魔事：）

【「又三摩中諸善男子，堅凝正心，魔不得便；窮生類本，觀彼幽清常擾動元；於先除滅色受想中生計度者，是人墜入死後無相、發心顚倒：『見其色滅，形無所因；觀其想滅，心無所繫；知其受滅，無後連綴；陰性銷散，縱有生理而無受想，與草木同。此質現前猶不可得，死後云何更有諸相？』因之勘校死後相無，如是循環有八無相，從此或計涅槃因果一切皆空，徒有名字，究竟斷滅；由此計度死後無故，墮落外道，惑菩提性；是則名為第七外道立五陰中死後無相、心顚倒論。」】

講記：「而且住在金剛三昧中的諸善男子，已得正知而住心於金剛三昧中，凝聚澄明而正住其心，十類天魔都不能在他身上找到擾亂他的方便，於是他開始窮究眾生出生於三界中的各個不同種類的本元；當他觀察那些不同種類眾生幽隱清淨而經常不斷擾動的元本即是行陰，就在以前所知應該滅除色陰、受陰、想陰的思惟之中生起了錯誤的認知而執著；這一類人將會墜入死後無相、發心顛倒之中：『看見色陰如果滅除了，那麼身形就沒有所依的因；觀察想陰如果滅了，覺知心就沒有可以聯結的法而難以存在；知道如果受陰滅了，知覺性就沒有隨後相連的可領受法；當這三陰的自性全都銷滅散壞了，縱使來世覺知心還有出生之理，卻沒有了受與想，就會與草木同樣無覺無知了。像這樣的覺知心本質在眼前尚且求不可得，滅除三陰而死亡以後如何可能還會有各種覺知心的法相？』因爲這樣思惟觀察的緣故，就依這個見解而勘定校正，主張死後的一切相全歸於無。像這樣的見解循環演變就會有八種無相的説法，就從這個誤計而執著地主張説：涅槃與因果是一切皆空，只是單有名字而無實質，究竟的境界即是斷滅空無；由於這樣錯誤認知的測度而執著這種邪見，主張死後都是空無的緣故，墮落於外道見中，迷惑了眞覺的自性；這就稱爲第七類外道建立墜入五陰之中的死後無相，成爲心顛倒論。」

「行陰區宇」的第七種邪見，是依外道法中修定、修五神通的人，在四空定的等持位及五神通境界中;或是證得如來藏金剛三昧的善男子，住在定中「堅凝正心，魔不得便」，於是在其中「窮生類本」；是從行陰中探討一切眾生生死輪迴種類的根本，都同樣是看見「同生基」行陰，即是眾生身心中幽隱清淨而恆常存在的擾動不住的生死根元。接著在「行陰區宇」中，對於先前已經超越或除滅的色受想三陰的本質，產生了錯誤認知而執著的人，就會墜入「死後相無」之中，與前一種墜入「死後有相」不同。前面一種是凡夫之見，或者悟後妄想在因地求得佛果或八地、十地果位，因此而產生邪見，執著爲「死後有相」；但這第七種人是已證得四空定及五神通的外道，或者證得如來藏金剛三昧而不墮入色陰、受陰、想陰境界的人，還不懂這三陰的區宇，不想斷除這三陰的習氣種子就想直接取證佛地眞如；於是對已經超越的色等三陰突然產生了錯誤認知而計度爲空無，因此仍然墜入「死後相無」的邪見中。於是「發心」也就跟著「顚倒」了。

如何顚倒呢？當他不離「行陰區宇」，「見其色滅，形無所因」，既然已經超越色陰的現行了，未來世的身形便再也無因能生了。「觀其想滅，心無所繫」，觀察想陰的現行已經超越而證得無想定，所以覺知心的了知性也已無所繫緣了。「知其受滅，無後連綴」，知道自己在無想定中已經超越受陰的現行了，所以後世就不會再有色身色塵與覺知心之間的連綴不離了。「陰性銷散，縱有生理而無受想，與草木同」，生理就是行陰「同生基」，這色想受等三陰既然已經銷散了，依三陰而存在的行陰縱使還能夠繼續存在，豈不是與草木一樣地無知無覺了嗎？所以行陰也是一樣不可能繼續存在的。「**此質現前猶不可得，死後云何更有諸相？**」在超越了色想受等三陰的現行以後，這個覺知心行陰的現前或存在，本質都已經是不可得的了，死後怎能說還會有其餘四陰等諸相呢？那麼其餘四陰連同這個行陰等五陰，就全部都是死後無相了。

「**因之勘校死後相無，如是循環有八無相**」，「**勘校**」就是勘驗與校對，也就是詳細再一次檢查的意思。在人間，從「**生理**」行陰之能不能存在，要由色陰、想陰、受陰等三陰是否存在來論定；當三陰已經滅盡時已有三相，而行陰在三陰銷散以後，自然也不可能存在，於是成就了第四相。這是從三陰的現行已經銷滅爲因，來說第四相的行陰「**此質現前猶不可得，死後云何更有諸相？**」也就是說，從因中來說果時，當色陰的現行銷滅時，後世色身「**形無所因**」，那麼想陰—了知性—自然也就無從出生了，這就是第一相；當想陰的現行被銷滅時，他誤認爲識陰已經「**心無所繫**」而可以獨存了，受陰自然也是無所附麗的，這是第二相；當受陰的現行銷滅時，色陰與想陰就成爲「**無後連綴**」了，這是第三相；當受陰的現行銷盡時「**陰性銷散**」了，行陰自然也就無從存在了，這是第四相。這是從先因而說後果，總有四相；如果反過來從後果而說先因，同樣也有四相；因果相加，總共就會有八種無相，所以說「**如是循環有八無相**」，全都是錯誤的認知。

「從此或計涅槃因果一切皆空，徒有名字，究竟斷滅；由此計度死後無故，墮落外道，惑菩提性；是則名為第七外道立五陰中死後無相、心顛倒論。」因為這樣從先因來勘校後果，也從後果來勘校先因，證明事實確實如此，卻不知道有如來藏妙眞如性常住不壞，功德無邊，於是墜入斷滅論中，認爲識陰六識將會斷滅，妄計「**死後相無**」；接著就是撥無因果，錯誤地認爲涅槃即是斷滅空，而因果也一樣歸於斷滅空，都是只有名言施設而沒有實質可言；究竟說來，涅槃與因果都是斷滅空。由於這樣誤認而錯誤地執著自己的見解，不肯信受五陰滅盡以後還有第八識如來藏恆存不滅，所以落入斷滅空中，妄計死後是一切斷滅而墮落於斷見外道見中，迷惑於佛菩提的眞實性。這就是依「**行陰區宇**」而有的第七種外道所建立的「**死後相無**」的「**心顛倒論**」。其實這類人在心中還是不肯讓識陰斷滅的，死後還是會去受生輪迴的。

請問現在佛教界中，有沒有這樣的人始終主張一切法空？（眾答：有。）諸位都知道，不必我再來提示。這就是說，計著死後一切皆空、一切皆無，就會成爲「**死後無相**」的「**發心顛倒**」。不過印順很聰明，他怕人家責備他是落入斷滅論中，所以又發明「滅相不滅即是眞如」的說法。這樣的滅相、這樣的眞如，本質其實就是「**死後相無**」，也就是斷滅空。所以涅槃對印順等大小法師們而言，就變成不可知、不可證；於是涅槃在他們心中就成爲一種想像法，成爲玄學而不是義學了。所以當印順書中解說涅槃時，有時說涅槃是不可說、不可知、不可證的，所以說一切法空。因此，印順等人的主張就是「不立自宗、破他宗」，只要有人提出第七或第八識的宗旨，印順就把他破掉；而印順正是以辨正法義起家的，也是以辨正法義而名聞於當代佛教界。當我們出世弘法以後，他一樣會快速回應別人對他的評論，就只是不敢回應我們對他的評論。

印順及達賴的六識論應成派中觀見，其實完全沒有**中道觀行**的本質，不該稱爲中觀；因爲他們的本質是雙具斷見與常見的，全都是因爲否定第七、八識而造成的。不論哪一種中觀教派，只要是建立六識論爲宗旨時，本質就是走上了斷見與常見的路子；而且一旦建立了六識論的思想，斷常二見這條路就成爲他們的不歸路，再也無法回頭了！如果想要回頭，就只有捨棄六識論而回歸八識論，再也沒有別的路子可走。這就是西藏密宗乃至天竺密宗的應成派中觀見，也就是印順和他派下的星雲、證嚴、聖嚴、昭慧等人的中觀見，就是佛光山、法鼓山、慈濟等人間佛教六識論本質。他們都無可避免地落入「一切皆空」邪見中，再設法脫離斷滅空的邪見而建立細意識常住說，又再度落入常見外道見中，不離斷常二邊。這些人都因爲錯誤的認知，認爲「死後有相」或是「死後相無」，就墮落於外道斷見或者無因論邪見中，都是迷惑於菩提性，就是第七種由外道建立的五陰中的「死後無相、心顚倒論」的發心。

（行陰區宇中第八種魔事：）

【「又三摩中諸善男子，堅凝正心，魔不得便；窮生類本，觀彼幽清常擾動元；於行存中兼受想滅，雙計有無自體相破，是人墜入死後俱非，起顛倒論；色受想中，見有非有；行遷流內，觀無不無；如是循環，窮盡陰界，八俱非相；隨得一緣，皆言死後有相無相。又計諸行性遷訛故，心發通悟，有無俱非，虛實失措。由此計度死後俱非，後際昏瞢無可道故，墮落外道，惑菩提性；是則名為第八外道立五陰中死後俱非、心顛倒論。」】

講記：「此外，住在金剛三昧中的諸善男子，已得正知而凝聚澄明正住其心，十類天魔都不能在他身上找到擾亂他的方便，他開始窮究眾生出生於三界中的各種不同種類的本元；當他觀察那些不同種類眾生幽隱清淨而經常不斷擾動的本元即是行陰，就在行陰存在之中兼有受陰、想陰壞滅的認知，於是把行陰實有、受想實無，雙雙計爲眞實，然後又以這二種見解互相攻破，這一類人墜入死後全部非有的見解中，因此而生起了見解顛倒的議論；在色陰受陰想陰中，看見這三有非有；在行陰遷流之內，卻觀行陰雖無而不是眞無；就這樣子循環觀察，當他窮盡五陰十八界時，就有了八種俱非之法相；以後隨便在哪一種因緣之下，都說死後是有相無相。他又錯誤地認知而堅持諸行的法性是遷變而不眞實的緣故，心裡發起了自以爲通達的悟境，於是說有或說無都認爲不正確，在或虛或實的種種法中就不知所措了。由於這樣的錯誤認知而堅持死後俱非，從此以後的佛道修學過程中，智慧就昏暗瞢懂而無法可說的緣故，墮落於外道邪見中，迷惑了眞覺自性；這就稱爲第八類外道建立五陰之中死後俱非，產生了心顚倒論。」

住在四空定等持位中的外道，當他們因爲證得四空定而超越色陰、受陰、想陰境界，來到「行陰區宇」中了；或者證得如來藏而住在金剛三昧中的善男子，雖然已經超越色陰、受陰、想陰境界，使得天魔得不到方便來破壞他的定境，可是他自己在這種窮究眾生「同生基」行陰時，還沒有破盡三陰的習氣種子，就想破盡行陰區宇；這時他知道眾生都是由於行陰不斷而流轉生死，在恆時不斷的「同生基」行陰存在之中，觀察「幽清常擾動元」行陰存在之時，因爲已經過了欲界與色界境界，滅了受陰與想陰的境界而住在行陰及「行陰區宇」中，所以是「行存」而同時「兼受想滅」。這不是如同俱解脫阿羅漢證得滅盡定，只是因爲證得四空定而超過欲界、色界的受陰與想陰境界，稱爲「受想滅」；仍然無法超越行陰與識陰的現行，所以說是「行存」——行陰的現行仍然存在，不是眞的證得滅盡定。但這時卻產生了兼具二邊的錯誤知見，邪見出生了——「雙計有無自體相破，是人墜入死後俱非，起顚倒論」。

這時是超越前面第六、第七「死後有相」及「死後相無」等兩種邪見，所以是「有無自體相破」。「雙計」是兩邊錯誤的知見都具足而全部接受了。破除前二種「死後有相、死後相無」的邪見，本來是正確的，但他破除以後卻沒有產生正知正見，反而墜入其他兩種錯誤的知見中，所以成爲「雙計」。「計」是指錯誤的認知而執取爲正知正見。「雙計有無自體相破，是人墜入死後俱非，起顚倒論」的意思，是說他知道「死後有相、死後相無」都是錯誤的知見，雖然他已經以這二見互相攻破了，卻又落入另二種錯誤知見中，墜入「死後俱非」而雙具兩邊錯誤的知見，所以是「雙計」。由於「雙計」的緣故「起顚倒論」，就在色、受、想、行等四陰中，各有「有、無」的錯誤知見出生了，於是產生了八種「非相」：

「色受想中，見有非有；行遷流內，觀無不無；」他在色陰、受陰和想陰當中，看見色有、受有以及想有時，確定這三陰是確實存在的；然而又全都認定爲非有，於是就有六相了。他是因爲現前觀察三陰都是無常變異性，所以這三陰的存有便成爲全都非有。既然這三陰都是非有，所以就在「行陰區宇」中觀察，墜入行陰之中；當他在「行陰區宇」中觀察時，卻在行陰的遷流過程中，觀察到行陰雖然不是像色受想三陰一般可以使人現見而似乎是不存在的「無」，然而這個似乎不存在的行陰卻又不是眞的不存在，所以「觀無不無」，於是在「行陰區宇」中又有了「無、不無」二相。

「**如是循環，窮盡陰界，八俱非相；隨得一緣，皆言死後有相無相。**」他就這樣子在四陰之中循環觀察，窮盡了四陰的功能差別以後，反復觀察出四陰各有「非有、非無」的法相；四陰既然各有「非有、非無」的法相，當然就墜入「八俱非相」中。於是「**隨得一緣，皆言死後有相無相**」，就是不論他緣於四陰中的某一陰時，隨於當時所緣的某一陰，全都主張那一陰既非「死後有相」也非「死後無相」。

「**又計諸行性遷訛故，心發通悟，有無俱非，虛實失措。**」又在生起了「八俱非相」的見解而主張「死後非有相非無相」以後，在三陰的種種行陰之中，發覺行陰的自性是隨時隨地都在變遷而不是眞實常住法；以此緣故，心中又發起似乎是通達行陰的悟解，於是又把自己建立的「死後非有相非無相」推翻，不再認爲眾生死後既非有相又同時非無相，於是在三陰的行陰之中迷失了，不知道這四陰究竟是應該認定爲虛有不實？或者是應該認定爲實有不虛？於是「**虛實失措**」，不知道自己應該如何措心安住了。

「**由此計度死後俱非，後際昏瞢無可道故，墮落外道，惑菩提性；是則名為第八外道立五陰中死後俱非、心顛倒論。**」悟得金剛三昧的菩薩若不在智慧上用心，愛樂有爲的禪定境界，當他證得四空定以後，就因爲這樣錯誤的觀察與認知，妄計眾生死後既不是「有相」，也不是「相無」，成爲「死後俱非」，把自己原來的深入觀察全部推翻；這時已經自我迷惑了，因為：雙非的境界中究竟是什麼？總不能只是一個雙非的觀念或名詞吧？所以這時根本不知道應該如何認定，當然不知道應該安住於什麼樣的見解中，於是對於眾生或者阿羅漢死後究竟應該是什麼境界，也就全無所知了，這就是「**後際昏瞢**」；他再也無法為人說明，這四陰究竟是應該實有或者應該實無了。由於這個緣故，墮落於外道見解中，迷惑於眞覺自性，再也無法進入正知正見之中。這就是住在「**行陰區宇**」中的第八種外道，或悟得金剛三昧的善男子不自忖量，妄想悟後快速證得初地、八地、佛地，所以依禪定的修證而錯誤建立了「**五陰中死後俱非**」的「**心顛倒論**」，退轉於金剛三昧。

對於色、受、想、行、識等五陰，應該說是虛妄的呢？或者應該說是實有的呢？這兩個問題是所有**六識論者**永遠無法解決的大問題，所以他們在為人說法時，或者他們自己在佛法的理解上，都會產生「**虛實失措**」的現象出來。因為若判定五陰全都虛妄，恐怕墜入斷滅空，就會回頭落入我見中，絕對無法斷除我見我執，更別說是斷盡五陰我執的習氣種子了。反過來說，若是要依經中聖教來判定五陰生滅不住而不是實有，想要判定五陰終歸斷滅而主張實無，想要將五陰全都判定為生滅法而不是本住法、常住法，又會變成斷滅見，與斷見外道完全相同。所以**六識論者**研究佛學時往往落入「**有無俱非**」之中，卻又不知道「有無俱非」以後究竟應該是什麼境界，都在這裡面無法脫身，於是「虛實失措」。這正是印順派與達賴喇嘛等人的落處，所以六識論的古今一切應成派中觀師，不論是誰，全都無法脫離這個窘境；只好一面宣稱五陰全都虛妄，墜入斷見中；再回頭來建立細意識常住說，或者建立意識極細心常住說，又落入意識中，不脫識陰範疇，再度墜入常見，雙具斷常二見。當別人提出他們的斷見與常見證據時，他們又無法提出合理而符合聖教與理證的說法，於是提出「有無俱非」的說法；當對方提出質疑：「有無俱非以後，究竟是斷滅空或常見有？總不能只是『有無俱非』的名詞或想像境界吧？」他們就無法自圓其說了，於是墜入「虛實失措」的窘境中。這正是今天印順派所有法師、居士們的處境，也是達賴喇嘛等人的處境。因此，當你們證悟如來藏而實證般若以後，閱讀印順法師的著作時，一定會發覺他正是落在這裡面。

講到這裡，世尊已經解說了「行陰區宇」中的外道或佛弟子的八種邪見了！可是連同接著隨即要講的第九與第十種外道邪見，印順與達賴也都同樣具足。你們自己去讀《妙雲集》時，如果有詳細閱讀思惟檢查，一定會發覺印順具足這十種邪見，而達賴也不能自外於這十種邪見。譬如他們有時說五陰非有，因爲要符合阿含聖教；有時又說五陰非無，因爲恐怕落入斷滅空中；所以又建立細意識常住說，或者建立「滅相不滅」的眞如說。但是你若是眞要問他們：「究竟五陰是有或是無？」他們反而會破斥你：「你若是講有，就是執著；若是講無，就是斷滅。不許說是有或無，而是非有亦非無。」他們以爲這樣是不落兩邊而不立自宗，這就是標準的應成派中觀師的落處。

在虛與實之中，他們無法作出正確的界定；所以他們有時說有，有時說無，然後確定爲非有非無，總是講不出眞實義來，成爲「遍計虛論」，對於佛菩提眞實義的實證終究落空。於是《妙雲集》的所有讀者們，幾十年中從頭讀到尾，把四十一冊《妙雲集》反覆細讀以後，還是不知道印順在說什麼。說實話，只有層次超越印順思想的實證菩薩們，才能眞的讀懂印順的著作；所有尚未證悟的凡夫菩薩們，只有極少數人知道印順的落處，卻又很難以駁倒印順；因爲印順終其一生，直到死前都是頭腦犀利、語言辯給，凡夫們是很難辨正到使印順無法回應的。至於一切想要從印順著作中獲得佛法眞實義的讀者，就只能永遠崇拜而完全摸不清楚印順思想的理路，當然更不可能獲得佛法的眞實義；因爲連印順自己都沒有獲得佛法的眞實義，他連我見都斷不了，都還無法取證聲聞初果呢。當印順有這種過失時，他的追隨者星雲、聖嚴、證嚴、昭慧、傳道……等人，就必然會跟著印順同樣產生矛盾不通的現象，於是他們所說的法義全都墜入「遍計虛論」中，終其一生只能說佛法就是無因論本質的緣起性空，全無佛法眞實義可說。

印順派一類應成派中觀師，不像達賴等應成派中觀師，明著主張意識是常住心；總是遮遮掩掩地主張細意識常住，不敢太明目張膽地公開主張，因爲恐怕佛教界指責他們是常見外道；於是就提出非有非無的主張，卻始終不敢遵循聖教而直接主張意識是生滅心。由於提倡六識論而否定七、八識的緣故，產生了種種邪見，就只好閃爍其詞而提出這樣的說法：「死後或者涅槃後，就是非有亦非無；說有也錯，說無也錯；涅槃不應該是斷滅，所以涅槃非無。」那你請問說：「您既然認爲涅槃非無，那麼涅槃中是否有個心體常住？」他又會這麼說你：「涅槃非有，你執著涅槃中有個心體，就是常見。」還可能再增加一句：「你執著涅槃中有常住心，就是外道神我邪見，落入自性見中。」

但外道神我是第六意識，外道涅槃也是意識境界；因爲外道與印順等人尚且無法理解意根，所以否定了意根，因此最多就只能講到第六意識。可是佛在阿含中說的涅槃是滅盡五陰十八界以後還有「識」本住，既然滅盡十八界了，當然不可能是十八界所攝的意識住在無餘涅槃中，那麼其中的「識」是什麼呢？印順可就迴避這個問題而永遠都不肯答覆了。所以世尊說的涅槃中是第八識如來藏獨住，不是外道神我的第六意識常住，怎麼會是外道神我呢？外道神我既是第六意識，無餘涅槃中卻是能生意識的第八識如來藏，這是兩碼子事，怎能混爲一談呢？所以當他們這麼說的時候，你就問他們：「涅槃之中是什麼？

總不會只是非有非無的語言名相或意識心中的觀念吧？」他們可能會這樣告訴你：「涅槃是不可知的，不可說的，不可理解的。」印順法師的《妙雲集》中，對涅槃的註解就是這樣的意思。所以，若說阿羅漢們死後是一切皆空，豈不是斷滅空？既不認同是斷滅空，總不能只是「非有非無」的名言而沒有實質吧？那麼涅槃之中一定是有眞實法常住，才不會是斷滅空。既然印順與他的門徒們自稱是實證般若的人，是有智慧底菩薩，怎能說涅槃是不可知、不可說的呢？所以印順這些人如今正是「後際昏瞢」，不知阿羅漢死後六識全滅的無餘涅槃中，究竟是什麼境界。像印順這樣的法師與居士們，本質上都是「墮落外道，惑菩提性」的凡夫，這就是第八種「外道立五陰中死後俱非」的「心顛倒論」。

（行陰區宇中第九種魔事：）

【「又三摩中諸善男子，堅凝正心，魔不得便；窮生類本，觀彼幽清常擾動元，於後後無，生計度者，是人墜入七斷滅論：或計身滅、或欲盡滅、或苦盡滅、或極樂滅、或極捨滅。如是循環窮盡七際，現前銷滅，滅已無復。由此計度死後斷滅，墮落外道，惑菩提性；是則名為第九外道立五陰中死後斷滅、心顛倒論。」】

講記：「而且住在金剛三昧中的善男子們，已得正知而凝聚澄明之心，正住其心，十類天魔都不能在他們身上找到擾亂的方便；當他們窮究眾生出生於三界中的各個不同種類的本元時，觀察那些不同種類眾生幽隱清淨而經常不斷擾動的本元即是行陰，如果是在滅盡色受想三陰以後認為是空無，因此而生起錯誤認知而堅持不捨的時候，這一類人就墜入七種斷滅境界的議論中，或者妄計色身斷滅、或者妄計五欲全部斷滅、或者妄計初禪二禪中的眾苦全部斷滅、或者妄計三禪的極樂全部斷滅、或者妄計四禪與四空天的極捨斷滅。像這樣子循環觀察而窮盡七際以後，現前的一切全銷亡斷滅，斷滅以後不再回到三界有中如實觀察。由於這樣錯誤認知而執著為死後斷滅，就墮落於外道見中，迷惑了真覺自性；這就稱為第九類外道建立五陰中死後斷滅的心顛倒論。」

世尊又接著說，依金剛三昧而住在四空定中的善男子們，在等持位中「**堅凝正心，魔不得便；窮生類本**」，觀察行陰幽隱清淨而常住的「擾動元」——行陰「**同生基**」；「**於後後無**」觀察以後，產生錯誤認知而執著不改，就會「**墜入七斷滅論**」中。他認為行陰既然念念生滅前後相續不斷，因此也是生滅法，不能主張行陰「**同生基**」不是生滅法。這與前面外道認為行陰是「**同生基**」，是眾生生命根源的看法不同，這其實是比較正確的看法。因為行陰「**同生基**」不是真正能出生眾生五陰的本住心，所以行陰「**同生基**」當然也是生滅法。但因為不知道如來藏能生萬法，隨順定境而疑心所證的金剛三昧的智慧，於是就在他正確觀察了知行陰是生滅法時，隨即落入斷見外道的七種斷滅論中。

「身滅」是指色陰有生滅，不是常住法；如是否定了人類色陰的常住性，就是「身滅」。「欲盡滅」是指滅盡欲界天勝妙五欲的貪愛，進入初禪地。「苦盡滅」是滅盡初禪中的喧鬧之苦，也滅盡二禪地的定境喪失之苦，證得三禪地的寂靜之樂與身心俱樂。「極樂滅」是指滅盡三禪地的身心俱樂，證得四禪地。「極捨滅」是指滅除四禪地及無色地中的捨心。換句話說，「身滅」是滅盡人身執著，是滅第一際；「欲盡滅」是滅盡欲界地的五塵執著，是滅盡第二際；「苦盡滅」是滅除初禪地的壞失之苦，以及滅盡二禪定境壞失之苦，是滅盡第三際與第四際；「極樂滅」是滅盡三禪地執著的身心俱樂，進入第四禪地，是滅盡第五際；「極捨滅」是滅盡四禪地及無色界地的執著，是滅盡第六際與第七際，這樣總共是滅盡了七種境地的執著。這樣子循環反覆觀察而滅盡這七際的執著，稱爲「循環窮盡七際」。已經循環觀察而確定滅盡以後是斷滅時，就是「現前銷滅，滅已無復」。

本來這樣觀察而滅盡七際，是大乘法中正確的觀行，也是聲聞法中斷除我見與我執應有的正確觀行；問題出在不肯承認有本住法的第八識常住不滅，或者對於所悟的金剛心如來藏產生懷疑而加以否定，棄捨原有的般若實智，於是當他觀察三界七際全都是生滅境界時，就成爲斷滅論者。也就是說，凡是不承認人類有八識心王時，觀察到三界九地總共七際都是生滅法時，他只有兩條路可以走：第一條路是接受斷見，認為三界九地等七際有情死後都是斷滅空；第二條路是無法接受斷見而回頭再從五陰中，細分出一部分來認定為常住法，如同印順的細意識常住說，或如達賴的意識極細心常住說，同樣都是返墮於常見外道法中。這其實就是阿含部諸經中 世尊所說的「於內有恐怖」和「於外有恐怖」。

「於內有恐怖」，是聽說人人身內都有本住法第八識心常住不壞，但因為這個「識」的法相微細而不顯於外，以致於自己無法親證，對這個內法不能實證而心生恐怖，因此不願意斷除我見與我執。「於外有恐怖」是說，懷疑究竟有沒有這個常住心，心中不信的緣故，所以對顯現於外的五陰生滅現象不肯接受，不願斷除我見與我執，唯恐斷了我執以後入涅槃時會成為斷滅空。至於最終極的斷見外道，正是證得四空定時，觀察七際全都是生滅不住法，又不接受第八識常住的說法；只因為太深奧而聽不懂，並且自己也無法親證，於是接受自己現前的觀察而成斷見論者，絕不改易。「**由此計度死後斷滅，墮落外道，惑菩提性**」，成為「**第九外道立五陰中死後斷滅**」的「**心顛倒論**」。

在這七際之中，關於初禪「離生喜樂定」是應該稍微加以說明的，因為曾經有大法師認為初禪既是離生喜樂定，所以證得初禪時就能出離三界生死了；但這是錯誤的知見，誤會離生喜樂定中的「離生」二字本意。初禪境界是「欲盡滅」，所以證得初禪的人不復生於欲界中，已離欲界生，因此稱爲離生；因此證初禪的人死後將會出生在初禪天中，不受生於欲界中，所以叫作離生喜樂地，是離欲界生而不是離三界生。因爲初禪人若是不退失，就會在胸腔中擁有身樂觸受；又因爲已離欲界生而心中有喜悅，所以叫作「喜樂」；再與遠離欲界生合稱，名爲「離生喜樂定」，初禪天因此就稱爲離生喜樂地。所以證得初禪時並不是已經遠離三界生，只是遠離欲界生而已。

「或極樂滅」，「極樂」是指三禪天或三禪等持位中的定境。三禪天的境界爲什麼名爲「極樂」？是因爲三禪的境界是三界樂中最高層次的快樂。當三禪善根發以後，身中就有身樂，也就是胸腔中一直都有樂觸；再加上二禪極強的定力而擁有的定生喜悅，使三禪人的定心堅固不壞；所以三禪人是身心俱樂，而且是不必勞苦，只要住於輕安境界中，自然就會有身心俱樂，所以叫作「極樂」。因爲是三界中層次最高的快樂，所以名爲「極樂」。「極樂滅」是因爲現觀三禪天的身心俱樂境界，仍然是生滅境界；因此三禪天人死了以後，或者下生或者上生，這已證明三禪天的境界一樣是會斷滅的，所以不想繼續受生於三禪天中，滅除三禪極樂境界以後，就稱爲「極樂滅」，於是往生於四禪天中。

「或極捨滅」，是講四禪天以及無色界。四禪天及無色界名爲「極捨」，是因爲四禪天中已捨棄三禪天中的身心樂受。在三禪的等持位中，都會有身心樂受；而這種樂受也是無常生滅法，應該捨棄而求無苦無樂境界，所以捨離三禪中的樂受，也要捨離三禪中偶爾現起的不知名妄念或心動，這樣子捨離了三禪中的樂與念以後，成爲捨清淨、念清淨，合名「捨念清淨定」，這才是第四禪的境界。在第三禪中，有時會有很微細的念一閃而過，那個念的意涵究竟是什麼？自己並不知道，但是知道剛才有那種念生起，也就是知道自己的覺知心動了一下，但是並不理它；這樣就是念還存在而沒有很清淨，無法證得第四禪。如果想要超越三禪地而進入四禪地，就必須捨棄這種極微細的念，使意識永遠不動，才能進入第四禪中。從第四禪開始，連同無色界定中，全都是連這種不知內涵的妄念都清淨了，而三界中再也沒有比這種妄念更微細的了，所以說是「極捨」。

當修定者連第四禪及無色界定中的這種「極捨」也都滅盡了，就成爲「極捨滅」。「極捨滅」的外道們，還是無法進入滅盡定中，因爲恐怕會墮於斷滅空中；雖然他們口中都不承認心中有恐懼，但其實全都有恐懼，只是他們自己不知道這個恐懼的存在，所以斷見外道以及一切證得非想非非想定的外道們，死後都不會成爲斷滅境界。因爲他們死後一定會由意根中的我見與我執作意，再度促使如來藏出生了中陰身，或者往生四空天去住在意識定境中，那時才知道原來死後不是斷滅空，於是會在中陰階段轉爲常見外道，重新再受生去了。

修學禪定第一個最困難的地方是證初禪，而初禪實證上的遮障並不是未到地定難修；只要有正確方法以及努力靜坐，未到地定是很容易修得的。最難的是知見錯誤：單修未到地定而想要發起初禪。其實發起初禪的最根本原因是遠離欲界愛，未到地定只是證得初禪的輔助而不是根本原因。接著要取證第二禪可就需要很好的定力了，所以第二個最困難的是證第二禪，因爲定力必須很強，這就需要有很好的修定慧力與環境了。證得第二禪以後，第三禪與第四禪就容易多了，這時最大的困難是沒有良好的修定環境與足夠的時間，使他無法好好地修定。若是證得第四禪而且滿足第四禪的證境以後，四空定的實證就簡單多了；因爲這時的遮障就只是關於四空定的知見，而不是定力強弱的問題了！所以這時只要有眞正能夠教導禪定的善知識指導，四空定是在第四禪圓滿具足以後，短短幾天或幾個月以後就可以具足了！然後更難的則是滅盡定，這是必須斷除我見才能證得的，前提是要有非想非非想定的實證，更要有眞善知識教導來斷除我見，然而斷我見是很困難的。所以證得第四禪以後，如果想要進而證得四空定，是很輕易、很簡單的事情。所以，世間禪定的四禪四空定中，以初禪及二禪爲最難修。

當已悟而貪愛禪定有爲法的三賢菩薩或外道，證得四禪與四空定以後，現觀三界九地總共七際都是有爲性的生滅境界，又因不知道還有七、八識的存在，也不知道第八識是金剛性的常住心，於是落入斷見中，誤計身滅、欲盡滅、苦盡滅、極樂滅、極捨滅是三界中的實相，現觀三界九地等七際都是斷滅相，於是成就外道七種斷滅論，成爲斷見外道。當斷見外道這樣觀察而「循環窮盡七際」時，「現前銷滅，滅已無復。由此計度死後斷滅，墮落外道，惑菩提性」，當然會成就「五陰中死後斷滅、心顛倒論」，與實證聲聞解脫道或佛菩提道，全都絕緣了。這就是說，植基於六識論的邪見時，就無法斷我見，又不可能親證第八識如來藏，就會落入常見或斷見中。如果是自己親自參究而親證如來藏了，我見一定會斷除，也一定不會誤將五陰中的某一法建立爲常住法，絕對不會落入常見外道法中，更不會落入斷滅論中；怕的是初學菩薩悟後遇到惡知識，退回離念靈知而落入常見中，或者如同這段經文所說而落入斷見中。所以修學佛菩提道的人，一定要親證如來藏、親近善知識，才不會落入斷滅論與常見論中。

（行陰區宇中第十種魔事：）

【「又三摩中諸善男子，堅凝正心，魔不得便；窮生類本，觀彼幽清常擾動元，於後後有生計度者，是人墜入五涅槃論：或以欲界為正轉依，觀見圓明，生愛慕故；或以初禪性無憂故，或以二禪心無苦故，或以三禪極悅隨故，或以四禪苦樂二亡，不受輪迴生滅性故；迷有漏天，作無為解：『五處安隱，

為勝淨依。』如是循環五處究竟，由此計度五現涅槃，墮落外道，惑菩提性；是則名為第十外道立五陰中五現涅槃，心顛倒論。」】

講記：「而且住在金剛三昧中的諸善男子，已經證知金剛心而凝聚澄明正住其心，十類天魔已不能在他身上找到擾亂他的方便，他已窮究眾生出生於三界中的各個不同種類的本元；當他觀察那些不同種類眾生幽隱清淨而經常不斷擾動的本元就是行陰，於是對無量後世的三界有產生了錯誤的認知而執著，這一類人就會墜入外道的五種涅槃議論中：或者以欲界境界作爲眞正應轉依的境界，因爲他觀見意識等六識覺知心，在五欲中可以圓滿而光明地領受，對這種受欲的境界產生了愛慕的緣故；或者認爲初禪境界中的自性，對於五欲是否會失去都無憂愁而得自在的緣故；或者因爲二禪定境中已經遠離初禪快樂的執著，心中無苦而自以爲離苦的緣故；或者因爲三禪境界中有極悅相隨就是離苦而執爲究竟快樂的緣故；或者因爲第四禪中苦與樂二法都已亡失，自認爲意識心此時已經常住而不受輪迴生滅性的緣故。這五種人都是迷惑於有漏天的境界中，錯將有漏境界當作是無爲的境界而作了這樣的解釋：『這五種處所是安隱不滅的，即是殊勝而清淨的依處。』像這樣子循環於這五處而認爲是究竟無生滅的境界，由於這樣錯誤的認知而執著這五種現前能知的涅槃，墮落於外道知見中，迷惑了眞覺的自性；這就稱爲第十類外道建立五陰境界中的五種現見涅槃，成為心顚倒論的外道。」

接著講第十種邪見，悟得金剛三昧而般若慧仍然不深妙，住在「行陰區宇」的欲界定或四禪以下定境中的善男子們，「堅凝正心，魔不得便」，同樣也是窮究眾生十二種類有情的生死根本時，認為幽隱清明的「擾動元」──「同生基」行陰就是生死的根本，不知道應該是如來藏妙眞如性；這時「於後後有」產生了錯誤認知和執著，這種人就會墜入外道的五種涅槃論中。「後後有」是說，此世死後的未來世中的三界有，是持續不斷的。這類外道認為行陰雖然念念生滅，可是行陰的這些妄念前後相續不斷，因此連續不絕而可以不斷地出生三界有，永不斷滅就是不生不滅，不生不滅即是涅槃。這就是外道計著永遠都會有「後後有」持續不斷，所以名為不生不滅的涅槃；因此就依五陰永不斷滅的現象，產生了外道的五種現前可見涅槃的議論，叫作「五現涅槃」。

佛法中說的二乘菩提無餘涅槃境界，是不可見的，因為無餘涅槃境界中已經滅除了五陰十八界，無一法繼續存在，所以二乘無餘涅槃境界是不可現見的。菩薩所證的卻是本來自性清淨涅槃，其實就是如來藏的自住境界，不牽涉五陰十八界在內；是單以如來藏自住境界來說，離六塵中的見聞覺知，不是意識所住的境界；這是唯有菩薩才能看見的涅槃境界，非二乘聖人所知；而菩薩們就以現前所見的如來藏自住境界，觀察五陰十八界全部銷滅後的如來藏獨住境界，來觀察二乘聖者所入的無餘涅槃境界，同樣了知無餘涅槃中是不可以眼見耳聞的；因爲進入無餘涅槃時，是要把五陰十八界全都滅盡的。但外道「五現涅槃」，是以五種現前覺知心存在的當下，就可以親見的五陰境界作爲不生不滅的涅槃，不離五陰境界，所以名爲「外道五現涅槃」。這是因爲覺知心還在，可以現前觀察所謂的涅槃中的境界相，所以稱爲「現」。而這種外道所謂現前可見的涅槃共有五種，所以稱爲「五現涅槃」。有哪五種呢？第一種是以欲界的境界作爲「正轉依」：

「**或以欲界為正轉依，觀見圓明，生愛慕故；**」這一類外道認爲覺知心住在一念不生的境界中，雖然欲界境界是前後念念相續不斷；但是就在這種自認爲是恆常不斷的享受五欲境界念念相續狀態中，眾生就這樣安住下來，永遠都不會滅失，永遠存在三界中，這就是不生不滅，符合涅槃不生不滅的定義；就以這樣的認知，將欲界中的覺知心住在五欲中享樂時，由於行陰常恆不斷而認定爲不生不滅的涅槃，就這樣安住於所謂的涅槃中。這就是「五現涅槃」外道中的第一種涅槃，是以欲界享樂境界「爲正轉依」；就在欲界中將覺知性所住的欲界所有境界圓滿具足觀察，確認欲界中這種領受五欲快樂的境界中，有一個自己的覺知心是恆常不斷的，認爲五欲中能觀能見的功能是圓滿光明的，就以此作爲涅槃。特別是將欲界中正在享受五欲樂時的一念不生境界，作爲正轉依，認爲這就是涅槃境界。

上焉者猶如徐恆志、元音老人、上平居士、劉東亮等人（編案：講經當時上平與劉東亮等人依元音與徐恆志的心中心法離念靈知境界，在網路上大力攻擊正覺所弘揚的如來藏妙義），以識陰覺知心的見聞知覺性，住在一念不生之中，錯認爲是常住的涅槃，所以就認定是眞如佛性。下焉者即是藏傳假佛教的密宗，以男女雙身交合時，專心領受淫樂的一念不生境界，觀察樂觸不是物質而說爲證悟空性，觀察領受樂觸時的覺知心不是物質而說爲證悟空性，隨同宗喀巴認定這時的覺知心與樂觸都是俱生而有的，不是生起五陰以後才出生的，所以認定樂空雙運中的知覺性與樂觸都是不生不滅的，因此而提出「樂空不二、輪涅不二」的說法，這就是 佛所說第一種外道「以欲界爲正轉依，觀見圓明，生愛慕故」。也就是正在淫樂中的能觀與能見的功能，是圓滿而光明的，所以密宗就將這種樂空雙運中的快樂境界認定爲涅槃境界，必須永生永世而且盡未來際永遠享受淫樂不許中斷。由此確定密宗其實就是外道「五現涅槃」中的第一種，而密宗的所有喇嘛們，也都對這樣的涅槃「愛慕」到極點而全都不肯放捨，所以落入外道見中；因此不但不離「行陰區宇」，連「色陰、受陰、想陰」三種「區宇」都具足了。如果有人修得四空定以後，因爲邪見而轉向這種境界中，其實是因爲邪見而從無色界定中下墜了。

「**或以初禪性無憂故，或以二禪心無苦故，或以三禪極悅隨故，或以四禪苦樂二亡，不受輪迴生滅性故；**」第二種到第五種外道稍微好一些。第二種人知道欲界五欲污穢不淨，也是生滅法，所以遠離欲界愛而證得初禪。他們因為聽聞 佛說「涅槃寂滅」，也是究竟樂。所以認為涅槃中也有快樂，而他們在初禪中離欲界生，是「離生喜樂」，而且遠離欲愛染污的境界，又已不再生於欲界染污法中流轉了，所以心中無憂而有妙樂；並且又是一心無念而寂靜的，比欲界中的離念靈知更加「覲見圓明」，應該就是涅槃境界了；就以初禪的知覺性作為涅槃的實體，這是第二種外道涅槃見，仍不離「**行陰區宇**」。

第三種人認為，以初禪境界為涅槃，還是不正確；因為初禪有樂觸，而且也還有五塵中的三塵，恐怕將來會失去初禪樂，所以心中有苦，不可能是寂靜的涅槃境界。又因為初禪位的胸腔中的樂觸，會產生八種變化，也就是冷觸、暖觸、猗觸、軟觸……等八種變化，所以也是很叢鬧而不是寂靜境界，也不符合涅槃寂靜的通說。而且初禪境界中還會與色塵、聲塵、觸塵接觸才會有身樂，還是擔心可能會失去而有苦受，怎麼可以稱為涅槃呢？所以當他們進入二禪中，住在二禪等至位而不觸五塵，已經能夠安住於自心內境時，不再有初禪中憂心失去初禪樂的憂苦，認為這樣就符合涅槃寂滅的定義，所以心中歡喜而認定二禪等至位中即是涅槃境界。這就是外道「**五現涅槃**」中的第三種現見涅槃。

也因爲證得二禪時心喜踴動，因爲久修之後才終於能夠住於自心內境，不緣外境、不觸五塵，心中歡喜，所以也說爲「心無苦故」。二禪等至位中一念不生而且心中無苦，無苦才是涅槃。這就是「五現涅槃」中的第三種外道涅槃。

第四種外道涅槃是證得第三禪時，由於三禪等持位中享受身心俱樂，有非常悅意的境界相隨不散，就認定爲涅槃境界。當然，三禪的實證者，若是不住在等持位中，而是住於等至位中，一樣也是離五塵而住在自心內境的定境中，表相上符合涅槃寂滅的通說。若是轉入等持位又可以獲得身心俱樂，這時身中有樂觸而覺知心中有大歡喜，成就「極悅」境界而稱爲「極悅隨故」，因此認定三禪的等至位中就是涅槃，這就是「五現涅槃」中的第四種外道涅槃。

還有人認爲從初禪到三禪中的快樂，並不是眞正的涅槃，因爲是生滅法。既然有樂就會憂心失去禪定快樂的苦，心中總是會恐懼這種禪定之樂何時會失去？而且三禪中的等至位若算是涅槃，那其實也不堅固；因爲潛伏在心中恐怕失去三禪的恐懼，有時會突然現前。因爲三禪等至位並不堅固，往往有時會一念生起：「我常常住在等至位中，我的三禪身心俱樂境界，有沒有失去？」於是又會轉入等持位中再受身心之樂，這也是無常變異之法，不符涅槃常住不變的通說。所以他認爲三禪不是眞正的涅槃，應該離樂也離苦；當樂與苦全部都離了，才是眞正的涅槃。四禪境界中的外道們，認爲住在第四禪中「苦樂二亡」，是「不受輪迴生滅性」的境界，才是眞正的涅槃。這就是「五現涅槃」中的第五種外道涅槃。退轉於金剛三昧而自以爲獲得極大增上的三賢菩薩，都會落入這五種外道的假涅槃中。

因爲外道不懂佛菩提，他們想：涅槃應該是離苦也離樂的，錯誤的涅槃中才會有苦樂等生滅現象；既然如此，當然應該轉入第四禪中。在第四禪中捨清淨、念清淨時，根本就不可能有苦有樂，苦樂變易的生滅現象就滅除了。因爲那時息脈俱斷，根本不入等持位中，一切覺受、一切念想都滅，那時只有捨受存在而無苦無樂，「苦樂二亡」，於是認爲是眞正究竟的涅槃。這一類人認爲三禪以下都有生滅，也都在輪迴；只有四禪天無苦無樂境界，才是不受輪迴。因爲從四禪天的境界來看初禪、二禪、三禪天時，當火災來時就燒壞初禪天，水災來時就淹掉二禪天，風災來時就吹壞三禪天，所以三禪以下都不是究竟涅槃，都是有生有滅而會毀壞的境界，當然不是涅槃。既然如此，現在自己證得第四禪，死後住在四禪天中，即是究竟安樂；因爲水、火、風三災都壞不到四禪天來；而四禪天人看到三禪以下諸天都會毀壞，也都不寂靜；只有四禪天不會被三災所壞，不生不滅，而且也是寂靜境界，那麼這就是常住不死了；常住不死就離開生死，成爲不生不死，當然就是涅槃。這就是「五現涅槃」中的第五種外道涅槃。

「迷有漏天，作無為解：『五處安隱，為勝淨依。』如是循環五處究竟，」外道所證的這五種涅槃，其實全都是迷惑於有漏天的境界，都是錯把有漏天的色界以內境界當作是無爲法，所以產生了錯誤的無爲見解：或者將欲界人間及欲界天中享受五欲的離念靈知認作涅槃心，或者將初禪、二禪、三禪、四禪等有漏天的境界認作是安隱的涅槃境界，都是將有漏天境界錯認爲殊勝而清淨的涅槃所依境界。已經證得第四禪的外道或佛門凡夫，像這樣具足觀察從欲界到第四禪等五處境界，或者不具足而落入四禪以下的有漏天境界中，全都是錯會涅槃的外道或凡夫。已經實證第四禪的人往往「循環」觀察「五處究竟」，也就是來回反覆觀察這五種欲界及色界天中的有漏天境界，但是在循環觀察時，因爲邪見而退轉於金剛三昧，返墮於識陰、行陰境界中，沒有解脫道與佛菩提道的智慧，所以錯認四禪爲三界中的究竟境界。

「由此計度五現涅槃，墮落外道，惑菩提性；是則名為第十外道立五陰中五現涅槃，心顛倒論。」由於邪見而這樣「循環五處」觀察錯認爲究竟時，或者單單證得其一的欲界中欲樂境界，或者證得其中的二種、三種、四種境界時，認爲自己所證的其中一處是究竟的涅槃境界，因此落入這五種外道涅槃中，成爲外道「五現涅槃」，落入外道見中，一定會成爲「惑菩提性」的外道見。這就是第十種外道建立的五陰中的「五現涅槃，心顛倒論」。爲什麼 世尊特地強謂是「五陰中」的「五現涅槃」呢？因爲這五種境界全都沒有破除五陰，全都落在「五陰」境界中，都還談不上五陰的區宇，所以是「五陰中」的「五現涅槃，心顛倒論」。

（行陰區宇結論：）

【「阿難！如是十種禪那狂解，皆是行陰用心交互，故現斯悟。眾生頑迷不自忖量，逢此現前以迷為解，自言登聖；大妄語成，墮無間獄。汝等必須將如來心，於我滅後傳示末法，遍令眾生覺了斯義；無令心魔自起深孽，保持覆護，消息邪見，教其身心開覺真義，於無上道不遭枝岐。勿令心祈得少為足，作大覺王清淨標指。」】

講記：「阿難！像這十種靜慮中的狂妄誤解，都是在行陰的境界中以覺知心交互思惟，所以顯現出這一類邪悟。由於眾生頑固癡迷而不懂得忖量自己目前的福德與智慧，是否應該證得行陰盡的境界，逢遇這幾種現前所遇的境界時，以迷昧的所知作爲眞實的勝解，自己就誇口說已經登入諸地聖境中了；大妄語成就了，死後便下墮無間地獄中。你們大眾必須受持諸佛如來所說的眞實心如來藏，於我示現入滅以後，把如來心的眞正道理傳示於末法時代，普遍周令眾生覺悟而了達這些正義；不要使眾生自己心中的五陰魔生起邪見而造作了極深的罪孽；還要保持金剛三昧的密意而覆護眾生，在證悟因緣尚未成熟時別讓他們提早知道如來心密意；同時也要消除及止息眾生心中將會出生的邪見，教導眾生身心中的正理而開悟覺了涅槃的眞實義，以後於無上道的修學中才不會橫遭枝末法而走上岐路。也不要使眾生心中只是祈求開悟見道，不要讓眾生悟後得少爲足，要這樣作爲眾生求證大覺王智慧境界的清淨標指。」

世尊講完「行陰區宇」十種靜慮中的狂妄誤解以後，說明這十種三昧中的狂妄誤解，全都是外道或佛門淺悟者住於行陰境界中，以覺知心與定境交互運作，才會出現這十種狂悟錯解。然而眾生或淺悟菩薩大多頑固而愚癡迷昧，逢遇「行陰區宇」中的定境時，往往誤以迷昧中的所知境界，作爲已經開解如來眞實義的實證境界或更勝妙境界，便自己宣稱已經登上聖位了；因此大妄語業成就，死後都會墜入無間地獄中。然後訓示阿難菩薩等人：你們大眾必須將如來心—如來藏—傳揚到後世末法時期去，要普遍教令眾生知覺而且了達如來藏的眞實義；並且不要讓眾生的心魔，從自己身心中生起而造作深厚的謗法孽行；要令眾生保持正知正見而覆藏遮護這些眾生，在證悟因緣尚未成熟時，不要預先知道如來心的密意；也要保護登地因緣尚未成熟的淺悟菩薩們，不被心魔所擾亂；並且要幫助眾生消滅及停息邪見，要教導眾生在自己身心之中開悟覺了如來眞實義，於修學無上的佛菩提道時，不會遭致雜亂的枝末法迷惑而誤入岐途。並且還要開化眾生心，不要讓眾生心中祈求佛道時得少爲足，妄言明心時就已經登聖入地；也要作爲所有正在修學大覺王正法的人所依循的清淨修行指標。

越是末法的年代，眾生越發頑劣和迷惑，總是有許多大法師與居士們，認爲開悟是很簡單的事，認爲每一位大法師都應該是開悟者，不能悟的人應該是少數人；都不思量證悟的事情其實不簡單，不是大家都可以開悟的，因此人人都以證悟者自居，這就是「不自忖量」。「頑迷」就是頑固而迷信，總是只看表相而不依實質；不論我們如何苦口婆心說明，他們始終不相信大多數人悟錯了，只有少數人才是眞悟者，寧可繼續迷信下去，一心想要保持以前被錯悟大師印證的假悟、假聖者表相。這些人都是迷者，沒有智慧分辨；偏又頑固而不願實地理解事實眞相，無可救藥。於是往往在善知識辨正清楚以後，不信自己悟錯了，寧願繼續以聖人自居，持續大妄語業，死後不免下墜無間地獄。

這種「頑迷不自忖量」的現象，只有在正覺同修會外才有嗎？不然！諸位經過這次楊先生等人自稱證得佛地眞如的事件中，就會知道不是只有同修會外才有。雖然他們後來已經不再自稱證得佛地眞如，改口證得初地眞如，一樣是妄言登聖。因爲親證初地眞如時，其實依舊是阿賴耶識，怎能否定阿賴耶識還自稱已證初地眞如呢？而且所謂證初地眞如，是實相般若的別相智—後得無分別智—已經完成了，這是入地前還必須再作另一次的四加行，才能性障永伏如阿羅漢，也就是至少要證得七種三果人之中的最頂級解脫功德而且有無生法忍了，這時的阿賴耶識顯示出來的眞如性才能稱爲初地眞如；並不是明心前爲了斷我見時所作的四加行完成以後，開悟明心就能入地。當十迴向菩薩完成應修的相見道位所有智慧以後，再修入地前應作的四加行而永伏性障如阿羅漢——至少要證得頂級三果的解脫功德，再於佛像前勇猛發起十無盡願，這時才能宣稱已經證得初地眞如，但仍然是阿賴耶識心體。可是楊先生他們把阿賴耶識否定了，還能證得初地眞如嗎？所以那也是大妄語！因此我要說：佛菩提的見道所斷異生性很深很廣，不像解脫道見道所斷的異生性狹窄淺薄而容易斷除（在解脫道中，只要我見斷了，三縛結斷了，從此就對解脫道不會毀謗，所以見道時就斷盡聲聞法中煩惱障所攝的異生性了）。但是佛菩提道中的見道所斷異生性非常難斷，是所知障所攝，既寬廣又深厚，要修到入地時才能斷盡；然而明心時才只是第七住位，明心不退以後還有二十三心的修習與觀行，是超過第一大阿僧祇劫的三分之二時程才能斷盡的。這種大乘見道所斷的異生性，哪有這麼容易斷呢？怎能像他們說的一念之間就能斷盡的呢？所以「頑迷」而「不自忖量」的人，很容易退轉於金剛三昧而在佛菩提道中違犯大妄語業。

我在四年前（編案：是二〇〇三年夏天所講的四年前，就是一九九九年）去台南侯氏宗祠演講（因爲台南紡織董事長前來邀請），我不是講了《大乘無我觀》嗎？

爲什麼要特地講那些現觀？就是怕大眾不小心犯了大妄語業，所以特地預先提出來講這九種現觀。雖然我當時沒有準備講稿或綱要，只是發自心中隨興而說；但那些內容其實很重要，不是花絮或小菜。假使十住位的如幻觀還沒有完成，就不可能是十住位菩薩；楊先生口頭上否定了佛性的眼見，當然他一定沒有十住位如幻觀的實證。他又無法在定中及夢中看見過去世的種種淨業或染業，顯然十迴向位的如夢觀也是不曾成就的；當如夢觀、如幻觀都還沒有成就時，連十迴向位、十住位都還沒有親證，而他後來改口宣稱證得初地眞如而成就初地心了，當然也是大妄語。初地心絕對沒有那麼容易親證的，且不說十迴向位的如夢觀，單說十行位的陽焰觀，如果沒有現前觀察七轉識猶如陽焰，還沒有完成這個觀行而開口說已經完成了十行位果德，根本是自欺欺人。

當陽焰觀還沒有親證時，菩薩性不可能圓滿具足，性種性當然就不可能具足圓滿，當然無法圓滿第十行位的果德。假使如幻觀還沒有成就，而自稱十住滿心菩薩，也都是大妄語，何況是自稱已證初地眞如呢？十住滿心位的身心世界如幻現觀，必須要眼見佛性分明時，才能成就現觀；也就是要在看見山河大地的當下，就看見山河大地全都虛妄，就眼見五蘊身心全都虛妄，這都不是依智慧思惟比量推論出來的，全是現量。可是這個境界要怎麼說明呢？眞的沒辦法說明，都得要自己眼見爲憑：山河大地與五蘊身心全都分明顯現在自己眼前，可是看起來就是虛妄的。這實在無法解說，全憑眼見的人自己親自體驗受用。如果沒有眼見佛性，這個如幻觀絕對不能成就，他連自稱是十住滿心菩薩，都已經是過分了，何況是宣稱親證初地眞如呢？而這些證德全都要以所親證的現觀境界來作檢驗，才能算數。所以我當時說的這些現觀都是很重要的！

又譬如二地滿心的人一定要有猶如光影的現觀，這可以使他隨意轉變自己的內相分。先能隨意轉變自己的內相分，以後進入三地心中才會知道別人的內相分要如何加以轉變；那還是三地菩薩滿心前的事，但也沒有權限可以作這件事情。還要次第漸修到八地心，才能知道外相分是應該如何轉變。假使猶如光影的現觀還沒有親證，就宣稱已經證得三地心了，那豈不是大妄語？所以說，我對這些現觀的說明，目的是要讓大家都有智慧辨別，預防大眾不小心犯了大妄語業。大妄語罪若是犯了，死後下墜無間地獄中「**三位十地一切皆失**」；因爲大妄語是菩薩十重戒之一，是很嚴重的事，大家都應該要很小心，千萬別犯。

十重戒是很容易犯的，卻有很多人不瞭解。爲什麼我說很容易犯呢？舉個簡單的現成例子來說，這幾個月來楊先生等人一直繼續主張說：「**阿賴耶識是生滅法。**」卻又始終提不出教證與理證，來證明阿賴耶識何時生、何時滅；所以他們已經犯了十重戒，因爲是謗法，而且是毀謗三乘菩提中最重要、最勝妙的法。這是因爲：不論是初地眞如、八地眞如、佛地眞如，都同樣是這個阿賴耶識心體，別無其他的心可以稱爲佛地眞如了。這個阿賴耶識心體，依大乘法而言，斷盡了煩惱障的現行與習氣種子而改名爲異熟識，又斷盡了異熟生的隨眠而改名爲佛地無垢識，就是佛地眞如；然而始終如一，都是這個阿賴耶識心體，永遠都不會是別的心體。當他們毀謗阿賴耶識是生滅法時，本質就是毀謗如來藏爲生滅法，就是毀謗佛地眞如爲生滅法。

毀謗如來藏阿賴耶識，就是謗菩薩藏。佛在《楞伽經》中說：謗菩薩藏的人，善根悉斷，成爲一闡提人，名爲斷善根人。所以毀謗阿賴耶識爲生滅法的人，就是在謗法，成爲無根毀謗三寶。因爲阿賴耶識是三乘菩提的根本，當他們毀謗祂是生滅法時，聽聞人若是信受了，就無法斷我見了；大乘人若信受了，法身慧命就受損傷了；而三乘菩提的根本也被破壞了，於是成就毀謗菩薩藏的大惡業，成爲斷善根人。那麼諸位說說看，十重戒是不是很容易破呢？是很容易呀！同樣的情況，大妄語罪也很容易犯，謗法重罪也很容易犯。而且正當無根謗法時，譬如正在毀謗阿賴耶識爲生滅法時，就一定會同時成就毀謗賢聖僧的重罪，因爲一定會同時這樣說：「某某人講的阿賴耶識常住不壞，那是錯誤的說法。所有證得阿賴耶識的人，都還是凡夫啦！」那不就是毀謗大乘賢聖僧了嗎？而且謗法、謗僧以後，同時也一定是謗佛；因爲他們一定會把自己主張的「阿賴耶識是生滅法」，推說是 世尊所說的。然而 世尊從來不是這樣講，所以他扭曲而宣稱是 世尊所講的法義，當然就是謗佛。根據四阿含諸經中的定義：只要虛妄說法就是謗佛。更何況否定了三乘菩提的根本心，那不是更嚴重的謗佛嗎？你們幾位從美國回來聽經的同修們，回美國時記得把《燈影》以及《眞假開悟》的綱要帶回去，等一下可以找總幹事要，帶回去與美國的同修們分享，幫助他們不退轉於眞正的如來藏妙義。

這就是說，在大乘法中的見道有眞見道與相見道，剛明心時只是眞見道，明心後還要繼續修學別相智，發起後得無分別智，就是相見道位的功課；把後得無分別智全部修完了，才完成相見道位的修習過程，才是通達見道位所有內容的初地入地心；所以想要到達通達位的初地入地心，並不是那麼容易的事，所以眞見道只是第七住位。我們舉出上面《成唯識論》中說的聖教，就可以證明眞見道絕不可能是楊先生說的初地心，而是眞見道後再進修相見道別相智，在相見道位中把後得無分別智修學滿足以後，還得再加修另一個四加行而證得頂級三果的解脫功德——永伏性障如阿羅漢，才是初地的入地心，才是見道位中的通達位。

現在有些人（編案：這是指慧廣法師等人。）在網站指責我：「**見性一定是十地，不可能是第十住，蕭平實講錯了。**」如果依照他們這樣定義，我們有好多眼見佛性的人可都是十地菩薩了，但明明不是十地菩薩；而他們既然未能眼見佛性，更不應該隨意毀謗。所以他們是把十住的「住」定義錯了，隨便亂引用；他們讀過《十住經》，知道這部經中講的是十地境界；可是這部經還有別譯，卻是譯爲《十地經》；但是在同一部經中卻把十住與十地區隔開來，顯示十住不等於十地。那就得探討：《大般涅槃經》說「十住菩薩雖見佛性而不明了」，這個「十住」到底是講十住位或是講十地位？得要先弄清楚呵！要依整部經的意旨來說，而不該斷章取義。爲什麼同一部經有的地方用「十地」來講而不用「十住」來講呢？如果《大般涅槃經》中的十住是指十地，那麼後面經文中的「九地」就應該也用「九住」來講才對啊！就不應該另外用「九地」來指稱了。

此外，《大般涅槃經》卷二十七的〈師子吼菩薩品〉，也有這樣的一段世尊開示：「善男子！如汝所言：『十住菩薩以何眼故，雖見佛性而不了了？諸佛世尊以何眼故，見於佛性而得了了？』善男子！慧眼見故，不得明了；佛眼見故，故得明了。」諸佛是以佛眼來見佛性，因此所見佛性了了無礙，能發起成所作智。若是以慧眼來眼見佛性的人，所見佛性當然無法如同諸佛一般明了；有慧眼的人是三賢位中的菩薩，因爲諸地菩薩是同時擁有法眼而不是單有慧眼的，所以《大般涅槃經》中所說的十住菩薩眼見佛性而不明了，當然一定是指「十住」而不是指「十地」。所以他們妄稱眼見佛性的人一定是十地菩薩，意圖用這種手法來逼我們否定眼見佛性的證境，是因爲不懂佛性的修證而提出來的妄說。而我們是親眼看見佛性的，又如何可能被逼而自我推翻呢？所以他們如果繼續主張說：《大般涅槃經》講的十住菩薩眼見佛性，指的是十地。那他們就是謗經，而且還不只是謗一部經。因爲他們只是以電子郵件寄來質問，所以我們就不答覆他；因爲這樣一來一往，可就沒完沒了！如果他們膽敢貼文或者印在書中或刊物上公開否定，那時我們再來答覆。所以現在就先不答覆，但是要先爲你們把法義淆訛處加以釐清，免得有少數人被迷惑或者被恐嚇而退轉。（編案：後來慧廣法師因爲正覺同修會不予答覆，誤以爲同修會被問倒了，所以大膽寫在月刊上公開質疑；於是由游正光老師寫書回覆，書名爲《眼見佛性》。慧廣後來又撰文另闢新題質疑，堅持明心即是見性，否定同修會明心與見性分爲二關的說法，於是才有游正光老師回覆的《明心與眼見佛性》，在《正覺電子報》上連載的事；當本書出版時，該書已經連載完畢而彙集成書出版了。）

這意思就是說，煩惱障所攝的異生性，與所知障所攝的異生性是截然不同的。煩惱障的異生性膚淺而狹窄，是聲聞解脫道的見道智慧所斷；只要短短幾天，乃至利根者在一剎那間就可以斷盡。所知障含攝的異生性寬廣而且深遠，是大乘佛菩提道的見道所斷，得要歷經第一大阿僧祇劫三十分之二十三的時程才能斷盡，不是那麼容易斷除的。所以佛菩提的見道位，是從第七住位到十迴向位爲止，要在十迴向滿心位的最後一剎那才進入初地的入地心中，成爲見道通達位的初地入地心菩薩；這是悟後繼續經歷第一大阿僧祇劫中，超過三分之二時劫才能完成的，那需要很久的時間，怎麼可以說剛剛明心見道才幾世就可以成爲初地心？沒那麼簡單！所以關於大乘見道的內容，我得要特別吩咐大家，一定要很小心弄清楚；要知道佛菩提道的見道，絕對不像解脫道的見道那麼簡單，才會區分爲眞見道與相見道的差別。而且還有大乘見道通達位之前應該斷盡的廣大異生性等著你斷除，這就必須如同此經中說的，在入地前再作一個特別的四加行而斷盡思惑，然後留惑潤生成爲頂級三果人時才能入地；沒那麼簡單的，哪能一悟就入地？

事實上，解脫道的見道是這麼簡單，只要幾小時、幾天就全部完成了；然而今天台灣和南洋的南傳佛法，他們有誰能夠如實了知呢？都不能如實了知這麼粗淺的小乘見道內容呀！當他們宣稱證得初果，台灣也有人在電視上教導大眾要如何證得第三果；但是我聽他們所說、讀他們所寫的內容，知道他們連我見都還沒有斷，都是要保持知覺性恆常存在不斷，認定就是常住心，落在意識境界中，當然還沒有斷我見。連我見都還沒有斷的人，自己都還在凡夫位中，竟說能夠幫別人證得初果、三果，有可能嗎？他們自己連證初果的智慧都還沒有呢！所以說，即使是這麼粗淺的二乘解脫道的見道，如今的所有大法師們都已經誤會、都已經無法理解了；更何況佛菩提的見道內涵是這麼深廣，他們更如何能了知呢？而會中的某些同修們，正是因爲不肯好好聽受或讀受我在書中所說的全部法義，才會跟隨楊先生他們退轉。所以我說，學法時一定要很小心分判，千萬不要人云亦云；更別像楊先生都「不自忖量」就想要現在證得佛地或初地眞如，免得像他們一樣出了偏差。

若是沒有眼見佛性而自以爲是眼見了，那也是大妄語呀！因爲自稱眼見佛性了，就是同時宣示自己已經是十住菩薩了。可是明明還沒有眼見，卻讓別人誤以爲是眼見佛性的十住菩薩，當然是大妄語嘛！所以，悟後一段時間的進修，在還沒有眼見佛性以前，應該是七住、八住或者九住位的菩薩。如果還沒有眼見佛性，而想要宣稱自己是十住菩薩，就得在一切種智上面努力修行；也就是十住位的「習種性」內涵，眞的有修習完成了，該斷的習性也有斷除了，才可以說：「我雖然沒有眼見佛性，但我已經是初行位菩薩。」或者說是二行位、初迴向位等。

但是還得要看本質，若是沒有那些果位的本質，沒有深妙智慧可供分判諸方善知識，就隨便評論善知識們的法義，那可要很小心喔！因爲很可能一不小心便成就謗法、謗勝義僧的重罪，這可是十重戒的重罪呀！十重戒若是違犯了，可是不通懺悔的！再怎麼懺悔，菩薩戒的重戒大罪還是一樣存在。菩薩戒的重戒犯了，大乘法的修證就無可談論了；因爲一定要依菩薩戒的戒體，才能談到大乘法的修證。若是沒有菩薩戒的戒體——因爲謗法及謗勝義僧而遮住戒體的功德了，那還有什麼大乘法的修證可說呢？縱使曾經明心見道了，死後還是要下無間地獄去，那時「三位十地一切皆失」，眞是得不償失，不可兒戲！因爲有些人還不瞭解這個問題的嚴重性，我還是要再爲大家特別提示一番。

今天特別要說明的是禪定的修證，因爲有許多人一直希望我趕快教授禪定。可是時節因緣還沒有成熟以前，禪定越修問題越大，入地獄也就更快；除非已經如實斷我見，也有如實親證佛菩提果，而且已經把大乘見道所斷的所知障所攝的異生性除掉一半了；使佛菩提的見道智慧深妙，絕對不會退轉了，才可以修學禪定。否則一旦證得禪定，套一句台灣俗諺說：「死得更快！」因爲有了禪定以後，往往會把禪定境界當作是涅槃境界，特別是二禪的等至位中，很容易誤認作無餘涅槃，那可就變成大妄語了！別以爲我是隨便說話恐嚇人，《楞嚴經》中才剛剛說完的「行陰區宇」中的十種邪見，不是大多講解四禪八定中的外道，或淺悟的佛子們所產生的邪思邪見嗎？

再從離開同修會的楊先生等人來說，他們會退轉的原因，也正是因爲大乘見道所斷的異生性，才剛剛開始在修斷，都還沒有斷除十分之一，就因爲事相上的不滿而導致異生性發動起來，才會想要推翻同修會的正法嘛！這些離開的人之中，有四位是親教師；這四位之中有三位是因爲對我不滿而不便提出來講，才想要從法上來推翻同修會。否定同修會所弘揚的阿賴耶識正法，只是一種手段而不是眞正的目的。歸納他們對我的不滿，大約有三種：

第一種是其中一位親教師，以前聲稱見性時，我一直對他說：「你這樣不是眼見佛性。」後來他不斷地向我說明了一個多月以後，我才勉強同意說：「好嘛！那就算你見性了。」我是說『算』你見性」，這就是他的第一個不滿。他第二個不滿，是認爲我們同修會是「修慧不修定」，所以他就去法鼓山的安和分院學打坐。無巧不巧，第二週我剛好談到修慧與修定的問題，我說：「有人認爲我們是修慧不修定，說別的道場有在教授禪定。但是我說老實話，台灣這些大、小道場，有哪一個人是能證得初禪與二禪的？全都沒有！但是我能教你如實取證初禪與二禪，不是打妄語。這個過程我能夠教導，我也能把詳細的過程告訴你們，因爲我已經親自走過來了。會外有一位很有名的居士（編案：指李元松老師）宣稱他有證得二禪，但是我聽他的錄音帶，也讀他的書，他能把初禪的境界講出來嗎？講不出來！初禪的修證過程中有八種身觸的變化，他講得出來嗎？也講不出來！最基本的初禪中的樂觸境界，他講得出來嗎？也講不出來！連初禪的絲毫體驗都沒有。至於四大法師與印順法師就更甭提了，因爲他們都不曾像那位居士一般苦修過禪定，何處有人能教禪定？全都沒有！」

我這樣老實講解以後，他可能覺得很不高興：「老師又在講我！」所以當初郭理事長上品上生極樂世界以後，三番五次接連托夢告訴他們那一班的很多同修們：「在蕭老師這裡學的法，和我在極樂世界跟隨阿彌陀佛學的法一模一樣。」他們還自己上台來報告，如今錄音帶也都還在；然而當初郭理事長特地以親身經歷，三番五次入夢說明來攝受他們，還是沒有用，如今還是否定阿賴耶識而退轉了。所以當初有人說：「他們那幾個人上台講的錄音帶太精彩了，應該把它拷貝來流通。」我說：「不要拷貝流通，以後會怎麼演變？都還不知道呢！」當初如果依照某位組長的建議把他們那些說明郭理事長托夢敘述的錄音，給予拷貝流通，現在是不是要設法回收？而他們自己所講的，今天又正好自己掌嘴，眞是前言不對後語。

至於第二種，是其中一位親教師對我的不滿，主要是他想要當同修會的領導人；所以我請他擔任同修會的理事長，他從來都不接受。只因爲我以前說過，想要退下來隱居，把我尚未完成的四禪八定、四無量心、五神通等功課修完。我目前的道業是應該進修這個部分——雖然看來我這一生是沒機會爲自己來修的了。他們因爲我講過想要退隱下來專修禪定等功課，因此牢記在心中，想要當同修會的領導人；事實上也有前總幹事向我推薦那一位親教師，來接任同修會的領導人。但因爲別的親教師都認爲他的能力與佛法實證的智慧，都還不如其餘的親教師，不該由他來接任領導人；如果他想要當領導人，得要在法義上與修除異生性上面，都足以服人才行；因此，我的退休計劃不得不暫停。如今看來又好像是遙遙無期了，因爲想要找出一位足以令所有人信服的人，似乎是不可能的；連我都不能使楊先生他們信服了，何況別人呢？於是就由於我沒有實踐退休的諾言，使他無法當同修會的領導人，心生不滿而特地藉著否定阿賴耶識正法的手段，想要逼使同修會封山，我就不得不退隱了。

第三種不滿，是台南講堂想要獨立於同修會以外，自行爲人印證。我們台南講堂，是由台南的十幾位同修們建立以後移交給法蓮師的。那時明文張貼在台南講堂的公告是這樣的：學員們購買正智出版社的書款、指明護持同修會的款項、會員們的會費，這三樣屬於正覺同修會或正智出版社所有，其餘凡是未指明用途的款項，全歸法蓮師所有。但法蓮師自從接任台南講堂的親教師以來，都不依照同修會編定的教材來講課，在課堂上都是自己宣講淨土宗的彌陀四十八願，然後又講自己從阿含部處處摘錄下來的局部經文，從來都不依照同修會的教材來傳法。後來他應該是想要獨立了，不想被同修會**不許私自指導學員明心及印證**的規定束縛，所以也被說服而支持楊先生等人，一起否定阿賴耶識正法，藉此來推翻正覺同修會。還有許多不足以爲外人道的詳細內容，我就不在這裡公開說明。而這三種不滿，會在他們心中生起來作祟，都是由於大乘見道所應斷的寬廣異生性，自從他們明心以後都不曾努力修除，完全具足存在於他們心中，導致他們後來連第七住位的般若智慧都把持不住，於是又重新退回離念靈知意識境界，再度退回常見外道見中，重新成爲凡夫而自以爲是增上成佛或入地了。

以你們身邊發生的眞實例子舉出來證明以後，你們就知道佛菩提道不是那麼容易理解的；即使眞的證悟明心了，都還只是第七住位的賢位菩薩，才剛剛進入內門而已。爲什麼明心是第七住位？我們還會有解說，如果有興趣，過幾天可以上成佛之道網站去看看，大牛師兄會貼上網站轉告諸位。這意思是說，明心之後想要到達初地，是一段很長的過程；可是在這個過程中，假使有如實去修，只要四個條件都具足了，那可就是在一秒中過完一大劫，在一世之中過完一大無量數劫。這樣子長劫入短劫，其實也是容易的事，並不是很困難的事。問題是，自己想要進入初地以前，需要具備的條件有沒有具足了？這才是重點。因此說，佛菩提道眞的不容易圓滿修證，眞正要在佛菩提道中次第前進的人，都要先檢查自己腳跟下能不能符合那四個條件？否則是無法到達初地的。

因此在沒有證悟如來藏，在還沒有斷我見之前，在還沒有努力修除所知障所攝的寬廣異生性以前，還沒有多分伏除性障以前，逕自提前修學禪定，都是很容易出問題的。榮民總醫院長青樓的其中一層是住著精神病患，他們大部分人是打坐時坐出問題的，特別是依照密宗的方法去打坐的人。那裡面什麼人都有，我曾經整整一週每天早上十點到十一點，進去裡面爲一位同修開示，才把他救回來，現在是完全正常的人，所以裡面形形色色的狀況我有一些瞭解。因此要修學禪定之前，一定要先把性障除掉，一定要先把佛菩提的正知正見建立起來；否則將來空有四禪八定及五神通，往往會成爲謗法者或大妄語者，要成就地獄種性可就非常容易了。所以我一直不願很快開講枯木禪，原因就在這裡，因爲我很怕故事重演。如果明心之後謗法，下輩子落到地獄去，那是他們自己的事，不會來怪我；下輩子他們找不到我，這一輩子也找不上我，因爲他們是謗法者，不會相信我的開示。而且他們現在也還沒下去，不太相信眞的會下地獄，當然不會來找我，我就不會有困擾的事需要浪費時間。可是如果我先教禪定，當他們修禪定出問題，住進了榮總長青樓，家屬馬上就會來找我，我又要每天進去爲他們說法，把他們救回來，可眞要浪費許多時間；那我預定的佛教未來大業，可就會受到影響了。所以這個部分，我要先顧慮好，當然不想先教禪定。

當初那位同修正是很喜歡打坐，每當他把計程車開到比較偏僻的地方時，就停車在路邊，直接在車裡打坐。那一天他去掃墓，就停車在路邊打坐，於是遇到鬼神附身；晚上開車到保安街時，又遇見鬼神附上去了，所以他就開始不正常，胡言亂語自稱是佛，就如同本經中說的鬼神魔附身一樣。於是我只好每天去榮總長青樓為他開示，有一天在電梯間遇到他的三姊，她在電梯裡告訴我說：「蕭老師啊！你如果放了什麼給他，你就把它收回去啦！」意思似乎是說我對他放蠱或者使用什麼符咒一類到他身上去了，所以叫我把它收回去。我婉轉地說：「妳誤會了！我們教的是無相法，無相法是什麼東西全都要捨，怎麼還會放東西給他？」好在後來有救回來了。那時我每天早上去為他開示，整整開示了一週，終於正常而出院了。那精神科醫師也覺得奇怪：「這個人入院時那麼嚴重，怎麼七天就完全好轉了？」而且這位同修已經證得如來藏，所以他有時會對精神科醫師說一些法義；醫師當然聽不懂，只是覺得這個人說話很有深度。可是醫師覺得很奇怪：住進來時是那麼嚴重，竟然七天就正常出院了。

這意思是說，我如果沒有先把應有的知見都教好，如果沒有先告訴諸位修除性障，將來教授枯木禪時坐出問題來了，住進了榮總長青樓或別的精神病院，那時你們家屬會來找我，我可眞是吃不了兜著走，自尋苦吃。而且還兜不完呵！因為絕對不會只有一、二個人出問題。我一直想要避免故事重演，所以教授枯木禪之前，一定要先把這些知見教完。若是沒有先教給諸位，到時候怪我：「教不嚴，師之惰。你太懶惰了！」又是我的問題了。可是我若是講得嚴厲一點，你們之中又會有人說：「哼！這蕭老師一天到晚管東管西！連我的心清淨不清淨，他都要管。」你們不知道現在的學生跟以前不同，以前學生被老師罵到臭頭都沒事。以前我當學生時，老師再怎麼罵，我們都不敢吭一聲；不論是學世間法或者學出世間法，都是這樣，心裡也不敢生氣。現在的學生不一樣，老師講他一句，學生就記恨著，找到機會就要鬧革命。打從開始弘法以來，如今我已經被革命三次了。

所以，修習禪定以前若是沒有先在般若正見上通達，也沒有把大乘見道所應斷的所知障異生性消除很多，而專在「行陰用心交互」，就會產生種種錯誤的見解。然後再把種種錯誤見解認為是自己已經有更高果位的明證，成就大妄語業。可是我在這個時候再怎麼說明，他們終究還是不信受，這就是「頑迷」。也就是頑固下劣而且有許多迷惑，沒有智慧而「不自忖量」；都不先打量自己的福德夠不夠？性障有沒有除？慧力與決定力夠不夠？全都不管，就一心認定自己是第幾地的大菩薩了。當代的佛教界不正是這樣的嗎？證嚴法師寫的《心靈十境》書中，她就是以地上菩薩自居，也許私心裡還認為自己成佛了呢！你們到月底時就會讀到《宗門密意》，書中就有描寫她對十地境界是怎麼講的。為什麼證嚴會自認為是地上菩薩而讓徒眾們尊稱為「上人」？最近常照法師也在電視節目上責備，認為「上人」這兩個字不能隨便用。凡是同意被尊稱為「上人」，就是變相的「自言登聖」。這個大妄語業成就了，死後就得下墮無間地獄；在《楞嚴經》中講得這麼清楚，可是有一些人始終是不怕的。我就是戒愼恐懼，怕到極點，所以不敢妄語。假使沒有那個證量，就不要隨意解說；然而有些人就是從來都不怕，就有膽量敢作。

大妄語業是嚴重的果報，所以 世尊交代說：「**阿難啊！你們必須要把如來心**」，也就是把如來藏心和祂的妙眞如性，就是要把阿賴耶、異熟、無垢識這個如來藏心，以及如來藏心本有的佛性——妙眞如性，「**在我釋迦牟尼入滅以後，弘傳、開示給末法時代的眾生，而且要普遍地讓眾生能覺知如來藏的眞實義理。**」這樣老婆心切地吩咐，是因爲如果眾生全部都知道如來藏的體性以後，確實理解了，就會知道自己是還沒有實證的，就不會大妄語。今天元音老人會落到大妄語業中吐血而亡，徐恆志敢毀謗正覺的如來藏正法（現在不敢再毀謗了，之前他是曾經毀謗的）；上平居士敢寫那兩萬多字宣稱開悟及毀謗正覺的如來藏妙義，敢貼上網站公開毀謗，已經成就大妄語罪以及謗法罪。他們敢這樣造業的原因是什麼呢？就是由於對如來藏與妙眞如性的體性不曾如實覺知。

所以我們這幾年來，不斷地宣示如來藏與佛性的體性：恆審思量的是意根，清清楚楚、了然分明的是意識；如來藏離見聞覺知而非完全無知，佛性不離見聞覺知而不是見聞覺知。我不斷地宣示，也再三說明：如來藏的體性恆而不審，離見聞覺知，從來都不思量六塵中的萬法。我不斷地提示，一遍又一遍；在我的書中，現在可能已經提示過幾十遍了。假使眾生確實瞭解如來藏恆而不審，既然不審，當然是離見聞覺知、離思量的另一個心，不是意識覺知心。他們就會自我檢查：「師父幫我印證開悟了，說離念靈知就是如來藏、就是眞如心，可是依據蕭平實引經據典和依據理證所說的，是離見聞覺知的心不斷在運作著。眞心是離思量性的，應該是永遠不審的心才對。那麼我把離念靈知認作眞如佛性，顯然是錯了，這應該是意識心。而且蕭老師說，我這個離念靈知能夠跟五別境心所法相應，可見確實是意識心，那我就是被印證錯了。」他們就懂得要趕快懺悔，只要公開面對大眾懺悔大妄語業，然後每天都在 佛前懺悔大妄語業；只要能見到好相，大妄語罪就滅了。這樣便救了他們。

當代錯悟而犯下大妄語業的人，爲什麼會有錯誤的覺悟呢？就是因爲對如來藏與佛性妙眞如性的體性無所了知。所以我們要遵照佛陀這段話的指示，要「遍令眾生覺了斯義」。當眾生已經普遍知道如來藏與佛性的正理以後，就不會再度落入大妄語業中，不會再有大法師未悟言悟了。「無令心魔自起深孽」，還要幫助眾生普遍瞭解五陰魔、邪見魔、鬼神魔的境界和產生的原因，就不會再有「心魔自起深孽」。心魔是指自身的五陰魔，也就是識陰產生的邪見與貪著；都因爲自心產生了邪見與貪著，才會招來外面的天魔與鬼神魔。

爲什麼邪見會引生五陰魔以及招來鬼神魔？因爲有邪見時一定會「別作異見」，會自己另外再作出不同的見解。譬如我說阿賴耶識就是如來藏，楊先生等人卻「別作異見」，他們主張：「阿賴耶識不是如來藏，眞如才是如來藏，阿賴耶識是由眞如出生的。」這就是「別作異見」，與經論中的種種聖教相違，這樣的行爲就是「別作異見、自起深孽」。所以我們應該要普遍教導眾生了知其中的正確道理，眾生知道了，就會提防自己的心魔，就不會「自起深孽」。我們還要遵照 佛陀指示，努力保持如來藏的密意，不使密意在人間斷絕；能夠一代又一代弘傳下去，利益有緣人。但是又要覆護，也就是遮蓋及保護，別讓盜法者知道，更不要讓外道探知；即使是佛門中人，也不許在他們證悟的因緣成熟以前預先知道密意，以免退轉而謗法。若是打聽而知道密意的人，由於沒有參究的過程，實相般若智慧無法泉湧而出，就會在心中懷疑，最後則是妄自毀謗。毀謗最勝妙正法如來藏的結果，就是死後下墜無間地獄，那就害慘眾生了。所以不但要保持密意不斷絕，還要覆護密意，讓密意不會洩漏給不應該知道的人。「消息邪見」，是消滅以及歇息種種邪見，讓邪見不會再出現於眾生心中。

「教其身心開覺眞義，於無上道不遭枝岐」，要教導眾生了知自己的眞心是如來藏，不是離念靈知意識心；要教導眾生開發覺了佛法的眞實義，以後在無上道的修行過程中，都不會再遭致惡知識的誤導，不會再落入枝末小節而遠離正法根本的實證，就不會再走上岐路了。也不要讓後世的佛弟子們「得少爲足」：「我明心了，那我就是成佛了，因爲祖師說『一悟即至佛地』，當然我如今明心時就是成佛了。」古來也有一些錯悟祖師說「見性成佛」，惟覺法師早期不也是一直大談「見性成佛」嗎？他自認爲已經看見佛性了，誤認爲已經成佛了，所以總是在說法時暗示自己是見性的聖者。其實他從來都不曾看見佛性，從來都是落在凡夫隨順佛性中，就「得少爲足」不再進求見道了；所以我得要繼續宣講，他才會知道自己不但還沒有見性，連明心都沒有呢！然後才會進求開悟明心而滅除大妄語業，不再「得少爲足」。可是話說回來，他還不曾「得少」，怎能「爲足」呢？有些同修明心以後，在同修會外看見別人時，是用下巴看人的，這已經是生起慢心了，表示轉依不太成功，也是「得少爲足」。只要「得少爲足」，就不會想要繼續進修很廣很深妙的種智了，所以我們一定要遵照 世尊的吩咐，教導眾生這些道理。

「作大覺王清淨標指」，這是交代阿難菩薩等人，要「作大覺王」的「清淨標指」。只有諸佛才能稱爲「大覺王」。又如「法王」的名號，也是不能隨便使用的，因爲通常是指稱佛果。如今有許多人隨便濫用法王的名號，譬如常常有人這樣說：「達賴法王又來了。」於是隨即有人要求更正說：「是喇嘛。」不能再稱達賴是法王，因爲他的本質只是一個凡夫。聽說他最近又要來了，以前來台灣時是不打廣告的，現在卻猛打廣告，希望人家去見他；但不論是誰，都不該再稱達賴是法王了，因爲法王就是「大覺王」，是佛地的名器，不能亂用。

世尊這樣吩咐，是希望阿難菩薩等人不要進入無餘涅槃，要他們在末世中爲大眾作「大覺王」的「清淨標指」；也就是要請阿難菩薩們，把成佛之道的內容，從見道位到進修成佛爲止的所有內涵，都爲眾生一一標指出來：修集信心、修集資糧、眞見道、相見道、初地、二地、三地、四地乃至佛地的修行內容。這叫作「清淨標指」。「清淨」二字表示並非染污而且是正確的，「標指」是如實標定出來，讓大眾清楚分明了知。

以上說的是凡夫在色界定與四空定，或證悟菩薩在金剛三昧中所發生的，總共十種禪那狀況，也就是凡夫在「行陰區宇」的定中靜慮，或是住在金剛三昧智慧境界中所發生的邪見。這是告訴大眾說：一定要以佛菩提智爲依歸而修習禪定，才不會出生問題；否則，在金剛三昧的修證中，心未決定不搖時就不繼續深修智慧，還沒有具足實證習種性、性種性、道種性的功德，單是修禪定而想入地、成佛或解脫，將會因爲沒有見道或者見道後還沒有通達，就產生大妄語業或者謗法等惡業。

以上所說由色陰到行陰等四種區宇中的魔境或邪見，並非只有住在如來藏金剛三昧中的菩薩們才會遇到，也不是只有住在「色陰、受陰、想陰、行陰區宇」中的菩薩們才會遇到，而是所有修定的人都同樣會遇到的情況；因爲眾魔並不是單單針對修習佛菩提道的菩薩們加以擾亂，而是普遍對所有修行者加以擾亂的。凡是想要脫離欲界境界的人，都會遭到天魔波旬的擾亂；凡是想要遠離五陰境界的人，也都會遇到自己五陰魔的擾亂。因爲我執的現行，是任何凡夫與有學聖者都會有的；而我執與我所執的習氣種子，則是所有還沒有斷盡五陰習氣種子的聖者都會有的。天魔所轄的鬼神魔，則是對所有即將或剛剛離開欲界的人都會加以干擾的，乃至已離欲界境界而仍然住在人間修習佛菩提的菩薩們，都會被他干擾。

所以魔擾的現象是遍存在一切修道者中，但因爲菩薩已證如來藏金剛三昧，所以在五陰區宇中出現的魔，會有不同種類的差別，因此世尊爲我們說明五種區宇中會出現某些種類的魔擾。但學人不可因此就認爲自己在定境中出現某一種魔擾時，就是自己的道業已經到達某一區宇或某陰已盡的境界，否則也是不免墜入五陰魔境界中，成就大妄語業，自壞道業。這個道理，大家都必須明白；否則誤引魔擾的境界來印證自己的證量，就會產生大妄語業而被五陰魔所壞。接下來就要講解「識陰區宇」的境界與「識陰盡」的境界，以及「識陰區宇」中的十種邪見。

（行陰盡而入識陰區宇：）

【「阿難！彼善男子修三摩提行陰盡者，諸世間性幽清擾動同分生機倏然

墮裂，沈細綱紐補特伽羅酬業深脈感應懸絕；於涅槃天將大明悟，如雞後鳴，瞻顧東方已有精色；六根虛靜，無復馳逸；內外湛明，入無所入；深達十方十二種類受命元由，觀由執元諸類不召，於十方界已獲其同；精色不沈，發現幽祕，此則名為識陰區宇。若於群召已獲同中銷磨六門、合開成就，見聞通鄰，互用清淨，十方世界及與身心如吠琉璃，內外明徹，名識陰盡；是人則能超越命濁，觀其所由罔象虛無顛倒妄想以為其本。」

講記：「阿難！那些善男子修習金剛三昧而且行陰已盡的時候，種種世間性的幽隱清淨擾動的眾同分受生機緣倏然下墮而壞裂，深沈微細綱紐的有情原應酬償業果的極深脈絡的感應已經很懸遠而不再影響他了；對於涅槃天即將大大明察而究竟悟知全部菩提了，猶如雞在天亮之前的最後一次鳴叫一般，是瞻顧東方時已經有了精微難察的光明天色了；這時六根清虛而寧靜，不再像以前還有一些些的流馳散逸；身心內外全部澄湛而光明，進入對一切法都無所入的境界；也深入了達十方世界十二種類有情各自受命的元本與來由，觀察都是由於執著生命根元而落入各種不同類的邪見中，與眞正的受生根元不能互相感應，並且於十方世界一一詳細觀察而獲得同樣的眞相；他所看見的大般涅槃天的日精光色已經不會再有絲毫沈沒了，終於發現生命中最幽隱祕密的內涵了，在還沒有成佛之前的這種境界，就稱爲識陰區宇。如果對三界二十五有的各種受生感應，已經獲得完全相同而不錯誤的現觀智慧之中，歷緣對境銷磨了對六根門頭各種作用的執著，對於六根作用的合集爲一或者分開運作都已成就了；這時能見與能聞的功德可以互通而又同時相鄰存在著，繼續修行而使六根的作用可以互相運用而究竟清淨了，這時所見十方世界及與自己的身心都猶如吠琉璃一樣，內外全部明徹無暗，就稱爲識陰盡；這個人就能夠超越命濁，現觀他自己生命的所由是以罔象虛無顛倒妄想作爲根本。」

接著講「識陰區宇」和「識陰盡」。「識陰區宇」是「行陰盡」以後所住的境界相。在「識陰區宇」中，還沒有到達「識陰盡」以前，當然還是會被識陰的微細境界所遮蓋，識陰所攝的習氣種子就無法斷盡，終究無法成佛。凡是修定的人都稱爲善男子，不論是修習世間禪定或者如來藏金剛三昧的人，都是修持三昧境界的人。但是「彼善男子修三摩提行陰盡者」，則是專指已經修到「行陰盡」的人，這可是專指修習如來藏金剛三昧的菩薩。因爲「行陰盡」是十地滿心剛剛進入等覺位的菩薩了，不是三明六通大阿羅漢的境界；三明六通的大阿羅漢們只是斷了五陰的現行，尚且不曾斷除色陰的習氣種子，當然也是不曾斷除受想二陰的習氣種子，都還到不了三地滿心的色陰盡境界，何況能到達等覺位的「行陰盡」境界？所以「行陰盡」是已經斷盡行陰習氣種子的十地滿心菩薩。

既然如此，當然這一句「彼善男子修三摩提行陰盡者」所說的善男子，一定不是修習一般世間禪定的人。「諸世間性幽清擾動同分生機倏然墮裂，沈細綱紐補特伽羅酬業深脈感應懸絕」，他對於十方三世一切三界的世間性中，幽隱清明而常常都在擾動不停的二十五有等眾同分的受生機緣，由於久住如來藏金剛三昧境界的緣故，如今忽然下墮破裂而不再留存於他的身心中，這時暗沈而微細的酬應業果種子，能使人受生爲有情的極深業脈感應，已經高懸而不與十地滿心菩薩相應相觸了。「於涅槃天將大明悟，如雞後鳴，瞻顧東方已有精色」，於佛地所證大般涅槃的天中天智慧境界，即將大大地開明徹悟了；這時猶如天色即將明亮前的最後一次雞鳴一般，抬頭瞻仰東方天際時，已經可以看得見日精的極微細光明色相了，表示他已經是大波羅蜜多的最後位，快要進入圓滿波羅蜜多位，已經是等覺菩薩了。「六根虛靜，無復馳逸」，這時眼耳鼻舌身意等六根，已經清虛而寂靜了，不會再有遇緣向外奔馳流逸的現象了。「內外湛明，入無所入」，身心內外已經澄湛光明而沒有絲毫的暗沈了；這時進入到全無所入的境界中，也就是完全無所住而安住其心了。

「深達十方十二種類受命元由，觀由執元諸類不召，於十方界已獲其同」，這時已經深入而徹底通達十方世界中的十二類有情受生而有命根的元本根由，其實不是「同生基」行陰，而是識陰；正是因爲識陰不曾認知自己的虛妄性，導致「知見每欲留於世間」，於是才會繼續受生而出生了行陰「同生基」；這時已脫離「行陰區宇」，無量世以來被行支所造的業脈感應，於是不能遠離三界受生的根由——還會有變易生死的受生根由；如今已經了知受生根由元是識陰習氣種子，知道只要能夠斷除識陰所攝的一切習氣種子，行支自然全部斷絕，就可以成爲「大涅槃天」，究竟成佛；這時確定一切有情只要不生起無始以來就存在著的無始無明，也不再別造任何極微細的新業了，那麼十二類有情眾同分的生機就與自己完全無關，不論是哪一類有情的眾同分就漸漸不會再與自己互相感應而酬業了，這就是「諸類不召」；這時菩薩已經於十方世界獲得完全相同的受命根由了，開始遠離異熟生死了，所以「精色不沈，發現幽祕，此則名爲識陰區宇」；這時所見「涅槃天」的「精色」，也就是即將明曉的極微細涅槃天的日精色相，已經不再完全暗沈，已發現了一切有情最極幽祕的受生根由，但仍然沒有正式開始斷除識陰境界中的一切習氣種子，所以還無法立即成佛；這時的境界就稱爲「識陰區宇」，也就是識陰習氣種子尚未斷盡的境界。必須是斷盡五陰習氣種子以後，才是最究竟的出離三界生死；所以成佛的境界是把五陰習氣種子都全部斷盡的，不是只有像阿羅漢或入地菩薩一樣，只斷除五陰我執的現行，也不是像七地滿心只斷除色受想三陰的習氣種子。要這樣才是《心經》所說的「究竟涅槃」，才是究竟的出離生死。

出離三界生死，一般都說有橫修、豎修的不同。一般人說的橫超三界，總是說往生極樂世界就是橫超三界了。然而往生到達極樂世界以後就眞的超出三界外了嗎？還是沒有呀！因爲不論是住在蓮苞中或是已經花開見佛了，依舊是三界中的境界；因爲那時一定還有十八界，特別是下品生人都具足十八界，當然都還是在三界境界中；只是因爲佛力加持而不必在別的三界中流浪生死罷了，所住的境界卻依舊是三界中的十八界境界，那怎能說是已經橫超三界了呢？其實，若是從出三界的本質來說，不論是慧解脫、俱解脫、諸佛菩薩，全都是頓超三界生死，沒有所謂的橫出、豎出可說；若說有橫出及豎出，都只是依出離三界生死的現象而作的方便說，不是依本質來說的。

譬如一般說的豎出，是指俱解脫阿羅漢們，斷了我見以後，離欲界愛而證得初禪，再證二禪、三禪乃至證得非想非非想定，然後取證滅盡定；這是依序出離三界生死，也是最遲鈍的三果人出三界的過程，這當然是豎出三界。然而慧解脫阿羅漢，斷我見以後，遠離欲界愛而發起初禪，不修二禪乃至非想非非想定，直接斷除五下分結，再斷除五上分結，成爲慧解脫阿羅漢，死後就直接出三界生死，並沒有經過二禪乃至非想非非想定的實證，就可以直接出離三界生死，當然應該說是橫出三界。然而若是依出三界生死的本質來說，不論慧解脫或俱解脫，其實全都是依靠智慧而出三界；譬如慧解脫阿羅漢的出三界生死，當然全靠斷欲界愛及我見我執的智慧而出離三界生死；而俱解脫乃至三明六通大解脫的阿羅漢們，證得滅盡定而可以提前或延後入無餘涅槃、出離三界生死，其本質依舊是由解脫智慧出離的，不是由禪定與神通的實證而出離的。所以不論是慧解脫或俱解脫，全都是依解脫智慧而出離三界生死，根本就沒有定解脫可言；只是因爲有定境配合，所以方便說他是定解脫與慧解脫的俱解脫，所以俱解脫者依舊是橫出三界而不是豎出三界。

本質上，定解脫只是解脫於定障而已，卻不是依靠禪定而能解脫三界生死。所以一切解脫者出離三界生死，全都是橫出而不是豎出，因爲全都依靠解脫的智慧而不是依靠定力或定境。乃至諸佛的究竟涅槃、究竟解脫，依舊是智慧而不是依靠禪定，所以依然是橫出生死而沒有豎出生死可說。至於生在極樂世界或諸佛淨土中的純一清淨世界中的有情，依然存在十八界法，只是十八界法或多或少的差別而已，都不曾斷滅五蘊，何曾可說已經出離三界生死了呢？所以淨土宗裡的弘法者，說往生極樂世界是橫出三界，其實只是爲了攝受根性懦弱的人念佛求生極樂；但生在極樂世界以後仍然是在三界境界中，還沒出離三界生死。所以往生到了極樂世界或諸佛世界以後，若是還沒有見道的人，都一樣得要從頭開始修學三乘菩提，先求聲聞解脫道的見道，再求大乘佛菩提的見道，然後次第進修完成五十二個階位或者如同此經所說的歷經六十個階位的道業以後，才能成佛，才能說是究竟涅槃。而這個道理，放諸十方三世一切諸佛所說的菩提道中，同樣皆準而不可能被改易。

言歸正傳，諸地菩薩次第斷除五陰的習氣種子，終於斷盡行陰的習氣種子，到達「行陰盡」的智慧境界了，這時就住在「識陰區宇」中。這個次第無法更改，與斷除五陰執著的現行不同。當他「行陰盡」時，如實觀察到行陰中的一切虛妄習氣種子，一一斷除以後，三界「世間性」中的「幽清擾動同分生機」，也就是行陰的習氣種子所導致的受生根由，突然間墮裂了，不復存在了，就是已經沒有行陰習氣所攝的受生根由可以影響他了，一絲一毫都不再存在了。

「世間性」是指三界二十五有的行陰習氣種子，因爲行陰有三個特性：第一、念念生滅。行陰的產生，正是色陰念念生滅的緣故而有行陰，也是受陰念念生滅而有行陰，想陰念念生滅乃至識陰念念生滅，所以才有行陰；因此，行陰一定是生滅法。行陰由於有第二個原因而成就世間性，也就是有漏性。行陰如果不是有漏性，就不再稱爲行陰了；因爲行陰是由於煩惱障的習氣種子還沒有斷盡，所以有「世間性」；行陰的習氣種子會導致菩薩在三界中行道時，仍會與往昔所造的業種相應而遇到相應的有情，同樣也是有「世間性」，就可以作爲繼續受生的根由；所以諸菩薩行陰不滅，所以諸阿羅漢捨壽以前行陰不滅，改稱爲行蘊，因爲不再有陰蓋了。如果能具足觀察行陰念念生滅而虛妄不實，行陰的現行與習氣種子就滅盡了，哪裡還會有世間性？第三、行陰的體性是可以破壞的，行陰如果不能被破壞，就不可能有人出三界；行陰習氣種子若不能破壞，就不會有十地滿心後的等覺菩薩存在。由這三個原因，說行陰有「世間性」。也因爲行陰和它的習氣種子都可以破壞，所以才能轉進到「識陰區宇」，在等覺地繼續進向佛地。當菩薩具足觀察一切行陰虛妄，行陰現行的執著斷了，行陰的習氣種子也斷盡了，就不會再有「行支」的存在；連習氣種子的「行支」都已經不存在了，成爲「行陰盡」的菩薩，這時「世間性」就「墮裂」了。

行陰習氣種子的「世間性」很隱密，所以叫作「幽」；行陰不與語言文字妄想相應，也不與影像妄想譬如白日夢相應，並且不與念念生滅的一切微細念，包括不與四禪所斷的極微細念相應，這時也已經是「色、受、想」三陰習氣都滅盡了，這時行陰的「世間性同分生機」當然是很幽清的，卻又是一直都擾動不停的，所以是幽隱、清淨而又擾動。行陰生機爲什麼是擾動的呢？因爲是念念生滅不住，所以是擾動。行陰生機念念生滅而不停地擾動，導致三界二十五有的眾同分生機不斷與菩薩感應，就會有異熟性的變易生死；於是菩薩就在行陰生機的助緣下，不與「色、受、想」等三陰區宇相應，而直接受生於三界中，繼續勤行菩薩道而走向佛地，這是八、九、十地菩薩的境界。

因此說，「行陰盡」就是「行陰區宇」中的「幽清擾動同分生機」已經「墮裂」而銷亡了；這時三界二十五有中的所有眾同分，都不再與菩薩相應了，已經到達十地滿心境界了，只剩下「識陰區宇」中的習氣種子還沒有斷盡。所以才說「於涅槃天將大明悟」，也就是對於佛地智慧即將大徹大悟而不再有任何無明了。這時「補特伽羅」的「沈細綱紐」，也就是十二類有情暗沈而不容易發覺的受生綱紐已經「酬業深脈感應懸絕」，與業行感應的幽深難知的業脈，已經天懸地隔而不再感應了，也就是不再受到行陰習氣種子的業感控制了。「酬業深脈」，「脈」譬如樹葉有葉脈，又如人類有血脈，可以提供養分來維持生命。十二類有情之所以會一再受生，正是因為大小微細等各類異熟性的無記業種一直存在著，所以乃至十地菩薩都還能繼續受生於三界十二類有情中而沒有障礙，這種異熟性的無記業種就是「酬業深脈」。「懸」是已經被拉高了，不能再接觸到了。「沈細綱紐」的有情「酬業深脈」已經被斷除而不再接觸了，就表示已經不會再被行陰所攝的深沈習氣種子感應而受生於三界中。這時當然一定只剩下「識陰區宇」了，所以「於涅槃天將大明悟」。

今天《楞嚴經》要從二〇六頁最後一行繼續宣講：「於涅槃天將大明悟」。不曉得諸位有沒有拿到《護法與毀法》？（大眾答：有。）這是兩年前大陸密宗元音老人的徒弟黃明堯與劉東亮居士，在網站上貼文無根誹謗如來藏正法，我們直到現在才正式回應出來。我們總是慢慢來，不急於一時，因爲佛道的修習並不是只看一個月、二個月的過程。這書的導火線則是起源於密宗索達吉在大陸上不斷地無根毀謗如來藏正法，也是因爲西藏密宗被我辨正法義錯誤以後，索達吉心中很難過，所以印了書籍出來否定正法；可是書中竟然不敢印上版權頁，出版者究竟是索達吉本人呢？或是由台灣的誰印行的呢？既沒有住址也沒聯絡電話，這是不負責的行爲。從這裡也可以看得出一個人或一個道場的品格。若是沒有品格，卻說他們的法義勝妙而可以即身成佛，可都是空談了。而我們印書時一定都有版權頁，寫明是誰印的，印製的時間與刷次、冊數，也一定有電話、地址，我們都要對世間因果和未來佛教史的研究者有所交代。

言歸正傳，上週講完「沈細綱紐補特伽羅酬業深脈感應懸絕」，接著說：「**於涅槃天將大明悟，如雞後鳴，**」涅槃天是指諸佛，也就是天中天。天有四種：第一種天是世間天，也就是說他在人間當天，因爲人間他最尊貴。世間天就是人間的國王、皇帝，而現代民主時代選出來的總統，正是有任期的世間天。國王、皇帝一類世間天，如果被推翻了，就不再是世間天。由於他們在人間各自管轄的國土中能得自在，對眾生有生殺予奪的大權，所以名之爲天。所以皇帝寫了詔書下達時，就叫作聖旨；因爲他是世間天，他的旨意就成爲聖旨。第二種天是「生天」，也就是因爲持五戒加行十善業而生到欲界天中，或者證得禪定而生到色界、無色界去，成爲受生而成就的天，也就是生爲天人、天主，都屬於「生天」，是由於生在天上而獲得天的異熟果報。

第三種天是「淨天」，又名解脫天。因爲已經超越三界分段生死，不再有三界流轉的染污性了，叫作「淨天」。超越分段生死，解脫於三界痛苦的繫縛了，也就是超過一切天人的境界了；雖然還沒有捨壽而仍然有人身住在人間，同樣有人類的眾同分，但已經解脫於三界境界，捨壽後一定可進入無餘涅槃，遠遠超過天界二十八天的天人與天主，名爲應供、阿羅漢、諸地菩薩；當然比二十八天的天主與天人們更有資格稱爲天，所以稱爲「淨天」或者「解脫天」；這正是三乘聖者證得有餘涅槃、無餘涅槃、無生法忍的境界。如果廣義地說，證得三果以下乃至初果人，也都可以稱爲「淨天」或「解脫天」。若是狹義而言，只有阿羅漢、辟支佛、諸地菩薩是「淨天」、「解脫天」。第四種天是「義天」，又名「第一義天」，是指證悟的菩薩。凡是明心而不退轉的菩薩們都是「義天」，明心之後再眼見佛性的人當然更是「義天」。在《大般涅槃經》中，明心的人還不被稱爲「摩訶薩」，眼見佛性時才叫作摩訶薩。但是有些經中則是明心的人就稱爲摩訶薩了，同樣都是「義天」。若是修到入地以後，當然更是「義天」。古時玄奘菩薩就被天竺佛教界尊稱爲「第一義天」，是因爲他的證量極高，能夠降伏一切外道與當時非常猖狂的小乘凡夫僧。這就是四種天。

「涅槃天」則是四種天中之天，是依大、中、小乘法而說，是指諸佛。證得涅槃的聖者有三種，就是三果以上的聖者、辟支佛、證悟的菩薩，這些聖者或者是解脫天，或者是第一義天，因爲都已證得涅槃。而這些證得涅槃的聖者都是天，佛是上於一切「解脫天、第一義天」的大天，也就是證得涅槃等二天之中的大天，所以名爲「涅槃天」，就是涅槃聖者諸天中的天，又名天中天。

菩薩斷盡行陰的習氣種子以後，進入等覺位，只剩下「識陰區宇」了，從三大阿僧祇劫的曠遠時程來說，已經是即將成佛了，所以「於涅槃天將大明悟」。這時「如雞後鳴，瞻顧東方已有精色；」「精色」是說東方天空已經有一些日精的色澤了。正常的雞啼，通常有兩次：第一次是初鳴，是天還沒有絲毫光明時，牠有些誤判而鳴叫了；第二次是後鳴，是確定天色已經有些微光明了。第一次雞啼，如同比較浮躁的人，有些沉不住氣，這樣的雞就先亂叫了，就稱爲「初鳴」。沉得住氣的公雞可就一定要先確定東方眞的有一點點白色了，牠才會開始叫，這就是「後鳴」。初鳴的雞，是有些荒唐的；而某一些雞卻是天色幾乎要大白了，牠才開始叫，也就是到五更之末了才鳴叫；這兩種雞都被古人叫作荒雞，因爲這兩種雞或者沈不住氣，或者睡過頭，後知後覺，失了雞的本分，所以稱爲荒雞。所以「如雞後鳴」，表示是確實看見東方天空已經有一些些日精的白色而不是純黑了。這表示行陰已盡，看到「識陰區宇」了，確定自己生機永盡，再也不會被業感掌控了。

這時「六根虛靜，無復馳逸；」六根是眼、耳、鼻、舌、身等五色根，再加上第七識意根，也就是處處作主的末那識。滅盡「行陰區宇」而成爲「行陰盡」時，就是住在「識陰區宇」中；這時已經斷盡前四陰的習氣種子，六根已經住在空明虛靜的狀態中，根本不會有直覺性的攀緣，總是住於自心內境。《楞伽經》也是說菩薩悟後應該住於自心內境。這時「內外湛明，入無所入」，內是講眞心如來藏，外是講山河大地以及外六塵，覺知心住於中間，雖有所入而不會有極微細的直覺攀緣。這是說，這時菩薩覺知心是住在眞心如來藏的清淨境界中，如來藏中的五陰習氣種子即將斷盡了，所以顯發出澄澄湛湛、光明純清的境界；菩薩就依如來藏這樣的境界安住，不再如同以前有些暗沉的境界了，佛地智慧光明即將開始顯現了。

這種境界是由於智慧不斷增長而滅盡四陰的習氣種子，使得心地越來越清淨而獲得的，不是經由禪定來獲得的；所以是由十住位的如幻觀，起修到七地滿心的念念入滅盡定；再從第八地繼續修行，深入觀察異熟種子而次第滅除異熟愚，漸修到十地滿心位，才能達成的。如果沒有具足因地的十種現觀以及七地念念入滅盡定，又沒有八地以上的第三大阿僧祇劫滅除異熟愚，就不可能達到「識陰區宇」的「內外湛明」境界。這是要靠淨除如來藏中的五陰習氣種子，以及深入實證如來藏中的一切異熟種子，才能使如來藏內外清淨，成爲「內外湛明」。內湛明，是如來藏中的種子清淨了；外湛明，是如來藏所生的七識心也究竟清淨了，因此所見山河大地清淨。

三地菩薩可以少分體會「內外湛明」的境界，因爲到初地滿心時已經親見外所見六塵，全都是內相分的六塵，自己從來不觸外境。到了二地滿心時，已經體驗到自己的內相分可以由自己轉變；到了三地心，觀察到外相分其實是跟自己有關的，當自己的內相分轉變以後，外相分中的一分也跟著被轉變；所以如實觀察到山河大地的淨垢，其實是因爲眾生的心清淨了，外相分山河大地就跟著清淨；這是三地住地心菩薩的證境，三地入地心都還不曉得。這其實就是《維摩詰經》講的「深心清淨，佛土清淨」，又說「以一切眾生病，是故我病」，也是在講這個道理。三地住地心菩薩從初地的猶如鏡像、二地的猶如光影，以及三地所證的這種智慧境界，雖然還沒有證得猶如谷響的現觀，但已經能稍微體會「內外湛明，入無所入」的境界了。

「入無所入」，是說等覺菩薩依舊住在人間，一定會有六根住在人間，當然識蘊六識一定會入於人間六塵中；可是當他覺知心入於人間六塵中，其實是沒有所入的；因爲前四陰的習氣種子都已經滅盡了，所餘的識陰習氣種子只是隨順人間六塵而運作，絲毫執著習氣都沒有了，只是爲了要繼續修學佛道而入於人間的六塵中，所以稱爲「入無所入」。這當然要住在「內外湛明」的心境中，才能說是「入無所入」；千萬別把看話頭時「萬花叢中過，片葉不沾身」的凡夫境界取來套上去，否則就會成爲大妄語了。這時已經具足了知四陰，把四陰區宇全都觀察清楚而滅盡四陰的習氣種子了，還有什麼煩惱障可以入於心中呢？當然都沒有了，所以住在無所入的境界中，才能夠「內外湛明」。

這時「深達十方十二種類受命元由」，他開始深入觀察而通達十方世界中的十二種類眾生，所謂卵、胎、濕、化、色、無色、想、無想、非有色、非無色、非有想、非無想等十二類眾生，也就是函蓋了十方世界所有眾生種類了。由於他已經窮盡四陰微細內容，知道所有眾生之所以會輪轉生死，都是由於命根；而命根的由來就是對識陰不能全部看破，還有命濁；由於對識陰還有我執習氣種子不能斷除，確定識陰才是十二類眾生再重新受生又有命根的眞正根本。而十地滿心菩薩之所以還會繼續有命根，也是因爲對於識陰的習氣種子還沒斷盡，仍未斷盡變易生死，所以還無法成佛，還在「識陰區宇」中，因此說識陰才是一切有情受生的眞正根本。

由於這樣的觀察，所以「觀由執元諸類不召」，是觀察眾生命根的由來，其實是因爲對識陰本質不能瞭解而有我執，不肯讓見聞覺知的自我斷滅，也不肯讓恆審思量的意根自我斷滅；這時已經觀察到眾生壽命的元由了，自然知道識陰自我執著的習氣種子是應該滅盡的。由於觀察到這裡，已經不被「行陰區宇」所限制，只是留著識陰六識的我執習氣種子，繼續受生於人間行菩薩道，所以「行陰區宇」導致的二十五有的「受命元由」已經不能與菩薩感應了，這時當然「諸類不召」，也就是二十五有的每一種類眾同分，都不可能再與菩薩感應了。由於「諸類不召」所以「於十方界已獲其同」，這時知道十方世界十二類眾生也都本於識陰自我執著的習氣種子，才會一再受生；而聲聞聖者也只是斷除識陰我執的現行而不能斷除習氣種子，所以菩薩這時對十方界十二種類眾生，不論聖凡，都是「已獲其同」了。

這時的境界就是「精色不沈，發現幽祕」，大涅槃天的日精光色已經不會沈沒了，也發現有情受生的最幽隱祕密就是「識陰」的「區宇」。因爲接下來就只是藉著「百劫修相好」，無一時非捨命時，無一處非捨身處，世世專以內外財一切布施，全力淨除對識陰自我執著的習氣種子。這表示菩薩已經即將成佛，佛地光明即將生起了，猶如東方天色即將從完全黑暗之中開始生起光明，就是剛才所說「瞻顧東方已有精色」的意思；而且，這種日精光色是不可能再消失的，一定會繼續光亮起來，越來越光明，所以說「精色不沈」。這表示菩薩已經發現一切有情的幽祕，原來全都是以識陰的自我執著習氣爲依，才會有十二種類二十五有的受生輪轉不絕，才會有阿羅漢、辟支佛的迴小向大成爲菩薩而繼續受生，才會有大力菩薩的繼續受生修習佛道，這眞的是「發現幽祕」了。菩薩住在這種智慧境界中，就是「識陰區宇」——識陰的境界範圍。

「**若於群召已獲同中銷磨六門、合開成就，見聞通鄰，互用清淨，十方世界及與身心如吠琉璃，內外明徹，名識陰盡；**」如果對十二類有情能感召生死的最幽隱的命根元由，也就是對於識陰習氣種子能感召生死的因由已經觀察到很清楚了，現觀每一類眾生的受生，除了最後身的妙覺菩薩與諸佛以外，不論聖凡，全都同樣由識陰的習氣種子所成就的；「**於群召已獲同中**」，接著是等覺位菩薩要在六根門頭努力銷磨對於六根差別自性的執著習氣，使自己對六根不同功能的執著習氣銷磨淨盡，全部回歸到妙眞如性（佛性）的直接功德上面來；最後可以使六根功德合而爲一，全部以佛性直接在六塵上面運行，直接以佛性了別六塵諸法，最後成佛時的成所作智就現前了。也可以分爲見聞覺知等六種而各自運用，這就是「**銷磨六門、合開成就**」；這時六根可以互通，也可以單用一根來作其餘五根使用，所以眼根也可聽聞，耳根也可觀色，這就是「**見聞通鄰**」，在等覺位中不斷施身施財，歷緣對境而使六根「**互用**」之中越來越「**清淨**」，成爲「**互用清淨**」，才能成爲最後身的妙覺菩薩。最後成佛時，六根可以作六根使用，也可以將佛性在任何一根之中具足六根的作用；這是要完全斷盡五陰的習氣種子，並且在百劫之中「**銷磨六門、合開成就**」以後，如來藏中的一切種子究竟清淨了，才能六根「互用清淨」。

談到習氣種子，並不是所有習氣種子都不好；壞的習氣種子應該修除，好的習氣種子卻應該保留，還要發揚光大。有一些事情你們都不知道，而我通常也不會講出來，除非有適當的因緣，也對大家道業有助益時，才需要講出來。如果因爲我沒有講出來，所以有些人誤會了想要離開，我也不會特地拉他回來；不必因爲某些人想要離開，就特地講出來。這就是說，大家都應該從六根門頭磨鍊自己；別人編造謠言，大家聽了也就過去了，我也不用解釋，這就是我「銷磨六門」的方法；從因地就應該開始這樣修持，道業才會快速成就。

當然，如果對方對我的毀謗是在破壞正法，那就例外了。可是有的同修曾經私底下指責說：「蕭老師摧邪顯正的習氣，到現在都還沒修除掉，所以他的修行也是很差。」我說：「是啊！我總是改不掉。」其實是他們誤會習氣的道理了。破邪顯正的行爲，我過去世一直都在作，這個習氣對我而言確實不容易改，但是也不應該改掉。你們看 世尊不也是這樣的嗎？如果你們讀過四阿含，今天有弟子托缽回來報告說：「世尊！某個外道在毀謗您，說您如果去見他，他一定破斥到您無話可講。」世尊聽了，明天早上就提前下山，先去見那個外道，就以外道法破斥那個外道，讓外道無言可說。又如六師外道，不論他們去到哪裡，世尊就跟在他們腳後去破斥；六師外道不死心，前往各大城毀謗 世尊，世尊就跟著去各大城一一破斥。

破邪顯正是善法，善法的習氣爲什麼要把它修除呢？這種善法是無漏有爲法，無漏有爲法是永遠都不應該修除的。所以我是講客氣話，說我破邪顯正的習氣到現在還改不了，他們不懂得聽。我說的是自己破邪顯正的習氣沒有退失，還能繼續護持著這個好習氣。就是說，善法、惡法、無漏法、有漏法的習氣種子，得要區分清楚。如果有人自稱習氣都沒改，你要先看他是指無漏有爲法的習氣，或是有漏有爲法的習氣，可別把人家誤會了。而菩薩就在六根門頭去磨鍊，如果別人毀謗你，是在法義上面毀謗，那你就得要處理。如果人家是毀謗你的身口意行，不影響到正法，那就不必理會他，聽過也就算了。

在這上面磨鍊的目的有兩個：第一、把六根六識不好的習氣磨鍊之後銷除掉。第二、轉依如來藏心與佛性的清淨體性，轉依善法清淨習氣，以無漏習氣種子爲轉依。這樣「銷磨六門」，諸地的無生法忍功德才容易成就。至於六根的「合開成就」，已是諸佛的境界，是應該在等覺位中開始深入磨鍊，不是我們所能想像臆測的；乃至剛入等覺位的菩薩們也無法想像及臆測，因爲那是「見聞通鄰，互用清淨」的妙覺境界。「見聞通鄰」是可以透過眼根去看見聲音，可以透過耳根去聽見色塵，這就是六根互通；「互用清淨」則是已到妙覺位的境界了。也許有人聽了不信：「你在講夢話，這些大乘經典都是在講神話。」

其實不然，譬如你往世曾經修得某一種境界，這一世開始修行不久，它就會偶然出現；因爲這不是你這一世修來的，而是過去世修習的體驗。可是因爲還有胎昧，這一世還沒有修到過去世曾經修過的境界，所以那個境界還無法時時出現，只是偶然出現給你體驗一下；所以這種境界並非神話，而是確實有的。

以我自己爲例，我這一世剛開始學佛修行時，大約是學佛半年左右，有一次打坐中，是用眼根看見身體每一分皮膚的觸覺。這是我的親身體驗，那你要怎麼解釋呢？這是我親自體驗過的呀！這其實是用心眼而不是用眼睛，是藉眼勝義根直接看見全身皮膚的觸覺，這眞是很奇怪的體驗，我就整整十幾分鐘靜靜地看著；因此確實可以用心眼看見觸覺；既然可以用心眼看見觸覺，當然心眼也可以看見聲塵；或者以心眼聽見觸覺、以心眼聽見色塵，不再受六根功能限制，這就是六根互通。但我只是偶爾體驗的，不是時時刻刻都可以六根互通；或許只是 佛陀特地要讓我體驗，證明《楞嚴經》中講的六根「見聞通鄰，互用清淨」的妙覺、佛地境界；現在宣講《楞嚴經》，就正好拿來作證。

「銷磨六門、合開成就」以後，是時時刻刻都可以「見聞通鄰，互用清淨」，就是妙覺位與佛地境界了。這表示識陰區宇已經破盡，最後一分思惑的習氣種子已經斷盡了，接著「銷磨六門、合開成就」而「互用清淨」，成爲最後身菩薩或佛地境界了。這其實是在說如來藏的妙眞如性—佛性—開始可以獨立運作，不必再依附於六根之中由六根依各自的侷限狀況來使用了。到達這個境界時，就是諸佛隨順佛性的境界，成所作智現前，究竟成佛了。如同前面 世尊開示的道理：「解結因次第，六解一亦亡。」轉依如來藏的清淨佛性以後，把六根的結銷磨淨盡了，也就是把六根五陰的習氣種子滅盡了，這時返六歸一：本來佛性被分割在六根的見性、聞性、嗅性、嚐性、覺性、了知性等六門中，現在「銷磨六門、合開成就」以後，自然回歸如來藏的妙眞如性中，使妙眞如性—佛性—全體起用。所以前面卷六經文中，文殊師利法王子才這麼開示：「六根亦如是，元依一精明，分成六和合；一處成休復，六用皆不成。塵垢應念銷，成圓明淨妙。」正是銷磨六結回復佛性大用的成佛道理。這時如來藏的妙眞如性—佛性—就可以隨意在任何一根之中，具足顯現六識見聞嗅嚐覺知等六性的所有作用。

如果你有眼見佛性，就可以少分體會這一點。譬如當你看到小兒子、小女兒睡著了，不論你怎麼呼喚，他們都聽不見，因爲他們的六識心已經中斷了，所以無知無覺；可是你以眼見佛性的境界去觀察他們時，他們的佛性卻還是在他們的六根之中分明現前，每一根都有佛性顯現。雖然這時他們六識的見聞知覺性都已經消失了，佛性卻仍然在他們的六根之中分明顯現，卻無法作出六識的作用。如果確實是有眼見佛性的人，聽了我說的這些話，就可以知道我有沒有眼見了；因爲這絕對無法靠著瞎掰來籠罩別人，也因爲當代佛教界沒有人比我更早講出這個事實。如果是亂講的，已經見性的人一定會說：「你講錯了。」而這種眼見佛性的境界，跟明心的智慧境界一樣不一樣呢？當然不一樣呀！

已經眼見佛性的同修們，聽我這樣說明，應該可以極少分體會到「銷磨六門、合開成就」了。既然妙眞如性—佛性—是遍在六根之中，爲何卻被六根所侷限而依六根分成六種作用，不能把所有功能在其中一根具足顯現出來呢？都是因執著於識陰六種不同功能差別，所以佛性就被六根的功能所侷限了。假使能銷磨對識陰六種功能的執著，銷磨到「識陰盡」時，妙眞如性—佛性—就不再被全部侷限了；那時佛性就能以六根中的任何一根，開始顯現六識的分別功能；在等覺位中繼續練磨，最後成爲「見聞通鄰，互用清淨」的佛性—妙眞如性—的全體起用境界，這才是最後身菩薩（妙覺菩薩）與諸佛的隨順佛性境界。

凡夫眾生的隨順佛性，都只是看見自己的眼識能見之性，看見耳識的能聞之性，乃至看見自己有身識能覺、意識能知之性，都說這樣就是看見佛性了，就說這樣叫作見性；那麼請問：睡著無夢時，你這種佛性還在嗎？早就沒了！既不能見也不能聽，更別說是了知，那時還有佛性存在嗎？已經斷滅了！所以說這是凡夫隨順佛性。而正覺同修會傳授的眼見佛性，是在所有眾生眠熟無夢時，你依舊可以清楚分明看見他們的佛性，這才是未入地菩薩的隨順佛性。已見性的人今晚聽我這麼說，回家以後再瞧一瞧你的家人，當他們睡著無夢時，你輕聲叫喚，他們根本聽不見。那時你再來瞧一瞧他們的佛性，是不是清楚分明在他們的六根中現前？當然是分明清楚現前的，但還是無法作出六識的功能來。甚至家人睡到打呼了，根本聽不見你在說話；那時你一樣會清楚分明地看見他們的佛性，很清楚、很分明地顯現在六根中，不因爲眠熟了就中斷，這才是《大般涅槃經》中說的十住菩薩眼見佛性的實證，也是經中說的未入地菩薩隨順佛性，卻與妙覺及佛地的隨順佛性境界相距甚遙。這樣才是正覺同修會傳授的十住菩薩眼見佛性的實證，這與當代佛門凡夫大師所說的以六識的見聞知覺性當作佛性，可眞是天差地別呢！由這樣的眼見佛性境界，才可能稍微想像一下妙覺菩薩及成佛所證「識陰盡」的「見聞通鄰，互用清淨」的境界；但也只能稍微想像一下，還無法眞的理解妙覺菩薩六根互通的「見聞通鄰」境界。

現在有人胡扯亂說：「**你們正覺講什麼眼見佛性是十住位，其實經中講的十住菩薩眼見佛性，是講十地的見性境界。**」如果他的話講得通，那是不是在指責大乘經是僞經？因爲初地菩薩也隨順佛性，二地也隨順佛性，未入地也可以隨順佛性，並不是只有十地菩薩才能隨順佛性。所以不懂的人就少講，親證的人只要隨便舉一個經中的法義，隨時都可以把他撂倒。眞的應該要通達般若以後，才好講經說法，不許自己隨便解釋，不該執言取義。這時，你們已經眼見佛性的同修，可以試著體會看看：妙覺與佛地的「見聞通鄰」是同一個心法，就是佛性；由於轉依如來藏而「銷磨六門、合開成就」，以佛性直接在六塵中「見聞通鄰」，也就是把這六性—六識心的見性、聞性、知覺性等六種自性—都匯歸到佛性中來，改由佛性藉六根的任何一根，直接在六塵上面了別，不再是由佛性伴隨著六識性而被侷限在六根中。

這時再來觀察十方世界，再來觀察自己的身心，猶如「吠琉璃」，就好像透明的琉璃寶一樣「內外明徹」，這就是「識陰盡」的妙覺菩薩與成佛的境界。「內」是指身心，「外」是指山河大地世界，「明徹」是指無有不知。最後成佛時成所作智現前了，六根「互用清淨」無所限制了；這時自然就能「超越命濁，觀其所由罔象虛無顛倒妄想以為其本」。前面不是講劫濁、見濁、煩惱濁、眾生濁嗎？現在講最後一個命濁。命濁也可以叫作壽濁，是因為命根還有污濁。假使超越了命濁，也就是不再有命根了，全憑大悲願及佛智而受生於三界中利益眾生，那時壽命可以由自己控制，可以延長到一小劫（俱解脫阿羅漢可以促壽或延壽幾個月、幾年，無法達到一小劫）。但因為還有命濁，所以壽命就不能由自己完全控制。以前阿難菩薩聽到 佛說：「我三個月後將會入涅槃。」阿難菩薩那時被天魔所遮障，沒有開口請 佛住世；世尊三說，阿難三次都因為聽了心悶難過而沒有請 佛住世，所以 佛陀就沒有理由延壽住世了。因為這個緣故，四阿含結集時阿羅漢們都怪他：「你那時為何不請佛住世？」其實阿難也是被冤枉的，因為當時他被天魔所遮障，使他不能請佛住世，所以後來被諫責。諸佛都已經超越五濁，當然沒有命濁，所以能在人間隨意延壽。

命濁是怎麼來的？是因為執著六識各別功能的習氣種子尚未滅盡而產生的。本來能見、能聞、能嗅、能嚐、能覺、能知等六種識陰自性，只是如來藏的妙眞如性—佛性—中的一部分，元本就是佛性內涵中的局部，所以在卷四講第一義時，世尊曾經說：「汝等見聞元無異性，眾塵隔越，無狀異生；性中相知，用中相背；同異失準，相織妄成」，才會分隔在六根之中不能「互用清淨」，當然無法「見聞通鄰」了。都是由於執著識陰六種功德的習氣種子還沒有破盡，還住在「識陰區宇」，才會有命濁的現象繼續存在，不能使如來藏的佛性—妙眞如性—在六根之中「見聞通鄰，互用清淨」，這就是命濁的由來。只有破盡「識陰區宇」成為「識陰盡」的妙覺菩薩成佛果德現前的人，才能斷除命濁。

假使十地菩薩對十二類有情所有眾同分的感召，已經完全斷盡了，這就是「行陰盡」的修證完成，到達等覺地了。接著再經百劫修行成為妙覺菩薩，已經「見聞通鄰，互用清淨」了，卻是由等覺位的百劫之中「銷磨六門、合開成就」而達成的。這時「十方世界及與身心如吠琉璃，內外明徹」。「內外明徹」要怎麼樣修成？當然不可能直接從「銷磨六門、合開成就」來修成，因為那是等覺菩薩所應進修的法門；還沒有到達等覺位時，當然不可能修得成功，還是得要回到眼前自己的境界與層次中來修習。大家還記得 世尊在前面講的三種漸次嗎？「一者修習，除其助因」，就是要把所有會助長邪見、邪業的不良行爲都除掉，也不許再吃五辛。「二者眞修，刳其正性」，要切實修行，把貪愛三界法的習慣修除，修除殺盜淫三種惡心惡行。「三者增進，違其現業」，別再貪著六塵，要「旋元自歸，六用不行」而回歸如來藏的妙眞如性，也就是回歸如來藏的佛性作用中。這樣修習很久以後，漸漸可以破盡「色陰區宇」乃至破盡「識陰區宇」，才能達到諸佛隨順佛性的境界，不能一步登天。

假使都還在貪著世間的名位與財利，又如何能把自己的心拉回如來藏的佛性中安住呢？又如何能「旋元自歸」而「六用不行」呢？說老實話，連三賢位的果德都無法具足修證了，還想證得諸佛隨順佛性的六根互用境界嗎？而忍辱行也是很重要的，修菩薩道的人，往往因爲無法忍辱而頓起瞋心無法控制，於是造下惡業，死後就由業感牽制而去受報了。最常看見的問題則是求名位與求財利，由於所求不遂，於是遷怒於眞善知識；爲了毀壞眞善知識的名聲，卻找不到眞善知識的過失，於是寧可推翻眞善知識弘揚的正法；不論眞善知識的正法有沒有過失，都要加以毀壞；這不但無法增上道業，還會下墜阿鼻地獄；將來回到人間時又要重新再從十信位起修，可以說是最愚癡的人了。世間名位不過幾十年，招得未來的苦報卻是幾百大劫，而且還要回到初信位從頭修起；在造業之前竟然都不思索這個問題，眞是愚癡。（爲教導大眾先「忖量」自己現在是否應該證得佛地境界，免受當時退轉的楊先生等人「不自忖量」的惡劣影響，所以講了上面二段話。）

在等覺位中，藉著「百劫修相好」，無一時非捨命時，無一處非捨身處，來修除對於六識功能差別的執著習氣種子；連命都可以不要了，還要執著六識的功能差別嗎？當然不需要執著了，就這樣時時刻刻都是在「旋元自歸，銷磨六門」。一百大劫之中就這樣修行，有人來要身體、要命，全都給他；再去受生取得人身，繼續廣施內外財而「旋元自歸，銷磨六門」；如果有人來要錢財或生命，又立即施捨，重新受生再來修行；這樣修完百劫以後，成佛所需的福德完成了，而自己「旋元自歸，銷磨六門」的功夫也完成了，已經「見聞通鄰，互用清淨」而成爲妙覺最後身菩薩了。接著觀察往世自己所度的弟子們，在人間得度的因緣成熟了，於是下生人間，示現爲凡夫，從頭開始修行，在一世之中示現從凡夫地到達佛地；於是在半夜明心發起大圓鏡智以後，天明之前眼見明星光明而眼見佛性時，成所作智現前；這其實是緣於妙覺位的「識陰盡」，使六根在一時之間「合開成就，見聞通鄰，互用清淨」的功德究竟圓滿，於是現在眼見佛性時成所作智現前，成爲究竟佛。

這時就是命濁已經究竟修除了，來人間示現成佛，這時當然是「十方世界及與身心如吠琉璃，內外明徹」了。這時的智慧當然能「觀其所由罔象虛無顛倒妄想以爲其本」，現見十方一切十二類有情所示現的二十五有，了知他們受生而成就各種世間的因由，全都是由「罔象虛無顛倒妄想」作爲受生的根本。「罔象虛無顛倒妄想」的意思是說，眾生的命濁全都是因爲對識陰六識的自性執著。阿羅漢們斷盡這個執著現行，才能入無餘涅槃；而諸佛則是斷盡這個執著的習氣種子，所以斷盡命濁，不再有異熟性的種子；一切有情眾同分已經無法再感召諸佛的受生種子了，因爲五陰習氣種子已經斷盡了。這就是說，諸佛已經超越識陰的習氣種子，不再有執著識陰的習氣種子了；而識陰六識並無實質，只是從如來藏心中，由妙眞如性—佛性—中變生出來的，猶如影像一般，所以說是「罔象虛無」。眾生對識陰的虛妄無法了知，所以輪迴三界生死；二乘聖者及諸地菩薩雖然能斷除對識陰執著的現行，卻還有習氣種子尚未斷盡，所以都還有命濁。如今到達佛地時，已經斷盡對識陰執著的習氣種子了，現見三界十二類有情的受生因緣，全都是由於心生顛倒，誤將「罔象虛無」的識陰認作眞實心，所以 世尊說：「識陰盡時就能現前觀察一切有情的輪迴生死，都是以罔象虛無的識陰妄想作爲根本。」

再回到剛才所說的「三者增進，違其現業」，請大家回憶前面的經文：「因不流逸，旋元自歸。塵既不緣，根無所偶；反流全一，六用不行；十方國土，皎然清淨，譬如琉璃內懸明月；身心快然，妙圓平等，獲大安隱。一切如來密圓淨妙，皆現其中，是人即獲無生法忍。」這就是說，要先把不良的心行身行修除，趕快把三賢位的過程走完：該修集的大福德要趕快修集，該修除的大乘見道所斷的寬廣異生性，要趕快修除；該進修的相見道位後得無分別智，也就是別相智，就努力進修。完成三賢位的功德以後，才能獲得無生法忍，成初地心。這就是大家目前應該努力的目標；如果像楊先生他們那樣「不自忖量」，妄想一悟就成佛，不免謗菩薩藏而壞法，死後下墜三惡道中百餘劫，以後才能再從頭起修十信位粗淺的表相佛法，眞是得不償失。而「旋元自歸，反流全一」的回歸佛性的修習，達成「見聞通鄰，互用清淨」的功德，卻已經是妙覺菩薩及成佛的功德，對於已經實證金剛三昧的我們而言，還是遙不可及的；千萬別像楊先生他們一樣妄想一悟就可以證得佛地眞如，妄想一悟成佛。但我們明心、見性以後，卻可以把「因不流逸，旋元自歸」和「塵既不緣，根無所偶；反流全一，六用不行」的方法借來修行，如此住在如來藏金剛三昧中繼續進修。綜而言之，明心與見性以後就過了「二者眞修」的階段，接著就是要趕快轉入「三者增進」的階段，別起妄想要一步登天、一悟成佛。

修行不是空談，不是依文字來研究《成唯識論》、《瑜伽師地論》，楊先生開始走上印順等人從文字上研究的路子，只會走偏，反而演變成下墜，不是聰明人。對於《成唯識論》與《瑜伽師地論》的內容，一定要如實瞭解以後，再付諸實行。還要能夠與修行實際上配合、聯結起來，不是單在文字名相上研究，那是沒有用的。如果你明心了還沒有見性，應該趕快求見性；那麼見性所需的大福德，就得努力修集；見性所需的慧力，也得在爲眾生、爲正法作事上面來取得，而不是在法義思惟上面用心；至於看話頭的功夫也要用心鍛鍊，卻是要排在最後。如果還沒有明心，就得趕快求明心，但是要記得先把福德修足，再把開悟所需的正知正見熏習完成。

如果你已經明心又見性了，現在你來看剛才我舉出來的那一段經文，就知道該如何進修了：由於以如來藏爲轉依，也以佛性爲轉依，所以如來藏所出生的眼識見性乃至意識了知性，總歸一性就是佛性——如來藏的妙眞如性。佛性的名義我就不在這裡明講，免得害你們將來不能眼見佛性。見性後要記得轉依如來藏心體以及祂所顯現的佛性——妙眞如性，這就是把六識自性歸爲一性，歸回佛性中。這時心不再如同以前一樣向外流逸，不再向六塵流逸了；「旋元自歸」，旋回到根本的眞如佛性中來。這時對外面六塵既不攀緣，六根不想再時時面對六塵；「反流全一」，回到如來藏的佛性上面來，那麼靜坐修定時就可以「六用不行」而進入二禪等至位中，這時就是你即將開始隨順諸地佛性的時候了。修行是應該這樣修的，是應該確實而有次第進修的，是要很清楚自己眼前的地位，也知道接下來應該修什麼，應該證得什麼境界；那麼這一世修行也就不會唐捐其功，空度一世了。

【「阿難當知：是善男子窮諸行空，於識還元，已滅生滅，而於寂滅精妙未圓；能令己身根隔合開，亦與十方諸類通覺，覺知通溜，能入圓元。若於所歸立真常因、生勝解者，是人則墮因所因執；娑毘迦羅所歸冥諦，成其伴侶。迷佛菩提，亡失知見。是名第一立所得心，成所歸果，違遠圓通；背涅槃城，生外道種。」】

講記：「阿難你們應當知道：這種善男子窮究諸行而歸於空，在六識自性上面還歸到本元佛性而不再分爲六種功能了，這時已經滅除六識生滅的現象了，然而在佛性眞正寂滅上面的精妙自性尚未圓滿成就；接著修行以後能使自己身中六根的區隔可以合而爲一或者分開爲六用，也能與十方各個種類的有情佛性互通知覺，能覺能知等六種自性可以互相通用而圓滿時，就能進入圓滿究竟的佛性本元功德之中。如果對於所歸屬的佛性不能實證及圓滿了知，妄行建立其他的眞常因，在此邪見上面出生了勝解的時候，這種人就會墮入因與所因的執著中；娑毘迦羅所歸屬的冥諦，就會成爲他的邪見伴侶；迷失於佛菩提，亡失了正知正見。這就是第一種虛妄建立有所得心，妄行成就自己施設的所歸果，違背而且遠離了圓滿通達的境界；這種人是背離了大般涅槃城，出生於外道種姓之中。」

世尊開示了「識陰區宇」和「識陰盡」的境界以後，接著講解最後的十種邪見，都是與識陰習氣種子有關的邪見；由於對「識陰區宇」不能突破、不能破盡，就會有十種邪見產生而不能超越命濁。佛說善男子已經證得四空定了，由於我見我執的習氣種子還沒有斷除，也因爲對實相不如實或不究竟了知，但已經「窮諸行空」；已經探究到行陰出生的根元，是因爲識陰活躍運作不停，才會有行陰，這就是外道證得四空定以後，或者證得金剛三昧的三賢位佛弟子「窮諸行空」。既然親見行陰是由識陰不甘寂寞而不斷運作所產生的，於是就把行陰歸依於識陰而還元給識陰，名爲「於識還元」。既然已經把行陰「還元」給識陰了，所以行陰的生滅已經滅除了，名爲「已滅生滅」。但外道對於五陰的根元如來藏的寂滅性與精妙功德，還沒有圓證，也就是既未斷我見也未明心；或者證悟的善男子對於我見、我執的習氣種子還沒如實理解，然而他現在藉著四禪與四空定的功德，已經能夠「根隔合開」了。「根隔」是說六根功能互相分隔，不能通用。外道修得四禪四空定時，能詳細地從識陰加以觀察，發覺有一個知覺性在六根之中存在，使六根可以合作運作而沒有間隔，看起來如同一心，這就是「根隔」的「合」。然而這個知覺性又在六根之中顯現出不同的作用，分隔於六根之中運作，不能通用，成爲「根隔」的「開」；合起來就稱爲「根隔合開」。由於外道還沒有斷除我見，也沒有明心證如來藏，更沒有眼見佛性而看不見妙眞如性，而在三界最高層次的定境中觀察意識知覺性，發覺一切有情都同有這樣的知覺性，於是誤以爲十方世界十二類有情的根元就是這個知覺性；他認爲知覺性是與十方諸類有情相通的，所以說「亦與十方諸類通覺」。眼見佛性後進修金剛三昧的佛弟子也會在所知所見上面有這種觀察。

「覺知通溜，能入圓元。」他認爲四空定中意識的知覺性，是與十方世界一切有情都互相共通的，也是非常清明而無闇的，也是清淨而無染的自性，認爲這樣的智慧是可以進入圓滿的眾生根元之中。也就是說，他證知所有眾生都是同樣有見性、聞性乃至知覺性，而所有眾生都有的生命、命根全都是從這個知覺性中出生的，以爲這樣現前觀察出來的證量，就能進入有情命根的根元中如實觀察了，所以稱爲「能入圓元」；他自認爲是圓滿了知眾生生死的根元所在了，認爲都同樣是從這個知覺性中出生的。像這樣證得四禪、四空定的人，如果對於一切有情的所歸，建立了這個知覺性作爲「眞常因」，在這個虛妄建立的「眞常因」中生起了勝解時，這個人就會墮入「因、所因執」之中，錯將非因誤計爲正因。其實眾生的究竟所歸，應該是如來藏阿賴耶識；而外道或者從如來藏金剛三昧中退轉的佛弟子，落在識陰或識陰自性中，把識陰當作是眾生流轉生死的根元，錯認爲一切眾生全都是由識陰的知覺性中出生的；就與今天的楊先生和諸大法師們一樣，同樣非因計因而墮入「因、所因執」之中，依舊不離「識陰區宇」。連識陰我見、我執的現行都還斷不了，更別說是斷除識陰我執的習氣種子了。這種人會跟外道娑毘迦羅所歸依的冥諦，互相認同而作爲伴侶。

娑毘迦羅外道就是數論外道，他們的理論是冥諦二十五法，是從冥性展轉衍生出來，總共有二十五法。這個等以後重講《成唯識論》時再來說明，因爲這是個大題目，講起來很花時間，所以這裡只作極簡略的說明。冥諦的大意是說，宇宙中有一個冥性，由冥性展轉產生了眾生的知覺性，再由知覺性產生了我們的色身五陰；從冥性到眾生的五陰，總共有二十五法，所以有時又稱爲二十五冥諦。可是外道說的這二十五法生起的次第，並不符合法界實相，乃至也不符合現象界可以觀察出來的事實，所以娑毘迦羅的冥諦是錯誤而顛倒的，現在暫且不說它。這個將行陰「於識還元」而滅了行陰的「已滅生滅」者，落入識陰之中，錯認識陰知覺性就是一切有情的根元，正是「迷佛菩提，亡失知見」。確實是迷惑於佛菩提，亡失了正知正見。

這種人空有四禪、四空定的證量，或者空有明心證悟的體驗，卻是在「識陰區宇」中建立有所得心覺知心，成爲第一種建立識陰有所得心爲眾生根元的外道，或是佛門中的退轉者。這種外道錯把識陰當成他的生命「所歸果」，既以識陰境界作爲生命的最後歸依果地，當然「違遠圓通」，是違背而且遠離了佛菩提的圓通法門。識陰永遠是有所得心，而冥諦只是由有所得心的意識想像建立的，永遠無人能證得娑毘迦羅所說的冥性。而且識陰已經是「罔象虛無」，這個外道卻是由「罔象虛無」的覺知心來建立想像中的冥性，其實更加「罔象虛無」。同理，楊先生他們在阿賴耶識之上，另外建立一個能生阿賴耶識的眞如心體，一樣是「罔象虛無」的顚倒妄想建立，依舊不離有所得心意識；所以如今證實他們所謂的佛地眞如、初地眞如，原來還是我所預記的意識離念靈知心。於是不免被善知識所破，只好再三改口。他們起初這樣子妄語：「我們已證佛地眞如了。你們現在如果證得佛地眞如，就可以發起佛地眞如的性用。」後來再改口說是只證初地眞如，未證佛地眞如；後來又再改口說正在努力修行，大約半年或一年後可以證得初地眞如；如今又再改口，說是一大無量數劫以後才能證得初地眞如，因此現在全部歸零。所以說他們一樣是「立所得心，成所歸果」的人。如果不是我聽到他們傳過來的消息而一一加以辨正的話，他們將永遠無法脫離原來的「立所得心，成所歸果」常見外道見解。

佛地眞如是恆常而不斷的，但他們所說的佛地眞如只是離念靈知，是夜夜眠熟就會中斷的意識覺知心，是在悶絕等五位中都會斷滅的，所以說他們知見不夠而作了虛妄的建立，落入有所得心中，妄想在三賢位中就能證得佛地眞如，所以楊先生他們才會這樣傳言：「證得眞如時是可以作主的，所以你若是不小心被割了一刀，那時以眞如心叫它不痛，它就不痛；叫它不流血，它就不會再流血。」這眞是落入「所得心」了！佛地眞如是可以避痛，但問題是佛地眞如是怎麼樣避掉這個痛覺的？是入了四禪中的無想定而避掉痛覺，不是住在清醒位中避開痛覺的。他們不懂，誤以為佛地眞如可以和五別境心所法相應，就以因地的識陰六識心取來當作是佛地眞如；其實是以牛頭來逗馬嘴，根本不是佛法的正修行。

而外道冥諦的涵義是很廣泛的，凡夫們所想像的眞如也都歸於外道的冥諦所攝；他們把所有實相都歸入冥諦中，都說是不可知而不可證的，矛盾問題就解決了。然而這都是「罔象虛無顚倒妄想」，因為若是離開了實相心如來藏阿賴耶識，就不可能有他們所想像出來的一切道理可說了；所說的冥諦則是不可知也不可證的，純屬想像而說為冥諦——不可知的眞諦。而楊先生他們提出來能出生阿賴耶識的眞如，其實正是第九識的說法，與外道的冥諦同樣是「罔象虛無顚倒妄想」，根本不可能證實。如果已經證得無生法忍的人，或者已經修行到十行位、初迴向位，或者即將進入初地了，一定都不會犯這種過失，更別說已經入地的菩薩會犯這種過失。若還會犯這種過失，表示十行位的智慧功德還沒有滿足，連七住菩薩眞見道的智慧都沒有。因此說外道的冥諦只是「罔象虛無顚倒妄想」，半年前楊先生提出的佛地眞如、初地眞如，一樣是「罔象虛無顚倒妄想」，全都是不可知也不可證的，全都是「立所得心，成所歸果」。這樣的所謂佛法，當然「違遠圓通」，也是「背涅槃城」，未來世依舊會繼續「生外道種」，無法脫離外道見。

千萬別妄想一悟成佛，這是「不自忖量」，一定要按部就班實修；也不可能一悟就證得初地、三地、五地，除非往世已經修到初地或三地了，這一世才有一點點可能完成五地心；也還得要有大善知識指導與諸佛加持，否則絕對不可能。所以佛菩提道一定要經過悟後事修的過程，一步一步去達成，都不是在開悟當下可以得到的。能夠在開悟當下就獲得的，只有禪宗三關中的前二關：明心，見性。牢關就不是一悟所能完成的，得要先解悟，然後才能實際體驗；而實際上體驗的機緣會在什麼時候出現，也要等待時節因緣。這三關都屬於一念相應慧，而牢關的一念相應慧出現前，得要先有之前的一段解悟思惟整理；整理完成以後才有可能一念相應，所以也不是一悟就能解決的。所以說，理可以頓悟，後面的進修就必須一一經歷事修過程。所以諸地菩薩的境界不是憑著一悟就可以成功的，初地菩薩的無生法忍是悟後多生多世修行才能到達，都是要經由悟後事修很長一段時間才可以達到。所以，凡是想像所得的都是「立所得心」，是由意識想像建立一個有境界法作爲所得法，當然不免以所立的有所得心「成所歸果」，其實都不離「罔象虛無顛倒妄想」，一定是「違遠圓通」而同時「背涅槃城」，未來生生世世都會生在外道種姓中。

【「阿難！又善男子窮諸行空，已滅生滅，而於寂滅精妙未圓；若於所歸，覽為自體：『盡虛空界十二類內所有眾生，皆我身中一類流出』生勝解者，是人則墮能非能執；摩醯首羅現無邊身，成其伴侶。迷佛菩提，亡失知見。是名第二立能為心，成能事果，違遠圓通；背涅槃城，生大慢天我遍圓種。」】

講記：「阿難！此外，證得金剛三昧的善男子，或者證得第四禪等禪定境界的人，窮究各種行陰的緣起故空，已經滅除了行陰的生滅性，然而對於眞正的寂滅境界裡的精妙性還未修學圓滿；如果此時對於有情眾生的所歸，包攬爲自己覺知心的體性，認爲『盡虛空界十二種類以內的所有眾生，全部都是我身中的覺知心一類無二所流出的』，在這邪見上面生起勝解的時候，這類人就會墮落於能生與非能生的執著中；於是大自在天就會示現無邊身給他看見，成爲這種人的伴侶。因此而迷失了佛菩提，遺失了正知正見。這就稱爲第二類建立自己能生有情的覺知心當作眞心，來成就能生的各種事相上果德，違背及遠離了圓通法門；背棄了大涅槃城，出生爲大慢天人而成爲自我周遍圓滿的外道種姓。」

接著再說「識陰區宇」中的第二種邪見，凡是沒有斷我見或沒有明心的人，證得四禪四空定以後，都不免落在「識陰區宇」的十種邪見裡。甚至有人明心證得如來藏阿賴耶識而證得金剛三昧之後，如果又被惡知識誤導而自我否定，說阿賴耶識不是如來藏、不是眞如心，想要另外求證別的如來藏或眞如心，也都會落在這十種外道見中，不出其外。所以 佛很睿智，早就事先講在這裡等著。不論是由於什麼原因，把自己明心所悟的阿賴耶識如來藏否定了，以後的落處全都在 如來手掌心裡，沒有一個人可以逃出去。世尊說，這個善男子已經像前面那個善男子一般「窮諸行空」，已經自以爲把行陰的生滅滅盡了，但是對五陰根元的如來藏寂滅性與精妙性都還沒有圓證，也就是既未斷我見也未明心，如果把一切有情的所歸「覽爲自體」；「覽」在古時通「攬」字，也就是不瞭解萬法的根元，把一切有情的根元攬在自己的覺知心中：「盡虛空的十方世界中，十二類以內的所有眾生，都是從我身中的離念靈知心中流出受生的。」以這樣的錯誤見解而生起勝解，這個人就會墜入「能非能執」之中。

也就是說，當他證四空定時，由於沒有悟得如來藏，或者不信有如來藏；當他住四空定中離念靈知無邊廣大時，認爲自己覺知心如同諸方大師說的「心包太虛」一般；不知道自己是誤會「心包太虛」的眞義，就認爲十方虛空、十方世界都是含藏在自己的覺知心中，以爲盡虛空界十二類以內的所有眾生，都是從他身中的離念靈知心流注出去受生的。這就是未斷我見的大自在天的見解。這種人一定會落入能生與非能生的執著中。這類外道認爲一切眾生都是從他的覺知心中流注出去受生的，所以自己是能生，成就「能執」；而一切眾生都不能出生自己，所以非能生，於是他又兼具「非能執」，合稱「能非能執」。

這種外道，會以大自在天作爲他的伴侶：「**摩醯首羅現無邊身，成其伴侶。**」摩醯首羅天就是大自在天，在四禪天之頂，與五淨居天並存，但無法看見五淨居天，而五淨居天的所有聖者都可以看到大自在天。大自在天王可以顯現無邊身，他也認爲眾生是他所變生的。這個善男子的見解與大自在天王的見解相同，將來死後將會生在大自在天中，所以認大自在天王爲伴侶。這就是「**迷佛菩提，亡失知見**」，迷惑了佛菩提妙法，失掉了正知正見。這是第二種外道「**立能爲心，成能事果**」：建立第四禪或四空定中的覺知心作爲能生一切有情的心，來成就能出生一切有情等事相作爲究竟果，認爲這樣就是宇宙生命的實相。因此緣故而違背及遠離佛菩提的圓通法門，同時也背棄了涅槃城，死後將會出生在大我慢天，也就是出生在摩醯首羅天中，成就「**我遍圓種**」：成爲大自在天中同樣認定自己是大我，是遍滿十方界而圓滿出生一切有情的邪見種姓，也就是成爲大自在天的大我慢魔眾。

【「又善男子窮諸行空，已滅生滅，而於寂滅精妙未圓；若於所歸有所歸依，自疑身心從彼流出，十方虛空咸其生起；即於都起所宣流地，作真常身無生滅解。在生滅中早計常住，既惑不生，亦迷生滅；安住沈迷生勝解者，是人則墮常非常執，計自在天成其伴侶。迷佛菩提，亡失知見。是名第三立因依心，成妄計果，違遠圓通；背涅槃城，生倒圓種。」】

講記：「此外，證得金剛三昧的善男子，或者證得四禪四空定等禪定境界的人，窮究各種行陰的緣起故空，已經滅除了行陰的生滅性，然而對於眞正寂滅境界的如來藏精妙性還未修學圓滿；如果此時對於有情眾生的所歸，向外認爲有一個法可以作爲自己所歸依時，自己懷疑身心就是從那個法中流注出來的，又認爲十方虛空全都是由它所生起的；就對於全部由它生起而由它所宣流的那個法，認作眞常之身而沒有生滅，心中如此理解。這是在生滅法中太早認定爲正確而執著爲眞的常住法，既然自認爲迷惑不會出生了，其實也是迷昧於生滅法；就這樣安住於邪見而沈迷其中，在這個邪見中出生了勝解的時候，這種人就墮落於常與非常的執著之中，誤認爲能生自己身心的是大自在天，於是大自在天就成爲他的伴侶。這是迷昧於佛菩提，亡失了正知正見。這就稱爲第三類建立生因的所依心，成就了虛妄計度的果報，違背而遠離了圓通法門；也是背棄涅槃城，出生於倒圓的種姓之中。」

有的善男子已經證得四空定了，我見還沒有斷除，又不曾了知實相，但已經「窮諸行空」，或者證得金剛三昧的佛弟子還住在三賢位中；這些人探究到行陰出生的根元，是由於識陰很活躍而不曾停止，才會有行陰；於是修證四禪、四空定而覺得自己的行陰已經滅盡了，認爲自己「已滅生滅」。然而他對眞正寂滅的如來藏境界，對於精妙的如來藏境界還沒有圓滿了知。如果他對於眾生的究竟所歸，不以自己作爲眾生的所歸，而是反過來認定大自在天爲眾生的共同所歸，然後疑心自己也是從大自在天中流出來受生的，也認爲十方虛空全都是從大自在天身心中生起的；然後依自己認定的眾生都從那裡生起、顯揚、流出的境界，認定大自在天是眞常之身，產生了無生滅的見解。這是對大自在天身的生滅性，還沒有認識清楚而太早誤計爲常住天；這樣既是迷惑於不生之法，同時又迷惑於生滅法。

「既惑不生」，是說他既然對本來無生的法迷惑了，誤認有生的大自在天身心爲不生法，對於眞實無生的如來藏心反而迷惑不知，卻認爲自己已經沒有迷惑了。「亦迷生滅」，是說他將生滅性的大自在天身心錯認爲無生滅的身心，所以也是同時迷惑於有生有滅的大自在天而不知就裡。「安住沈迷生勝解者，是人則墮常非常執」，他因爲這樣輕易就認定大自在天的身心是一切眾生的根元，安住於這樣的見解中而沈迷不悟；並且生起勝解，自己出生了自認爲很合理的解釋；這樣的人，會墮入「常執」與「非常執」之中。如果所證的常是眞實的常住法，就不是執著，而是無執的有智慧者；如果所證的常是錯誤的，卻堅持不變，就成爲「常執」。如果對於常有所誤解，將常說爲非常，就成爲「非常執」，因爲他對非常的認知是錯誤的。譬如近代常常有所謂的佛學學術研究者，譬如印順與一分日本人，將常住法如來藏認定爲非常；這一類所謂的非常是錯誤的見解，但他們執著不改，就成爲「非常執」。

「計自在天成其伴侶。迷佛菩提，亡失知見。」這種人誤計常與非常而都不肯改變，成爲「常非常執」的外道，也是錯誤判斷大自在天的常與能生；對於所證的第四禪境界沒有正知正見，死後將會往生四禪天中，與誤計四禪天主的眾生就會同在一起成爲伴侶。這是迷失了佛菩提，亡掉了生命根元的正知正見。「是名第三立因依心，成妄計果，違遠圓通；背涅槃城，生倒圓種。」這就是第三種邪見外道建立眾生根本因的所依心，成就了錯誤認知而妄自執著的果報。這是違背和遠離佛菩提的圓通正理，也是背棄了涅槃法城，因爲永遠都不可能證得涅槃了；而這種人死後「生倒圓種」，也就是出生於大自在天中成爲大自在天的眷屬。「倒圓」是說他的知見是顚倒的，但是卻又認爲自己的見解是圓滿而沒有過失的。

【「又善男子窮諸行空，已滅生滅，而於寂滅精妙未圓；若於所知，知遍圓故，因知立解：『十方草木皆稱有情，與人無異；草木為人，人死還成十方草樹。』無擇遍知生勝解者，是人則墮知無知執；婆吒、霰尼執一切覺，成其伴侶。迷佛菩提，亡失知見。是名第四計圓知心，成虛謬果，違遠圓通；背涅槃城，生倒知種。」】

講記：「此外，證得金剛三昧的善男子，或者證得第四禪等禪定境界的人，窮究各種行陰的緣起故空，他滅除了行陰的生滅性，但他對於眞正寂滅境界如來藏的精妙性還未修學圓滿；如果此時對於所知產生了誤計，認爲『知』周遍於一切有生之草木與動物之內的緣故，就從這個『知』來建立自己的勝解：『十方世界所有草木都應該稱爲有情，與人類沒有差異；草木死後可以受生爲人類，人類死後也可以受生成爲十方雜草樹木。』沒有檢擇地認爲動物植物都同樣周遍有知，如此生起勝解的時候，這種人就會墮落於有知與無知的執著中；婆私吒、仙尼等執著一切都有覺知的外道們，就成爲他修道時的伴侶。迷昧於佛菩提，亡失了正知正見。這就是我說的第四種錯認而執著圓滿的了知心，成就了虛謬的所知果；違背及遠離了圓通法門，背棄了涅槃大城，出生於倒知的種姓之中。」

善男子證得四空定以後，因爲我見還沒有斷除，也不曾了知實相；或者仍在三賢位中的金剛三昧實證者，已經「窮諸行空」，已經探究到行陰出生的根元，是由於識陰很活躍而不能停止，才會有行陰；於是修定而證得四禪或四空定時，住在四禪、四無色定中離念無念，覺得自己的行陰已經滅盡了，認為自己「已滅生滅」。他對眞正寂滅的如來藏境界，對於精妙的如來藏境界並沒有圓滿瞭解。如果他依自己的所知，認定能知之性遍於一切法界而圓滿無誤，就會植因於自己的所知而建立這樣的見解：「十方草木全都是有生命也有知覺的，都應該稱為有情，與人類是沒有差異的。草木死後就會生而為人，人類死後還會再轉變成雜草或樹木。」前些時候，佛門中也有大師開示說草木因為有生命，所以也有心，只是無法表達意思或感情；也有所謂的科學家認為植物是有情，只是無法表示意見；這兩種人都屬於這一類「倒知種」的外道。

如果他就這樣繼續無所選擇而認定一切草木都是有知，認為一切草木都是從能知之中出生，同樣都有知有覺，只是無法表達意見，所以一樣也是有情眾生；這樣子無擇於任何草木，遍及一切草木全都認為眞的有知覺，就稱為「無擇遍知」，他就墮入「知無知執」中。以前南部很有名的大山頭裡的法師，曾經這樣主張：「植物也是有知有覺的，你看太陽照耀時，向日葵不都是向著太陽嗎？太陽落到西邊時，它就跟著轉向西邊，所以向日葵顯然是能分別的，當然有知有覺。」於是就從這個例子來證明所有植物都是有覺有知的，教人不要亂採他們山上的花朵。這正是佛門外道，「婆吒、霰尼執一切覺，成其伴侶」。婆吒與霰尼是兩個外道，他們的見解相同，都同樣認定一切植物有知有覺，同樣有心識，只是不能動也不能表示意見。如今佛門中的法師竟然也有人與這一類外道一樣，認為植物也是有知有覺，當然婆吒與霰尼等兩種外道正是這些法師們的同路人：「成其伴侶。」這一類人都是迷惑於佛菩提的凡夫，全都亡失了佛菩提的正知正見。這種人名為第四種外道，是誤計四空定中廣大無邊的能知能覺為遍圓之心，成就了虛謬的外道果報；這些人當然也是違背及遠離了佛菩提的圓通法門，背棄了涅槃法城，出生於倒知的外道種姓中。

【「又善男子窮諸行空，已滅生滅，而於寂滅精妙未圓；若於圓融根互用中已得隨順，便於圓化一切發生：求火光明，樂水清淨，愛風周流，觀塵成就，各各崇事；以此群塵發作本因，立常住解。是人則墮生無生執，諸迦葉波并婆羅門勤心役身，事火崇水求出生死，成其伴侶。迷佛菩提，亡失知見。是名第五計著崇事，迷心從物，立妄求因。求妄冀果，違遠圓通；背涅槃城，生顛化種。」】

講記：「此外，證得金剛三昧的善男子，或者證得第四禪等禪定境界的人，窮究各種行陰的緣起故空，已經滅除了行陰的生滅性，然而對於眞正寂滅境界如來藏的精妙性還未修學圓滿；如果此時在圓融的諸根互用之中已經獲得隨順了，便於圓滿變化中，有一切邪見發生，於是追求火的光明，愛樂水的清淨，也愛風的周遍流動，觀察微塵可以成就一切色法，於是對地水火風各各崇拜奉事；就以這些不同的微塵發明爲有情的根本因，把微塵建立爲常住法來解釋萬物的起源。這種人就是墮落於生執、無生執之中，那些迦葉波外道以及婆羅門外道，精勤自心來勞役自身，奉事火神、崇拜水神而求出生死的外道們，就成爲他的伴侶。迷失於佛菩提，亡失了正知正見；這就稱爲第五類錯誤認知而執著，一一加以崇拜及奉事，迷於自心而隨從於物質，建立了虛妄求得的根本因。求得虛妄法而冀望獲得聖果，是違背及遠離了圓通法門；背棄了涅槃大城，出生於顛倒化生的邪見種姓中。」

善男子證得四禪、四空定時，我見還沒有斷除，也不曾了知實相，但已經「窮諸行空」，自認爲已經探究到行陰出生的根元，認爲是因爲識陰不斷現行而不曾停止，才會有行陰的存在。當他證得四禪、四空定而寂心不動時，覺得自己的行陰已經滅盡了，認爲自己「已滅生滅」。但他對眞正寂滅的如來藏實相，對於精妙的如來藏境界還沒有圓滿理解。如果他在這種識陰習氣境界中，在圓融的六根互用中；譬如依四空定修得神通，可以飛升或變化等，誤認爲六根「已得隨順」了。就在圓融變化等事相中，認爲一切都可以圓融變化而發生出來：從一切火中求得光明，愛樂於水性的清淨，喜愛風能周遍流通，也觀察微塵可以成就萬物，因此而對地水火風全都加以崇奉敬事；然後就以這四種微塵的發顯功能，作爲一切有情與世界的根本因，建立四大微塵常住不滅的見解。

這種人將會墮入有生與無生的執著之中，認爲四大是無生的，成就「**無生執**」；認爲一切有情、草木、山河大地是有生的，成就「**生執**」。由於這樣執著的緣故，那些還沒有歸入佛門的迦葉外道們，以及婆羅門中精勤自心而以種種勞苦役使自己身心的一類外道，譬如奉事火神、崇拜水神而尋求出離三界生死的迦葉波等外道們，就會成爲他的伴侶。這一類人都是迷失於佛菩提，亡失了佛菩提的正知正見；這一類人名爲第五種外道，是誤計而執著崇拜奉事地水火風，迷惑了自己的眞實心如來藏而不想求證，卻反而隨從於無生命的四大微塵等無情物質，建立了無情物四大微塵虛妄法，作爲所求萬物及一切有情的根本因。像這樣子求取虛妄法而冀望獲得出離三界生死的果報，全都是違背及遠離了佛菩提的圓通正理；都是背棄了涅槃法城，已經出生在外道「**顚化種**」之中。

「**顚化種**」，是說這一類人，心生顚倒迷己逐物；將能生萬法的心棄而不顧，反而在自心如來藏圓融的能變功能中，迷於自心如來藏而推給無情物的四大微塵；不知四大微塵雖然不滅，卻是由眾生的眞實心如來藏所變生的。所以這一類人是心生顚倒，迷昧於物理變化的道理，成爲外道種姓，稱爲「**顚化種**」。

【「又善男子窮諸行空，已滅生滅，而於寂滅精妙未圓；若於圓明計明中虛，非滅群化、以永滅依為所歸依，生勝解者，是人則墮歸無歸執。無相天中諸舜若多，成其伴侶。迷佛菩提，亡失知見。是名第六圓虛無心，成空亡果，違遠圓通；背涅槃城，生斷滅種。」】

講記：「此外，證得金剛三昧的善男子，或者證得第四禪等禪定境界的人，窮究各種行陰的緣起故空，已經滅除了行陰的生滅性，然而對於眞正的寂滅境界裡的精妙性還未修學圓滿；如果此時對於有情眾生的根本因有所誤計，在圓滿光明之中誤計爲光明之中是虛無實物的，開始非議三界中的各種造化，以永遠滅盡的虛無依止作爲所應歸依，在這邪見中生起勝解的時候，這種人就墮落於歸執、無歸執之中。無相天中的各種虛空神，就會成爲他們的伴侶；迷失於佛菩提，亡失了正知正見。這就稱爲第六類的圓滿虛無之心，成就空亡的果報，違背及遠離了圓通法門；背棄了涅槃大城，出生於斷滅見的種姓中。」

在三賢位中的金剛三昧實證者，或者已經證得四空定的外道我見還沒有斷除，也不曾了知實相；這二類人自認爲已經「窮諸行空」：探究到行陰出生的根元，是由於識陰或意識不斷運作祂的功能，持續運作不斷，才會有行陰存在；這時由於還沒有金剛三昧而不知道識陰也是如來藏所出生的，或者迷昧於禪定境界而退失了金剛三昧，轉而認爲有情並非由如來藏阿賴耶識所出生。由於錯誤的認知，證得四空定以後，住在離念而且沒有色陰的定境中，認爲自己的行陰已經滅盡了，所以認爲自己「已滅生滅」。然而他對究竟寂滅的如來藏境界，對於精妙的佛性境界還沒有圓滿的了知而退墮了。如果他在四空定的圓滿光明境界中「計明中虛」，也就是誤計住在四空定光明中的自心意識，是虛妄生滅而應該歸於斷滅，於是「非滅群化、以永滅依爲所歸依」。

這時他就開始非議及毀謗四空定中發出光明的覺知心，認爲應該銷滅各類有情身中變化無定的覺知心意識，所有人都應該以永滅意識或識陰六識，作爲最後的究竟歸依，以這樣的「永滅依」作爲一切有情的最後歸依。他如果確定是以這樣的「永滅依爲所歸依」，而產生了種種勝解，出生了許多道理來解釋他這樣的看法，那麼這個人就會墮入「歸無歸執」之中。「歸執」是歸於斷滅空無而執著這個見解，「無歸執」是歸於斷滅空以後都無所歸，執著這個見解才是正確的；合起來就稱爲「歸無歸執」。這種人一定會以「無相天中」的所有眾生與虛空神，作爲他的伴侶。「無相天」是四空天的眾生，「舜若多」神是虛空神，這些有情都無色身之相；而他雖然認定斷滅空是究竟歸依，住於一切造化全部滅盡的見解中，卻只是滅除色身等相而不滅除覺知心，具足我見；因此是以滅除一切色相作爲他的最後歸依處，只是不歸依於物質色法，仍然是歸依於意識覺知心的境界，不離常見外道範疇。這一類人當然是退轉於金剛三昧而重新落入識陰中，也是迷失於佛菩提，亡失了佛菩提道的正知正見。這類人名爲第六種外道，是「圓虛無心，成空亡果」，也就是圓滿了虛無之心，成就了色陰空亡的果報，當然也是違背及遠離了佛菩提的圓通正理；同時也是背棄了涅槃法城，出生在斷滅見的外道種姓中。

【「又善男子窮諸行空，已滅生滅，而於寂滅精妙未圓；若於『圓常固身常住，同于精圓，長不傾逝』生勝解者，是人則墮貪非貪執；諸阿斯陀求長命者，成其伴侶。迷佛菩提，亡失知見。是名第七執著命元立固妄因，趣長勞果，違遠圓通；背涅槃城，生妄延種。」】

講記：「此外，證得金剛三昧的善男子，或者證得第四禪等禪定境界的人，窮究各種行陰的緣起故空，已經滅除了行陰的生滅性，然而對於眞正的寂滅境界裡的精妙性還未修學圓滿；如果此時對於『圓滿的常住法能夠堅固色身常住於人間，同于精眞常住法的圓滿一樣，長久都不會傾壞而消逝』的見解中出生了勝解的時候，這一類人就墮落於貪執及非貪執之中；那些阿斯陀仙求長命的修行者，就成爲他的伴侶。迷失於佛菩提，亡失了正知正見。這就稱爲第七類執著生命根元而建立堅固的虛妄生因，趣向長劫塵勞的果報，違背及遠離圓通法門；背棄大涅槃城，出生於妄延性命的外道種姓中。」

世尊又說：善男子還沒有斷除我見，又沒有證得實相智慧；或者已經證悟金剛三昧而退轉了，但他已經「窮諸行空」；也就是探究生命的本元，發覺行陰不是眾生出生的本元，認爲行陰不是眾生的同生基；因爲是識陰活躍不停，才會有色、受、想與識的行陰存在；於是修證禪定而入定常住，那時覺得自己的行陰已經滅盡了，認爲自己「已滅生滅」了。然而他對眞正寂滅的如來藏境界，對於精妙的如來藏境界還沒有正確熏習圓滿，所以不知實相正理。這時他恐怕墮入斷滅空，認爲「功能圓滿的精神想要常住，必須堅固色身健康不壞；要使色身與精神相伴而同爲一體，永久長存而不致於傾壞消失」，於是就在這上面生起勝解而提出許多理由，自認爲是正確的，這種人就墮入「貪執」與「非貪執」之中；那些追求長命不死而崇奉長壽天的阿斯陀外道們，就會成爲他的伴侶。這一類人也是迷昧於佛菩提，亡失了眞常不壞心的正知正見。這就是第七種外道，執著自己所誤認的生命本元，建立堅固的虛妄生因而趣向長劫塵勞的果報，也是違背而遠離了眞正的萬法圓通正理；他們都是背棄涅槃城，出生於虛妄延壽的外道種姓中。

「圓常固身常住，同于精圓，長不傾逝」，「圓常」與「精圓」是同一法，講的是識陰或意識，也就是禪定中的覺知心；爲什麼要「固身常住」呢？因爲識陰精神若是想要常住，就必須要先保持色身常住；假使色身壞了，意識精神也就跟著壞滅而不能常住；所以想要把色身堅固常住，與意識覺知心同樣保持長期永存而不致於傾壞消逝。「貪非貪執」：「貪執」是因爲對於識陰或意識以及色身有貪，不想滅除識陰與色身，名爲「貪執」；「非貪執」是因爲講求性命雙修，譬如中國道家全眞派一樣，遠離淫行及五欲而健身練氣，才能達成精神與色身常住不壞的目的，所以名爲「非貪執」。

「執著命元立固妄因，趣長勞果」，是說這一類外道想要探究生命的本元時，落入「識陰區宇」中，所以執著生命象徵的覺知心識陰，建立爲一切生命堅固不壞的本元，其實是虛妄的根本因；可是他還沒有證得四空定，又不知生命的本元是如來藏妙眞如性，所以當他發現識陰覺知心必須由色身來執持，否則就不能存在時，只好努力修學能使色身常住的方法。而且堅固地執著這種想法，沒有智慧檢查這種想法的錯誤，於是建立固守虛妄色身的方法作爲修行的正因，這就是「立固妄因」。但是這種見解是錯誤的，也不可能成功；因爲即使能成就萬劫不壞的人身，火劫、水劫、風劫來的時候，乃至壞劫到來時，人身依舊是要毀壞的；所以這一類人努力修行以後，將是長住於塵勞而無法成功的果報，所以是「趣長勞果」。

【「又善男子窮諸行空，已滅生滅，而於寂滅精妙未圓；觀命互通，卻留塵勞，恐其銷盡；便於『此際坐蓮華宮，廣化七珍，多增寶媛，縱恣其心』生勝解者，是人則墮真無真執；吒枳迦羅，成其伴侶。迷佛菩提，亡失知見。是名第八發邪思因，立熾塵果，違遠圓通；背涅槃城，生天魔種。」】

講記：「此外，也有善男子窮究各種行陰的緣起故空，已經滅除了行陰的生滅性，而他對於眞正寂滅境界裡的精妙性還未修學圓滿；此時觀察有情的生命互通而無差別，卻沒有平等心而單獨留下了塵勞之心，恐怕識陰覺知心會銷毀滅盡；便於『住在這種境界中安坐於蓮華宮殿中，廣爲募化七種珍寶，更多地增加寶女名媛，共同享樂而放縱恣意自己底覺知心』而於這種邪見生起勝解的時候，這種人就會墮落於眞執和無眞執之中；吒枳迦羅一類外道，成爲他的伴侶；迷失於佛菩提，亡失了正知正見；這就稱爲第八類發起邪思爲因，建立熾盛塵勞的果報；違背及遠離了圓通法門，背棄了涅槃大城，出生於天魔種姓中。」

善男子修習禪定而未能證得初禪，但已廣行善事而尋求生命的本元時，由於我見還沒有斷除，又不知法界實相就是如來藏妙眞如性，但他已經「窮諸行空」，也就是從色陰開始探究行陰出生的根元，發現是因爲識陰所以才會有眾生的色身與精神，然後才會有行陰存在；於是修證禪定而不能發起初禪，只證得未到地定；當他住於未到地定中，誤以爲自己的行陰已經滅盡了，認爲自己的識陰覺知心不動時就是「已滅生滅」。然而他對眞正寂滅、精妙的如來藏境界，當然還沒有圓滿的知見。這時他又想：識陰覺知心就是十二類眾生的本元，所有眾生不論聖凡，全都以識陰六識爲主，色身爲副。十二類有情之中，不論是哪一類有情，不論是誰，全都同樣是以識陰爲自我；這個道理是一切有情都如此，誰也不能改變的。如果把識陰覺知心滅除而不存在了，眾生的性命也就跟著壞滅，一切有情的自我也就跟著性命滅盡，那時還能有誰來證得眞實常住心呢？所以，識陰覺知心才是眞常不壞的自我。

這類外道由於這樣的認知，在未到地定中化現出種種五欲境界，讓自己的識陰六識留存在五欲塵勞之中。這一類外道就是證得最深未到地定的人，加修了五神通，將來會出生在他化自在天中，成爲天魔的徒眾；將來會常常化現種種五欲境界來留住識陰，住在五欲塵勞之中。這類外道在人間也是常常可見的，就是密宗外道；他們總是依這樣的邪思惟與邪見，想要證得眞常的佛果，所以從外道法中取來雙身法，套上佛法名相而說是無上瑜伽—與佛菩提無上相應的勝妙法—名爲樂空雙運。又說這是輪涅不二，說輪迴當中就有涅槃，是在欲樂之中的覺知心與淫欲不生不滅。這卻與菩薩所證的本來自性清淨的常住涅槃完全不同，因爲這類外道與密宗所說「輪迴中本就有涅槃」，全是識陰的生滅境界，並沒有不生不滅的涅槃境界；菩薩所證的卻不是他們的識陰境界，而是第八識本來自性清淨的本自不生的常住涅槃。

由於這樣的邪見，「便於『此際坐蓮華宮，廣化七珍，多增寶媛，縱恣其心』」，因此就在他化自在天的蓮華宮殿中，廣作變化而擁有七種珍寶，數量很多；並且又增加了許多美麗的天女，供他在蓮華宮殿中，日夜放縱恣意貪欲，在這種見解中生起種種理由，說服所有眷屬。密宗正好與這類外道完全相同，努力在人間說服人們相信他們的見解，也努力排斥諸佛所傳的如來藏妙眞如性正法。當他們在這種邪思之中「生勝解者，是人則墮眞無眞執」，世尊說這一類人全都墮入「眞無眞執」之中。「眞」是指識陰覺知心，因爲錯認識陰覺知心爲眞實常住的自我，所以成就「眞執」；「無眞」是指色身與所化的七珍及寶媛、欲樂等，因爲同時執著這些無眞之法，所以名爲「無眞執」，合稱爲「眞無眞執」。

「吒枳迦羅，成其伴侶」，是說欲界頂的他化自在天人與天魔，將會成爲這一類外道，也就是密宗行者的伴侶。密宗的學人如果能夠同時修定而證得深厚未到地定，也常常修布施，並且只與配偶合修雙身法而不與別人的眷屬合修，所以不曾毀破邪淫戒；他將來死後會生在他化自在天中，成爲天魔的眷屬，在他化自在天上「坐蓮華宮，廣化七珍，多增寶媛，縱恣其心」；在他化自在天中享盡天福以後，將會下墮三惡道中。如果沒有修定而只在雙身法上用功，死後將會出生在四王天或鬼神道中，也就是他們自己所說的「往生烏金淨土、空行淨土」，成爲鬼道有情或四王天中不依止佛、法、僧三寶的夜叉。密宗與這類外道也效法菩薩的說法：留惑潤生，世世轉生在人間當法王，利樂眾生。他們宣稱自己如同諸菩薩一般，眾生如果還沒有度盡，他們就不會取涅槃。然而菩薩是已經斷盡我見與我執，是能取涅槃而不取涅槃；密宗與這類外道卻是我見與我執都具足存在，連斷我見都作不到，更別說是取涅槃；竟也欺騙世人說是留惑潤生，常住世間。

密宗與這類外道，全都是落入識陰之中的常見外道；又爲了讓識陰可以留存不壞，要藉色身與五欲樂—特別是男女欲—來留住識陰六識，於是就得練寶瓶氣、明點升降、盤腿跳躍等，來幫助雙身法的持久不洩，認爲就是成就佛道。爲了「多增寶媛，縱恣其心」，於是要推廣密宗而可以獲得許多女信徒，可以有許多女信徒夜夜與他們合修雙身法，夜夜都不會空過而可以「縱恣其心」。這些人正是第八種外道發起「邪思因」、「立熾塵果」；正是以發起邪思爲因，建立了會使他們心中極爲熾熱的五塵勞累果報，所以每夜都要辛苦地與女人合修雙身法而無法遠離勞累，藉以獲得五塵觸覺上的果報。這些外道全都是違背而且遠離佛菩提的圓通法門，背棄了涅槃法城，死後將出生爲天魔種姓的眾生。

【「又善男子窮諸行空，已滅生滅，而於寂滅精妙未圓；於命明中分別精粗，疏決真偽因果相酬。唯求感應，背清淨道：所謂見苦、斷集、證滅、修道，居滅已休，更不前進生勝解者，是人則墮定性聲聞，諸無聞僧增上慢者，成其伴侶。迷佛菩提，亡失知見。是名第九圓精應心，成趣寂果，違遠圓通；背涅槃城，生纏空種。」】

講記：「此外，善男子窮究各種行陰的緣起故空，已經滅除了行陰的生滅性，然而對於如來藏眞正寂滅境界裡的精妙性還未修學圓滿；此時在生命的光明中分別精微與粗大，自己分疏而決定眞實與虛偽是因與果互相酬償的。這時他只追求冥感相應，背棄了原本所修的清淨道：所謂見苦、斷集、證滅、修道，居住於滅盡之中而休止了一切佛法的修行，再也不願前進，就這樣生起勝解的時候，這種人就墮落於定性聲聞法中，那些無聞少慧的聲聞僧中的增上慢人，就會成爲他的伴侶。迷失了佛菩提，亡失了正知正見。這就稱爲第九類解脫道中圓滿精妙相應於自心，成就趣向寂滅的果報；違背及遠離了圓通法門，背棄了大涅槃城，出生於纏空的種姓中。」

修習佛法的善男子既未修定，我見還沒有斷除，也不曾聽聞實相的正理，但已經「窮諸行空」；因爲他從思惟所得的智慧之中，深入探究行陰的根元，知道是因爲識陰還沒有壞滅，才會有四陰繼續運作不斷而有行陰；於是寂止自己的身心停止四陰的活動，認爲自己的行陰已經滅盡了，所以自認爲「已滅生滅」。但他對眞正寂滅的如來藏境界，對精妙的如來藏境界還沒有圓滿的知見；所以他「於命明中分別精粗」，也就是在生命現象的光明中窮究識陰以後，誤以爲一切眾生都是以識陰作爲根本，覺知心就是眞實法，以爲是由識陰覺知心入住胎中來出生未來世的五陰；而眾生出生在三界十二類有情之中，五陰性質與生活環境互有粗細差別的原因，則是由於識陰所造的業行精粗有別，所以各各不同。就這樣分別生命光明的各種粗相與細相，而誤認爲精細的、離念的生命現象就是生命的根元，粗糙的生命現象則是虛妄而流轉的，以此緣故「疏決眞僞因果相酬。唯求感應，背清淨道」，所以純依聲聞菩提的四聖諦，來疏通及判決自己的見解眞僞，認爲都是依識陰所造作的業行，而有「因果相酬」，才會有三界十二類有情粗細不同的生死差別。所以只求因與果之間的感應果報，不想要斷除識陰而取證解脫果；或者只求理解四聖諦以後，不在斷我見我執上面實修，而求感應到出三界的果報；因此就背離了斷我見、斷我執的清淨道，以自己認定的眞理來修行。

「所謂見苦、斷集、證滅、修道」，這樣的修行正理本來是正確的，但是他卻在了知世間種種苦，了知應斷種種集，了知應證五陰永滅，也知道應該修習八正道來滅集以後，卻住在應滅苦集的勝解之中，誤認爲精細的識陰即是眞實不壞的生命實相，於是想要繼續保持後世的精細五陰，休止了原來的修道，再也不願前進以求斷滅我見我執而消滅五陰；他就在這樣的見解與判定決擇的狀態下，自己出生了許多理由來終止道業而住在這樣的勝解中，認爲自己的解脫道已經完成了，實際上卻還是沒有斷除我見與我執；就在我見、我執俱在的情況下，想要感應阿羅漢們所證的寂滅果。這樣的人就會墮入決定性的聲聞種姓之中，絕對不會想要修學佛菩提道，也不相信佛菩提道的圓通法門與境界。這一類人會以那些無聞無智聲聞僧人中的增上慢者，也就是會以聲聞法中未證言證的出家人作爲他的伴侶，終其一生都不會離開這類聲聞法中未證言證的出家人。同樣是迷昧於佛菩提的圓通智慧，亡失了佛菩提的正知正見。這些人名爲第九種與佛菩提不相應的人，是與圓滿精明的識陰感應而誤認爲眞實心，想要以識陰覺知心永遠存在而成就趣向寂滅的聲聞果；這是違背及遠離佛菩提圓通法門，背棄了涅槃法城，出生在被空所纏縛的聲聞種姓中，不能證得解脫。

【「又善男子窮諸行空，已滅生滅，而於寂滅精妙未圓；若於圓融清淨覺明發研深妙，即立涅槃，而不前進生勝解者，是人則墮定性辟支；諸緣獨倫不迴心者，成其伴侶。迷佛菩提，亡失知見。是名第十圓覺溜心，成湛明果，違遠圓通；背涅槃城，生覺圓明，不化圓種。」】

講記：「此外，善男子窮究各種行陰的緣起故空，已經滅除了行陰的生滅性，然而對於眞正寂滅境界的如來藏精妙性還未修學圓滿；如果對圓融清淨的如來藏光明，發心研求其深妙微細境界時，隨即建立寂滅的涅槃，而不想前進修證佛菩提道，就生起滅盡五陰的勝解時，這種人就墮入決定性的辟支佛種姓中；那些緣覺獨住而不與其他師兄弟同倫的不迴心大乘者，成爲他的伴侶。迷失於佛菩提，亡失了正知正見。這就稱爲第十類依於圓覺清明之心，成就了澄湛清明的果報；違背及遠離了圓通法門，背棄了涅槃法城；出生爲覺悟圓滿光明，成爲不被佛菩提所度化的緣覺圓明種姓。」

修學佛法的善男子，探究到行陰出生的根元，知道是因爲有色、受、想、識等四陰存在，又不停地活動才會有行陰，所以「窮諸行空」；於是斷除對於色、受、想、行四陰的執著，寂止自己的覺知心，也寂止了色受想三陰，不愛樂各種活動，認爲這樣就是行陰已經滅盡了，所以自認爲「已滅生滅」。然而他對眞正寂滅而精妙的如來藏涅槃境界，還沒有具備應有的圓滿了知；假使他在「圓融清淨覺明」的如來藏上面，發起研求如來藏的精細深妙境界時，由於稍微了知識陰的緣起生滅，尚未具足了知識陰內容與生滅之前，隨即建立滅盡五陰的涅槃，不再前進求證究竟寂滅的如來藏，於是藉著尚未具足觀察的因緣法，就想要斷除我見與我執。這種人就會墮入決定性的辟支佛乘之中，所有愛樂修學因緣法而不與他人同修的不迴心者，成爲他的修道伴侶。

這種人迷昧於佛菩提道，亡失了佛菩提正知正見，名爲第十種受限於「識陰區宇」的凡夫，是圓滿證得識陰清明心的人，只是成就了識陰澄湛覺明的果報；這一類人落入精細識陰離念靈知之中，喜歡終日保持一念不生，其實依舊不能證得辟支佛果，同時也違背及遠離了佛菩提的圓通法門，背棄了涅槃法城。這種人是出生在識陰的覺知性圓滿光明中，成爲「不化圓種」，由於他的所覺停止在圓滿光明的識陰精明性中，並且心得決定而不可能迴轉於佛菩提道中，稱爲佛菩提所不能度化的識陰圓明種姓。

【「阿難！如是十種禪那中途成狂，因依迷惑；於未足中，生滿足證；皆是識陰用心交互，故生斯位。衆生頑迷不自忖量，逢此現前，各以所愛先習迷心而自休息，將為畢竟所歸寧地。自言滿足無上菩提，大妄語成；外道邪魔所感業終，墮無間獄，聲聞緣覺不成增進。汝等存心秉如來道，將此法門於我滅後傳示末世，普令衆生覺了斯義，無令見魔自作沈孽。保綏哀救，消息邪緣，令其身心入佛知見；從始成就，不遭歧路。」】

講記：「阿難啊！猶如我以上所說落入『識陰區宇』而修習靜慮的十種狀況，都是在修習的過程中，把所悟的根本因與所依的境界迷惑無知而誤計了；

在尚未到達應該圓滿具足修證的階段以前，就出生了圓滿具足實證的誤會，以爲眞的實證具足了。這都是識陰覺知心在『識陰區宇』的境界中交互運作，所以產生這十種不同的邪見狀態。而眾生大多頑固不聽教導，又往往迷惑於自己的證境而不懂得忖量自己的智慧、定力、福德，在目前是否就能證得佛果。現前逢遇這十種境界時，各自以心中所愛的先前修習的內涵與境界，迷惑了自己的眞實心，安住於其中而休息不前，把這十種錯誤的境界認作是佛菩提道最究竟的歸依安寧的境界；然後自己宣稱已經滿足無上菩提，宣示自己已經成佛了，因此大妄語的惡業具足成就。墜入外道與邪魔境界以後，捨報就被錯修誤證所感應而受報於魔道中領受魔業，等到未來魔業終了時就會下墮於無間地獄中。像這些外道與走入岐途的佛弟子們這樣修行的結果，連聲聞與緣覺之道都不能成就，也不能增進佛菩提道。你們大眾既然存心秉持如來之道，便應該將這個金剛三昧的正確法門，於我釋迦如來示現已入滅度以後，傳授及教示於末世之時，普遍教令所有修學佛菩提的眾生們覺悟和了知這些眞正的義理，不要使各種邪見與天魔們來影響大眾，而使後世大眾自己造作了將來下沈三惡道的孽緣。你們都應該保護佛菩提道的密意，還應該弭平後世佛弟子們的所有邪見與魔擾，以慈哀之心救護末世眾生，消除及停息各種邪見因緣，使後世末法眾生的身心可以進入如來的所知所見之中；要使末法眾生打從一開始便能成就眞

正的金剛三昧，不會遭遇外道邪見與天魔迷惑的分岐岔路。」

「**中途成狂，因依迷惑；**」當代學佛法的佛門中人，凡是宣稱已經開悟的人，十有九人「中途成狂」，總是誤將中途錯認爲到達最後境界了。譬如當代自稱開悟的所有大、小法師們，檢驗的結果卻都是我見具在；也還沒有明心，全都落在意識境界中，與常見外道完全相同。在既未斷我見，也沒有證得如來藏時，就宣稱已經開悟證果了，都是「中途成狂」的愚癡狂惑之人。之所以會墮入這樣的大妄語業中，全都是由於「因依迷惑」；都肇因於所學的諸法實相打從一開始就錯了，先迷惑於正因——不知開悟明心之標的是第八識如來藏；然後以錯悟所得的意識境界作爲依止——以生滅的意識境界作爲所依；之後又沒有智慧自我檢查，甚至善知識以書籍公開指正後，還不肯自我檢查改正，具足了「因依迷惑」，常住於中途而自以爲已到究竟地，成就大妄語業。更愚癡者，並且還爲了保護名聞與利養，以各種手段暗中誣指善知識所說法義邪謬，加以抵制。這是二十世紀末的正常現象，所以名爲末法時代。

「**各以所愛先習迷心而自休息，將為畢竟所歸寧地。**」二十世紀末的這些大、小法師們，各自都以心中所愛著的知見與意識境界，當作是正確的開悟境界，不服善知識指正；乃至善知識尚未加以指正以前，就不斷地暗中運作抵制善知識；原因都是先入爲主的錯誤知見，承襲自原來所熏習的意識境界知見，不肯棄捨，於是迷惑於意識自心而安止下來，墜入「識陰區宇」而不想改易自己的所證；就住在意識境界中休息下來，錯認他們的意識境界是 世尊所教導的金剛心境界，於是把這種意識境界認定爲永久歸依的安寧無憂境界。

「**自言滿足無上菩提，大妄語成；**」當代這些大、小法師們雖然大妄語，雖然「**中途成狂，因依迷惑**」，倒也還好，因爲他們雖然未悟言悟，畢竟還沒有自稱成佛；然而密宗那些喇嘛們，動輒自稱法王，個個宣稱「**即身成佛**」，都以活佛自居，暗示說 釋迦如來已是死佛，不足爲依。所以也有喇嘛在書中說：**釋迦如來已經沒有加持佛弟子的能力，只有密宗上師才能加持佛弟子。**眞是狂妄到極點了！都還不知道自己正是「**中途成狂，因依迷惑**」的邪見者呢！

「**汝等存心秉如來道，將此法門於我滅後傳示末世，普令眾生覺了斯義，無令見魔自作沈孽。保綏哀救，消息邪緣，令其身心入佛知見；從始成就，不遭岐路。**」世尊特別吩咐阿難菩薩等人，不許永入涅槃，必須將 世尊破斥邪見與魔境的開示，不斷地傳揚到後世末法時代中；不要使這些開示滅失，免得末法時代的佛弟子們被天魔及邪見所耽誤。世尊已是人天至尊，尚且親自破斥邪見及魔境，這樣老婆心切，不都是爲了我們嗎？然而正覺同修會中竟然有人因我幫助而證悟，又被我派任爲親教師以後，還要來阻止我破邪顯正，眞不知他們心中對 世尊這個開示與吩咐，是怎麼看待的。所以，你們讀過 世尊這一段經文中的吩咐以後，都不要來勸我休歇止息破邪顯正的重要工作，因爲這是世尊的吩咐。你們既然在我幫助下證得如來藏了，而我是往世依於世尊的親自教導，才能親證聲聞菩提而又迴心大乘確實明心；所以你們今天可以斷我見證初果，又進而明心親證如來藏——證得金剛三昧，乃至還有人能眼見佛性。然而你們所有人全都要追溯法源，無一不從 世尊而來。既然法從 世尊，而 世尊又這樣吩咐：要滅除末法時代的種種邪見與天魔的誘惑；那麼我破斥顯密大師們的邪見，來顯示正法眞實義的作爲，諸位就應該鼎力支持才對。怎能在我幫助下證初果、悟得金剛三昧以後，還來要求我停止破邪顯正的重要工作呢？如今那些阻止我破邪顯正的人都已經離開同修會了，希望以後再也不要有人像那些人一樣，再來阻止我破邪顯正。

【「如是法門，先過去世恒沙劫中微塵如來乘此心開，得無上道。識陰若盡，則汝現前諸根互用；從互用中，能入菩薩金剛乾慧。圓明精心於中發化，如淨琉璃內含寶月。如是乃超十信、十住、十行、十迴向、四加行心、菩薩所行金剛十地；等覺圓明，入於如來妙莊嚴海，圓滿菩提歸無所得。此是過去先佛世尊，奢摩他中毘婆舍那覺明分析微細魔事；魔境現前，汝能諳識；心垢洗除，不落邪見。陰魔銷滅，天魔摧碎；大力鬼神，褫魄逃逝；魑魅魍魎，無復出生。直至菩提，無諸少乏；下劣增進，於大涅槃，心不迷悶。若諸末世愚鈍眾生，未識禪那不知說法，樂修三昧；汝恐同邪，一心勸令持我佛頂陀羅尼咒。若未能誦，寫於禪堂或帶身上，一切諸魔所不能動。汝當恭欽十方如來，究竟修進最後垂範。」】

講記：「如同我所說的這個如來藏金剛三昧法門，先前過去世恒沙劫中猶如微塵數的如來，都是藉著這如來藏金剛三昧而明心開悟，最後證得無上佛菩提道。識陰的區宇若是全部破盡了，那麼你阿難就可以現前六根互相通用；從六根互相通用之中，便能進入菩薩金剛心如來藏的乾慧境界中。圓滿而光明的精妙眞心就在『識陰盡』的境界中發揚宣流出來，猶如清淨絕頂的琉璃之中所含藏的寶月一般。就像我說的這樣子確實修證，乃能次第超越十信、十住、十行、十迴向、四加行心、菩薩所行金剛心十地；然後把等覺地應修的功德圓滿光明地修成而破盡『識陰區宇』，進入妙覺位中，最後終於進入諸佛如來的勝妙莊嚴萬法性海之中，圓滿了法界實相的覺悟而歸於究竟無所得境界。這就是過去已經示現的先佛世尊，在住心於金剛三昧中所觀行出來的覺悟光明，來分析各種微細的心魔與天魔等種種事相；當各種魔境現前時，你們聽完以後已經能夠熟諳與識別了；未來再深入修習而將心中的污垢洗除，不會再落入種種邪見中。這時五陰區宇和心魔銷滅了，而天魔對你們的種種擾亂行爲也都被你們摧碎了；這時大力鬼神也只能落魄逃逝，遠離你們；至於魑魅魍魎，也因爲你們的光明勝妙而無法再出生於你們眼前了。像這樣修行而直到佛地的覺悟境界時，整個修道過程中都不會有種種知見上的缺乏了；就能幫助根性下劣的末法時代佛弟子們向上增進，對於大涅槃的實證方法與理路，心中就不會有所迷惑與鬱悶了。如果所有末法時代學佛的愚鈍眾生們，尚未了知如來藏金剛三昧的靜慮內容，也不知道善知識已經有所說法；或者知道善知識有所說法而不能理解，但又樂於修習如來藏金剛三昧；而你們唯恐這些末法愚鈍眾生同入邪道之中，可以一心勸令他們誦持我所說的佛頂陀羅尼咒。若是遇到愚昧到無法親自持誦的人，就教導他們寫於禪堂牆壁上，或者寫在絹帛綿紙而帶在身上，一切諸魔就都無法擾亂他們了。你們應當恭敬欽仰十方如來所修過的、最究竟修習轉進通達的金剛三昧，以及諸佛入滅前最後垂下的妙法示範。」

「如是法門，先過去世恒沙劫中微塵如來乘此心開，得無上道。」「如是法門」是指如來藏金剛三昧的法門，絕對不是密宗雙身法中，託名男人性器官的堅挺不軟而妄稱爲金剛，就自稱爲金剛乘，然後妄稱他們的雙身法爲金剛法門，妄稱雙身法中樂空雙運一心不亂的受樂境界爲金剛三昧。密宗自從天竺佛教後期滲入佛門以來，一直都在套用佛法名相，內容卻全然是外道法；當他們讀到《楞嚴經》時，看到如來藏金剛三昧實證的名相時，就詭辯說他們的樂空雙運的雙身法淫樂境界即是佛法中說的金剛三昧。但佛法中的金剛三昧是指如來藏的境界，他們怕被拆穿，於是又發明觀想出來的中脈明點，謊稱明點就是如來藏心；就以明點能夠從海底輪（私處）上升到頂門（頭頂天靈穴），僞稱爲金剛心，然後在雙身法中觀想明點（如來藏）下降到海底輪，進入女性器官中與女性的紅明點會合，說這樣就是證得金剛三昧。但他們的這種金剛三昧，與佛法中的金剛三昧卻是完全無關的。

密宗這種行爲眞是令人無法想像的大膽造假，而且是全面造假；當年天竺密宗就是這樣全面將佛法造假，以外道法全面取代了佛法，入篡正統佛法。當他們全面造假取代佛法本質的惡行全面成功時，正是十世紀末的波羅王朝時代，那時古天竺的佛教已經名存實亡了。在當時的佛教名存實亡以後，已轉變成入篡正統的密宗，再被回教軍隊滅亡；然後佛教學術研究者不明就裡，反而說佛教是滅亡於回教軍隊；這其實是在誣賴回教軍隊，因爲佛教早在十世紀末的波羅王朝時，已經被密宗滅亡了，只剩下佛教寺院與僧人的外殼表相，只剩下佛法名相而本質純屬坦特羅（譚崔）外道的雙身法了。

密宗最痛恨《楞嚴經》的存在，因爲密宗很痛恨《楞嚴經》所說的金剛三昧，正好是在破斥他們生滅無常的樂空雙運無上瑜伽邪法；經中所說親證如來藏的金剛三昧境界，也同時預先顯示密宗金剛三昧是僞稱的假三昧。當他們讀過《楞嚴經》以後，開始把金剛三昧全面造假，轉移大眾對金剛三昧的認知；於是後來每當大眾聽到金剛三昧時，就立即聯想到密宗雙身法的金剛杵堅硬不軟，於是金剛三昧的本義就失傳了。這正是密宗入篡佛法正統的具體實例之一，而密宗這種入篡佛法正統的行為，是普遍而深入的，也是全面的。我們既然已經一一檢證出來了，就應該詳細告知末法時代所有修學佛菩提道的人；當大眾都對這個事實有所了知以後，自然可以「**乘此心開，得無上道**」，這就是我們辨正藏傳假佛教仿冒佛教而弘傳邪教教義的目的所在。

「**識陰若盡，則汝現前諸根互用；從互用中，能入菩薩金剛乾慧。**」「**菩薩金剛乾慧**」，是指最後身菩薩位的妙覺地，也就是住在即將成佛的妙覺位中的智慧，還無法發起成所作智與大圓鏡智，而妙觀察智與平等性智也尚未圓滿具足，所以稱為「**菩薩金剛乾慧**」。在等覺位中除了廣大布施以外，有時可以開始修習「**諸根互用**」；要藉著諸根互用的功德，深入觀察及研究，才能進入妙覺位的金剛乾慧境界中。

「**如是乃超十信、十住、十行、十迴向、四加行心、菩薩所行金剛十地；等覺圓明，入於如來妙莊嚴海，圓滿菩提歸無所得。**」要依止如來藏金剛三昧的正理作為大前提，歷經十信、十住、十行、十迴向、四加行心、金剛十地、等覺、妙覺的修行過程與內容實修，才能成就究竟佛果。凡是宣稱或自認為已經成佛的人，都必須依《華嚴經》所說五十二個階位的修證內容，或者依《楞嚴經》中所說六十個階位的修習內涵，自我進行檢查；要在最後的等覺位中具足等覺位應有的修行，把識陰習氣種子滅盡而使「識陰區宇」破盡，使佛性不再被六根所區隔，可以「六根互用、見聞通鄰」成爲妙覺菩薩。如果都沒有這些實質而自認爲究竟成佛了，是很危險的事；如果向別人宣稱自己已經究竟成佛了，那就是大妄語業，而且是特大號的大妄語業，不是只有未悟言悟的大妄語業而已；這一定是阿鼻地獄重罪，所以正在學佛的人都必須以此自我檢查。至於自認爲正在學佛的密宗行者，上自達賴下至一般學密者，更必須依此自我檢查，免得將來捨報時口不能言、身不能動，業鏡現前時想要彌補，都已經來不及了。這是我必須爲學佛人或所謂學佛的密宗人士特別強調的。學佛本是善事，卻因爲學佛而下墜阿鼻地獄中，其實是人間最大的冤枉。

「**此是過去先佛世尊，奢摩他中毘婆舍那覺明分析微細魔事；魔境現前，汝能諳識；心垢洗除，不落邪見。陰魔銷滅，天魔摧碎；大力鬼神，褫魄逃逝；魑魅魍魎，無復出生。**」這些正理其實是過去已曾示現過的諸佛世尊，所說如何在如來藏金剛三昧中安止時應該觀察的本覺光明中，爲大眾分辨解析的微細境界中的各種魔事。當這些魔境現前的時候，如果不能熟識了知而分辨出來，就不免會被誤導而退失佛菩提。如果能夠熟識而了知在先，不但不會被邪見魔所誤導，而且可以進而洗除心中見解上的垢穢，於是就不會再落入各種邪見之中。如此一來，各種邪見魔不能再出現於自己的心中了，五陰魔自然就全部銷毀滅失了，那麼身外的天魔再也無法來干擾，他們想要誤導菩薩的陰謀就被全部摧碎了。這時候，凡是想要來擾亂菩薩的一切大力鬼神，在菩薩的智慧光明照耀下，只好如同魂魄被剝奪一般趕快逃離菩薩而永遠消失菩薩面前了。在這種情況下，一切山精鬼魅等低級鬼神，自然更不敢再於菩薩的定中出現。

「**直至菩提，無諸少乏；下劣增進，於大涅槃，心不迷悶。**」菩薩們只要能夠依照 世尊這樣的教導，依循如來藏金剛三昧來修止修觀，自然可以直接地世世進修到達佛菩提的究竟位，不會有什麼知見與三昧會有所乏少。如果是眞正在修學佛法的人，不論是已經明心或尚未明心，不論是已斷三縛結或未斷三縛結，都應該謹記 世尊開示的意涵，要記住這五十種內外心魔的擾亂情況。如果無法全部記住，那也沒關係，只要記住這一點就行了：不要妄自尊大，要先對自己有所忖量；一切實事求是，就不會有問題。那麼即使是下劣的人，對於佛地大般涅槃，至少不會迷悶誤會而造下大妄語業，自招下墜地獄的惡果。

「**若諸末世愚鈍眾生，未識禪那不知說法，樂修三昧；汝恐同邪，一心勸令持我佛頂陀羅尼咒。若未能誦，寫於禪堂或帶身上，一切諸魔所不能動。汝當恭欽十方如來，究竟修進最後垂範。**」有些人確實很愚昧，不但無法修學如來藏金剛三昧，乃至連持誦楞嚴咒都作不到；那麼至少也應該設法遠離魔擾，這時只要書寫楞嚴心咒於家中牆壁上，出家人就書寫在寺院法堂及寮房牆壁上；也可以進一步寫在布帛綿紙上面，隨身攜帶著，魔就不會靠近，至少可以一世安全無虞，不受魔擾；而寺院或家中也可以遠離藏傳假佛教邪淫的魔子魔孫暗中惱亂，寺中或家中自然平順如意。

【阿難即從坐起，聞佛示誨，頂禮欽奉憶持無失，於大眾中重復白佛：「如佛所言五陰相中五種虛妄為本想心，我等平常未蒙如來微細開示；又此五陰為併銷除？為次第盡？如是五重，詣何為界？惟願如來發宣大慈，為此大眾清明心目，以為末世一切眾生作將來眼。」佛告阿難：「精真妙明，本覺圓淨，非留死生及諸塵垢，乃至虛空皆因妄想之所生起。斯元本覺妙明真精，妄以發生諸器世間，如演若多迷頭認影；妄元無因，於妄想中立因緣性；迷因緣者稱為自然，彼虛空性猶實幻生；因緣、自然，皆是眾生妄心計度。阿難！知妄所起，說妄因緣；若妄元無，說妄因緣元無所有，何況不知、推自然者？是故如來與汝發明五陰本因同是妄想，汝體先因父母想生，汝心非想，則不能來想中傳命。」】

講記：阿難隨即從座位起身，因爲已經聽聞 佛陀的開示與教誨，頭頂禮敬而且欽奉憶持於自心之中不會失去了，就站在大衆之中重新再向 佛陀稟白說：「如同佛陀所說五陰法相之中有五種虛妄，衆生當作是本有的能知之心，我們這些人平常未曾親蒙如來作出這麼微細的開示。而且這個五陰區宇是應該同時一併銷除呢？或者是從色陰開始次第銷盡到識陰區宇？而這五重區宇，又是到達什麼地步才是究竟銷盡的邊界？惟願如來發起及宣揚出大慈之心，爲這個法會中的大衆清明心眼，也把這個開示留給末法時世的一切衆生作爲將來修習佛菩提時分辨眞僞的慧眼。」佛陀就告訴阿難菩薩說：「精微眞實勝妙的眞覺光明，是本有的知覺而圓滿清淨的，不會停留於有死生的五陰以及種種塵垢之中，種種萬法乃至虛空都是因爲虛妄想的緣故所生起的。這個元來就在的本有知覺勝妙光明眞實的萬法之精，衆生卻由虛妄想爲藉緣而發生各種三界中的器世間，猶如演若達多迷失自己的頭而妄認外影爲自己的頭一般，向外尋求五陰及世界的來源。而衆生的這些虛妄想本來就是無因生起的，是於虛妄想之中錯誤地建立，而說五陰的出生純粹是因緣性；若是迷於因緣、不懂因緣法的人，就宣稱五陰的出生是自然性；而那個無邊的虛空性，猶是眞正從虛妄想中幻生的，不是實有虛空性。這些凡夫或外道們所說的因緣生、自然生，全都是衆生依虛妄心想錯誤認知而作的測度。阿難！因爲知道五陰與世界是以虛妄想作爲因緣所生起的，所以爲大衆解說虛妄出生的因緣；若因爲虛妄本來就不存在，就爲大眾解說虛妄因緣其實是本來就無所有，何況是對不知因緣也不知道虛妄想而推給自然性的人呢？由於這個緣故，如來才會爲你們發明說：五陰出生的本因同樣都是基於虛妄想，你們的身體則是先因父母的虛妄想才能出生的，然而你們的心如果沒有想——沒有了知——就不可能來到父母的了知境界中傳接生命了。」

阿難聽完 世尊的開示以後，又爲末世大眾提出請問，讓大眾明白：世尊是特別爲大眾作了這些開示。因爲對五陰和如來藏妙眞如性之間的關聯，像這樣作出非常詳細的開示，這是 佛陀在其他的經典中都不曾講過的，只有在這部《楞嚴經》中才作了這樣詳細而全面性的完整開示。大家應該因此而感恩戴德，不要辜負了 世尊的大慈大悲，當然也就應該遵照 世尊的咐囑，一起救護末法時世的學佛眾生。阿難又爲大眾請問：「**又此五陰爲併銷除？爲次第盡？**」又進而請問說：**這五重的五陰區宇，是應該修到什麼境界時，才算是每一陰已經破盡**？由此可見阿難菩薩是如何爲後世末法學佛眾生著眼了。

「**精真妙明，本覺圓淨，非留死生及諸塵垢，乃至虛空皆因妄想之所生起。**」

「**精眞妙明**」的如來藏與祂的妙眞如性，是本來就清淨而不是修行以後才清淨的；而眞心如來藏的知覺也是六塵外的知覺，並且是本來就有的知覺，不是受生出胎以後才有的見聞覺知中的知覺，所以稱爲本覺。這個本覺是不會被六塵中的貪瞋癡所污染的，也不會停留於生死及塵垢中而被拘繫；卻能出生萬法，乃至虛空也是眾生因爲妄想而生起於覺知心中，而這虛空一法卻只是如來藏所蘊含的萬法中的一法而已。

「**斯元本覺妙明真精，妄以發生諸器世間，如演若多迷頭認影；妄元無因，於妄想中立因緣性；**」不懂佛法的人，總是認爲佛法所說就只有四聖諦與因緣法，迷於正因，就不知道佛法是在探究萬法的本源，所以外於如來藏或否定如來藏之後而說佛法，於是誤認爲一切有情及世界山河，全都是因緣生、因緣滅；這些人都是迷於自己本來就存在的頭，卻因爲一直都是向外瞧而不懂得反觀，所以看不到自己的頭所在，然後就如同演若達多一般迷頭認影，向外到處求索自己原本就已經存在的頭——萬法的本源。眾生也是一樣，迷於自己本就存在的如來藏與佛性，向外法五陰之中遍尋不著常住法，於是不信有如來藏，也不信有佛性可以眼見，更不信未來世有佛性可以使自己發起成所作智；於是就在虛妄想之中建立萬法因緣生、因緣滅的理論，這就是被無始無明所迷惑而妄行建立因緣性，稱爲「**於妄想中立因緣性**」，然後就正式排除實相法如來藏與佛性本覺。

「**迷因緣者稱為自然，彼虛空性猶實幻生；因緣、自然，皆是眾生妄心計度。**」迷惑於因緣法而不懂因緣法的愚癡眾生，乾脆說眾生的五陰與山河大地的出生，都是因爲自然性，全都是自然而然就自動出生的，於是成爲自然外道。若是依於法界實相來說，不論是否定萬法生因的如來藏，而認定萬法因緣生、因緣滅的人，或是認定萬法是自然生、自然滅的人，全都是依凡夫眾生虛妄的覺知心想像而生起的錯誤認知與執著，並不是眞實佛法的所說與所證。

「阿難！知妄所起，說妄因緣；若妄元無，說妄因緣元無所有，何況不知、推自然者？是故如來與汝發明五陰本因同是妄想，汝體先因父母想生，汝心非想，則不能來想中傳命。」知道五陰是無明虛妄想以及虛妄造業而生起的，就爲他們解說各種會促使五陰生起的虛妄因緣。然而虛妄想和虛妄所造的種種業，其實本就虛妄而不存在；眞實存在的還是如來藏和祂的佛性——妙眞如性，因此菩薩證悟後都說虛妄的因緣法其實本來就不存在，都是由於不知實相而單在現象界中觀察五陰的由來，才會說五陰是因緣生、因緣滅。世尊說這一類人都是迷於因緣法的人，因爲世尊在四阿含中所說的因緣法，其實都是依入胎而住的「識」—本住法如來藏—而說的，如來藏才是眾生五陰與世界的生因；如果沒有能夠入胎而住的本識如來藏，就不可能在母胎中藉父母爲因緣而出生色陰，也不能再藉色陰而出生識陰六識，自然也就沒有受想行三陰的出現與存在了。眾生都執著於自己的了知性—想—識陰的了知功能，因此而產生了錯誤的見解；所以五陰的出生與壞滅，本來都是緣於眾生的虛妄想，以及虛妄想所緣的覺知心的了知性——想；若是滅除了知性——想，虛妄想即不可能出生，更不能來到父母了知性存在及運作的當下來受生。一定要有虛妄想而想要保持五陰了知性的存在，才會來父母之想中受生；這時若是沒有了知性——想，父母也不可能和合，而自己也不可能來入胎，所以說：「汝體先因父母想生，汝心非想，則不能來想中傳命。」

【「如我先言心想醋味口中涎生，心想登高足心酸起；懸崖不有，醋物未來，汝體必非虛妄通倫，口水如何因談醋出？是故當知汝現色身，名為堅固第一妄想。即此所說臨高想心，能令汝形真受酸澀，由因受生，能動色體；汝今現前順益違損，二現驅馳，名為虛明第二妄想。由汝念慮，使汝色身；身非念倫，汝身何因隨念所使、種種取像？心生形取，與念相應；寤即想心，寐為諸夢；則汝想念，搖動妄情，名為融通第三妄想。化理不住，運運密移，甲長髮生，氣銷容皺，日夜相代，曾無覺悟；阿難！此若非汝，云何體遷？如必是真，汝何無覺？則汝諸行，念念不停，名為幽隱第四妄想。又汝精明、湛不搖處，名恒常者，於身不出見聞覺知；若實精真，不容習妄，何因汝等曾於昔年睹一奇物，經歷年歲，憶忘俱無；於後忽然覆睹前異，記憶宛然，曾不遺失？則此精了湛不搖中，念念受熏，有何籌算？阿難當知此湛非真，如急流水，望如恬靜；流急不見，非是無流；若非想元，寧受想習？非汝六根互用合開，此之妄想無時得滅；故汝現在見聞覺知、中串習幾；則湛了內罔象虛無，第五顛倒細微精想。

講記：「如同我先前所說，由於心中想著酸醋的味道而使口中有唾涎出生，由於心中想著登上很高的懸崖而使足心有酸酸的感覺生起來；然而懸崖並不是眞實有，酸醋之食物也沒有眞的來到自己的口中，那麼你的身體如果不是由虛妄的種種法合成的，口水又如何能夠因爲醋梅等食物的虛妄談論而生出來？由於這個緣故，應當知道你們現前的色身，就稱爲由堅固性所出生的第一種妄想。

就從這個我所說的面臨高處而了知的心，能夠使你的身形眞實領受到酸澀的感覺，這種色身上的酸澀感覺則是由於有想—有了知性—而使受出生了，因此而能觸動色法的身體；所以你如今現前身體有所順益或違損，順違等二種情況同時可以顯現而不斷運行，這就名爲虛明性而不是物質性的第二種妄想。

由你的憶念與思惟審慮，來使用你的色身；而色身並非思慮憶念的心法一類，你的色身卻又爲何會因爲覺知心隨時生起的念頭所使喚、而在種種六塵中攝取影像呢？當覺知心生起時就會有六塵等有色諸法被攝取，而能夠與覺知心中的作意或欲望相應；這個了知性在清醒位中就是能知的心，睡著以後就成爲種種夢境中的心；那麼就在這個狀態下由你的了知性與作意，搖動了虛妄法中的五塵中的種種情境，這就名爲想陰融通色法的第三種妄想。

時時變化的眞實理是永遠都不會停住不動的，行陰則是不斷持續運作而暗地裡都在變移著，所以指甲漸漸增長而頭髮也逐漸在出生；隨著日月的消逝，氣力緩慢地銷減而容貌也緩慢地變皺；這樣子從白天到晚上不斷地互相接替著，然而大眾卻從來都不曾覺知或領悟到這個行陰；阿難！這個行陰若說不是你自己，又如何會在身體上有種種暗中的變遷？如果因此就說這個行陰必定是眞實的自己，那你爲何無法在念念之中就覺察出來呢？那麼你身中發生的種種不同的行陰，一直都是念念變化而不曾停住，就名爲幽隱難覺的第四種妄想。

而且你的識陰覺知心處在很精明、澄湛而不搖動之處，就把這個覺知心名爲恒常不壞的話；但這個離念靈知處於身中運作時，卻都不能出離於見聞覺知之外；如果說這個離念靈知確實是精明的眞我眞實心，就應該不容許會熏習各種虛妄法，卻是什麼原因而使你們曾於昔年看見某一種奇物，經歷了許多年歲以後都不曾再憶想它，而且連自己已經遺忘那個奇物以後都還不曾發覺自己已經遺忘它了；又於後來忽然重新再目睹以前所見過的異物時，爲什麼卻發覺自己的記憶仍然那麼清楚分明，從來就不曾遺失了這種記憶？那麼這個精明而了了能知的澄湛不搖之中，念念都在受熏著種種虛妄諸法，你對此又有什麼籌量與打算呢？難道還要把祂認定爲眞實的自我嗎？阿難！你應當知道：這個澄湛了知的心並非眞實常住心，猶如急流的大江之水，遠望猶如恬靜不動一般；其實是流得很快而不能從表面上看得出來的，並非是沒有在流動；但是話說回來，如果不是有覺知心的根元，又怎麼可能會受覺知心的熏習呢？假使不是把你的六根修到互用而且可以隨意和合或分開，這一類識陰的虛妄想就不會有滅除的時候；所以你現在於見聞覺知之中串習或多或少的種種法；那麼這個澄湛了知的內心中的罔象虛無，就是第五種的顚倒細微精明的了知。」

「如我先言心想醋味口中涎生，心想登高足心酸起；懸崖不有，醋物未來，汝體必非虛妄通倫，口水如何因談醋出？是故當知汝現色身，名為堅固第一妄想。」每一人都是由於有了知性，才有可能會出生五陰。既有了知性存在，就會與色身互動了；所以想到酢梅時，口中就會覺得有酸味而使口水自然出生了；每當想到以前所攀附過的懸崖時，足心就會酸澀。然而心中設想酸梅與懸崖時，酸梅並沒有來到自己的口中，而自己也沒有去到懸崖上站立；一定是因爲色身與覺知心可以有所互動，而覺知心與這些互動的世間諸法，必然全都是虛妄一類的法性，才可能互相影響。「倫」是某一個種類，「虛妄通倫」是說全都是與虛妄性相通的種類。正因爲覺知心與色陰都是虛妄性，才有可能熏習這些虛妄法而產生了如來藏心中的記憶；所以後來只是回想以前所吃的酸梅與所攀附過的懸崖時，覺知心雖然並非物質，還是可以使物質的色身產生回應。而眞實心是不可能熏習這種虛妄法的，只有覺知心與色陰才能熏習這些虛妄法，所以這個功能其實是緣於色陰的「堅固第一妄想」而來的。

「**即此所說臨高想心，能令汝形真受酸澀，由因受生，能動色體；汝今現前順益違損，二現驅馳，名為虛明第二妄想。**」在這個「臨高想心」的舉例說明中，大家都可以領會到：只是非物非色的覺知心的想像，就能使物質性的色身確實領受到足心的酸澀。這其實是因爲覺知心有所領受而產生的，所以覺知心能夠動發物質性的身體功能。於是由於心中大喜或大瞋，就會使色身產生或順或違的受益或損害的情況發生，這正是受陰虛明妄想所產生的。

「**由汝念慮，使汝色身；身非念倫，汝身何因隨念所使、種種取像？心生形取，與念相應；寤即想心，寐為諸夢；則汝想念，搖動妄情，名為融通第三妄想。**」「使」是運用或促發的意思，如同一般人說的「使喚」的意思。當覺知心中憶念與思慮時，就可以促使色身產生反應；然而色身並非無形無色的心等一類，也不是覺知心所想像或思慮的非色一類，卻可以互知互動；所以當覺知心想要了知色塵像時，色身就會依照覺知心的需要而將色塵像攝進來讓覺知心了知。這個覺知心與色法的色塵影像，並不是同一類的法性，覺知心是心，無形無色；色身與色塵影像都是色法，並不是心，卻可以互相融通；不論是在清醒位或夢中，覺知心都可以和色法相應，這就是想陰了知性所產生的融通妄想，這是第三種妄想。

「**化理不住，運運密移，甲長髮生，氣銷容皺，日夜相代，曾無覺悟；阿難！此若非汝，云何體遷？如必是真，汝何無覺？則汝諸行，念念不停，名為幽隱第四妄想。**」每一個人的色身都是每天暗中不斷變化著，不曾停止過；譬如指甲的生長，頭髮的生長一般；成年以後，大家也都同樣一日又一日漸漸銷減了精氣，而容貌也每天都日漸在增加皺紋之中；可是大家都沒有辦法在每一剎那中觀察出來，這一定是有一個大家所不知道的眞實心在運作著，因爲這確實不是覺知心所運作出來的。然而這也只是一種現象，不能說這種現象就是眞實心。而這一類的心行其實是每一個人在每一時刻都潛移密化著，從來不曾停止過；這樣的身行行陰是與覺知心的行陰同樣都念念不停地運作著，這就是第四種很幽隱的行陰妄想。

「**又汝精明、湛不搖處，名恒常者，於身不出見聞覺知；若實精真，不容習妄，何因汝等曾於昔年睹一奇物，經歷年歲，憶忘俱無；於後忽然覆睹前異，記憶宛然，曾不遺失？則此精了湛不搖中，念念受熏，有何籌算？**」每一個人身中都有眞實法如來藏與虛妄法五陰同時並存，同時共同在運作著；眞實法不會熏習世間萬法，不會改變其永遠如如不動的法性，所以永遠學不會世間萬法；能熏習的永遠都是虛妄心，而虛妄心永遠不會變成眞實法，因爲眞實法是本來就眞實，不是經由修行以後才變成眞實法的。眞實法是函蓋虛妄法的，也是遍於一切法中，不會被侷限在虛妄的見聞覺知之中；而錯悟大師們自以爲眞實法的澄湛不搖的離念靈知心，卻被侷限在見聞覺知心中，只能了知六塵及六塵中的諸法，無法了知以及運作六塵以外的諸法，譬如剛才所說的日運月移而日漸生長以及老化的種種行陰；也不能記憶很久以前的種種事情，總是忘了很久以後，又突然從眞實法中記憶起來。所以眞實法是遍於一切法中，不受限於見聞覺知之中，由此可見離念靈知心只是識陰，每夜中斷而不存在，又怎能夠記持一切所曾熏習的種種法呢？

「**阿難當知此湛非真，如急流水，望如恬靜；流急不見，非是無流；若非想元，寧受想習？非汝六根互用合開，此之妄想無時得滅；故汝現在見聞覺知、中串習幾；則湛了內罔象虛無，第五顛倒細微精想。**」世尊特地向阿難以及大眾說明：識陰修除語言文字妄想以後，與定相應時雖然可以澄澄湛湛，看來似乎是不搖不動的眞實心；其實只是如同河面很寬的急流水一般，看來水面是平靜無波而似乎沒有在流動，其實流得很急，因爲寬廣而不容易看見水流得很快。同樣的道理，識陰六識就如同急流水一般，非常快速而平靜地運作著；即使是住在定中一念不生時，也一樣是快速在運作著，所以同樣是剎那剎那都在了別的；而識陰就在這樣快速運作的情況下，藉用如來藏的妙眞如性—佛性—

了知性，來領受種種六塵中的世間法熏習；於是就使佛性─如來藏的妙眞如性─分出六個部分而分別在六根之中熏習種種世間法。這必須要經由如來藏金剛三昧的熏習與實證，再以遠離六根功能的執著而住於自心內境，以「反流全一」回歸佛性的方法，歷經百劫勤加修習而修持靜慮，才能達成「六根互用合開」的妙覺菩薩的功德，「識陰區宇」的種種妄想才有可能滅除，這才是識陰的邊際。要這樣實修，才能滅盡識陰的「顚倒細微精想」，成就妙覺菩薩六根互通的「識陰盡」境界，然後才能進而成就究竟佛果。

【「阿難！是五受陰，五妄想成，汝今欲知因界淺深：唯色與空，是色邊際；唯觸及離，是受邊際；唯記與忘，是想邊際；唯滅與生，是行邊際；湛入合湛，歸識邊際。此五陰元，重疊生起；生因識有，滅從色除。理則頓悟，乘悟併銷；事非頓除，因次第盡。我已示汝劫波巾結，何所不明？再此詢問？汝應將此妄想根元、心得開通，傳示將來末法之中諸修行者，令識虛妄，深厭自生；知有涅槃，不戀三界。」】

講記：「阿難！這五種能領受六塵萬法的五陰，是由這五種妄想作爲緣因而成就的；你們如今想要知道緣因邊際的淺與深，是這樣的：唯有色法與虛空，是色陰的邊際；唯有接觸及遠離，是受陰的邊際；唯有記憶與忘念，是想陰的邊際；唯有消滅與出生，是行陰的邊際；澄湛了知而入於法塵中，和合於澄湛的了知性，歸於識陰的邊際。此五陰的根元，是重疊生起而非獨立生起；五陰出生的緣因是由於識陰而有，然而想要滅除五陰時卻要從色陰開始滅除。五陰生因的正理則是藉頓時之間的開悟而獲得，乘著開悟所得的智慧而一併銷除迷理無明；然而滅除五陰區宇的事修則不是一時之間可以頓除的，要藉著事修為因才能次第滅盡五陰習氣種子。我先前已經舉示你們劫波羅巾六個結的解開次第，還有什麼不明白的地方？再次提出這樣的詢問？你們應該將這個妄想的根元，藉著實證眞心如來藏而得以開悟明通，傳授教示給將來末法之中的其他修行者，促使他們認識五陰虛妄的道理，對五陰的深厚厭惡自然會開始出生；然後依所悟的如來藏金剛三昧就能知道確實有不生不死的涅槃，以後就不會再貪戀於三界中的各種境界。」

世尊又開示說：「這五種能領受六塵的五陰，是由堅固妄想、虛明妄想、融通妄想、幽隱妄想、顚倒細微精想等五種妄想共同合成的。」想要了知因地五陰功能界限的淺深差別，要從每一陰來一一說明，所以世尊說：色陰的邊際，就是有色與無色。也就是從有色到達無色時，無色就是色陰的邊際；譬如證得無色定時，住在空無邊處乃至非想非非想處等四空定中，不領受色身的觸覺，也沒有五塵境界，更沒有法處所攝的任何色法存在了，這就是到了色陰的邊際了，所以說：「唯色與空，是色邊際。」

又如受陰的邊際，是以有沒有觸來作爲判斷的標準。但這個觸不是講身體觸覺那個觸，而是對於五塵及法處所攝的色塵有沒有接觸；如果沒有接觸五塵與法處所攝的色塵時，就是離開受陰了；所以如果修得四空定時，就不再領受這六種有色之塵，這時已經離開觸這個法了，自然就沒有受陰存在了，那麼離觸時就是受陰的邊際，所以世尊說：「唯觸及離，是受邊際。」

想陰的邊際則是忘了所記、所念，也就是遠離念心所的時候。假使證得無想定或滅盡定時，就不再對任何事物有所憶念，就是到了想陰的邊際；這時只剩下了知性，開始與佛性相應而能作種種變化，於相於土自在，所以說：「唯記與忘，是想邊際。」是從記憶所曾熏習的諸法是否已經遠離念心所而說的。

至於行陰的邊際，則是身行、口行、心行全都停止了，才是行陰的邊際。譬如進入滅盡定中，不但識陰的心行以及身行都滅了，連口行（覺觀）也都滅了，那時身中不再是念念變易時刻變移的，那時身體的老化過程就暫時停止了；這時雖然還有髮生甲長的現象，卻是非常非常緩慢而難以了知的。即使俱解脫阿羅漢入滅盡定百年不起於定，也只剩下意根還有五遍行心所法中的觸、作意、思等三個心所法存在，這時識陰覺知心的心行全都滅盡了；但因意根心行尚未全部滅盡，所以導致如來藏的識行還在繼續，才會有極緩慢的髮生甲長的現象存在，證明還是有意根的局部心行存在，這時當然還不到行陰的邊際。若是把意根也滅除了，十八界全部滅盡而只剩下如來藏單獨存在，這時連最微細的意根的遍行心所法都滅盡了，就成爲無餘涅槃而不再有任何的行陰了，所以只要把身、口、意等三行全都滅除時，就是到達行陰的邊際了；因爲行陰所能到達的最邊際處，就是身、口、意三行的生滅，所以說：「**唯滅與生，是行邊際。**」

識陰的邊際，是從覺知心所住的澄湛境界中，漸漸修習到能夠與如來藏的永遠澄湛相合時，才是到達識陰的邊際了。「**湛入**」是說經由修習禪定及金剛三昧中的安住，使覺知心進入澄湛的境界中久住。這樣常常而且是大部分時間都住在這種澄湛境界中，時間久了破盡「**識陰區宇**」時，就是「**合湛**」了，這就是識陰的邊際，所以說：「**湛入合湛，歸識邊際。**」

「**此五陰元，重疊生起；生因識有，滅從色除。理則頓悟，乘悟併銷；事非頓除，因次第盡。**」這五陰的根元，本來就是重疊生起的，卻都是因爲在世間相上面熏習而成就各種習氣；雖然五陰生起的緣因是由於識陰在世間法中的熏習，然而若是想要滅除五陰習氣而到達五陰盡的時候，卻是要先從最粗重的色陰習氣開始滅除。從理上來說，眞實法界萬法根元（萬法生因）的證得，全都是頓悟而知的；所以理上的無明迷惑，都是乘著開悟實相時就一併銷除的；然而滅盡五陰習氣種子而到達識陰盡的境界，卻是事相上的修行，不可能如同理悟一般頓時就滅盡的；這時得要因於依循著次第滅除的道理，一一藉由事相上的修行來滅盡。要注意的是：阿羅漢們證得滅盡定時，雖然是過了五陰境界，卻仍然有五陰的習氣種子還沒有滅盡，所以仍然不是五陰盡的境界，只是超越五陰現行的境界而已。必須同時把五陰的習氣種子全部滅盡時，才是眞的到達色陰邊際乃至到達識陰邊際。因此，想要到達識陰邊際時，仍然要從色陰的習氣種子開始滅除；然後滅除受陰、想陰、行陰乃至識陰的習氣種子，才算是究竟到達五陰的邊際，不是如同聲聞聖者一樣只斷現行而不斷習氣種子。

「我已示汝劫波巾結，何所不明？再此詢問？汝應將此妄想根元、心得開通，傳示將來末法之中諸修行者，令識虛妄，深厭自生；知有涅槃，不戀三界。」

世尊說：「我已經用劫波羅巾打成六結與解開六結的方法開示過了，你阿難還有什麼地方不明白的？還得要再一次提出來詢問呢？」接著又吩咐說：「你們應該將這個妄想根元的眞實道理詳細觀察，使自己心中得以開明通達，並且將這個眞實理傳遞開示到將來末法之中的所有修行者之中，要教導末法時的修行者了知五陰習氣的虛妄，那時他們對五陰的深厚厭惡之心自然就會生起了；於是了知確實有常住不易的涅槃可證，自然就不再貪戀三界世間了。」那時五陰區宇自然已經全部打破而滅盡了。

【「阿難！若復有人遍滿十方所有虛空盈滿七寶，持以奉上微塵諸佛，承事供養，心無虛度，於意云何？是人以此施佛因緣，得福多不？」阿難答言：「虛空無盡，珍寶無邊；昔有衆生施佛七錢，捨身猶獲轉輪王位，況復現前虛空既窮，佛土充遍皆施珍寶，窮劫思議尚不能及，是福云何更有邊際？」佛告阿難：「諸佛如來，語無虛妄；若復有人身具四重十波羅夷，瞬息即經此方他方阿鼻地獄，乃至窮盡十方無間，靡不經歷；能以一念將此法門，於末劫中開示未學，是人罪障應念銷滅，變其所受地獄苦因成安樂國，得福超越前之施人百倍千倍、千萬億倍，如是乃至算數譬喻所不能及。阿難！若有衆生能誦此經，能持此咒，如我廣說窮劫不盡；依我教言如教行道，直成菩提，無復魔業。」佛說此經已，比丘比丘尼優婆塞優婆夷、一切世間天人阿修羅，及諸他方菩薩二乘聖仙童子，并初發心大力鬼神，皆大歡喜，作禮而去。】

講記：世尊爲了末法衆生依舊能證如來藏與妙眞如性，所以方便咐囑說：「阿難！若是另外有人以遍滿十方所有虛空中，全部盈滿七寶而無空缺之處，持來奉上微塵數諸佛，並且盡形壽承事供養諸佛，心心念念都無虛度，你的意下如何呢？這個人以這樣大施諸佛的因緣，得到的福德多不多呢？」

阿難菩薩答覆說：「虛空無窮無盡，所以遍滿虛空中的供佛珍寶也是無邊無際，數目多到無法計算；往昔世中曾有衆生布施一佛七個金錢，捨身以後猶能獲得轉輪王位，何況這位善男子把珍寶遍滿十方虛空都無空缺處，現前虛空既然已經被他窮盡，所有佛土中都充滿了珍寶布施，就算我阿難窮此一劫詳細思議，尚且不能全部思議成功，這樣的福德如何能夠說還有邊際呢？」

佛陀於是告訴阿難說：「諸佛如來，說話都沒有虛妄；若是還有一個人身中具足違犯菩薩戒中的四重戒及十個斷頭罪，瞬息之後立即下墜而經歷娑婆世界的阿鼻地獄，然後又經歷他方世界所有的阿鼻地獄；乃至窮盡十方世界數不盡的無間地獄，沒一處無間地獄是不經歷的，應該以極長時劫一一經歷受苦無量；假使此人能在僅僅一念的短短時間裡，將這個首楞嚴如來藏金剛三昧法門，於末劫之中開示給尚未修學的人，他曾犯的極重戒罪等罪障，將會在為人解說首楞嚴法門完成時的一念之間，立即銷滅所有重罪，轉變他正在領受的地獄苦因，成為安樂國；他所得到的福德超越前面所說以無量珍寶布施諸佛的人，而且超過百倍千倍、千萬億倍，如是乃至各種算數譬喻的倍數都無法說得清楚。阿難！如果有眾生能持誦這部經典，或者能受持這個楞嚴心咒；如果由我釋迦牟尼佛廣說他的功德，也是窮盡此劫以後依舊說不完的；依循我所教導的言語，如同我的教導如實努力修行佛菩提道，可以直接而無曲折地成就佛菩提，再也不會有魔業來干擾。」佛陀說完這部經典以後，比丘、比丘尼、優婆塞、優婆夷，一切世間的天、人、阿修羅，以及所有從他方世界前來的菩薩、二乘聖者、仙人、童子們，以及初發心學佛的大力鬼神們，全部都是心中生起大歡喜心，向世尊禮拜以後才離去。

（全經的講記總共十五輯，至此講解圓滿。）

佛菩提二主要道次第概要表——二道並修，以外無別佛法

佛菩提道——大菩提道

遠波羅蜜多

資糧位

十信位修集信心 —— 一劫乃至一萬劫

初住位修集布施功德（以財施爲主）。

二住位修集持戒功德。

三住位修集忍辱功德。

四住位修集精進功德。

五住位修集禪定功德。

六住位修集般若功德（熏習般若中觀及斷我見，加行位也）。

外門廣修六度萬行

見道位

七住位明心般若正觀現前，親證本來自性清淨涅槃。

八住位起於一切法現觀般若中道。漸除性障。

十住位眼見佛性，世界如幻觀成就。

一至十行位，於廣行六度萬行中，依般若中道慧，現觀陰處界猶如陽焰，至第十行滿心位，陽焰觀成就。

一至十迴向位熏習一切種智；修除性障，唯留最後一分思惑不斷。第十迴向滿心位成就菩薩道如夢觀。

內門廣修六度萬行

初地：第十迴向位滿心時，成就道種智一分（八識心王一一親證後，領受五法、三自性、七種第一義、七種性自性、二種無我法）復由勇發十無盡願，成通達位菩薩。復又永伏性障而不具斷，能證慧解脫而不取證，由大願故留惑潤生。此地主修法施波羅蜜多及百法明門。證「猶如鏡像」現觀，故滿初地心。

二地：初地功德滿足以後，再成就道種智一分而入二地；主修戒波羅蜜多及一切種智。滿心位成就「猶如光影」現觀，戒行自然清淨。

解脫道：二乘菩提

→ 斷三縛結，成初果解脫

→ 薄貪瞋癡，成二果解脫

→ 斷五下分結，成三果解脫

入地前的四加行令煩惱障現行悉斷，成四果解脫，留惑潤生。分段生死已斷，煩惱障習氣種子開始斷除，兼斷無始無明上煩惱。

圓滿成就究竟佛果

近波羅蜜多 — 大波羅蜜多 — 圓滿波羅蜜多

修道位

三地：二地滿心再證道種智一分，故入三地。此地主修忍波羅蜜多及四禪八定、四無量心、五神通。能成就俱解脫果而不取證，留惑潤生。滿心位成就「猶如谷響」現觀及無漏妙定意生身。

四地：由三地再證道種智一分故入四地。主修精進波羅蜜多，於此土及他方世界廣度有緣，無有疲倦。進修一切種智，滿心位成就「如水中月」現觀。

五地：由四地再證道種智一分故入五地。主修禪定波羅蜜多及一切種智，斷除下乘涅槃貪。滿心位成就「變化所成」現觀。

六地：由五地再證道種智一分故入六地。此地主修般若波羅蜜多——依道種智現觀十二因緣一一有支及意生身化身，皆自心眞如變化所現，「非有似有」，成就細相觀，不由加行而自然證得滅盡定，成俱解脫大乘無學。

七地：由六地「非有似有」現觀，再證道種智一分故入七地。此地主修一切種智及方便波羅蜜多，由重觀十二有支一一支中之流轉門及還滅門一切細相，成就方便善巧，念念隨入滅盡定。滿心位證得「如犍闥婆城」現觀。

八地：由七地極細相觀成就故再證道種智一分而入八地。此地主修一切種智及願波羅蜜多。至滿心位純無相觀任運恆起，故於相土自在，滿心位復證「如實覺知諸法相意生身」故。

九地：由八地再證道種智一分故入九地。主修力波羅蜜多及一切種智，成就四無礙，滿心位證得「種類俱生無行作意生身」。

十地：由九地再證道種智一分故入此地。此地主修一切種智——智波羅蜜多。滿心位起大法智雲，及現起大法智雲所含藏種種功德，成受職菩薩。

等覺：由十地道種智成就故入此地。此地應修一切種智，圓滿等覺地無生法忍；於百劫中修集極廣大福德，以之圓滿三十二大人相及無量隨形好。

究竟位

妙覺：示現受生人間已斷盡煩惱障一切習氣種子，並斷盡所知障一切隨眠，永斷變易生死無明，成就大般涅槃，四智圓明。人間捨壽後，報身常住色究竟天利樂十方地上菩薩；以諸化身利樂有情，永無盡期，成就究竟佛道。

七地滿心斷除故意保留之最後一分思惑時，煩惱障所攝色、受、想三陰有漏習氣種子全部斷盡。 ←

煩惱障所攝行、識二陰無漏習氣種子任運漸斷，所知障所攝上煩惱任運漸斷。 ←

斷盡變易生死成就大般涅槃

佛子蕭平實 謹製

（二○○九、○二 修訂）

（二○一二、○二 增補）

佛教正覺同修會〈修學佛道次第表〉

第一階段

* 以憶佛及拜佛方式修習動中定力。
* 學第一義佛法及禪法知見。
* 無相拜佛功夫成就。
* 具備一念相續功夫—動靜中皆能看話頭。
* 努力培植福德資糧，勤修三福淨業。

第二階段

* 參話頭，參公案。
* 開悟明心，一片悟境。
* 鍛鍊功夫求見佛性。
* 眼見佛性〈餘五根亦如是〉親見世界如幻，成就如幻觀。
* 學習禪門差別智。
* 深入第一義經典。
* 修除性障及隨分修學禪定。
* 修證十行位陽焰觀。

第三階段

* 學一切種智眞實正理—楞伽經、解深密經、成唯識論…。
* 參究末後句。
* 解悟末後句。
* 透牢關—親自體驗所悟末後句境界，親見實相，無得無失。
* 救護一切衆生迴向正道。護持了義正法，修證十迴向位如夢觀。
* 發十無盡願，修習百法明門，親證猶如鏡像現觀。
* 修除五蓋，發起禪定。持一切善法戒。親證猶如光影現觀。
* 進修四禪八定、四無量心、五神通。進修大乘種智，求證猶如谷響現觀。

佛教正覺同修會 共修現況 及 招生公告　2021/03/17

一、共修現況：（請在共修時間來電，以免無人接聽。）

台北正覺講堂 103 台北市承德路三段 277 號九樓　捷運淡水線圓山站旁
Tel..**總機** 02-25957295（晚上）（**分機：九樓**辦公室 10、11；知客櫃檯 12、13。 **十樓**知客櫃檯 15、16；書局櫃檯 14。 **五樓**辦公室 18；知客櫃檯 19。**二樓**辦公室 20；知客櫃檯 21。）
Fax..25954493

第一講堂　台北市承德路三段 277 號九樓

禪淨班：週一晚班、週三晚班、週四晚班、週五晚班、週六下午班、週六上午班（共修期間二年半，全程免費。皆須報名建立學籍後始可參加共修，欲報名者詳見本公告末頁。）

增上班：瑜伽師地論詳解：單週六晚班。雙週六晚班（重播班）。17.50～20.50。平實導師講解，2003 年 2 月開講至今，僅限已明心之會員參加。

禪門差別智：每月第一週日全天　平實導師主講（事冗暫停）。

解深密經詳解　本經從六度波羅密多談到八識心王，再詳論大乘見道所證眞如，然後論及悟後進修的相見道位所觀七眞如，以及入地後的十地所修，乃至成佛時的四智圓明一切種智境界，皆是可修可證之法，流傳至今依舊可證，顯示佛法眞是義學而非玄談，淺深次第皆所論及之第一義諦妙義。預定於 2021 年三月下旬起開講，由平實導師詳解。每逢週二晚上開講，第一至第六講堂都可同時聽聞，歡迎菩薩種性學人，攜眷共同參與此殊勝法會現場聞法，不限制聽講資格。本會學員憑上課證進入第一至第四講堂聽講，會外學人請以身分證件換證進入聽講（此爲大樓管理處安全管理規定之要求，敬請諒解）；第五及第六講堂（B1、B2）對外開放，不需出示任何證件，請由大樓側門直接進入。

第二講堂　台北市承德路三段 267 號十樓。

禪淨班：週一晚班。

進階班：週三晚班、週四晚班、週五晚班、週六早班、週六下午班。禪淨班結業後轉入共修。

解深密經詳解：平實導師講解。每週二 18.50~20.50 影像音聲即時傳輸

第三講堂　台北市承德路三段 277 號五樓。

禪淨班：週六下午班。

進階班：週一晚班、週三晚班、週四晚班、週五晚班。

解深密經詳解：平實導師講解。每週二 18.50~20.50 影像音聲即時傳輸

第四講堂　台北市承德路三段 267 號二樓。

進階班：週一晚班、週三晚班、週四晚班（禪淨班結業後轉入共修）。

解深密經詳解：平實導師講解。每週二 18.50~20.50 影像音聲即時傳輸

第五、第六講堂

念佛班　每週日晚上，第六講堂共修（B2），一切求生極樂世界的三寶弟子皆可參加，不限制共修資格。

進階班：週一晚班、週三晚班、週四晚班。

解深密經詳解：平實導師講解。每週二 18.50~20.50 影像音聲即時傳輸。第五、第六講堂爲**開放式講堂**，不需以身分證件換證即可進入聽講，台北市承德路三段 267 號地下一樓、地下二樓。每逢週二晚上講經時段開放給會外人士自由聽經，請由大樓側面梯階逕行進入聽講。**聽講者請尊重講者的着作權及肖像權，請勿錄音錄影，以免違法；若有錄音錄影被查獲者，將依法處理。**

正覺祖師堂　大溪區美華里信義路 650 巷坑底 5 之 6 號（台 3 號省道 34 公里處　妙法寺對面斜坡道進入）電話 03-3886110　傳眞 03-3881692 本堂供奉 克勤圓悟大師，專供會員每年四月、十月各三次精進禪三共修，兼作本會出家菩薩掛單常住之用。開放參訪日期請參見本會公告。教內共修團體或道場，得另申請其餘時間作團體參訪，務請事先與常住確定日期，以便安排常住菩薩接引導覽，亦免妨礙常住菩薩之日常作息及修行。

桃園正覺講堂（第一、第二講堂）：桃園市介壽路 286、288 號 10 樓（陽明運動公園對面）電話：03-3749363（請於共修時聯繫，或與台北聯繫）

禪淨班：週一晚班（1）、週一晚班（2）、週三晚班、週四晚班、週五晚班。

進階班：週四晚班、週五晚班、週六上午班。

增上班：雙週六晚班（增上重播班）。

解深密經詳解：平實導師講解。每週二晚上，以台北正覺講堂所錄 DVD 放映；歡迎會外學人共同聽講，不需出示身分證件。

新竹正覺講堂　新竹市東光路 55 號二樓之一　電話 03-5724297（晚上）

第一講堂：

禪淨班：週五晚班。

進階班：週三晚班、週四晚班、週六上午班。由禪淨班結業後轉入共修

增上班：單週六晚班。雙週六晚班（重播班）。

解深密經詳解：平實導師講解。每週二晚上，以台北正覺講堂所錄 DVD 放映。歡迎會外學人共同聽講，不需出示身分證件。

第二講堂：

禪淨班：週一晚班、週三晚班、週四晚班、週六上午班。

解深密經詳解：每週二晚上與第一講堂同步播放講經 DVD。

第三、第四講堂：裝修完畢，即將開放。

台中正覺講堂　04-23816090（晚上）

第一講堂　台中市南屯區五權西路二段 666 號 13 樓之四（國泰世華銀行樓上。鄰近縣市經第一高速公路前來者，由五權西路交流道可以快速到達，大樓旁有停車場，對面有素食館）。

禪淨班：週四晚班、週五晚班。

進階班：週一晚班、週三晚班、週六上午班。由禪淨班結業後轉入共修

增上班：單週六晚班。雙週六晚班（重播班）。

解深密經詳解：平實導師講解。每週二晚上，以台北正覺講堂所錄 DVD 放映。歡迎會外學人共同聽講，不需出示身分證件。

第二講堂　台中市南屯區五權西路二段 666 號 4 樓

禪淨班：週一晚班、週三晚班。

第三講堂台中市南屯區五權西路二段 666 號 4 樓

禪淨班：週一晚班。

第四講堂台中市南屯區五權西路二段 666 號 4 樓。

進階班：週一晚班、週四晚班、週六上午班，由禪淨班結業後轉入共修

解深密經詳解：每週二晚上與第一講堂同步播放講經 DVD。

嘉義正覺講堂　嘉義市友愛路 288 號八樓之一　電話：05-2318228

第一講堂：

禪淨班：週四晚班、週五晚班、週六上午班。

進階班：週一晚班、週三晚班（由禪淨班結業後轉入共修）。

增上班：單週六晚班。雙週六晚班（重播班）。

解深密經詳解：平實導師講解。每週二晚上，以台北正覺講堂所錄 DVD 放映。歡迎會外學人共同聽講，不需出示身分證件。

第二講堂　嘉義市友愛路 288 號八樓之二。

第三講堂　嘉義市友愛路 288 號四樓之七。

禪淨班：週一晚班、週三晚班。

台南正覺講堂

第一講堂　台南市西門路四段 15 號 4 樓。06-2820541（晚上）

禪淨班：週一晚班、週三晚班、週四晚班、週五晚班、週六下午班。

增上班：單週六晚班。雙週六晚班（重播班）。

第二講堂　台南市西門路四段 15 號 3 樓。

解深密經詳解：每週二晚上與第三講堂同步播放講經 DVD。

第三講堂　台南市西門路四段 15 號 3 樓。

進階班：週一晚班、週三晚班、週四晚班、週五晚班（由禪淨班結業後轉入共修）。

解深密經詳解：平實導師講解。每週二晚上，以台北正覺講堂所錄 DVD 放映。歡迎會外學人共同聽講，不需出示身分證件。。

高雄正覺講堂　高雄市新興區中正三路 45 號五樓 07-2234248（晚上）

第一講堂（五樓）：

禪淨班：週一晚班、週三晚班、週四晚班、週五晚班、週六上午班。

增上班：單週六晚班。雙週六晚班（重播班）。

解深密經詳解：平實導師講解。每週二晚上，以台北正覺講堂所錄 DVD 放映。歡迎會外學人共同聽講，不需出示身分證件。

第二講堂（四樓）：

進階班：週三晚班、週四晚班、週六上午班。由禪淨班結業後轉入共修

解深密經詳解：每週二晚上與第一講堂同步播放講經 DVD。

第三講堂（三樓）：

進階班：週四晚班（由禪淨班結業後轉入共修）。

香港正覺講堂

香港新界葵涌打磚坪街 93 號維京科技商業中心A 座 18 樓。

電話：(852) 23262231

英文地址：18/F, Tower A, Viking Technology & Business Centre, 93 Ta Chuen Ping Street, Kwai Chung, N.T., Hong Kong.

禪淨班：雙週六下午班、雙週日下午班、單週六下午班、單週日下午班

進階班：雙週五晚上班、雙週日早上班（由禪淨班結業後轉入共修）。

增上班：每月第一週週日，以台北增上班課程錄成 DVD 放映之。

增上重播班：每月第一週週六，以台北增上班課程錄成 DVD 放映之。

大法鼓經詳解：平實導師講解。每週六、日 19:00～21:00，以台北正覺講堂所錄 DVD 放映；歡迎會外學人共同聽講，不需出示身分證件。

美國洛杉磯正覺講堂　**☆已遷移新址☆**

825 S. Lemon Ave Diamond Bar, CA 91789 U.S.A.

Tel. (909) 595-5222（請於週六 9:00~18:00 之間聯繫）

Cell. (626) 454-0607

禪淨班：每逢週末 16：00~18：00 上課。

進階班：每逢週末上午 10：00~12：00 上課。

解深密經詳解：平實導師講解。每週六下午 13：30~15：30 以台北所錄 DVD 放映。歡迎各界人士共享第一義諦無上法益，不需報名。

二、招生公告　本會台北講堂及全省各講堂、香港講堂，每逢**四月、十月**下旬開新班，每週共修一次（每次二小時。開課日起三個月內仍可插班）；但美國洛杉磯共修處之禪淨班得隨時插班共修。各班共修期間皆為二年半，全程免費，欲參加者請向本會函索報名表（各共修處皆於共修時間方有人執事，非共修時間請勿電詢或前來洽詢、請書），或直接從本會官方網站(http://www.enlighten.org.tw/newsflash/class)或成佛之道網站下載報名表。共修期滿時，若經報名禪三審核通過者，可參加四天三夜之禪三精進共修，有機會明心、取證如來藏，發起般若實相智慧，成為實義菩薩，脫離凡夫菩薩位。

三、新春禮佛祈福　農曆年假期間停止共修：自農曆新年前七天起停止共修與弘法，正月 8 日起回復共修、弘法事務。新春期間正月初一～初七 9.00～17.00 開放台北講堂、正月初一~初三開放新竹、台中、嘉義、台南、高雄講堂，以及大溪禪三道場（正覺祖師堂），方便會員供佛、祈福及會外人士請書。美國洛杉磯共修處之休假時間，請逕詢該共修處。

密宗四大派修雙身法，是外道性力派的邪法；又以生滅的識陰作為常住法，是常見外道，是假的藏傳佛教。

西藏覺囊巴以他空見弘揚第八識如來藏勝法，才是真藏傳佛教

佛教正覺同修會　弘法行事表

2019/02/18

1、**禪淨班**　以無相念佛及拜佛方式修習動中定力，實證一心不亂功夫。傳授解脫道正理及第一義諦佛法，以及參禪知見。共修期間：二年六個月。每逢四月、十月開新班，詳見招生公告表。

2、**進階班**　禪淨班畢業後得轉入此班，進修更深入的佛法，期能證悟明心。各地講堂各有多班，繼續深入佛法、增長定力，悟後得轉入增上班修學道種智，期能證得無生法忍。

3、**增上班 瑜伽師地論**詳解　詳解論中所言凡夫地至佛地等 17 師之修證境界與理論，從凡夫地、聲聞地……宣演到諸地所證無生法忍、一切種智之眞實正理。由平實導師開講，每逢一、三、五週之週末晚上開示，僅限已明心之會員參加。2003 年二月開講至今，預定 2019 年講畢。

4、**不退轉法輪經**詳解　本經所說妙法極爲甚深難解，時至末法，已然無有知者；而其甚深絕妙之法，流傳至今依舊多人可證，顯示佛法眞是義學而非玄談，其中甚深極妙令人拍案稱絕之第一義諦妙義。已於 2019 年元月底開講，由平實導師詳解。不限制聽講資格。

5、**精進禪三**　主三和尚：平實導師。於四天三夜中，以克勤圓悟大師及大慧宗杲之禪風，施設機鋒與小參、公案密意之開示，幫助會員剋期取證，親證不生不滅之眞實心——人人本有之如來藏。每年四月、十月各舉辦三個梯次；平實導師主持。僅限本會會員參加禪淨班共修期滿，報名審核通過者，方可參加。並選擇會中定力、慧力、福德三條件皆已具足之已明心會員，給以指引，令得眼見自己無形無相之佛性遍佈山河大地，眞實而無障礙，得以肉眼現觀世界身心悉皆如幻，具足成就如幻觀，圓滿十住菩薩之證境。

6、**阿含經**詳解　選擇重要之阿含部經典，依無餘涅槃之實際而加以詳解，令大眾得以現觀諸法緣起性空，亦復不墮斷滅見中，顯示經中所隱說之涅槃實際—如來藏—確實已於四阿含中隱說；令大眾得以聞後觀行，確實斷除我見乃至我執，證得**見到**眞現觀，乃至**身證**……等眞現觀；已得大乘或二乘見道者，亦可由此聞熏及聞後之觀行，除斷我所之貪著，成就慧解脫果。由平實導師詳解。不限制聽講資格。

7、**解深密經**詳解　重講本經之目的，在於令諸已悟之人明解大乘法道之成佛次第，以及悟後進修一切種智之內涵，確實證知三種自性性，並得據此證解七眞如、十眞如等正理。每逢週二 18.50~20.50 開示，由平實導師詳解。將於《**不退轉法輪經**》講畢後開講。不限制聽講資格。

8、**成唯識論**詳解　詳解一切種智眞實正理，詳細剖析一切種智之微細深妙廣大正理；並加以舉例說明，使已悟之會員深入體驗所證如來藏之微密行相；及證驗見分相分與所生一切法，皆由如來藏—阿賴耶識—直接或展轉而生，因此證知一切法無我，證知無餘涅槃之本際。將於增上班《瑜伽師地論》講畢後，由平實導師重講。僅限已明心之會員參加。

9、**精選如來藏系經典**詳解　精選如來藏系經典一部，詳細解說，以此完全印證會員所悟如來藏之眞實，得入不退轉住。另行擇期詳細解說之，由平實導師講解。僅限已明心之會員參加。

10、**禪門差別智**　藉禪宗公案之微細淆訛難知難解之處，加以宣說及剖析，以增進明心、見性之功德，啓發差別智，建立擇法眼。每月第一週日全天，由平實導師開示，僅限破參明心後，復又眼見佛性者參加（事冗暫停）。

11、**枯木禪**　先講智者大師的《小止觀》，後說《釋禪波羅蜜》，詳解四禪八定之修證理論與實修方法，細述一般學人修定之邪見與岔路，及對禪定證境之誤會，消除枉用功夫、浪費生命之現象。已悟般若者，可以藉此而實修初禪，進入大乘通教及聲聞教的三果心解脫境界，配合應有的大福德及後得無分別智、十無盡願，即可進入初地心中。親教師：平實導師。未來緣熟時將於正覺寺開講。不限制聽講資格。

註：本會例行年假，自 2004 年起，改爲每年農曆新年前七天開始停息弘法事務及共修課程，農曆正月 8 日回復所有共修及弘法事務。新春期間（每日 9.00~17.00）開放台北講堂，方便會員禮佛祈福及會外人士請書。大溪區的正覺祖師堂，開放參訪時間，詳見〈正覺電子報〉或成佛之道網站。本表得因時節因緣需要而隨時修改之，不另作通知。

佛教正覺同修會　贈閱書籍 目錄　2018/10/20

1.**無相念佛**　平實導師著　回郵 36 元
2.**念佛三昧修學次第**　平實導師述著　回郵 52 元
3.**正法眼藏—護法集**　平實導師述著　回郵 76 元
4.**真假開悟簡易辨正法&佛子之省思**　平實導師著　回郵 26 元
5.**生命實相之辨正**　平實導師著　回郵 31 元
6.**如何契入念佛法門**（附：印順法師否定極樂世界）平實導師著　回郵 26 元
7.**平實書箋**—答元覽居士書　平實導師著　回郵 52 元
8.**三乘唯識**—如來藏系經律彙編　平實導師編　回郵 80 元
（精裝本　長 27 cm　寬 21 cm　高 7.5 cm　重 2.8 公斤）
9.**三時繫念全集**—修正本　回郵掛號 52 元（長 26.5 cm×寬 19 cm）
10.**明心與初地**　平實導師述　回郵 31 元
11.**邪見與佛法**　平實導師述著　回郵 36 元
12.**甘露法雨**　平實導師述　回郵 36 元
13.**我與無我**　平實導師述　回郵 36 元
14.**學佛之心態**—修正錯誤之學佛心態始能與正法相應 孫正德老師著 回郵52元
附錄：平實導師著**《略說八、九識並存…等之過失》**
15.**大乘無我觀**—《悟前與悟後》別說　平實導師述著　回郵 36 元
16.**佛教之危機**—中國台灣地區現代佛教之真相（附錄：公案拈提六則）
平實導師著　回郵 52 元
17.**燈 影**—燈下黑（覆「求教後學」來函等）　平實導師著　回郵 76 元
18.**護法與毀法**—覆上平居士與徐恒志居士網站毀法二文
張正圜老師著　回郵 76 元
19.**淨土聖道**—兼評**選擇本願念佛**　正德老師著　**由正覺同修會購贈** 回郵52元
20.**辨唯識性相**—對「紫蓮心海《辯唯識性相》書中否定阿賴耶識」之回應
正覺同修會 台南共修處法義組 著　回郵52元
21.**假如來藏**—對法蓮法師《如來藏與阿賴耶識》書中否定阿賴耶識之回應
正覺同修會 台南共修處法義組 著　回郵 76 元
22.**入不二門**—公案拈提集錦 第一輯（於平實導師公案拈提諸書中選錄約二十則，
合輯為一冊流通之）平實導師著　回郵52 元
23.**真假邪說**—西藏密宗索達吉喇嘛《破除邪說論》真是邪說
釋正安法師著　上、下冊回郵各 52 元
24.**真假開悟**—真如、如來藏、阿賴耶識間之關係　平實導師述著　回郵 76 元
25.**真假禪和**—辨正釋傳聖之謗法謬說　孫正德老師著　回郵 76 元

26.**眼見佛性**—駁慧廣法師眼見佛性的含義文中謬說

游正光老師著　回郵52元

27.**普門自在**—公案拈提集錦 第二輯（於平實導師公案拈提諸書中選錄約二十則，合輯為一冊流通之）平實導師著　回郵52元

28.**印順法師的悲哀**—以現代禪的質疑為線索　恒毓博士著　回郵52元

29.**識蘊真義**—現觀識蘊內涵、取證初果、親斷三縛結之具體行門。

—依《成唯識論》及《唯識述記》正義，略顯安慧《大乘廣五蘊論》之邪謬

平實導師著　回郵76元

30.**正覺電子報** 各期紙版本　免附回郵　每次最多函索三期或三本。

（已無存書之較早各期，不另增印贈閱）

31.**現代人應有的宗教觀**　蔡正禮老師 著　回郵31元

32.**遠惑趣道**—正覺電子報般若信箱問答錄　第一輯　回郵52元

33.**遠惑趣道**—正覺電子報般若信箱問答錄　第二輯　回郵52元

34.**確保您的權益**—器官捐贈應注意自我保護　游正光老師 著　回郵31元

35.**正覺教團電視弘法三乘菩提 DVD 光碟（一）**

由正覺教團多位親教師共同講述錄製 DVD 8 片，MP3 一片，共 9 片。有二大講題：一為「三乘菩提之意涵」，二為「學佛的正知見」。內容精闢，深入淺出，精彩絕倫，幫助大眾快速建立三乘法道的正知見，免被外道邪見所誤導。有志修學三乘佛法之學人不可不看。（製作工本費 100 元，回郵 52 元）

36.**正覺教團電視弘法 DVD 專輯（二）**

總有二大講題：一為「三乘菩提之念佛法門」，一為「學佛正知見（第二篇）」，由正覺教團多位親教師輪番講述，內容詳細闡述如何修學念佛法門、實證念佛三昧，以及學佛應具有的正確知見，可以幫助發願往生西方極樂淨土之學人，得以把握往生，更可令學人快速建立三乘法道的正知見，免於被外道邪見所誤導。有志修學三乘佛法之學人不可不看。（一套 17 片，工本費 160 元。回郵 76 元）

37.**喇嘛性世界**—揭開假藏傳佛教譚崔瑜伽的面紗　張善思 等人合著

由正覺同修會購贈　回郵52元

38.**假藏傳佛教的神話**—性、謊言、喇嘛教　張正玄教授編著

由正覺同修會購贈　回郵52元

39.**隨　緣**—理隨緣與事隨緣　平實導師述　回郵52元。

40.**學佛的覺醒**　正枝居士 著　回郵52元

41.**導師之真實義**　蔡正禮老師 著　回郵31元

42.**淺談達賴喇嘛之雙身法**—兼論解讀「密續」之達文西密碼

吳明芷居士 著　回郵31元

43.**魔界轉世**　張正玄居士 著　回郵31元

44.**一貫道與開悟**　蔡正禮老師 著　回郵31元

45.**博愛**—愛盡天下女人　正覺教育基金會 編印　回郵36元

46.**意識虛妄經教彙編**—實證解脫道的關鍵經文　正覺同修會編印　回郵36元

47.**邪箭囈語**—破斥藏密外道多識仁波切《破魔金剛箭雨論》之邪說

陸正元老師著　上、下冊回郵各52元

48.**真假沙門**—依 佛聖教闡釋佛教僧寶之定義

蔡正禮老師著　俟正覺電子報連載後結集出版

49.**真假禪宗**—藉評論釋性廣《印順導師對變質禪法之批判

及對禪宗之肯定》以顯示真假禪宗

附論一：凡夫知見 無助於佛法之信解行證

附論二：世間與出世間一切法皆從如來藏實際而生而顯

余正偉老師著　俟正覺電子報連載後結集出版　回郵未定

★ 上列贈書之郵資，係台灣本島地區郵資，大陸、港、澳地區及外國地區，請另計酌增（大陸、港、澳、國外地區之郵票不許通用）。尚未出版之書，請勿先寄來郵資，以免增加作業煩擾。

★ 本目錄若有變動，唯於後印之書籍及「成佛之道」網站上修正公佈之，不另行個別通知。

函索書籍請寄：佛教正覺同修會　103 台北市承德路 3 段 277 號 9 樓
台灣地區函索書籍者請附寄郵票，無時間購買郵票者可以等值現金抵用，但不接受郵政劃撥、支票、匯票。大陸地區得以人民幣計算，國外地區請以美元計算（請勿寄來當地郵票，在台灣地區不能使用）。欲以掛號寄遞者，請另附掛號郵資。

親自索閱：正覺同修會各共修處。　★請於共修時間前往取書，餘時無人在道場，請勿前往索取；共修時間與地點，詳見書末正覺同修會共修現況表（以近期之共修現況表為準）。

註：正智出版社發售之局版書，請向各大書局購閱。若書局之書架上已經售出而無陳列者，請向書局櫃台指定洽購；若書局不便代購者，請於正覺同修會共修時間前往各共修處請購，正智出版社已派人於共修時間送書前往各共修處流通。 郵政劃撥購書及 大陸地區 購書，請詳別頁正智出版社發售書籍目錄最後頁之說明。

成佛之道 網站：http://www.a202.idv.tw　正覺同修會已出版之結緣書籍，多已登載於 成佛之道 網站，若住外國、或住處遙遠，不便取得正覺同修會贈閱書籍者，可以從本網站閱讀及下載。　書局版之《宗通與說通》亦已上網，台灣讀者可向書局洽購，售價 300 元。《狂密與真密》第一輯~第四輯，亦於 2003.5.1.全部於本網站登載完畢；台灣地區讀者請向書局洽購，每輯約 400 頁，售價 300 元（網站下載紙張費用較貴，容易散失，難以保存，亦較不精美）。

＊＊假藏傳佛教修雙身法，非佛教＊＊

正智出版社 籌募弘法基金發售書籍目錄　2020/11/14

1.**宗門正眼**—公案拈提 第一輯 重拈　平實導師著　500 元

因重寫內容大幅度增加故，字體必須改小，並增爲 576 頁 主文 546 頁。比初版更精彩、更有內容。初版《禪門摩尼寶聚》之讀者，可寄回本公司免費調換新版書。免附回郵，亦無截止期限。（2007 年起，每冊附贈本公司精製公案拈提〈超意境〉CD 一片。市售價格 280 元，多購多贈。）

2.**禪淨圓融**　平實導師著　200 元（第一版舊書可換新版書。）

3.**真實如來藏**　平實導師著　400 元

4.**禪—悟前與悟後**　平實導師著　上、下冊，每冊 250 元

5.**宗門法眼**—公案拈提 第二輯　平實導師著　500 元

（2007 年起，每冊附贈本公司精製公案拈提〈超意境〉CD 一片）

6.**楞伽經詳解**　平實導師著　全套共 10 輯　每輯 250 元

7.**宗門道眼**—公案拈提 第三輯　平實導師著　500 元

（2007 年起，每冊附贈本公司精製公案拈提〈超意境〉CD 一片）

8.**宗門血脈**—公案拈提 第四輯　平實導師著　500 元

（2007 年起，每冊附贈本公司精製公案拈提〈超意境〉CD 一片）

9.**宗通與說通**—成佛之道 平實導師著 主文 381 頁 全書 400 頁售價 300 元

10.**宗門正道**—公案拈提 第五輯　平實導師著　500 元

（2007 年起，每冊附贈本公司精製公案拈提〈超意境〉CD 一片）

11.**狂密與真密 一～四輯**　平實導師著　西藏密宗是人間最邪淫的宗教，本質不是佛教，只是披著佛教外衣的印度教性力派流毒的喇嘛教。此書中將西藏密宗密傳之男女雙身合修樂空雙運所有祕密與修法，毫無保留完全公開，並將全部喇嘛們所不知道的部分也一併公開。內容比大辣出版社喧騰一時的《西藏慾經》更詳細。並且函蓋藏密的所有祕密及其錯誤的中觀見、如來藏見……等，藏密的所有法義都在書中詳述、分析、辨正。每輯主文三百餘頁　每輯全書約 400 頁　售價每輯 300 元

12.**宗門正義**—公案拈提 第六輯　平實導師著　500 元

（2007 年起，每冊附贈本公司精製公案拈提〈超意境〉CD 一片）

13.**心經密意**—心經與解脫道、佛菩提道、祖師公案之關係與密意　平實導師述　300 元

14.**宗門密意**—公案拈提 第七輯　平實導師著　500 元

（2007 年起，每冊附贈本公司精製公案拈提〈超意境〉CD 一片）

15.**淨土聖道**—兼評「選擇本願念佛」　正德老師著　200 元

16.**起信論講記**　平實導師述著　共六輯　每輯三百餘頁　售價各 250 元

17.**優婆塞戒經講記**　平實導師述著 共八輯 每輯三百餘頁 售價各 250 元

18.**真假活佛**—略論附佛外道盧勝彥之邪說（對前岳靈犀網站主張「盧勝彥是證悟者」之修正）　正犀居士（岳靈犀）著　流通價 140 元

19.**阿含正義**—唯識學探源　平實導師著　共七輯　每輯 300 元

20.**超意境 CD** 以平實導師公案拈提書中超越意境之頌詞，加上曲風優美的旋律，錄成令人嚮往的超意境歌曲，其中包括正覺發願文及平實導師親自譜成的黃梅調歌曲一首。詞曲雋永，殊堪翫味，可供學禪者吟詠，有助於見道。內附設計精美的彩色小冊，解說每一首詞的背景本事。每片 280 元。【每購買公案拈提書籍一冊，即贈送一片。】

21.**菩薩底憂鬱 CD** 將菩薩情懷及禪宗公案寫成新詞，並製作成超越意境的優美歌曲。 1.主題曲〈菩薩底憂鬱〉，描述地後菩薩能離三界生死而迴向繼續生在人間，但因尚未斷盡習氣種子而有極深沈之憂鬱，非三賢位菩薩及二乘聖者所知，此憂鬱在七地滿心位方才斷盡；本曲之詞中所說義理極深，昔來所未曾見；此曲係以優美的情歌風格寫詞及作曲，聞者得以激發嚮往諸地菩薩境界之大心，詞、曲都非常優美，難得一見；其中勝妙義理之解說，已印在附贈之彩色小冊中。 2.以各輯公案拈提中直示禪門入處之頌文，作成各種不同曲風之超意境歌曲，值得玩味、參究；聆聽公案拈提之優美歌曲時，請同時閱讀內附之印刷精美說明小冊，可以領會超越三界的證悟境界；未悟者可以因此引發求悟之意向及疑情，眞發菩提心而邁向求悟之途，乃至因此眞實悟入般若，成眞菩薩。 3.正覺總持咒新曲，總持佛法大意；總持咒之義理，已加以解說並印在隨附之小冊中。本 CD 共有十首歌曲，長達 63 分鐘。每盒各附贈二張購書優惠券。每片 280 元。

22.**禪意無限 CD** 平實導師以公案拈提書中偈頌寫成不同風格曲子，與他人所寫不同風格曲子共同錄製出版，幫助參禪人進入禪門超越意識之境界。盒中附贈彩色印製的精美解說小冊，以供聆聽時閱讀，令參禪人得以發起參禪之疑情，即有機會證悟本來面目而發起實相智慧，實證大乘菩提般若，能如實證知般若經中的眞實意。本 CD 共有十首歌曲，長達 69 分鐘，每盒各附贈二張購書優惠券。每片 280 元。

23.**我的菩提路**第一輯　釋悟圓、釋善藏等人合著　售價 300 元

24.**我的菩提路**第二輯　郭正益等人合著　售價 300 元（停售，俟改版後另行發售）

25.**我的菩提路**第三輯　王美伶等人合著　售價 300 元

26.**我的菩提路**第四輯　陳晏平等人合著　售價 300 元

27.**我的菩提路**第五輯　林慈慧等人合著　售價 300 元

28.**我的菩提路**第六輯　劉惠莉等人合著　售價 300 元

29.**我的菩提路**第七輯　余正偉等人合著　售價 300 元　預定 2021/6/30 出版

30.**鈍鳥與靈龜**—考證後代凡夫對大慧宗杲禪師的無根誹謗。

平實導師著 共 458 頁 售價 350 元

31.**維摩詰經講記** 平實導師述 共六輯 每輯三百餘頁 售價各 250 元

32.**真假外道**—破劉東亮、杜大威、釋證嚴常見外道見　正光老師著　200 元

33.**勝鬘經講記**—兼論印順《勝鬘經講記》對於《勝鬘經》之誤解。

平實導師述　共六輯　每輯三百餘頁　售價250元

34.**楞嚴經講記**　平實導師述　共**15**輯，每輯三百餘頁　售價300元

35.**明心與眼見佛性**—駁慧廣〈蕭氏「眼見佛性」與「明心」之非〉文中謬說

正光老師著　共448頁　售價300元

36.**見性與看話頭**　黃正倖老師　著，本書是禪宗參禪的方法論。

內文375頁，全書416頁，售價300元。

37.**達賴真面目**—玩盡天下女人　白正偉老師　等著　中英對照彩色精裝大本800元

38.**喇嘛性世界**—揭開假藏傳佛教譚崔瑜伽的面紗　張善思　等人著　200元

39.**假藏傳佛教的神話**—性、謊言、喇嘛教　正玄教授編著　200元

40.**金剛經宗通**　平實導師述　共九輯　每輯售價250元。

41.**空行母**—性別、身分定位，以及藏傳佛教。

珍妮·坎貝爾著　呂艾倫　中譯　售價250元

42.**末代達賴**—性交教主的悲歌　張善思、呂艾倫、辛燕編著　售價250元

43.**霧峰無霧**—給哥哥的信　辨正釋印順對佛法的無量誤解

游宗明　老師著　售價250元

44.**霧峰無霧**—第二輯—救護佛子向正道　細說釋印順對佛法的各類誤解

游宗明　老師著　售價250元

45.**第七意識與第八意識？**—穿越時空「超意識」

平實導師述　每冊300元

46.**黯淡的達賴**—失去光彩的諾貝爾和平獎

正覺教育基金會編著　每冊250元

47.**童女迦葉考**—論呂凱文〈佛教輪迴思想的論述分析〉之謬。

平實導師　著　定價180元

48.**人間佛教**—實證者必定不悖三乘菩提

平實導師　述，定價400元

49.**實相經宗通**　平實導師述　共八輯　每輯250元

50.**真心告訴您(一)**—達賴喇嘛在幹什麼？

正覺教育基金會編著　售價250元

51.**中觀金鑑**—詳述應成派中觀的起源與其破法本質

孫正德老師著　分為上、中、下三冊，每冊250元

52.**藏傳佛教要義**—《狂密與真密》之簡體字版　平實導師　著　上、下冊

僅在大陸流通　每冊300元

53.**法華經講義**　平實導師述　共二十五輯　每輯300元

已於2015/05/31起開始出版，每二個月出版一輯

54.**西藏「活佛轉世」制度**—附佛、造神、世俗法

許正豐、張正玄老師合著　定價150元

55.**廣論三部曲**　郭正益老師著　定價150元

56.**真心告訴您(二)**—達賴喇嘛是佛教僧侶嗎？
—補祝達賴喇嘛八十大壽
正覺教育基金會編著　售價 300 元
57.**次法**—實證佛法前應有的條件
張善思居士著　分爲上、下二冊，每冊 250 元
58.**涅槃**—解說四種涅槃之實證及內涵　平實導師著 上、下冊 各 350 元
59.**山法**—西藏關於他空與佛藏之根本論
篤補巴．喜饒堅贊著　　傑弗里．霍普金斯英譯
張火慶教授、張志成、呂艾倫等中譯　精裝大本 1200 元
60.**佛藏經講義**　平實導師述　2019 年 7 月 31 日開始出版　共 21 輯
每二個月出版一輯，每輯 300 元。
61.**假鋒虛焰金剛乘**—揭示顯密正理，兼破索達吉師徒《般若鋒兮金剛焰》
釋正安法師著 簡體字版 即將出版 售價未定
62.**廣論之平議**—宗喀巴《菩提道次第廣論》之平議　正雄居士著
約二或三輯　俟正覺電子報連載後結集出版　書價未定
63.**大法鼓經講義**　平實導師講述　《佛藏經講義》出版後發行，每輯 300 元
64.**不退轉法輪經講義** 平實導師講述　《大法鼓經講義》出版後發行
65.**八識規矩頌**詳解　○○居士 註解　出版日期另訂　書價未定。
66.**中觀正義**—註解平實導師《中論正義頌》。
○○法師（居士）著　出版日期未定　書價未定
67.**中論正義**—釋龍樹菩薩《中論》頌正理。
孫正德老師著　出版日期未定　書價未定
68.**中國佛教史**—依中國佛教正法史實而論。 ○○老師 著　書價未定。
69.**印度佛教史**—法義與考證。依法義史實評論印順《印度佛教思想史、佛教史地考論》之謬說　正偉老師著　出版日期未定　書價未定
70.**阿含經講記**—將選錄四阿含中數部重要經典全經講解之，講後整理出版。
平實導師述　約二輯　每輯 300 元　出版日期未定
71.**實積經講記**　平實導師述　每輯三百餘頁 優惠價 300 元 出版日期未定
72.**解深密經講義**　平實導師述 約四輯　將於重講後整理出版
73.**成唯識論略解**　平實導師著　五～六輯　每輯 300 元　出版日期未定
74.**修習止觀坐禪法要講記**　平實導師述　每輯三百餘頁
將於正覺寺建成後重講、以講記逐輯出版　出版日期未定
75.**無門關**—《無門關》公案拈提　平實導師著　出版日期未定
76.**中觀再論**—兼述印順《中觀今論》謬誤之平議。正光老師著 出版日期未定
77.**輪迴與超度**—佛教超度法會之真義。
○○法師（居士）著　出版日期未定　書價未定
78.**《釋摩訶衍論》平議**—對偽稱龍樹所造《釋摩訶衍論》之平議
○○法師（居士）著　出版日期未定　書價未定

79.**正覺發願文**註解—以真實大願為因 得證菩提
正德老師著 出版日期未定 書價未定
80.**正覺總持咒**—佛法之總持 正圜老師著 出版日期未定 書價未定
81.**三自性**—依四食、五蘊、十二因緣、十八界法，說三性三無性。
作者未定 出版日期未定
82.**道品**—從三自性說大小乘三十七道品 作者未定 出版日期未定
83.**大乘緣起觀**—依四聖諦七真如現觀十二緣起 作者未定 出版日期未定
84.**三德**—論解脫德、法身德、般若德。 作者未定 出版日期未定
85.**真假如來藏**—對印順《如來藏之研究》謬說之平議 作者未定 出版日期未定
86.**大乘道次第** 作者未定 出版日期未定 書價未定
87.**四緣**—依如來藏故有四緣。 作者未定 出版日期未定
88.**空之探究**—印順《空之探究》謬誤之平議 作者未定 出版日期未定
89.**十法義**—論阿含經中十法之正義 作者未定 出版日期未定
90.**外道見**—論述外道六十二見 作者未定 出版日期未定

正智出版社有限公司書籍介紹

禪淨圓融：言淨土諸祖所未曾言，示諸宗祖師所未曾示；禪淨圓融，另闢成佛捷徑，兼顧自力他力，闡釋淨土門之速行易行道，亦同時揭櫫聖教門之速行易行道；令廣大淨土行者得免緩行難證之苦，亦令聖道門行者得以藉著淨土速行道而加快成佛之時劫。乃前無古人之超勝見地，非一般弘揚禪淨法門典籍也，先讀爲快。平實導師著200元。

宗門正眼—公案拈提第一輯：繼承克勤圜悟大師碧巖錄宗旨之禪門鉅作。先則舉示當代大法師之邪說，消弭當代禪門大師鄉愿之心態，摧破當今禪門「世俗禪」之妄談；次則旁通教法，表顯宗門正理；繼以道之次第，消弭古今狂禪；後藉言語及文字機鋒，直示宗門入處。悲智雙運，禪味十足，數百年來難得一睹之禪門鉅著也。平實導師著 500元（原初版書《禪門摩尼寶聚》，改版後補充爲五百餘頁新書，總計多達二十四萬字，內容更精彩，並改名爲《宗門正眼》，讀者原購初版《禪門摩尼寶聚》皆可寄回本公司免費換新，免附回郵，亦無截止期限）（2007年起，凡購買公案拈提第一輯至第七輯，每購一輯皆贈送本公司精製公案拈提〈超意境〉CD一片，市售價格280元，多購多贈）。

禪—悟前與悟後：本書能建立學人悟道之信心與正確知見，圓滿具足而有次第地詳述禪悟之功夫與禪悟之內容，指陳參禪中細微淆訛之處，能使學人明自眞心、見自本性。若未能悟入，亦能以正確知見辨別古今中外一切大師究係眞悟？或屬錯悟？便有能力揀擇，捨名師而選明師，後時必有悟道之緣。一旦悟道，遲者七次人天往返，便出三界，速者一生取辦。學人欲求開悟者，不可不讀。平實導師著。上、下冊共500元，單冊250元。

真實如來藏：如來藏眞實存在，乃宇宙萬有之本體，並非印順法師、達賴喇嘛等人所說之「唯有名相、無此心體」。如來藏是涅槃之本際，是一切有智之人竭盡心智、不斷探索而不能得之生命實相；是古今中外許多大師自以爲悟而當面錯過之生命實相。如來藏即是阿賴耶識，乃是一切有情本自具足、不生不滅之眞實心。當代中外大師於此書出版之前所未能言者，作者於本書中盡情流露、詳細闡釋。眞悟者讀之，必能增益悟境、智慧增上；錯悟者讀之，必能檢討自己之錯誤，免犯大妄語業；未悟者讀之，能知參禪之理路，亦能以之檢查一切名師是否眞悟。此書是一切哲學家、宗教家、學佛者及欲昇華心智之人必讀之鉅著。　平實導師著　售價400元。

宗門法眼—公案拈提第二輯：列舉實例，闡釋土城廣欽老和尚之悟處；並直示這位不識字的老和尚妙智橫生之根由，繼而剖析禪宗歷代大德之開悟公案，解析當代密宗高僧卡盧仁波切之錯悟證據，並例舉當代顯宗高僧、大居士之錯悟證據（凡健在者，爲免影響其名聞利養，皆隱其名）。藉辨正當代名師之邪見，向廣大佛子指陳禪悟之正道，彰顯宗門法眼。悲勇兼出，強捋虎鬚；慈智雙運，巧探驪龍；摩尼寶珠在手，直示宗門入處，禪味十足；若非大悟徹底，不能爲之。禪門精奇人物，允宜人手一冊，供作參究及悟後印證之圭臬。本書於2008年4月改版，增寫爲大約500頁篇幅，以利學人研讀參究時更易悟入宗門正法，以前所購初版首刷及初版二刷舊書，皆可免費換取新書。平實導師著　500元（2007年起，凡購買公案拈提第一輯至第七輯，每購一輯皆贈送本公司精製公案拈提〈超意境〉CD一片，市售價格280元，多購多贈）。

宗門道眼—公案拈提第三輯：繼宗門法眼之後，再以金剛之作略、慈悲之胸懷、犀利之筆觸，舉示寒山、拾得、布袋三大士之悟處，消弭當代錯悟者對於寒山大士……等之誤會及誹謗。亦舉出民初以來與虛雲和尚齊名之蜀郡鹽亭袁煥仙夫子——南懷瑾老師之師，其「悟處」何在？並蒐羅許多眞悟祖師之證悟公案，顯示禪宗歷代祖師之睿智，指陳部分祖師、奧修及當代顯密大師之謬悟，作爲殷鑑，幫助禪子建立及修正參禪之方向及知見。假使讀者閱此書已，一時尚未能悟，亦可一面加功用行，一面以此宗門道眼辨別眞假善知識，避開錯誤之印證及歧路，可免大妄語業之長劫慘痛果報。欲修禪宗之禪者，務請細讀。平實導師著　售價500元（2007年起，凡購買公案拈提第一輯至第七輯，每購一輯皆贈送本公司精製公案拈提〈超意境〉CD一片，市售價格280元，多購多贈）。

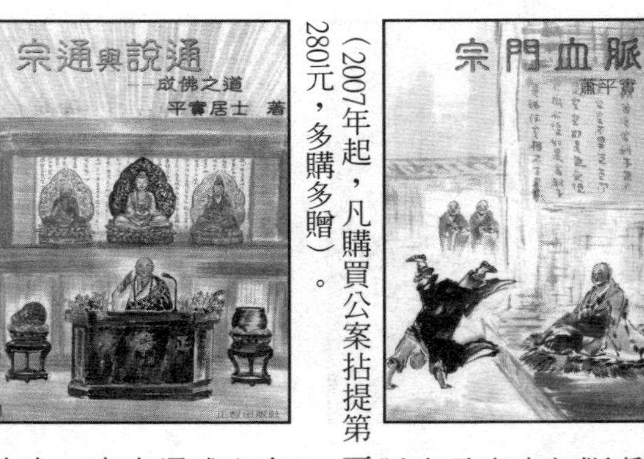

楞伽經詳解：本經是禪宗見道者印證所悟眞僞之根本經典，亦是禪宗見道者悟後起修之依據經典；故達摩祖師於印證二祖慧可大師之後，將此經典連同佛鉢祖衣一併交付二祖，令其依此經典佛示金言、進入修道位，修學一切種智。由此可知此經對於眞悟之人修學佛道，是非常重要之一部經典。此經能破外道邪說，亦破佛門中錯悟名師之謬說，亦破禪宗部分祖師之狂禪：不讀經典、一向主張「一悟即成究竟佛」之謬執。並開示愚夫所行禪、觀察義禪、攀緣如禪、如來禪等差別，令行者對於三乘禪法差異有所分辨；亦糾正禪宗祖師古來對於如來禪之誤解，嗣後可免以訛傳訛之弊。此經亦是法相唯識宗之根本經典，禪者悟後欲修一切種智而入初地者，必須詳讀。平實導師著，全套共十輯，已全部出版完畢，每輯主文約320頁，每冊約352頁，定價250元。

宗門血脈—公案拈提第四輯：末法怪象—許多修行人自以爲悟，每將無念靈知認作眞實；崇尚二乘法諸師及其徒眾，則將外於**如來藏之緣起性空**—無因論之無常空、斷滅空、一切法空—錯認爲 佛所說之般若空性。這兩種現象已於當今海峽兩岸及美加地區顯密大師之中普遍存在；人人自以爲悟，心高氣壯，便敢寫書解釋祖師證悟之公案，大多出於意識思惟所得，言不及義，錯誤百出，因此誤導廣大佛子同陷大妄語之地獄業中而不能自知。彼等書中所說之悟處，其實處處違背第一義經典之聖言量。彼等諸人不論是否身披袈裟，都非佛法宗門血脈，或雖有禪宗法脈之傳承，亦只徒具形式；猶如螟蛉，非眞血脈，未悟得根本眞實故。禪子欲知佛、祖之眞血脈者，請讀此書，便知分曉。平實導師著，主文452頁，全書464頁，定價500元（2007年起，凡購買公案拈提第一輯至第七輯，每購一輯皆贈送本公司精製公案拈提〈超意境〉CD一片，市售價格280元，多購多贈）。

宗通與說通：古今中外，錯誤之人如麻似粟，每以常見外道所說之靈知心，認作眞心；或妄想虛空之勝性能量爲眞如，或錯認物質四大元素藉冥性（靈知心本體）能成就吾人色身及知覺，或認初禪至四禪中之了知心爲不生不滅之涅槃心。此等皆非通宗者之見地。復有錯悟之人一向主張「宗門與教門不相干」，此即尚未通達宗門之人也。其實宗門與教門互通不二，宗門所證者乃是眞如與佛性，教門所說者乃說宗門證悟之眞如佛性，故教門與宗門不二。本書作者以宗教二門互通之見地，細說「宗通與說通」，從初見道至悟後起修之道、細說分明；並將諸宗諸派在整體佛教中之地位與次第，加以明確之教判，學人讀之即可了知佛法之梗概也。欲擇明師學法之前，允宜先讀。平實導師著，主文共381頁，全書392頁，只售成本價300元。

宗門正道—**公案拈提第五輯**：修學大乘佛法有二果須證—解脫果及大菩提果。二乘人不證大菩提果，唯證解脫果；此果之智慧，名為聲聞菩提、緣覺菩提。大乘佛子所證二果之菩提果為佛菩提，故名大菩提果，其慧名為一切種智—函蓋二乘解脫果。然此大乘二果修證，須經由禪宗之宗門證悟方能相應。而宗門證悟極難，自古已然；其所以難者，咎在古今佛教界普遍存在三種邪見：1.以修定認作佛法，2.以無因論之緣起性空—否定涅槃本際如來藏以後之一切法空作為佛法，3.以常見外道邪見（離語言妄念之靈知性）作為佛法。如是邪見，或因自身正見未立所致，或因邪師之邪教導所致，或因無始劫來虛妄熏習所致。若不破除此三種邪見，永劫不悟宗門真義、不入大乘正道，唯能外門廣修菩薩行。平實導師於此書中，有極為詳細之說明，有志佛子欲摧邪見、入於內門修菩薩行者，當閱此書。主文共496頁，全書512頁。售價500元（2007年起，凡購買公案拈提第一輯至第七輯，每購一輯皆贈送本公司精製公案拈提〈超意境〉CD一片，市售價格280元，多購多贈）。

狂密與真密：密教之修學，皆由有相之觀行法門而入，其最終目標仍不離顯教經典所說第一義諦之修證；若離顯教第一義經典、或違背顯教第一義經典，即非佛教。西藏密教之觀行法，如灌頂、觀想、遷識法、寶瓶氣、大聖歡喜雙身修法、喜金剛、無上瑜伽、大樂光明、樂空雙運等，皆是印度教**兩性生生不息思想**之轉化，**自始至終皆以如何能運用交合淫樂之法達到全身受樂**為其中心思想，純屬欲界五欲的貪愛，不能令人超出欲界輪迴，更不能令人斷除我見；何況大乘之明心與見性，更無論矣！故密宗之法絕非佛法也。而其明光大手印、大圓滿法教，又皆同以常見外道所說**離語言妄念之無念靈知心**錯認為佛地之真如，不能直指不生不滅之真如。西藏密宗所有法王與徒眾，都尚未開頂門眼，不能辨別真偽，以**依人不依法、依密續不依經典**故，不肯將其上師喇嘛所說對照第一義經典，純依密續之藏密祖師所說為準，因此而誇大其證德與證量，動輒謂彼祖師上師為究竟佛、為地上菩薩；如今台海兩岸亦有自謂其師證量高於 釋迦文佛者，然觀其師所述，猶未見道，仍在觀行即佛階段，尚未到禪宗相似即佛、分證即佛階位，竟敢標榜為究竟佛及地上法王，誑惑初機學人。凡此怪象皆是狂密，不同於真密之修行者。近年狂密盛行，密宗行者被誤導者極眾，動輒自謂已證佛地真如，自視為究竟佛，陷於大妄語業中而不知自省，反謗顯宗真修實證者之證量粗淺；或如義雲高與釋性圓…等人，於報紙上公然誹謗真實證道者為「騙子、無道人、人妖、癩蛤蟆…」等，造下誹謗大乘勝義僧之大惡業；或以外道法中有為有作之甘露、魔術……等法，誑騙初機學人，狂言彼外道法為真佛法。如是怪象，在西藏密宗及附藏密之外道中，不一而足，舉之不盡，學人宜應慎思明辨，以免上當後又犯毀破菩薩戒之重罪。密宗學人若欲遠離邪知邪見者，請閱此書，即能了知密宗之邪謬，從此遠離邪見與邪修，轉入真正之佛道。 平實導師著 共四輯 每輯約400頁（主文約340頁）每輯售價300元。

宗門正義—**公案拈提**第六輯：佛教有六大危機，乃是藏密化、世俗化、膚淺化、學術化、宗門密意失傳、悟後進修諸地之次第混淆；其中尤以宗門密意之失傳，爲當代佛教最大之危機。由宗門密意失傳故，易令 世尊本懷普被錯解，易令 世尊正法被轉易爲外道法，以及加以淺化、世俗化，是故宗門密意之廣泛弘傳與具緣佛弟子，極爲重要。然而欲令宗門密意之廣泛弘傳予具緣之佛弟子者，必須同時配合錯誤知見之解析、普令佛弟子知之，然後輔以公案解析之直示入處，方能令具緣之佛弟子悟入。而此二者，皆須以公案拈提之方式爲之，方易成其功、竟其業，是故平實導師續作宗門正義一書，以利學人。　全書500餘頁，售價500元（2007年起，凡購買公案拈提第一輯至第七輯，每購一輯皆贈送本公司精製公案拈提〈超意境〉CD一片，市售價格280元，多購多贈）。

心經密意—心經與解脫道、佛菩提道、祖師公案之關係與密意。　二乘菩提所證之解脫道，實依第八識心之斷除煩惱障現行而立解脫之名；大乘菩提所證之佛菩提道，實依親證第八識如來藏之涅槃性、清淨自性、及其中道性而立般若之名；禪宗祖師公案所證之眞心，即是此第八識如來藏；是故三乘佛法所修所證之三乘菩提，皆依此如來藏心而立名也。此第八識心，即是《心經》所說之心也。證得此如來藏已，即能漸入大乘佛菩提道，亦可因證知此心而了知二乘無學所不能知之無餘涅槃本際，是故《心經》之密意，與三乘佛菩提之關係極爲密切、不可分割，三乘佛法皆依此心而立名故。今者平實導師以其所證解脫道之無生智及佛菩提之般若種智，將《心經》與解脫道、佛菩提道、祖師公案之關係與密意，以演講之方式，用淺顯之語句和盤托出，發前人所未言，呈三乘菩提之眞義，令人藉此《心經密意》一舉而窺三乘菩提之堂奧，迴異諸方言不及義之說；欲求眞實佛智者、不可不讀！主文317頁，連同跋文及序文…等共384頁，售價300元。

宗門密意—**公案拈提**第**七**輯：佛教之世俗化，將導致學人以信仰作爲學佛，則將以感應及世間法之庇祐，作爲學佛之主要目標，不能了知學佛之主要目標爲親證三乘菩提。大乘菩提則以般若實相智慧爲主要修習目標，以二乘菩提解脫道爲附帶修習之標的；是故學習大乘法者，應以禪宗之證悟爲要務，能親入大乘菩提之實相般若智慧中故，般若實相智慧非二乘聖人所能知故。此書則以台灣世俗化佛教之三大法師，說法似是而非之實例，配合眞悟祖師之公案解析，提示證悟般若之關節，令學人易得悟入。平實導師著，全書五百餘頁，售價500元（2007年起，凡購買公案拈提第一輯至第七輯，每購一輯皆贈送本公司精製公案拈提〈超意境〉CD一片，市售價格280元，多購多贈）。

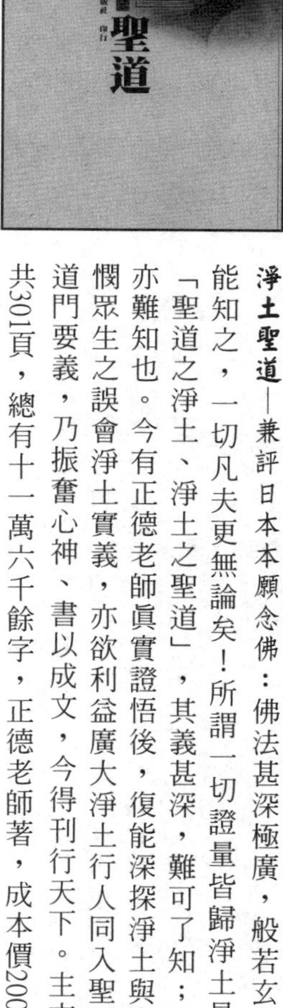

淨土聖道—兼評日本本願念佛：佛法甚深極廣，般若玄微，非諸二乘聖僧所能知之，一切凡夫更無論矣！所謂一切證量皆歸淨土是也！是故大乘法中「聖道之淨土、淨土之聖道」，其義甚深，難可了知；乃至眞悟之人，初心亦難知也。今有正德老師眞實證悟後，復能深探淨土與聖道之緊密關係，憐憫眾生之誤會淨土實義，亦欲利益廣大淨土行人同入聖道，同獲淨土中之聖道門要義，乃振奮心神、書以成文，今得刊行天下。主文279頁，連同序文等共301頁，總有十一萬六千餘字，正德老師著，成本價200元。

起信論講記：詳解大乘起信論**心生滅門**與**心眞如門**之眞實意旨，消除以往大師與學人對起信論所說**心生滅門**之誤解，由是而得了知眞心如來藏之非常非斷中道正理；亦因此一講解，令此論以往隱晦而被誤解之眞實義，得以如實顯示，令大乘佛菩提道之正理得以顯揚光大；初機學者亦可藉此正論所顯示之法義，對大乘法理生起正信，從此得以眞發菩提心，眞入大乘法中修學，世世常修菩薩正行。平實導師演述，共六輯，都已出版，每輯三百餘頁，售價各250元。

優婆塞戒經講記：本經詳述在家菩薩修學大乘佛法，應如何受持菩薩戒？對人間善行應如何看待？對三寶應如何護持？應如何正確地修集此世後世證法之福德？應如何修集後世「行菩薩道之資糧」？並詳述第一義諦之正義：五蘊非我非異我、自作自受、異作異受、不作不受……等深妙法義，乃是修學大乘佛法、行菩薩行之在家菩薩所應當了知者。出家菩薩今世或未來世登地已，捨報之後多數將如華嚴經中諸大菩薩，以在家菩薩身而修行菩薩行，故亦應以此經所述正理而修之，配合《楞伽經、解深密經、楞嚴經、華嚴經》等道次第正理，方得漸次成就佛道；故此經是一切大乘行者皆應證知之正法。平實導師講述，每輯三百餘頁，售價各250元；共八輯，已全部出版。

真假活佛—略論附佛外道盧勝彥之邪說：人人身中都有眞活佛，永生不滅而有大神用，但眾生都不了知，所以常被身外的西藏密宗假活佛籠罩欺瞞。本來就眞實存在的眞活佛，才是眞正的密宗無上密！諾那活佛因此而說禪宗是大密宗，但藏密的所有活佛都不知道、也不曾實證自身中的眞活佛。本書詳實宣示眞活佛的道理，舉證盧勝彥的「佛法」不是眞佛法，也顯示盧勝彥是假活佛，直接的闡釋第一義佛法見道的眞實正理。眞佛宗的所有上師與學人們，都應該詳細閱讀，包括盧勝彥個人在內。正犀居士著，優惠價140元。

阿含正義—唯識學探源：廣說四大部《阿含經》諸經中隱說之眞正義理，一一舉示佛陀本懷，令阿含時期初轉法輪根本經典之眞義，如實顯現於佛子眼前。並提示末法大師對於阿含眞義誤解之實例，一一比對之，證實唯識增上慧學確於原始佛法之阿含諸經中已隱覆密意而略說之，證實世尊確於原始佛法中已曾密意而說第八識如來藏之總相；亦證實世尊在四阿含中已說此藏識是名色十八界之因、之本—證明如來藏是能生萬法之根本心。佛子可據此修正以往受諸大師（譬如西藏密宗應成派中觀師：印順、昭慧、性廣、大願、達賴、宗喀巴、寂天、月稱、……等人）誤導之邪見，建立正見，轉入正道乃至親證初果而無困難；書中並詳說三果所證的**心解脫**，以及四果**慧解脫**的親證，都是如實可行的具體知見與行門。全書共七輯，已出版完畢。平實導師著，每輯三百餘頁，售價300元。

超意境CD：以平實導師公案拈提書中超越意境之頌詞，加上曲風優美的旋律，錄成令人嚮往的超意境歌曲，其中包括正覺發願文及平實導師親自譜成的黃梅調歌曲一首。詞曲雋永，殊堪翫味，可供學禪者吟詠，有助於見道。內附設計精美的彩色小冊，解說每一首詞的背景本事。每片280元。【每購買公案拈提書籍一冊，即贈送一片。】

鈍鳥與靈龜：鈍鳥及靈龜二物，被宗門證悟者說爲二種人：前者是精修禪定而無智慧者，也是以定爲禪的愚癡禪人；後者是或有禪定、或無禪定的宗門證悟者，凡已證悟者皆是靈龜。但後者被人虛造事實，用以嘲笑大慧宗杲禪師，說他雖是靈龜，卻不免被天童禪師預記「患背」痛苦而亡：「**鈍鳥離巢易，靈龜脫殼難**。」藉以貶低大慧宗杲的證量；同時又將天童禪師實證如來藏的證量，曲解爲意識境界的離念靈知。自從大慧禪師入滅以後，錯悟凡夫對他的不實毀謗就一直存在著，不曾止息，並且捏造的假事實也隨著年月的增加而越來越多，終至編成「鈍鳥與靈龜」的假公案、假故事。本書是考證大慧與天童之間的不朽情誼，顯現這件假公案的虛妄不實；更見大慧宗杲面對惡勢力時的正直不阿，亦顯示大慧對天童禪師的至情深義，將使後人對大慧宗杲的誣謗至此而止，不再有人誤犯毀謗賢聖的惡業。書中亦舉出大慧與天童二師的證悟內容，證明宗門的所悟確以第八識如來藏爲標的，詳讀之後必可改正以前被錯悟大師誤導的參禪知見，日後必定有助於實證禪宗的開悟境界，得階大乘眞見道位中，即是實證般若之賢聖。全書459頁，售價350元。

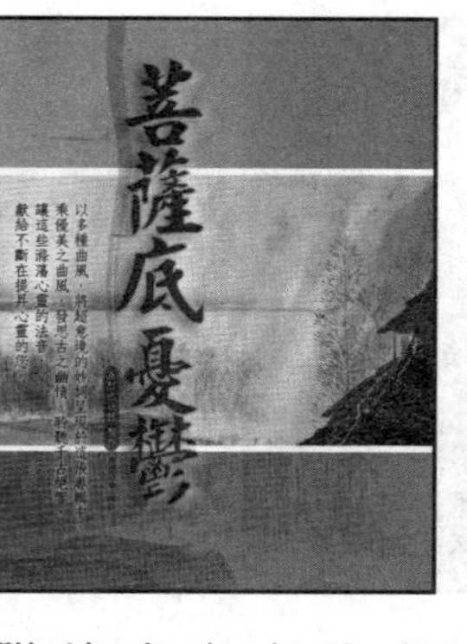

菩薩底憂鬱CD將菩薩情懷及禪宗公案寫成新詞，並製作成超越意境的優美歌曲。1.主題曲〈菩薩底憂鬱〉，描述地後菩薩能離三界生死而迴向繼續生在人間，但因尚未斷盡習氣種子而有極深沈之憂鬱，非三賢位菩薩及二乘聖者所知，此憂鬱在七地滿心位方才斷盡；本曲之詞中所說義理極深，昔來所未曾見；此曲係以優美的情歌風格寫詞及作曲，聞者得以激發嚮往諸地菩薩境界之大心，詞、曲都非常優美，難得一見；其中勝妙義理之解說，已印在附贈之彩色小冊中。2.以各輯公案拈提中直示禪門入處之頌文，作成各種不同曲風之超意境歌曲，值得玩味、參究；聆聽公案拈提之優美歌曲時，請同時閱讀內附之印刷精美說明小冊，可以領會超越三界的證悟境界；未悟者可以因此引發求悟之意向及疑情，眞發菩提心而邁向求悟之途，乃至因此眞實悟入般若，成眞菩薩。3.正覺總持咒新曲，總持佛法大意；總持咒之義理，已加以解說並印在隨附之小冊中。本CD共有十首歌曲，長達63分鐘，附贈二張購書優惠券。每片280元。

我的菩提路第一輯：凡夫及二乘聖人不能實證的佛菩提證悟，末法時代的今天仍然有人能得實證，由正覺同修會釋悟圓、釋善藏法師等二十餘位實證如來藏者所寫的見道報告，已為當代學人見證宗門正法之絲縷不絕，證明大乘義學的法脈仍然存在，為末法時代求悟般若之學人照耀出光明的坦途。由二十餘位大乘見道者所繕，敘述各種不同的學法、見道因緣與過程，參禪求悟者必讀。全書三百餘頁，售價300元。

我的菩提路第二輯：由郭正益老師等人合著，書中詳述彼等諸人歷經各處道場學法，一一修學而加以檢擇之不同過程以後，因閱讀正覺同修會、正智出版社書籍而發起抉擇分，轉入正覺同修會中修學；乃至學法及見道之過程，都一一詳述之。其中張志成等人係由前現代禪轉進正覺同修會，張志成原為現代禪副宗長，以前未閱本會書籍時，曾被人藉其名義著文評論平實導師（詳見《宗通與說通》辨正及《眼見佛性》書末附錄…等）；後因偶然接觸正覺同修會書籍，深覺以前聽人評論平實導師之語不實，於是投入極多時間閱讀本會書籍、深入思辨，詳細探索中觀與唯識之關聯與異同，認為正覺之法義方是正法，深覺相應；亦解開多年來對佛法的迷雲，確定應依八識論正理修學方是正法。乃不顧面子，毅然前往正覺同修會面見平實導師懺悔，並正式學法求悟。今已與其同修王美伶（亦為前現代禪傳法老師），同樣證悟如來藏而證得法界實相，生起實相般若真智。此書中尚有七年來本會第一位眼見佛性者之見性報告一篇，一同供養大乘佛弟子。全書四百頁，售價300元。

我的菩提路第三輯：由王美伶老師等人合著。自從正覺同修會成立以來，每年夏初、冬初都舉辦精進禪三共修，藉以助益會中同修們得以證悟明心發起般若實相智慧；凡已實證而被平實導師印證者，皆書具見道報告用以證明佛法之眞實可證而非玄學，證明佛法並非純屬思想、理論而無實質，是故每年都能有人證明正覺同修會的「實證佛教」主張並非虛語。特別是眼見佛性一法，自古以來中國禪宗祖師實證者極寡，較之明心開悟的證境更難令人信受；至2017年初，正覺同修會中的證悟明心者已近五百人，然而其中眼見佛性者至今唯十餘人爾，可謂難能可貴，是故明心後欲冀眼見佛性者實屬不易。黃正倖老師是懸絕七年無人見性後的第一人，她於2009年的見性報告刊於本書的第二輯中，爲大眾證明佛性確實可以眼見；其後七年之中求見性者都屬解悟佛性而無人眼見，幸而又經七年後的2016冬初，以及2017夏初的禪三，復有三人眼見佛性，希冀鼓舞四眾佛子求見佛性之大心，今則具載一則於書末，顯示求見佛性之事實經歷，供養現代佛教界欲得見性之四眾弟子。全書四百頁，售價300元，已於2017年6月30日發行。

我的菩提路第四輯：由陳晏平等人著。中國禪宗祖師往往有所謂「見性」之言，所言多屬看見如來藏具有能令人發起成佛之自性，並非《大般涅槃經》中如來所說之眼見佛性。眼見佛性者，於親見佛性之時，即能於山河大地眼見自己佛性，亦能於他人身上眼見自己佛性及對方之佛性，如是境界無法爲尚未實證者解釋；勉強說之，縱使眞實明心證悟之人聞之，亦只能以自身明心之境界想像之，但不論如何想像多屬非量，能有正確之比量者亦是稀有，故說眼見佛性極爲困難。眼見佛性之人若所見極分明時，在所見佛性之境界下所眼見之山河大地、自己五蘊身心皆是虛幻，自有異於明心者之解脫功德受用，此後永不思證二乘涅槃，必定邁向成佛之道而進入第十住位中，已超第一阿僧祇劫三分有一，可謂之爲超劫精進也。今又有明心之後眼見佛性之人出於人間，將其明心及後來見性之報告，連同其餘證悟明心者之精彩報告一同收錄於此書中，供養眞求佛法實證之四眾佛子。全書380頁，售價300元，已於2018年6月30日發行。

我的菩提路第五輯：林慈慧老師等人著，本輯中所舉學人從相似正法中來到正覺同修會的過程，各人都有不同，發生的因緣亦是各有差別，然而都會指向同一個目標——證實生命實相的源底，確證自己生從何來、死往何去的事實，所以最後都證明佛法眞實而可親證，絕非玄學；本書將彼等諸人的始修及末後證悟之實例，羅列出來以供學人參考。本期亦有一位會裡的老師，是從1995年即開始追隨 平實導師修學，1997年明心後持續進修不斷，直到2017年眼見佛性之實例，足可證明《大般涅槃經》中世尊開示眼見佛性之法正眞無訛，第十住位的實證在末法時代的今天仍有可能，如今一併具載於書中以供學人參考，並供養現代佛教界欲得見性之四眾弟子。全書四百頁，售價300元，已於2019年12月31日發行。

我的菩提路第六輯：劉惠莉老師等人著，本輯中舉示劉老師明心多年以後的眼見佛性實錄，供末法時代學人了知明心之異於見性本質，足可證明《大般涅槃經》中世尊開示眼見佛性之法正眞無訛。亦列舉多篇學人從各道場來到正覺學法之不同過程，以及如何發覺邪見之異於正法的所在，最後終能在正覺禪三中悟入的實況，以證明佛教正法仍在末法時代的人間繼續弘揚的事實，鼓舞一切眞實學法的菩薩大眾思之：我等諸人亦可有因緣證悟，絕非空想白思。約四百頁，售價300元，已於2020年6月30日發行。

勝鬘經講記：如來藏爲三乘菩提之所依，若離如來藏心體及其含藏之一切種子，即無三界有情及一切世間法，亦無二乘菩提緣起性空之出世間法；本經詳說無始無明、一念無明皆依如來藏而有之正理，藉著詳解煩惱障與所知障間之關係，令學人深入了知二乘菩提與佛菩提相異之妙理；聞後即可了知佛菩提之特勝處及三乘修道之方向與原理，邁向攝受正法而速成佛道的境界中。平實導師講述，共六輯，每輯三百餘頁，售價各250元。

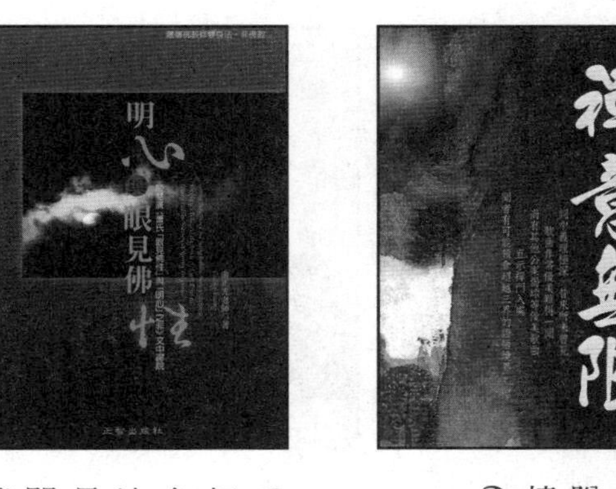

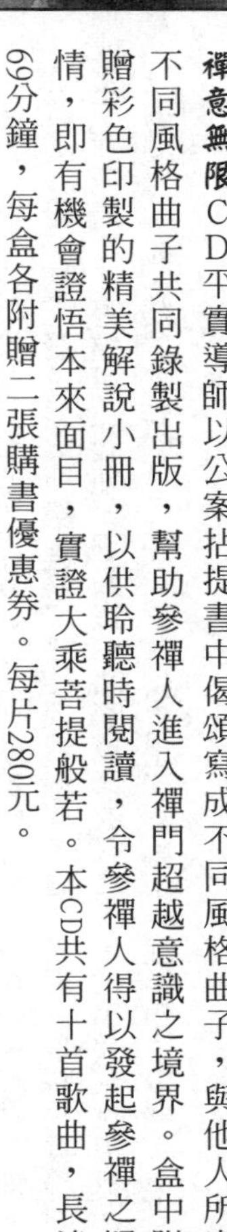

禪意無限CD平實導師以公案拈提書中偈頌寫成不同風格曲子，與他人所寫不同風格曲子共同錄製出版，幫助參禪人進入禪門超越意識之境界。盒中附贈彩色印製的精美解說小冊，以供聆聽時閱讀，令參禪人得以發起參禪之疑情，即有機會證悟本來面目，實證大乘菩提般若。本CD共有十首歌曲，長達69分鐘，每盒各附贈二張購書優惠券。每片280元。

明心與眼見佛性：本書細述明心與眼見佛性之異同，同時顯示了中國禪宗破初參明心與重關眼見佛性二關之間的關聯；書中又藉法義辨正而旁述其他許多勝妙法義，讀後必能遠離佛門長久以來積非成是的錯誤知見，令讀者在佛法的實證上有極大助益。也藉慧廣法師的謬論來教導佛門學人回歸正知正見，遠離古今禪門錯悟者所墮的意識境界，非唯有助於斷我見，也對未來的開悟明心實證第八識如來藏有所助益，是故學禪者都應細讀之。游正光老師著　共448頁　售價300元

見性與看話頭：黃正倖老師的《見性與看話頭》於《正覺電子報》連載完畢，今結集出版。書中詳說禪宗看話頭的詳細方法，並細說看話頭與眼見佛性的關係，以及眼見佛性者求見佛性前必須具備的條件。本書是禪宗實修者追求明心開悟時參禪的方法書，也是求見佛性者作功夫時必讀的方法書，內容兼顧眼見佛性的理論與實修之方法，是依實修之體驗配合理論而詳述，條理分明而且極爲詳實、周全、深入。本書內文375頁，全書416頁，售價300元。

維摩詰經講記：本經係 世尊在世時，由等覺菩薩維摩詰居士藉疾病而演說之大乘菩提無上妙義，所說函蓋甚廣，然極簡略，是故今時諸方大師與學人讀之悉皆錯解，何況能知其中隱含之深妙正義，是故普遍無法爲人解說；若強爲人說，則成依文解義而有諸多過失。今由平實導師公開宣講之後，詳實解釋其中密意，令維摩詰菩薩所說大乘不可思議解脫之深妙正法得以正確宣流於人間，利益當代學人及與諸方大師。書中詳實演述大乘佛法深妙不共二乘之智慧境界，顯示諸法之中絕待之實相境界，建立大乘菩薩妙道於永遠不敗不壞之地，以此成就護法偉功，欲冀永利娑婆人天。已經宣講圓滿整理成書流通，以利諸方大師及諸學人。全書共六輯，每輯三百餘頁，售價各250元。

金剛經宗通：三界唯心，萬法唯識，是成佛之修證內容，是諸地菩薩之所修；般若則是成佛之道（實證三界唯心、萬法唯識）的入門，若未證悟實相般若，即無成佛之可能，必將永在外門廣行菩薩六度，永在凡夫位中。然而實相般若的發起，全賴實證萬法的實相；若欲證知萬法的眞相，則必須探究萬法之所從來，則須實證自心如來—金剛心如來藏，然後現觀這個金剛心的金剛性、眞實性、如如性、清淨性、涅槃性、能生萬法的自性性、本住性，名爲證眞如；進而現觀三界六道唯是此金剛心所成，人間萬法須藉八識心王和合運作方能現起。如是實證《華嚴經》的「三界唯心、萬法唯識」以後，由此等現觀而發起實相般若智慧，繼續進修第十住位的如幻觀、第十行位的陽焰觀、第十迴向位的如夢觀，再生起增上意樂而勇發十無盡願，方能滿足三賢位的實證，轉入初地；自知成佛之道而無偏倚，從此按部就班、次第進修乃至成佛。第八識自心如來是般若智慧之所依，般若智慧的修證則要從實證金剛心自心如來開始；《金剛經》則是解說自心如來之經典，是一切三賢位菩薩所應進修之實相般若經典。這一套書，是將平實導師宣講的《金剛經宗通》內容，整理成文字而流通之；書中所說義理，迥異古今諸家依文解義之說，指出大乘見道方向與理路，有益於禪宗學人求開悟見道，及轉入內門廣修六度萬行。已於2013年9月出版完畢，總共9輯，每輯約三百餘頁，售價各250元。

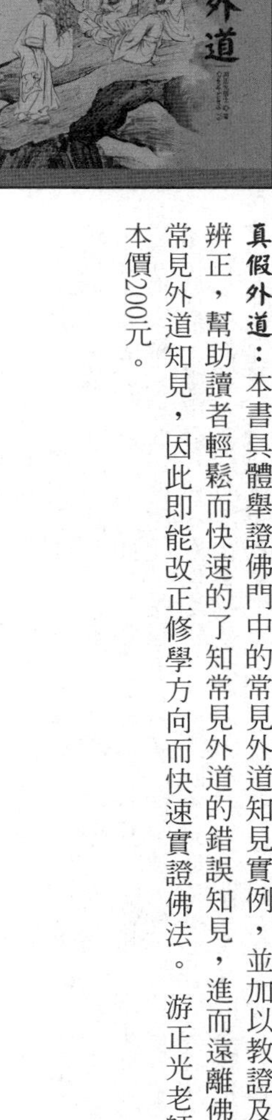

真假外道：本書具體舉證佛門中的常見外道知見實例，並加以教證及理證上的辨正，幫助讀者輕鬆而快速的了知常見外道的錯誤知見，進而遠離佛門內外的常見外道知見，因此即能改正修學方向而快速實證佛法。游正光老師著。成本價200元。

空行母—性別、身分定位，以及藏傳佛教　本書作者爲蘇格蘭哲學家，因爲嚮往佛教深妙的哲學內涵，於是進入當年盛行於歐美的假藏傳佛教密宗，擔任卡盧仁波切的翻譯工作多年以後，被邀請成爲卡盧的空行母（又名佛母、明妃），開始了她在密宗裡的實修過程；後來發覺在密宗雙身法中的修行，其實無法使自己成佛，也發覺密宗對女性岐視而處處貶抑，並剝奪女性在雙身法中擔任一半角色時應有的身分定位。當她發覺自己只是雙身法中被喇嘛利用的工具，沒有獲得絲毫應有的尊重與基本定位時，發現了密宗的父權社會控制女性的本質；於是作者傷心地離開了卡盧仁波切與密宗，但是卻被恐嚇不許講出她在密宗裡的經歷，也不許她說出自己對密宗的教義與教制下對女性剝削的本質，否則將被咒殺死亡。後來她去加拿大定居，十餘年後方才擺脫這個恐嚇陰影，下定決心將親身經歷的實情及觀察到的事實寫下來並且出版，公諸於世。出版之後，她被流亡的達賴集團人士大力攻訐，誣指她爲精神狀態失常、說謊……等。但有智之士並未被達賴集團的政治操作及各國政府政治運作吹捧達賴的表相所欺，使她的書銷售無阻而又再版。正智出版社鑑於作者此書是親身經歷的事實，所說具有針對「**藏傳佛教**」而作學術研究的價值，也有使人認清假藏傳佛教剝削佛母、明妃的男性本位實質，因此洽請作者同意中譯而出版於華人地區。珍妮．坎貝爾女士著，呂艾倫中譯，每冊250元。

假藏傳佛教的神話—性、謊言、喇嘛教 本書編著者是由一首名爲「阿姊鼓」的歌曲爲緣起，展開了序幕，揭開假藏傳佛教—喇嘛教—的神秘面紗。其重點是蒐集、摘錄網路上質疑「喇嘛教」的帖子，以揭穿「假藏傳佛教的神話」爲主題，串聯成書，並附加彩色插圖以及說明，讓讀者們瞭解西藏密宗及相關人事如何被操作爲「神話」的過程，以及神話背後的眞相。作者：張正玄教授。售價200元。

霧峰無霧—給哥哥的信 本書作者藉兄弟之間信件往來論義，略述佛法大義；並以多篇短文辨義，舉出釋印順對佛法的無量誤解證據，並一一給予簡單而清晰的辨正，令人一讀即知。久讀、多讀之後即能認清楚釋印順的六識論見解，與眞實佛法之牴觸是多麼嚴重；於是在久讀、多讀之後，於不知不覺之間提升了對佛法的極深入理解，正知正見就在不知不覺間建立起來了。當三乘佛法的正知見建立起來之後，對於三乘菩提的見道條件便將隨之具足，於是聲聞解脫道的見道也就水到渠成；接著大乘見道的因緣也將次第成熟，未來自然也會有親見大乘菩提之道的因緣，悟入大乘實相般若也將自然成功，自能通達般若系列諸經而成實義菩薩。作者居住於南投縣霧峰鄉，自喻見道之後不復再見霧峰之霧，故鄉原野美景一一明見，於是立此書名爲《霧峰無霧》；讀者若欲撥霧見月，可以此書爲緣。游宗明 老師著 已於2015年出版 售價250元。

霧峰無霧—第二輯—救護佛子向正道 本書作者藉釋印順著作中之各種錯謬法義提出辨正，以詳實的文義一一提出理論上及實證上之解析，列舉釋印順對佛法的無量誤解證據，藉此教導佛門大師與學人釐清佛法義理，遠離岐途轉入正道，然後知所進修，久之便能見道明心而入大乘勝義僧數。被釋印順誤導的大師與學人極多，很難救轉，是故作者大發悲心深入解說其錯謬之所在，佐以各種義理辨正而令讀者在不知不覺之間轉歸正道。如是久讀之後欲得斷身見、證初果，即不爲難事；乃至久之亦得大乘見道而得證眞如，脫離空有二邊而住中道，實相般若智慧生起，於佛法不再茫然，漸漸亦知悟後進修之道。屆此之時，對於大乘般若等深妙法之迷雲暗霧亦將一掃而空，生命及宇宙萬物之故鄉原野美景一一明見，是故本書仍名《霧峰無霧》，爲第二輯；讀者若欲撥雲見日、離霧見月，可以此書爲緣。游宗明 老師著 已於2019年出版 售價250元。

達賴真面目—玩盡天下女人：假使您不想戴綠帽子，請記得詳細閱讀此書；假使您不想讓好朋友戴綠帽子，請您將此書介紹給您的好朋友。假使您想保護家中的女性，也想要保護好朋友的女眷，請記得將此書送給家中的女性和好友的女眷都來閱讀。本書爲印刷精美的大本彩色中英對照精裝本，爲您揭開達賴喇嘛的眞面目，內容精彩不容錯過，爲利益社會大眾，特別以優惠價格嘉惠所有讀者。編著者：白志偉等。大開版雪銅紙彩色精裝本。售價800元。

喇嘛性世界—揭開假藏傳佛教譚崔瑜伽的面紗：這個世界中的喇嘛，號稱來自世外桃源的香格里拉，穿著或紅或黃的喇嘛長袍，散布於我們的身邊傳教灌頂，吸引了無數的人嚮往學習；這些喇嘛虔誠地爲大眾祈福，手中拿著寶杵（金剛）與寶鈴（蓮花），口中唸著咒語：「唵．嘛呢．叭咪．吽……」，咒語的意思是說：「我至誠歸命金剛杵上的寶珠伸向蓮花寶穴之中」！「喇嘛性世界」是什麼樣的「世界」呢？本書將爲您呈現喇嘛世界的面貌。當您發現眞相以後，您將會唸：「噢！喇嘛．性．世界，譚崔性交嘛！」作者：張善思、呂艾倫。售價200元。

末代達賴—性交教主的悲歌：簡介從藏傳僞佛教（喇嘛教）的修行核心—性力派男女雙修，探討達賴喇嘛及藏傳僞佛教的修行內涵。書中引用外國知名學者著作、世界各地新聞報導，包含：歷代達賴喇嘛的祕史、達賴六世修雙身法的事蹟，以及《時輪續》中的性交灌頂儀式……等；達賴喇嘛書中開示的雙修法、達賴喇嘛的黑暗政治手段；達賴喇嘛所領導的寺院爆發喇嘛性侵兒童；新聞報導《西藏生死書》作者索甲仁波切性侵女信徒、澳洲喇嘛秋達公開道歉、美國最大假藏傳佛教組織領導人邱陽創巴仁波切的性氾濫，等等事件背後眞相的揭露。作者：張善思、呂艾倫、辛燕。售價250元。

黯淡的達賴—失去光彩的諾貝爾和平獎：本書舉出很多證據與論述，詳述達賴喇嘛不爲世人所知的一面，顯示達賴喇嘛並不是眞正的和平使者，而是假借諾貝爾和平獎的光環來欺騙世人；透過本書的說明與舉證，讀者可以更清楚的瞭解，達賴喇嘛是結合暴力、黑暗、淫欲於喇嘛教裡的集團首領，其政治行爲與宗教主張，早已讓諾貝爾和平獎的光環染污了。本書由財團法人正覺教育基金會寫作、編輯，由正覺出版社印行，每冊250元。

楞嚴經講記：楞嚴經係密教部之重要經典，亦是顯教中普受重視之經典；經中宣說明心與見性之內涵極爲詳細，將一切法都會歸如來藏及佛性—妙眞如性；亦闡釋佛菩提道修學過程中之種種魔境，以及外道誤會涅槃之狀況，旁及三界世間之起源。然因言句深澀難解，法義亦復深妙寬廣，學人讀之普難通達，是故讀者大多誤會，不能如實理解佛所說之明心與見性內涵，亦因是故多有悟錯之人引爲開悟之證言，成就大妄語罪。今由平實導師詳細講解之後，整理成文，以易讀易懂之語體文刊行天下，以利學人。全書十五輯，全部出版完畢。每輯三百餘頁，售價每輯300元。

第七意識與第八意識？—穿越時空「超意識」「三界唯心，萬法唯識」是佛教中應該實證的聖教，也是《華嚴經》中明載而可以實證的法界實相。唯心者，三界一切境界、一切諸法唯是一心所成就，即是每一個有情的第八識如來藏，不是意識心。唯識者，即是人類各各都具足的八識心王——眼識、耳鼻舌身意識、意根、阿賴耶識，第八阿賴耶識又名如來藏，人類五陰相應的萬法，莫不由八識心王共同運作而成就，故說萬法唯識。依聖教量及現量、比量，都可以證明意識是二法因緣生，是由第八識藉意根與法塵二法爲因緣而出生，又是夜夜斷滅不存之生滅心，即無可能反過來出生第七識意根、第八識如來藏，當知不可能從生滅性的意識心中，細分出恆審思量的第七識意根，更無可能細分出恆而不審的第八識如來藏。本書是將演講內容整理成文字，細說如是內容，並已在〈正覺電子報〉連載完畢，今彙集成書以廣流通，欲幫助佛門有緣人斷除意識我見，跳脫於識陰之外而取證聲聞初果；嗣後修學禪宗時即得不墮外道神我之中，得以求證第八識金剛心而發起般若實智。平實導師 述，每冊300元。

人間佛教—實證者必定不悖三乘菩提　「大乘非佛說」的講法似乎流傳已久，卻只是日本人企圖擺脫中國正統佛教的影響，而在明治維新時期才開始提出來的說法；台灣佛教、大陸佛教的淺學無智之人，由於未曾實證佛法而迷信日本人錯誤的學術考證，錯認爲這些別有用心的日本佛學考證的講法爲天竺佛教的眞實歷史；甚至還有更激進的反對佛教者提出「**釋迦牟尼佛並非眞實存在，只是後人捏造的假歷史人物**」，竟然也有少數佛教徒願意跟著「學術」的假光環而信受不疑，亦導致部分台灣佛教界人士，造作了反對中國大乘佛教而推崇南洋小乘佛教的行爲，使台灣佛教的信仰者難以檢擇，亦導致一般大陸人士開始轉入基督教的盲目迷信中。在這些佛教及外教人士之中，也就有一分人根據此邪說而大聲主張「大乘非佛說」的謬論，這些人以「人間佛教」的名義來抵制中國正統佛教，公然宣稱中國的大乘佛教是由聲聞部派佛教的凡夫僧所創造出來的。這樣的說法流傳於台灣及大陸佛教界凡夫僧之中已久，卻非眞正的佛教歷史中曾經發生過的事，只是繼承六識論的聲聞法中凡夫僧，以及別有居心的日本佛教界，依自己的意識境界立場，純憑臆想而編造出來的妄想說法，卻已經影響許多無智之凡夫僧俗信受不移。本書則是從佛教的經藏法義實質及實證的現量內涵本質立論，證明大乘佛法本是佛說，是從《阿含正義》尚未說過的不同面向來討論「人間佛教」的議題，證明「大乘眞佛說」。閱讀本書可以斷除六識論邪見，迴入三乘菩提正道發起實證的因緣；也能斷除禪宗學人學禪時普遍存在之錯誤知見，對於建立參禪時的正知見有很深的著墨。平實導師 述，內文488頁，全書528頁，定價400元。

童女迦葉考—論呂凱文〈佛教輪迴思想的論述分析〉之謬　童女迦葉是佛世率領五百大比丘遊行於人間的歷史事實，是以童貞行而依止菩薩戒弘化於人間的大菩薩，不依別解脫戒（聲聞戒）來弘化於人間。這是大乘佛教與聲聞佛教同時存在於佛世的歷史明證，證明大乘佛教不是從聲聞法中分裂出來的部派佛教的產物，卻是聲聞佛教分裂出來的部派佛教聲聞凡夫僧所不樂見的史實；於是古今聲聞法中的凡夫都欲加以扭曲而作詭說，更是末法時代高聲大呼「大乘非佛說」的六識論聲聞凡夫極力想要扭曲的佛教史實之一，於是想方設法扭曲迦葉菩薩爲聲聞僧，以及扭曲迦葉童女爲比丘僧等荒謬不實之論著便陸續出現，古時聲聞僧寫作的《分別功德論》是最具體之事例，現代之代表作則是呂凱文先生的〈佛教輪迴思想的論述分析〉論文。鑑於如是假藉學術考證以籠罩大眾之不實謬論，未來仍將繼續造作及流竄於佛教界，繼續扼殺大乘佛教學人法身慧命，必須舉證辨正之，遂成此書。平實導師 著，每冊180元。

中觀金鑑—詳述應成派中觀的起源與其破法本質　學佛人往往迷於中觀學派之不同學說，被應成派與自續派所迷惑；修學般若中觀二十年後自以為實證般若中觀了，卻仍不曾入門，甫聞實證般若中觀者之所說，則茫無所知，迷惑不解；隨後信心盡失，不知如何實證佛法；凡此，皆因惑於這二派中觀學說所致。自續派中觀所說同於常見，以意識境界立為第八識如來藏之境界，應成派所說則同於斷見，但又同立意識為常住法，故亦具足斷常二見。今者孫正德老師有鑑於此，乃將起源於密宗的應成派中觀學說，追本溯源，詳考其來源之外，亦一一舉證其立論內容，詳加辨正，令密宗雙身法祖師以識陰境界而造之應成派中觀學說本質，詳細呈現於學人眼前，令其維護雙身法之目的無所遁形。若欲遠離密宗此二大派中觀謬說，欲於三乘菩提有所進道者，允宜具足閱讀並細加思惟，反覆讀之以後將可捨棄邪道返歸正道，則於般若之實證即有可能，證後自能現觀如來藏之中道境界而成就中觀。本書分上、中、下三冊，每冊250元，已全部出版完畢。

實相經宗通：學佛之目的在於實證一切法界背後之實相，禪宗稱之為本來面目或本地風光，佛菩提道中稱之為實相法界；此實相法界即是金剛藏，又名佛法之祕密藏，即是能生有情五陰、十八界及宇宙萬有（山河大地、諸天、三惡道世間）的第八識如來藏，又名阿賴耶識心，即是禪宗祖師所說的眞如心，此心即是三界萬有背後的實相。證得此第八識心時，自能瞭解般若諸經中隱說的種種密意，即得發起實相般若——實相智慧。每見學佛人修學佛法二十年後仍對實相般若茫然無知，亦不知如何入門，茫無所趣；更因不知三乘菩提的互異互同，是故越是久學者對佛法越覺茫然，都肇因於尚未瞭解佛法的全貌，亦未瞭解佛法的修證內容即是第八識心所致。本書對於修學佛法者所應實證的實相境界提出明確解析，並提示趣入佛菩提道的入手處，有心親證實相般若的佛法實修者，宜詳讀之，於佛菩提道之實證即有下手處。平實導師述著，共八輯，已於2016年出版完畢，每輯成本價250元。

真心告訴您（一）—達賴喇嘛在幹什麼？這是一本報導篇章的選集，更是「破邪顯正」的暮鼓晨鐘。「破邪」是戳破假象，說明達賴喇嘛及其所率領的密宗四大派法王、喇嘛們，弘傳的佛法是仿冒的佛法；他們是假藏傳佛教，是坦特羅(譚崔性交)外道法和藏地崇奉鬼神的苯教混合成的「喇嘛教」，推廣的是以所謂「無上瑜伽」的男女雙身法冒充佛法的假佛教，詐財騙色誤導眾生，常常造成信徒家庭破碎、家中兒少失怙的嚴重後果。「顯正」是揭櫫眞相，指出眞正的藏傳佛教只有一個，就是覺囊巴，傳的是 釋迦牟尼佛演繹的第八識如來藏妙法，稱爲他空見大中觀。正覺教育基金會即以此古今輝映的如藏正法正知見，在眞心新聞網中逐次報導出來，將箇中原委「眞心告訴您」，如今結集成書，與想要知道密宗眞相的您分享。售價250元。

真心告訴您（二）—達賴喇嘛是佛教僧侶嗎？補祝達賴喇嘛八十大壽：這是一本針對當今達賴喇嘛所領導的喇嘛教，冒用佛教名相、於師徒間或師兄姊間，實修男女邪淫，而從佛法三乘菩提的現量與聖教量，揭發其謊言與邪術，證明達賴及其喇嘛教是仿冒佛教的外道，是「假藏傳佛教」。藏密四大派教義雖有「八識論」與「六識論」的表面差異，然其實修之內容，皆共許「無上瑜伽」四部灌頂爲究竟「成佛」之法門，也就是共以男女雙修之邪淫法爲「即身成佛」之密要，雖美其名曰「欲貪爲道」之「金剛乘」，並誇稱其成就超越於（應身佛）釋迦牟尼佛所傳之顯教般若乘之上；然詳考其理論，則或以意識離念時之粗細心爲第八識如來藏，或以中脈裡的明點爲第八識如來藏，或如宗喀巴與達賴堅決主張第六意識爲常恆不變之眞心者，分別墮於外道之常見與斷見中；全然違背 佛說能生五蘊之如來藏的實質。售價300元。

西藏「活佛轉世」制度—附佛、造神、世俗法：歷來關於喇嘛教活佛轉世的研究，多針對歷史及文化兩部分，於其所以成立的理論基礎，較少系統化的探討。尤其是此制度是否依據「佛法」而施設？是否合乎佛法眞實義？現有的文獻大多含糊其詞，或人云亦云，不曾有明確的闡釋與如實的見解。因此本文先從活佛轉世的由來，探索此制度的起源、背景與功能，並進而從活佛的尋訪與認證之過程，發掘活佛轉世的特徵，以確認「活佛轉世」在佛法中應具足何種果德。定價150元。

法華經講義：此書為平實導師始從2009/7/21演述至2014/1/14之講經錄音整理所成。世尊一代時教，總分五時三教，即是華嚴時、聲聞緣覺教、般若教、種智唯識教、法華時；依此五時三教區分為藏、通、別、圓四教。本經是最後一時的圓教經典，圓滿收攝一切法教於本經中，是故最後的圓教聖訓中，特地指出無有三乘菩提，其實唯有一佛乘；皆因眾生愚迷故，方便區分為三乘菩提以助眾生證道。世尊於此經中特地說明如來示現於人間的唯一大事因緣，便是為有緣眾生「開、示、悟、入」諸佛的所知所見——第八識如來藏妙眞如心，並於諸品中隱說「妙法蓮花」如來藏心的密意。然因此經所說甚深難解，眞義隱晦，古來難得有人能窺堂奧；平實導師以知如是密意故，特為末法佛門四眾演述《妙法蓮華經》中各品蘊含之密意，使古來未曾被古德註解出來的「此經」密意，如實顯示於當代學人眼前。乃至〈藥王菩薩本事品〉、〈妙音菩薩品〉、〈觀世音菩薩普門品〉、〈普賢菩薩勸發品〉中的微細密意，亦皆一併詳述之，可謂開前人所未曾言之密意，示前人所未見之妙法。最後乃至以〈法華大義〉而總其成，全經妙旨貫通始終，而依佛旨圓攝於一心如來藏妙心，厥為曠古未有之大說也。平實導師述　，共有25輯，已於2019/05/31出版完畢。每輯300元。

涅槃—解說四種涅槃之實證及內涵：眞正學佛之人，首要即是見道，由見道故方有涅槃之實證，證涅槃者方能出生死，但涅槃有四種：二乘聖者的有餘涅槃、無餘涅槃，以及大乘聖者的本來自性清淨涅槃、佛地的無住處涅槃。大乘聖者實證本來自性清淨涅槃，入地前再取證二乘涅槃，然後起惑潤生捨離二乘涅槃，繼續進修而在七地心前斷盡三界愛之習氣種子，依七地無生法忍之具足而證得念念入滅盡定；八地後進斷異熟生死，直至妙覺地下生人間成佛，具足四種涅槃，方是眞正成佛。此理古來少人言，以致誤會涅槃正理者比比皆是，今於此書中廣說四種涅槃、如何實證之理、實證前應有之條件，實屬本世紀佛教界極重要之著作，令人對涅槃有正確無訛之認識，然後可以依之實行而得實證。本書共有上下二冊，每冊各四百餘頁，對涅槃詳加解說，每冊各350元。

佛藏經講義：本經說明為何佛菩提難以實證之原因，都因往昔無數阿僧祇劫前的邪見，引生此世求證時之業障而難以實證。即以諸法實相詳細解說，繼之以念佛品、念法品、念僧品，說明諸佛與法之實質；然後以淨戒品之說明，期待佛弟子四眾堅持清淨戒而轉化心性，並以往古品的實例說明，教導四眾務必滅除邪見轉入正見中，然後以了戒品的說明和囑累品的付囑，期望末法時代的佛門四眾弟子皆能清淨知見而得以實證。平實導師於此經中有極深入的解說，總共21輯，每輯300元，於2019/07/31開始每二個月發行一輯。

我的菩提路第七輯：余正偉老師等人著，本輯中舉示余老師明心二十餘年以後的眼見佛性實錄，供末法時代學人了知明心異於見性之本質，並且舉示其見性後與平實導師互相討論眼見佛性之諸多疑訛處；除了證明《大般涅槃經》中世尊開示眼見佛性之法正真無訛以外，亦得一解明心後尚未見性者之所未知處，甚為精彩。此外亦列舉多篇學人從各不同宗教進入正覺學法之不同過程，以及發覺諸方道場邪見之內容與過程，最終得於正覺精進禪三中悟入的實況，足供末法精進學人借鑑，以彼鑑己而生信心，得以投入了義正法中修學及實證。凡此，皆足以證明不唯明心所證之第七住位般若智慧及解脫功德仍可實證，乃至第十住位的實證與當場發起如幻觀之實證，於末法時代的今天皆仍有可能。本書約四百頁，售價300元，將於2021年6月30日發行。

大法鼓經講義：本經解說佛法的總成：法、非法。由開解法、非法二義，說明了義佛法與世間戲論法的差異，指出佛法實證之標的即是法第八識如來藏；並顯示實證後的智慧，如實擊大法鼓、演深妙法，演說如來祕密教法，非二乘定性及諸凡夫所能得聞，唯有具足菩薩性者方能得聞。正聞之後即得依於世尊大願而拔除邪見，入於正法而得實證；深解不了義經之方便說，亦能實解了義經所說之真實義，得以證法如來藏，而得發起根本無分別智，乃至進修而發起後得無分別智；並堅持布施及受持清淨戒而轉化心性，得以現觀真我如來藏之各種層面。此為第一義諦聖教，於末法最後餘四十年時，一切世間樂見離車童子將繼續護持此經所說正法。平實導師於此經中有極深入的解說，總共約六輯，每輯300元，於《佛藏經講義》出版完畢後開始發行，每二個月發行一輯。

解深密經講義：本經係 世尊晚年第三轉法輪，宣說地上菩薩所應熏修之唯識正義經典，經中所說義理乃是大乘一切種智增上慧學，以阿陀那識—如來藏—阿賴耶識爲主體。禪宗之證悟者，若欲修證初地無生法忍乃至八地無生法忍者，必須修學《楞伽經、解深密經》所說之八識心王一切種智；此二經所說正法，方是眞正成佛之道；印順法師否定第八識如來藏之後所說萬法緣起性空之法，是以誤會後之二乘解脫道取代大乘眞正成佛之道，尚且不符二乘解脫道正理，亦已墮於斷滅見中，不可謂爲成佛之道也。平實導師曾於本會郭故理事長往生時，於喪宅中從首七開始宣講，於每一七各宣講三小時，至第十七而快速略講圓滿，作爲郭老之往生佛事功德，迴向郭老早證八地、速返娑婆住持正法。茲爲今時後世學人故，將擇期重講《解深密經》，以淺顯之語句講畢後，將會整理成文，用供證悟者進道；亦令諸方未悟者，據此經中佛語正義，修正邪見，依之速能入道。平實導師述著，全書輯數未定，每輯三百餘頁，將於未來重講完畢後逐輯出版。

修習止觀坐禪法要講記：修學四禪八定之人，往往錯會禪定之修學知見，欲以無止盡之坐禪而證禪定境界，卻不知修除性障之行門才是修證四禪八定不可或缺之要素，故智者大師云「性障初禪」；性障不除，初禪永不現前，云何修證二禪等？又：行者學定，若唯知數息，而不解六妙門之方便善巧者，欲求一心入定，未到地定極難可得，智者大師名之爲「事障未來」：障礙未到地定之修證。又禪定之修證，不可違背二乘菩提及第一義法，否則縱使具足四禪八定，亦不能實證涅槃而出三界。此諸知見，智者大師於《修習止觀坐禪法要》中皆有闡釋。作者平實導師以其第一義之見地及禪定之實證證量，曾加以詳細解析。將俟正覺寺竣工啓用後重講，不限制聽講者資格；講後將以語體文整理出版。欲修習世間定及增上定之學者，宜細讀之。平實導師述著。

阿含經講記—小乘解脫道之修證：數百年來，南傳佛法所說證果之不實，所說解脫道之虛妄，所弘解脫道法義之世俗化，皆已少人知之；從南洋傳入台灣與大陸之後，所說法義虛謬之事，亦復少人知之；今時台灣全島印順系統之法師居士，多不知南傳佛法數百年來所說解脫道之義理已然偏斜、已然世俗化、已非眞正之二乘解脫正道，猶極力推崇與弘揚。彼等南傳佛法近代所謂之證果者皆非眞實證果者，譬如阿迦曼、葛印卡、帕奧禪師、一行禪師……等人，悉皆未斷我見故。近年更有台灣南部大願法師，高抬南傳佛法之二乘修證行門為「捷徑究竟解脫之道」者，然而南傳佛法縱使眞修實證，得成阿羅漢，至高唯是二乘菩提解脫之道，絕非**究竟**解脫，無餘涅槃中之實際尚未得證故，法界之實相尚未了知故，習氣種子待除故，一切種智未實證故，焉得謂為「究竟解脫」？即使南傳佛法近代眞有實證之阿羅漢，尚且不及三賢位中之七住明心菩薩本來自性清淨涅槃智慧境界，則不能知此賢位菩薩所證之無餘涅槃實際，仍非大乘佛法中之見道者，何況普未實證聲聞果乃至未斷我見之人？謬充證果已屬逾越，更何況是誤會二乘菩提之後，以未斷我見之凡夫知見所說之二乘菩提解脫偏斜法道，焉可高抬為「究竟解脫」？而且自稱「捷徑之道」？又妄言解脫之道即是成佛之道，完全否定般若實智、否定三乘菩提所依之如來藏心體，此理大大不通也！平實導師為令修學二乘菩提欲證解脫果者，普得迴入二乘菩提正見、正道中，是故選錄四阿含諸經中，對於二乘解脫道法義有具足圓滿說明之經典，預定未來十年內將會加以詳細講解，令學佛人得以了知二乘解脫道之修證理路與行門，庶免被人誤導之後，未證言證，梵行未立，干犯道禁自稱阿羅漢或成佛，成大妄語，欲升反墮。本書首重斷除我見，以助行者斷除我見而實證初果為著眼之目標，若能根據此書內容，配合平實導師所著《識蘊眞義》《阿含正義》內涵而作實地觀行，實證初果非為難事，行者可以藉此三書自行確認聲聞初果為實際可得現觀成就之事。此書中除依二乘經典所說加以宣示外，亦依斷除我見等之證量，及大乘法中道種智之證量，對於意識心之體性加以細述，令諸二乘學人必定得斷我見、常見，免除三縛結之繫縛。次則宣示斷除我執之理，欲令升進而得薄貪瞋痴，乃至斷五下分結…等。平實導師將擇期講述，然後整理成書。共二冊，每冊三百餘頁。每輯300元。

總經銷： 聯合發行股份有限公司

231 新北市新店區寶橋路 235 巷 6 弄 6 號 4F

Tel.02－2917-8022（代表號） Fax.02－2915-6275（代表號）

零售：1.**全台連鎖經銷書局：**

三民書局、誠品書局、何嘉仁書店

敦煌書店、紀伊國屋、金石堂書局、建宏書局

諾貝爾圖書城、墊腳石圖書文化廣場

2.**台北市：**佛化人生 **大安區**羅斯福路 3 段 325 號 6 樓之 4　台電大樓對面

3.**新北市：**春大地書店 **蘆洲區**中正路 117 號

4.**桃園市：**御書堂 **龍潭區**中正路 123 號

5.**新竹市：**大學書局 **東區**建功路 10 號

6.**台中市：**瑞成書局 **東區**雙十路 1 段 4 之 33 號

佛教詠春書局 **南屯區**永春東路 884 號

文春書店 **霧峰區**中正路 1087 號

7.**彰化市：**心泉佛教文化中心 南瑤路 286 號

8.**高雄市：**政大書城 **前鎮區**中華五路 789 號 2 樓（高雄夢時代店）

明儀書局 **三民區**明福街 2 號

青年書局 **苓雅區**青年一路 141 號

9.**台東市：**東普佛教文物流通處 博愛路 282 號

10.**其餘鄉鎮市經銷書局：**請電詢總經銷**聯合**公司。

11.**大陸地區請洽：**

香港：樂文書店

旺角店 :香港九龍旺角西洋菜街 62 號 3 樓

電話 : (852) 2390 3723 email: luckwinbooks@gmail.com

銅鑼灣店 :香港銅鑼灣駱克道 506 號 2 樓

電話 : (852) 2881 1150 email: luckwinbs@gmail.com

廈門：廈門外圖臺灣書店有限公司

地址：廈門市思明區湖濱南路809 號 廈門外圖書城3 樓 郵編：361004

電話：0592-5061658（臺灣地區請撥打 86-592-5061658）

E-mail：JKB118＠188.COM

12.**美國：世界日報圖書部：**紐約圖書部　電話 7187468889#6262

洛杉磯圖書部　電話 3232616972#202

13.**國內外地區網路購書：**

正智出版社 書香園地　http://books.enlighten.org.tw/

（書籍簡介、經銷書局可直接聯結下列網路書局購書）

三民 網路書局　http://www.sanmin.com.tw

誠品 網路書局　http://www.eslitebooks.com

博客來 網路書局　　http://www.books.com.tw

金石堂 網路書局　　http://www.kingstone.com.tw

聯合 網路書局　http:// www.nh.com.tw

附註：1.請儘量向各經銷書局購買：郵政劃撥需要八天才能寄到（本公司在您劃撥後第四天才能接到劃撥單，次日寄出後第二天您才能收到書籍，此六天中可能會遇到週休二日，是故共需八天才能收到書籍）若想要早日收到書籍者，請劃撥完畢後，將劃撥收據貼在紙上，旁邊寫上您的姓名、住址、郵區、電話、買書詳細內容，直接傳眞到本公司 02-28344822，並來電 02-28316727、28327495 確認是否已收到您的傳眞，即可提前收到書籍。 **2**.因台灣每月皆有五十餘種宗教類書籍上架，書局書架空間有限，故唯有新書方有機會上架，通常每次只能有一本新書上架；本公司出版新書，大多上架不久便已售出，若書局未再叫貨補充者，書架上即無新書陳列，則請直接向書局櫃台訂購。 **3**.若書局不便代購時，可於晚上共修時間向正覺同修會各共修處請購（共修時間及地點，詳閱**共修現況表**。每年例行年假期間請勿前往請書，年假期間請見共修現況表）。 **4**.郵購：郵政劃撥帳號 19068241。 **5**.正覺同修會會員購書都以八折計價（戶籍台北市者爲一般會員，外縣市爲護持會員）都可獲得優待，欲一次購買全部書籍者，可以考慮入會，節省書費。入會費一千元（第一年初加入時才需要繳），年費二千元。**6.尚未出版之書籍，請勿預先郵寄書款與本公司，謝謝您！** **7**.若欲一次購齊本公司書籍，或同時取得正覺同修會贈閱之全部書籍者，請於正覺同修會共修時間，親到各共修處請購及索取；**台北市讀者**請洽：103 台北市承德路三段 267 號 10 樓（捷運淡水線 圓山站旁）請書時間：週一至週五爲 18.00~21.00，第一、三、五週週六爲 10.00~21.00，雙週之週六爲 10.00~18.00 請購處專線電話：25957295-分機 14（於請書時間方有人接聽）。

敬告大陸讀者：

大陸讀者購書、索書捷徑（尚未在大陸出版的書籍，以下二個途徑都可以購得，電子書另包括結緣書籍）：

1.**廈門外國圖書公司**：廈門市思明區湖濱南路 809 號 廈門外圖書城 3F
　郵編：361004　電話：0592-5061658　網址：http://www.xibc.com.cn/

2.**電子書**：正智出版社有限公司及正覺同修會在台灣印行的各種局版書、結緣書，已有『**正覺電子書**』陸續上線中，提供讀者於手機、平板電腦上購書、下載、閱讀正智出版社、正覺同修會及正覺教育基金會所出版之電子書，詳細訊息敬請參閱『正覺電子書』專頁：
http://books.enlighten.org.tw/ebook

關於平實導師的書訊，請上網查閱：
　成佛之道　http://www.a202.idv.tw
　正智出版社 書香園地　http://books.enlighten.org.tw/

★ 正智出版社有限公司售書之稅後盈餘，全部捐助財團法人正覺寺籌備處、佛教正覺同修會、正覺教育基金會，供作弘法及購建道場之用；懇請諸方大德支持，功德無量。

★ 聲　明 ★

本社於 2015/01/01 開始調整本目錄中部分書籍之售價，以因應各項成本的持續增加。

＊ 喇嘛教修外道雙身法、墮識陰境界，非佛教 ＊

＊ 弘揚如來藏他空見的覺囊派才是真正藏傳佛教 ＊

換書及道歉公告

《法華經講義》第十三輯，因謄稿、印製等相關人員作業疏失，導致該書中的經文及內文用字將「**親近**」誤植成「清淨」。茲為顧及讀者權益，自 2017/8/30 開始免費調換新書；敬請所有讀者將以前所購第十三輯初版首刷及二刷本，攜回或寄回本社免費換新，或請自行更正其中的錯誤之處；郵寄者之回郵由本社負擔，不需寄來郵票。同時對因此而造成讀者閱讀、以及換書的困擾及不便，在此向所有讀者致上最誠懇的歉意，祈請讀者大眾見諒！錯誤更正說明如下：

一、第 256 頁第 10 行~第 14 行：【就是先要具備「**法親近處**」、「**眾生親近處**」；法**親近**處就是在實相之法有所實證，如果在實相法上有所實證，他在二乘菩提中自然也能有所實證，以這個作為第一個**親近**處——第一個基礎。然後還要有第二個基礎，就是瞭解應該如何善待眾生；對於眾生不要有排斥或者是貪取之心，平等觀待而攝受、親近一切有情。以這兩個**親近**處作為基礎，來實行其他三個安樂行法。】。

二、第 268 頁第 13 行：【具足了那兩個「**親近處**」，使你能夠在末法時代，如實而圓滿的演述《法華經》時，那麼你作這個夢，它就是如理作意的，完全符合邏輯去完成這個過程，就表示你那個晚上，在那短短的一場夢中，已經度了不少眾生了。】

正智出版社有限公司 敬啓

售後服務—換書啓事（免附回郵） 2017/12/05

《楞伽經詳解》第三輯初版免費調換新書啓事：茲因 平實導師弘法早期尚未回復往世全部證量，有些法義接受他人的說法，寫書當時並未察覺而有二處（同一種法義）跟著誤說，如今發現已將之修正。茲爲顧及讀者權益，已開始免費調換新書；敬請所有讀者將以前所購第三輯（不論第幾刷），攜回或寄回本公司免費換新；郵寄者之回郵由本公司負擔，不需寄來郵票。因此而造成讀者閱讀、以及換書的不便，在此向所有讀者致上萬分的歉意，祈請讀者大眾見諒！

《楞嚴經講記》第 14 輯初版首刷本免費調換新書啓事：本講記第 14 輯出版前因 平實導師諸事繁忙，未將之重新閱讀而只改正校對時發現的錯別字，故未能發覺十年前所說法義有部分錯誤，於第 15 輯付印前重閱時才發覺第 14 輯中有部分錯誤尚未改正。今已重新審閱修改並已重印完成，煩請所有讀者將以前所購第 14 輯初版首刷本，寄回本公司免費換新（初版二刷本無錯誤），本公司將於寄回新書時同時附上您寄書來換新時的郵資，並在此向所有讀者致上最誠懇的歉意。

《心經密意》初版書免費調換二版新書啓事：本書係演講錄音整理成書，講時因時間所限，省略部分段落未講。後於再版時補寫增加 13 頁，維持原價流通之。茲爲顧及初版讀者權益，自 2003/9/30 開始免費調換新書，原有初版一刷、二刷書籍，皆可寄來本公司換書。

《宗門法眼》已經增寫改版爲 464 頁新書，2008 年 6 月中旬出版。讀者原有初版之第一刷、第二刷書本，都可以寄回本公司免費調換改版新書。改版後之公案及錯悟事例維持不變，但將內容加以增說，較改版前更具有廣度與深度，將更能助益讀者參究實相。

換書者**免附回郵**，亦無截止期限；舊書請寄：111 台北郵政 73-151 號信箱 或 103 台北市承德路三段 267 號 10 樓 正智出版社有限公司。舊書若有塗鴨、殘缺、破損者，仍可換取新書；但缺頁之舊書至少應仍有五分之三頁數，方可換書。所有讀者不必顧念本公司是否有盈餘之問題，都請踴躍寄來換書；本公司成立之目的不是營利，只要能眞實利益學人，即已達到成立及運作之目的。若以郵寄方式換書者，免附回郵；並於寄回新書時，由本公司附上您寄來書籍時耗用的郵資。造成您不便之處，再次致上萬分的歉意。

正智出版社有限公司 啓

國家圖書館出版品預行編目資料

楞嚴經講記／平實導師述．　—初版—
臺北市：正智，2009.11—　〔民98—　〕
冊；　公分
ISBN 978-986-6431-04-3（第1輯：平裝）
ISBN 978-986-6431-05-0（第2輯：平裝）
ISBN 978-986-6431-06-7（第3輯：平裝）
ISBN 978-986-6431-08-1（第4輯：平裝）
ISBN 978-986-6431-09-8（第5輯：平裝）
ISBN 978-986-6431-10-4（第6輯：平裝）
ISBN 978-986-6431-11-1（第7輯：平裝）
ISBN 978-986-6431-13-5（第8輯：平裝）
ISBN 978-986-6431-15-9（第9輯：平裝）
ISBN 978-986-6431-16-6（第10輯：平裝）
ISBN 978-986-6431-17-3（第11輯：平裝）
ISBN 978-986-6431-22-7（第12輯：平裝）
ISBN 978-986-6431-23-4（第13輯：平裝）
ISBN 978-986-6431-25-8（第14輯：平裝）
ISBN 978-986-6431-28-9（第15輯：平裝）
1.秘密部
221.94　　98019505

楞嚴經講記——第十五輯

著述者：平實導師
音文轉換：曾邱賢　劉惠莉
校　　對：章乃鈞　陳介源　蔡禮政　傅素嫻　王美伶
出版者：正智出版社有限公司
電話：〇二 28327495　28316727（白天）
傳眞：〇二 28344822
111台北郵政73-151號信箱
郵政劃撥帳號：一九〇六八二四一
正覺講堂：總機〇二 25957295（夜間）
總經銷：聯合發行股份有限公司
231新北市新店區寶橋路235巷6弄6號4樓
電話：〇二 29178022（代表號）
傳眞：〇二 29156275
初版首刷：二〇一二年三月三十日　二千冊
初版六刷：二〇二一年三月　二千冊
定　　價：三〇〇元